재무위험 2025
관리사

3

금융투자협회
Korea Financial Investment Association

자격시험 안내

1. 재무위험관리사의 정의
위험관리 조직에서 재무위험 등을 일정한 방법에 의해 측정, 평가 및 통제하여 해당 회사의 재무위험 등을 조직적이고 체계적으로 통합하여 관리하는 업무를 수행하는 인력

2. 응시자격
금융회사 종사자, 학생, 일반인 등

3. 시험과목 및 문항수

시험과목		세부 교과목	문항수
제1과목	리스크관리기초	금융통계학	9
		채권분석	6
		규제 및 컴플라이언스	15
소 계			30
제2과목*	금융선물 및 옵션	주가지수, 개별주식 선물 · 옵션	7
		금리 선물 · 옵션	7
		통화 선물 · 옵션	6
소 계			20
제3과목	장외파생상품	스 왑	8
		장외옵션	7
소 계			15
제4과목	리스크관리기법	시장리스크관리	15
		신용리스크관리	12
		기타리스크관리	5
		리스크관리 사례분석	3
소 계			35
시험시간		120분	100 문항

* 파생상품투자권유자문인력(선물거래상담사, 파생상품투자상담사)의 자격요건을 갖춘 자는 제2과목(금융선물 및 옵션) 면제
* 제2과목(금융선물 및 옵션)은 파생상품투자권유자문인력 표준교재 제1권(선물 · 옵션) 사용

4. 시험 합격기준

70% 이상(과목별 40점 미만 과락)

- 한국금융투자협회는 금융투자전문인력의 자격시험을 관리 · 운영하고 있습니다.
  금융투자전문인력 자격은 「자본시장과 금융투자업에 관한 법률」 등에 근거하고 있으며,
  「자격기본법」에 따른 민간자격입니다.

- 자격시험 안내, 자격시험접수, 응시료 및 환불 규정 등에 관한 자세한 사항은
  한국금융투자협회 자격시험접수센터 홈페이지(https://license.kofia.or.kr)를 참조해
  주시기 바랍니다.
  (자격시험 관련 고객만족센터: 02-1644-9427, 한국금융투자협회: 02-2003-9000)

contents

part 02

신용 리스크
관리

part 01

시장 리스크 관리

certified financial risk manager

chapter 01

VaR 소개

section 01 위험의 정의

위험(risk)은 미래 수익의 불확실성, 기대하지 않은 결과의 변동성(volatility of unexpected outcomes) 또는 불확실성에의 노출(exposure to uncertainty)로 정의된다. 위험이란 말의 어원은 프랑스어의 risque 또는 이탈리아어의 risco에서 유래되었는데, 험하고 날카로운 암초 주위를 항해하는 선원들이 느낀 감정을 표현한 말로 이해된다.

금융기관, 기업, 그 밖의 금융시장 참여자들은 이자율, 환율, 주가, 원자재 가격의 변동 위험에 항상 노출되어 있다. 만일 금융기관이나 기업이 영업활동을 하면서 취한 포지션으로 인해 이런 가격 변동 위험에 노출된다면, 금융기관이나 기업은 위험을 부담한다고 말할 수 있다. 우리의 생활에서 위험을 완전히 제거하는 것은 불가능하다. 그렇다고 위험을 무시하고 살 수는 없다. 중요한 것은 우리는 위험을 관리해야 한다는 것이다.

한편 위험을 불확실성과 구분하여 정의하기도 한다. 이때 위험은 알려진 분포(known distribution)로부터 발생 가능한 극단적 손실 크기를, 불확실성은 알려지지 않은 분포(unknown distribution)로부터 발생 가능한 극단적 손실 크기를 뜻한다. 따라서 불확실성은 금융기관이나 기업이 통제할 수 있는 변수가 아니다. 반면 위험은 분산 투자, 파생상품을 통한 헤지 거래 등으로 어느 정도 통제하는 것이 가능하다.

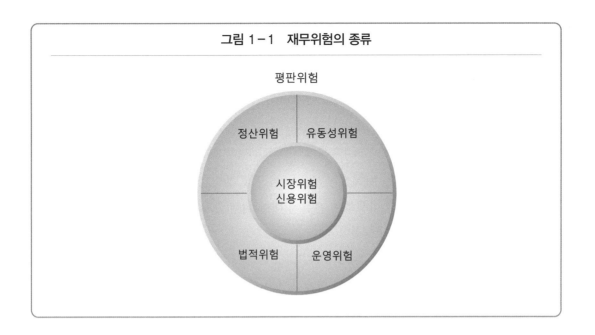

그림 1−1   재무위험의 종류

평판위험

정산위험 유동성위험

시장위험
신용위험

법적위험 운영위험

금융기관이 처한 위험에는 시장위험, 신용위험, 결제위험, 유동성 위험, 운영위험, 법적위험 등이 있다. 재무위험은 금융시장(financial market)에서의 손실 가능성과 연관되어 있는 위험을 말하며 금융기관이 처한 위험은 〈그림 1−1〉과 같다.

시장위험과 신용위험은 금융기관이 수익을 올리기 위해 직접적으로 또는 1차적으로 부담해야 하는 위험이다. 그리고 결제위험, 유동성 위험, 운영위험, 법적위험은 금융기관이 정상적인 영업을 하는 과정에서 부수적으로 발생하는 위험(consequential risk)을 말하며, 이런 모든 위험이 종합되어 결국 금융기관의 평판위험(reputational risk)으로 나타난다. 평판위험은 금융기관 또는 종업원이 취하는 행동이 금융시장에서 부정적으로 받아들여질 때 발생하는 위험이다. 은행, 증권회사 등 주요 금융기관은 시장위험, 신용위험, 운영위험을 계량화하여 금융기관의 총위험을 산정하고 있으며 이때 총위험은 자기자본 또는 영업용순자본 대비 일정 수준 이하로 관리하고 있다.

재무위험의 유형

1 시장위험

BIS는 시장위험(market risk)을 '대차대조표상의 자산과 부외자산이 주가, 시장이자율, 환율, 상품 가격의 불리한 움직임으로 발생하는 손실에 대한 위험'으로 정의한다. 따라서 시장위험은 다음과 같이 4개의 구성요소로 구성된다.

① 주식 위험(equity risk)
② 이자율 위험(interest risk)
③ 환위험(foreign exchange risk)
④ 상품 가격 위험(commodity price risk)

2 신용위험

신용위험(credit risk)은 거래상대방(counterparty)이 약속한 금액을 지불하지 못하는 경우에 발생하는 손실에 대한 위험이다. 신용위험의 크기는 거래상대방이 채무불이행(default)할 때 계약의 현금흐름을 대체하는 데 소요되는 비용으로 측정되기도 한다. 회사채나 은행대출의 경우 채무불이행에 따른 잠재적 손실은 액면금액 전체이다. 만약 신용사건 발생 시 채권의 일정 부분을 회수할 수 있다면 손실 금액은 다소 줄어들 수 있다. 이처럼 신용위험은 총 신용 노출 금액, 부도 확률, 부도 시 회수율 등에 따라 결정된다.

과거에 신용위험은 상대방이 채무불이행하는 경우의 위험으로 한정되어 해석되었다. 그러나 최근 들어 이런 신용위험의 이원적인 해석(binary interpretation)이 신용위험의 속성을 적절히 설명하지 못한다는 비판이 제기됨에 따라 기업 자산가치의 하락으로 인한 상대방의 채무이행 능력의 변화까지를 포함하는 넓은 개념으로 해석되고 있다.

VaR(value at risk)시스템은 시장위험을 관리하는 데 가장 효과적이지만 VaR의 개념을 신용위험에 적용하는 것도 가능한데 이를 신용 VaR(Credit VaR)라고 한다. 예를 들어 모건사는 리스크메트릭스(RiskMetrics)와 함께, 신용위험을 측정·관리하는 크레디트 메트릭스(Credit-Metrics)를 운용하고 있다.

3 결제위험

결제위험(settlement risk) 또는 결제위험은 한쪽이 이미 지급한 후에 상대방이 지급을 하지 않아 발생하는 위험이다. 전산의 발달로 인해 결제위험은 많이 줄어가고 있다.

이런 위험은 유럽에서 오전에 지급하면 시차로 인해 미국에서는 오후에 입금되는 외환거래에서 발생할 수 있다. 실제로 1974년 Herstatt 은행이 파산했을 때 이 은행은 많은 상대방으로부터 금액을 지급받았으나, Herstatt 은행은 지급 의무를 완수하지 못하고 채무불이행 상태에 빠짐으로써 글로벌 금융시스템을 불안하게 한 사례가 있었다.

4 유동성 위험

유동성 위험(liquidity risk)은 포지션을 정리하는 데서 발생하는 비용에 대한 위험이다.

유동성 위험은 특정 자산 및 시장과 연관된 위험과 금융기관의 일반적인 자금조달과 관련된 위험으로 구별된다. 예를 들어, 기업이 소유하고 있는 자산을 매각하고자 하는 경우 매입자가 없어 매우 불리한 조건으로(즉, 현재의 시장 가격보다 훨씬 낮은 가격으로) 자산을 매각해야만 할 때 노출되는 유동성 위험은 첫 번째 유형이다. 두 번째 유형의 유동성 위험은 금융기관이 정산일에 또는 정산일 이전에 증거금 납입 요청(margin call)을 받고 지급금액을 확보하지 못할 때 발생한다.

5 운영위험

운영위험(operational risk)은 내부시스템 또는 내부시스템을 운영하는 사람으로부터 발생하는 위험이다. 즉, 운영위험은 부적절한 내부시스템, 관리 실패, 잘못된 통제, 사기, 인간의 오류 등을 포함한다. 운영위험은 거래가 실행되지 못하는 데서 발생하는 실행위험(execution risk), 시스템의 무단침입과 변경과 같은 기술위험(technology risk), 그리고 잘못된 모형을 사용하여 가치를 평가하는 데서 발생하는 모형위험(model risk) 등을 포함한다. 운영위험은 VaR시스템을 적용하더라도 통제하기가 어려운 위험이므로 내적 또는 외적으로 운영위험을 통제하는 방안을 구축해야 한다. 그리고 시장위험, 신용위험, 운영위험을 3대 중요위험이라고 한다.

6 법적위험

법적위험(legal risk)은 계약을 집행하지 못함(unenforceability)으로써 발생하는 손실에 대한 위험이다. 법적위험은 계약이 잘못 문서화된 경우와 거래상대방이 법적으로 계약할 권한이 없는 경우(즉, 월권(ultra vires)하는 경우)에 발생할 수 있다.

법적위험의 가장 극단적인 예는 영국 런던의 햄머스미스-풀햄 구(Hammersmith-Fulham Borough : HFB) 의회에서 제기한 금리스왑에 대한 소송사건이다. HFB는 고정금리로 차입한 후 스왑을 이용하여 고정금리차입을 변동금리차입으로 전환하였다. 이자율이 계속 하락함에 따라 HFB는 이 전략을 이용하여 상당한 이자비용을 절감할 수 있었다. 금리스왑에서 상당한 이익을 보았던 HFB는 마침내 차입 포지션 없이 금리스왑에 단순한 투기 포지션을 취하게 된다. 불행히도 1980년대 말에 영국 경기는 과열되고 있었으며 이로 인해 영국 정부는 고금리정책으로 선회하였다. 1987년에 8%였던 금리가 1989년에 13%로 급등함에 따라 HFB는 1년 예산의 7배에 해당되는 엄청난 손해를 보게 되었다. 영국고등법원은 시가 계약한 금리스왑 자체가 무효라고 판결함에 따라, 스왑계약의 거래상대방은 약 8억 달러의 손실을 부담해야 했다. 법적위험은 VaR시스템으로 관리할 수 없는 위험이나 신용위험과 연관되어 있는 위험으로 경영자가 특별히 주의해야 하는 위험이다.

section 03 파생상품과 위험관리

파생상품은 재무위험을 헤지(hedge)하는 데 특히 유용하다. 헤지는 노출되어 있는 자산 가격의 변동 위험을 줄이거나 제거하는 것을 의미한다. 헤지하기 위하여 파생상품을 사용하기

표 1-1	파생상품으로 인한 주요 실패사례	
기업명	파생상품	손실(백만 달러)
Barings사(영국)	주가지수선물·옵션	1,330
Metallgesellschaft사(독일)	원유선물	1,340
Showa Shell사(일본)	통화선도	1,580
Kashima Oil사(일본)	통화선도	1,450
Societe Generale(프랑스)	주가지수선물	7,000
UBS(스위스)	주가지수선물	2,300

도 한다.

금융기관과 기업들이 위험에 더욱 노출됨에 따라 파생상품시장은 폭발적으로 성장하게 되었다. 파생상품시장이 폭발적으로 성장한 원인은 다음과 같다.

첫째, 금융시장의 변동성이 크게 증가하고 금융시장의 통합화와 글로벌화를 통하여 기업들은 더 많은 종류의 위험에 노출되게 되었다.

둘째, 기술적인 변화로 재무이론과 물리적 장비의 발전이 크게 이루어졌다. 컴퓨터의 발전으로 엄청난 계산을 저렴한 비용으로 빠른 시간 내에 수행할 수 있게 되었고 통신비용의 하락으로 글로벌 포지션을 결합하는 것이 용이해졌다. 또한 1973년 블랙-숄즈의 옵션 가격결정모형이 개발된 이후 재무이론의 계속적인 발전이 이루어졌다.

셋째, 정치적인 변화로 전세계적으로 금융시장에 대한 규제가 완화되고 있으며 시장경제 중심으로 운영되고 있다. 따라서 급변하는 환경 속에서 금융기관들은 위험관리의 필요성을 보다 절실히 느끼게 되었다.

파생상품은 레버리지 효과가 커서 투자 목적으로 사용될 경우, 손실이 발생하면 그 손실 규모는 매우 크다. 이런 점에서 파생상품으로 인한 손실은 비행기 사고에 비유된다. 비행기 사고는 자주 발생하지는 않으나 일단 사고가 나면 거의 대부분의 승객이 사망하는 대형사고가 되기 때문이다. 파생상품으로 인한 주요 손실사례는 〈표 1-1〉과 같다.

VaR(Value at Risk)는 '정상적인 시장(normal market) 여건하에서 주어진 신뢰 수준(confidence level)으로 목표기간(target period) 동안에 발생할 수 있는 최대 손실금액(maximum loss)'으로 정의된다. 이 정의에서 알 수 있듯이 VaR는 통계학적인 위험 측정치(statistical risk measure)이다. 예를 들어 목표기간 1주일, 신뢰 수준 95%에서 계산된 어떤 포지션의 VaR가 10억 원일 때 다음과 같은 통계학적 표현이 가능하다.

❶ 포지션의 가치에 영향을 미치는 어떤 위험요인의 변화로 인해 1주일 동안에 발생할 수 있는 손실이 10억 원보다 적을 확률이 95%이다(또는 손실이 10억 원보다 작을 것을 95% 신뢰 수준에서 확신한다).

❷ 포지션의 가치에 영향을 미치는 어떤 위험요인의 변화로 인해 1주일 동안에 발생할 수 있는 손실이 10억 원보다 클 확률이 5%이다. 여기서 5%를 허용 수준(tolerance level)이라고 한다.

목표기간은 포지션을 정상적인 상황에서 헤지하거나 또는 청산하는 데 소요되는 기간을 고려하여 결정된다. 그리고 신뢰 수준은 위험의 회피 정도와 VaR보다 더 큰 손실이 발생하는 경우 기업이 부담해야 하는 비용을 고려하여 결정된다. 대체로 목표기간이 길어지거나 또는 신뢰 수준이 높아지면 VaR는 커진다. 바젤위원회는 10일 기준, 99% 신뢰 수준에서 VaR를 측정하도록 권장한다.

1993년에 G-30보고서는 위험관리 측면에서 20개의 최선의 실무지침을 권고하였는데 다음과 같은 다섯 번째 지침에서 시장위험의 측정치로 Value at Risk를 사용하도록 권장하였다.

'Dealers should use a consistent measure to calculate daily the market risk of their positions, which is best measured with a value-at-risk approach.'

시장위험의 주요 측정 대상은 트레이딩 포지션이다. 트레이딩 포지션은 다음에 해당되는 금융상품으로 구성되는 포지션이다.

❶ 단기매매 또는 주가, 금리, 환율, 일반상품 등의 가격 변동에 따른 단기 매매차익을 목적으로 보유하는 금융상품

❷ 무위험차익의 획득을 목적으로 보유하는 금융상품

❸ 인수중개 및 시장조성을 목적으로 보유하는 금융상품

❹ 파생상품거래 회계처리기준의 위험회피 회계가 적용되지 않은 파생금융상품

❺ 트레이딩 포지션의 위험을 헤지할 목적으로 보유하는 금융상품

❻ 기타 트레이딩 포지션과 유사하게 운영되는 포지션으로서 트레이딩 포지션의 기본 요건
을 충족하는 금융상품 등

section 05 위험측정의 두 가지 접근방법

금융기관이 위험을 관리하는 방법은 크게 두 가지로 구분된다. 첫 번째 방법은 위험을 하나
씩 확인하여 개별적으로 관리하는 방법으로 개별관리법이라고 한다. 두 번째 방법은 위험을 통
합하여 잘 분산시켜 관리하는 방법으로 통합관리법이라고 한다.

시장위험의 경우 두 가지 접근방법이 어떻게 사용되는지 설명해 보자. 개별관리법은 거래부
서가 주로 사용하는 방법이다. 거래부서의 거래자는 필요한 경우, 자신이 취한 포지션에 대해
헤지거래를 할 수 있다. 헤지는 위험을 줄이거나 제거하기 위하여 주로 파생상품을 활용해 반
대 포지션을 취하는 행위이다.

예를 들어, 미래에 달러를 수령할 예정인 기업이 달러의 원화금액을 확정시키고자 선물환
매도 포지션을 취하고자 할 것이다. 기업은 선물환 매도 포지션을 취하면 금융회사는 선물환
매입 포지션을 취하게 된다. 선물환을 매입한 금융회사는 원/달러 환율의 하락 위험에 노출되
므로 이 위험을 헤지하기 위하여 보유하고 있는 달러를 매도하거나 또는 차입하여 매도하게
된다.

통합관리법은 위험관리부서가 사용하는 방법이다. 매일 거래가 종료되기 직전 위험관리부
서는 모든 시장위험요인에 대해 금융회사가 통합적으로 노출 정도를 측정한다. 만약 전체의
노출 정도가 한도를 초과하면 위험관리부서는 한도를 초과하게 된 경위를 파악하고 노출 규
모를 하향조정하게 된다. 통합관리법에서 주로 사용하는 위험 측정치가 VaR이다. VaR는 시
장위험을 종합적으로 측정하고 이를 기초로 필요한 자본을 산정하기 위해 개발된 위험 측정
치이다.

시장위험을 관리하는 데 개별접근법과 통합접근법이 같이 사용되는 데 반하여, 신용위험을 관리하는 데 전통적으로 통합관리법이 주로 사용되었다. 그러나 90년대에 신용파생상품이 등장함에 따라 신용위험을 개별적으로 관리할 수 있게 되었다.

section 06 | 전통적인 위험 측정치와 ALM기법의 문제점

1 | 전통적인 위험 측정치 대 VaR

전통적인 위험 측정치에는 베타, 듀레이션, 볼록성, 표준편차, 델타, 감마, 베가, 세타, 로 등 수없이 많다. 이런 많은 측정치가 있음에도 불구하고 VaR가 필요한 가장 중요한 이유는 기존의 민감도 위험 측정치들은 합산(aggregation)할 수 없기 때문이다. 예를 들어, 주식의 위험은 베타로 측정하고 채권의 위험은 듀레이션으로 측정하면 주식과 채권으로 구성된 포트폴리오의 위험은 무엇으로 추정할 것인가? 한편 같은 델타도 합산이 불가능할 수 있다. 예를 들어 이자율을 기초자산으로 하는 금리캡(interest rate cap)의 델타와 주식옵션의 델타는 합산할 수가 없다.

위험의 측정치는 크게 두 가지 종류로 구분된다(〈그림 1-2〉 참조). 하나는 통계학적인 위험 측정치(statistical risk measure)이고, 다른 하나는 위험요인에 대한 민감도 측정치(risk factor sensitivity)이다.

베타(beta)는 주로 주식의 위험을 측정하는 변수로 시장 포트폴리오(market portfolio)의 수익률에 대한 주식 또는 포트폴리오의 수익률, 즉 시장지수에 대한 주식의 가격 변동성을 의미한다. 듀레이션(duration)과 볼록성(convexity)은 채권의 위험을 측정하는 1, 2차 변수이다. 듀레이션은 가중평균 만기로 수익률의 변화에 대한 채권 가격의 변화율을 의미한다. 볼록성은 수익률의 변화에 대한 듀레이션의 변화를 측정한다. 이외에도 채권의 위험 측정치로 1베이시스 포인트(basis point)의 변화가 채권 가치에 미치는 영향을 측정하는 PVBP(Price Value of Basis Point) 또는 DV01(Dollar Value 01)이 있다. 그리고 델타(delta), 감마(gamma), 베가(vega), 세타(theta), 로(rho) 등은 옵션의 위험을 측정하는 지표이다.

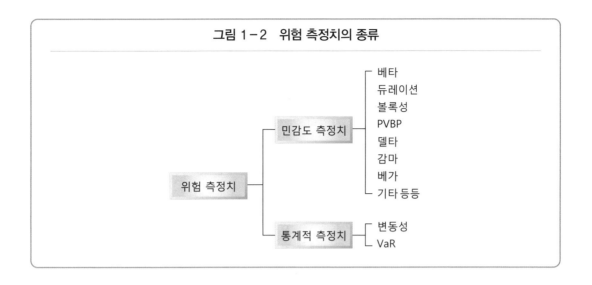

그림 1-2 위험 측정치의 종류

민감도 위험 측정치로 위험을 측정하는 경우, 위험을 합산할 수 없다는 문제점 외에 위험조정실적(risk-adjusted performance)을 일관성 있게 계산하기가 어렵고, 또한 효과적으로 포지션 한도(position limit)를 적용하기 곤란하다는 추가적인 단점을 갖는다.

통계적 위험 측정치로는 변동성과 VaR(Value at Risk)가 있으며 모두 합산이 가능하다. 변동성(volatility)은 분포의 표준편차(standard deviation)를 말하며, 이는 평균을 중심으로 분포가 어느 정도 퍼져 있는가 하는 산포도(dispersion)를 측정한다. 변동성이 산포도를 측정하므로 위험을 측정하는 변수로 이용할 수 있으며 현대 포트폴리오의 이론은 표준편차를 기초로 정립되어 있다. 그런데 표준편차보다 VaR를 선호하는 이유는 무엇인가?

첫째, 표준편차가 위험의 척도가 되려면 정규분포를 가정해야 한다. 그러나 VaR는 정규분포에 대한 가정을 반드시 필요로 하지 않는다. 물론 정규분포를 가정하면 VaR를 보다 쉽게 계산할 수 있다. 둘째, 정규분포 하에서 변동성은 기초변수의 불리한 움직임으로 발생하는 하향손실(downside risk)과 유리한 움직임으로 발생하는 상향 이익(upside profit)을 모두 고려하며 하향손실과 상향 이익이 발생할 확률이 동일하다. 그러나 옵션과 같은 비선형 자산의 경우 이런 대칭관계는 성립하지 않는다. 반면에 낮은 확률로 발생 가능한 손실을 의미하는 VaR는 분포의 하향 손실로부터 계산되므로 변동성보다 직관적인 위험 측정치가 된다.

VaR는 직관적인 설명이 가능할 뿐만 아니라 수익률이 정규분포를 따르는 경우 표준편차와 동일한 정보를 제공하게 되므로 현대 포트폴리오 이론과도 일관성을 갖게 된다. 따라서 이런 두 가지 이유로 우리는 표준편차보다 VaR를 선호하게 된다.

금융기관의 전통적인 위험관리시스템은 자산부채관리(Asset Liability Management : ALM)시스템이다. ALM은 자산과 부채를 연계하여 기업의 위험을 관리하는 시스템으로 금리위험의 관리뿐만 아니라 유동성 위험과 신용위험의 관리도 가능하도록 확장되어 왔다.

은행의 경우 자산과 부채의 대부분은 각각 대출과 예금으로 구성되어 있어 금융기관의 손익은 금리의 변화에 의하여 크게 영향을 받는다. 그런데 금리가 변할 때 자산가치의 변화분과 부채가치의 변화분이 동일하지 않으므로 금융기관은 금리위험에 노출된다. ALM은 만기 갭 분석 또는 듀레이션 갭 분석을 통하여 금리 변화에 따른 순자산가치의 변화를 관리하는 기법이다.

좁은 의미의 ALM기법은 〈그림 1-3〉이 보여 주듯이 금융기관의 거래 중에서 발생주의 원칙(accrual basis)으로 기록되는 발생주의 항목(accrual item)들을 대상으로 중기금리(intermediate interest rate)의 움직임을 예측한 후, 이것이 금융기관의 수익에 미치는 영향을 시뮬레이션하여 최종적으로 추정 손익계산서(projected income statement)를 작성하는 것이다.[2] 그러나 ALM기법은 매우 복잡한 금융상품이나 매일 시가를 계산하는 거래항목(trading item), 즉 시가주의 원칙으로 기록되는 항목을 고려하지 못한다는 한계점을 갖는다.[3]

반면에 VaR는 거래항목에 적용할 수 있다. 〈그림 1-4〉에 의하면 VaR기법은 거래항목에 적용하여 현재의 시가로 평가할 뿐만 아니라 여러 위험요인의 단기(short-term) 변화를 예측하여 시장가치의 변화를 시뮬레이션할 수 있다. 전통적인 ALM기법에 비하여 VaR기법은 다음과 같은 세 가지 장점을 갖는다.

❶ 시가를 반영하므로 현재의 상태를 정확히 반영한다. 발생주의 회계원칙에 의하여 기록되는 경우 실제로는 손실이 발생하였으나 이를 인식하지 않아 현재에 이익이 발생한 것으로 기록될 수 있다. VaR기법은 이런 문제점을 해결한다.

❷ ALM기법이 위험요인의 중기 변화를 예측하는 데 비하여 VaR는 위험요인의 단기 변화를 예측한다. VaR기법은 예측기간이 짧으므로 위험요인의 변화를 보다 정확히 추정할 수 있다.

---

1 이 부분은 *RiskMetrics*(1995) 제3판을 참조하였음.

2 〈그림 1-3〉에서 화살표가 발생주의 항목에서만 나오는 것에 주의해야 한다.

3 〈그림 1-4〉의 빗금친 부분은 고려되지 못한다는 것을 의미한다.

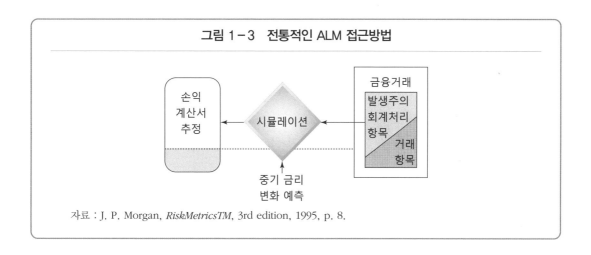

그림 1-3 전통적인 ALM 접근방법

자료 : J. P. Morgan, *RiskMetricsTM*, 3rd edition, 1995, p. 8.

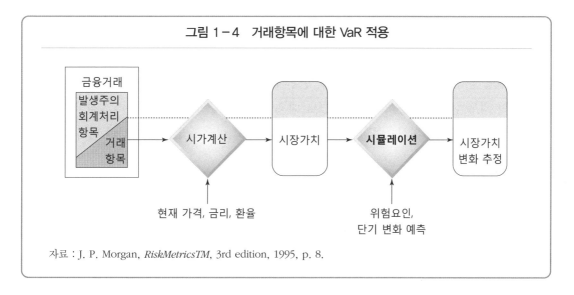

그림 1-4 거래항목에 대한 VaR 적용

자료 : J. P. Morgan, *RiskMetricsTM*, 3rd edition, 1995, p. 8.

❸ ALM기법은 재무제표상의 자산에 주로 적용되는 기법인 데 반하여, VaR는 파생상품과 같은 부외자산을 포함하는 거래항목을 중심으로 하는 위험관리기법이다. 앞에서 설명했 듯이, 파생상품시장이 폭발적으로 성장하였을 뿐만 아니라, 레버리지 효과로 인하여 금 융기관의 생존에 큰 영향을 미칠 수 있으므로 여러 위험요소들을 통합적으로 관리해야 할 필요성이 증대되었다.

〈그림 1-4〉는 VaR의 개념이 거래항목에 어떻게 적용되는가를 보여 주는 그림이다.

반면에, 〈그림 1-5〉는 VaR기법이 금융기관의 모든 거래에 적용되는 과정을 나타낸다. 이 그

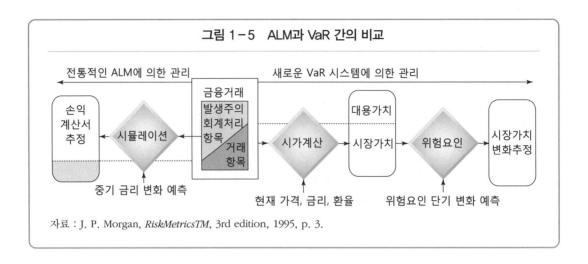

그림 1-5 ALM과 VaR 간의 비교

전통적인 ALM에 의한 관리 ← | → 새로운 VaR 시스템에 의한 관리

손익계산서 추정 ← 시뮬레이션 ← [금융거래 / 발생주의 회계처리 항목 / 거래항목] → 시가계산 → 시장가치 (대용가치) → 위험요인 → 시장가치 변화추정

중기 금리 변화 예측   현재 가격, 금리, 환율   위험요인 단기 변화 예측

자료 : J. P. Morgan, *RiskMetricsTM*, 3rd edition, 1995, p. 3.

림은 ALM기법과 VaR기법의 차이를 명확히 보여 준다.

이 그림에 의하면 전통적인 ALM기법은 거래항목에는 적용되지 않으므로 결국 손익계산서는 발생주의 항목만을 대상으로 추정된다. 반면에 VaR기법은 모든 항목에 적용되는데, 발생주의 항목의 경우 현재 가격을 알 수 없으므로 대용 가치(proxy value)를 사용한다.[4] 결국 VaR기법은 모든 항목에 대하여 위험요인의 단기 변화를 예측하고 이로부터 시장 가격의 변화를 시뮬레이션하는 기법이다.

표 1-2 ALM시스템과 VaR시스템의 비교

구분	ALM	VaR
대상 업무	전통적 여수신 업무	거래항목
대상 위험	금리위험 중심	시장위험 전반
위험의 계량화	금리 민감도를 측정 (상대적 위험)	손실 규모를 직접 추정 (절대적 위험)
분석 시각	주로 회계상의 손익 변동	포트폴리오의 가치 변동
도입 시기	1960~1970년대	1980~1990년대
도입 배경	자산과 부채를 종합적으로 관리하기 위함	파생상품 시장의 비약적인 발전으로 여러 위험요소를 통합적으로 분석하고자 함

---

4 〈그림 1-5〉에서 ALM기법 부분의 첫 번째 화살표는 발생주의 항목에서만 나오는 데 반해 VaR부분에서 첫 번째 화살표는 모든 거래항목(발생주의 항목과 거래항목 포함)에서 나오는 것에 주의해야 한다.

ALM시스템은 계속적으로 확장되어 앞에서 설명한 단점의 상당 부분을 보완하였으므로 VaR 시스템이 ALM을 완전히 대체해야 한다고 주장하기는 어렵다. 따라서 VaR시스템과 ALM시스템을 동시에 적용하여 각 방법의 장·단점을 적절히 활용할 때 보다 효과적인 위험관리가 이루어지게 된다.

VaR의 계산

예를 들어, 30개 이상의 주식에 분산투자된 포트폴리오의 VaR를 추정해 보자. 우리가 분석하는 포트폴리오는 잘 분산되어 있으므로 종합주가지수의 수익률을 얻을 것으로 추정할 수 있다. 1997년 1월부터 '98년 2월까지의 기간은 가격제한폭 8%의 적용을 받았던 기간이며 이 기간 동안에 총 338개의 일별 수익률이 존재한다. 〈그림 1-6〉은 '97년 1월부터 '98년 2월까지의 종합주가지수 일별 수익률의 분포를 보여 준다.

이 자료를 이용하여 95% 신뢰 수준에서 1일 기준의 VaR를 추정해 보자. 338개 일별 수익률의 평균은 −0.05%이고, 일간 표준편차는 2.41%이다. 최대값은 7.37%이고 최소값은 −7.79%이다.

VaR를 계산하는 방법은 크게 2가지로 나뉜다. 첫 번째 방법은 실제 분포를 이용하는 비모수적(nonparametric) 방법이다. 338개의 하위 5%는 $338 \times 0.05 = 16.9$이므로 대략적으로 17번째로 낮은 수익률이 95%의 VaR와 관련되어 있다. 포트폴리오의 현재가치가 100억 원이고 17번째로 낮은 수익률인 −4.35%을 얻는다면 포트폴리오의 가치는 $100 \times (1 - 0.0435) = 95.65$억 원이 된다. 따라서 95% 신뢰 수준에서 1일 기준으로 발생할 수 있는 최대 손실금액인 VaR는 4.35억 원이다. 또는 포트폴리오의 현재가치인 100억을 기준으로 하지 않고 포트폴리오가 평균 수익률을 얻는 경우의 가치인 $100(1 - 0.0005) = 99.95$억 원을 기준으로 하여 최대 손실금액을 계산할 수 있는데 이때의 VaR는 $100 \times (1 - 0.0005) - 95.65 = 4.3$억 원이다. VaR를 그림에 표시하면 〈그림 1-7〉과 같다.

두 번째 방법은 표준편차를 이용하는 모수적(parametric) 방법으로 VaR = 현재가치 $\times \alpha \times$ 표준

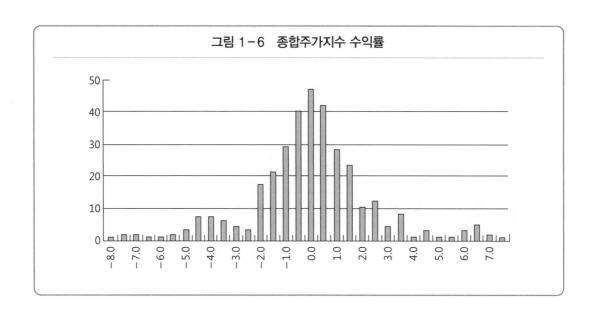

그림 1-6   종합주가지수 수익률

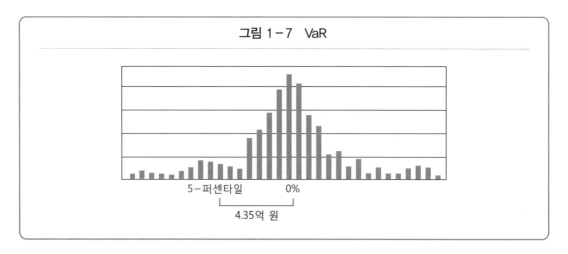

그림 1-7   VaR

5-퍼센타일   0%

4.35억 원

편차$=100 \times 1.65 \times 2.41\% = 3.98$억 원이다(α는 사용하는 신뢰 수준에서의 표준편차 배수를 의미함).[5]

    VaR는 신뢰 수준에서 발생할 수 있는 최대 손실금액으로 정의되므로 분포의 양쪽 꼬리(two-tail)를 이용하지 않고 한쪽(즉, 왼쪽) 꼬리(one-tail)만을 이용한다. 따라서 95% 신뢰 수준 이용 시 $1.65 \times$ 표준편차를 이용하는 이유는 $-\infty$부터 $-1.65 \times$ 표준편차까지의 누적확률이 5%이기 때문이다. 유사하게 99% 신뢰 수준을 이용하는 경우 α는 2.33을 사용한다.

---

5 이 경우에도 비모수적 방법의 경우처럼 현재가치를 중심으로 계산할 수도 있다. 보다 자세한 내용은 제2장 VaR의 측정을 참고할 것

리스크메트릭스

은행의 감독기관들이 VaR 사용을 의무화할 뿐만 아니라 자체적으로 시장위험을 관리하기 위하여 금융기관은 VaR를 이용한 위험관리시스템을 구축하기 시작하였다. 즉, 모건사를 비롯한 대형 금융기관들은 자체적으로 VaR를 이용한 위험관리시스템을 구축하고 각각 자사의 방식이 산업표준(industry standard)이 되도록 노력하고 있다. 금융기관들이 위험관리시스템을 개발하는 이유는 자사의 위험을 관리하기 위함이지만 또 다른 중요한 이유는 위험관리 서비스를 제공함으로써 얻을 수 있는 수익이 엄청나게 크기 때문이다.

모건(J. P. Morgan)사의 위험관리시스템인 리스크메트릭스(RiskMetrics)를 설명하기 위해서는 '4 : 15 보고서(4 : 15 Report)'를 빼놓을 수가 없다. 모건사의 전 회장인 데니스 웨더스톤(Dennis Weatherstone)은 금융기관의 노출된 위험을 하나의 수치로 요약해야 할 필요성을 느끼고 매일 영업이 끝난 후 15분 이내에 자신에게 1쪽짜리 보고서를 제출하도록 요구하였다. 보고서에는 모건사의 모든 위험이 하나의 수치인 DEaR(Daily Earnings at Risk로 일별 VaR를 의미함)로 종합되어 있다. 이 보고서는 매일 오후 4시 15분에 제출되었기 때문에 4 : 15 보고서로 불린다. 이것이 우리가 VaR로 칭하는 위험관리 수단의 시초가 되었다.

리스크메트릭스는 정확성(accuracy)과 적시성(timeliness)의 상충관계(trade-off)에서 정확성보다 적시성을 중요하게 생각하는 시스템이다. 웨더스톤은 'Approximately right is better than precisely wrong'이라는 말을 인용하여 적시성의 중요성을 강조하였다.

금융기관 중에서 모건사가 가장 공격적으로 자사의 위험관리시스템을 산업표준으로 만들기 위해 노력하고 있다. 이런 노력의 일환으로 모건사는 1994년 10월부터 인터넷을 통하여 자사의 위험관리시스템인 리스크메트릭스의 방법론과 일부 데이터를 무료로 제공하고 있다. 특히 리스크메트릭스 데이터베이스에는 약 480개에 이르는 위험요인들의 가격 변동성과 이들 간의 상관관계에 대한 자료가 포함되어 있으며, 이들 자료들은 매일 갱신되고 있다. 우리가 본 서에서 설명하는 VaR의 계산방법은 근본적으로 리스크메트릭스의 방법을 따르고 있다. 이 방법은 정규분포를 가정하고 선형으로 VaR를 추정하기 때문에 델타-노말방법(delta-normal method)으로 불린다. 모건사는 주로 시장위험을 관리하는 시스템으로 리스크메트릭스를 운용하며, 신용위험을 관리하는 시스템으로 크레디트 메트릭스(CreditMetrics)를 운용하고 있다. 리스크메트릭스의 기본 구조는 〈그림 1-9〉와 같다.

그림 1-8   4:15 보고서

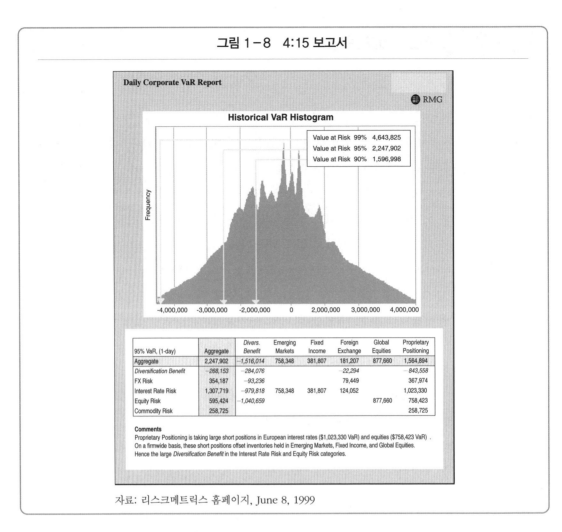

자료: 리스크메트릭스 홈페이지, June 8, 1999

그림 1-9   리스크메트릭스 시스템의 구조

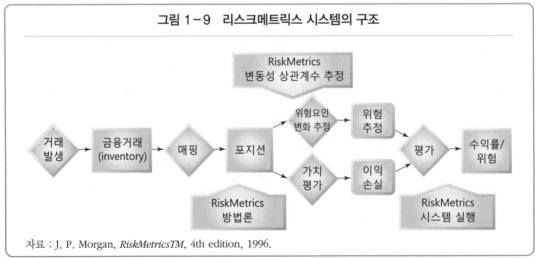

자료 : J. P. Morgan, *RiskMetricsTM*, 4th edition, 1996.

1 VaR의 용도

VaR는 위험을 측정하고 관리하는 수단으로서 주요 용도는 다음과 같다.

❶ 정보보고(information reporting) : VaR는 거래 및 투자활동에서 발생하는 위험을 최고경영자에게 보고하는 데 사용될 수 있다. 또한 VaR는 기업의 재무위험을 비전문적 용어로 주주들에게 알리는 데 유용하다. 따라서 VaR는 시가주의 원칙에 기초하여 보다 많은 정보를 공시하도록 하는 현재의 추세를 가속화하는 데 일조한다.

❷ 자원분배(resource allocation) : VaR는 제한된 재원을 효율적으로 분배하는 데 사용된다. VaR의 이점은 다양한 시장에서의 위험한 투자활동을 상호 비교할 수 있는 공통의 기준치를 제공해 준다는 데에 있다. 기업의 총위험은 개별 포지션이 총위험에 공헌하는 정도인 공헌 VaR로 분해되므로 어떤 포지션이 총위험에 가장 많이 공헌하는가를 파악할 수 있다.

❸ 포지션 한도(position limit) : VaR는 금융기관 전체뿐만 아니라 포지션별, 거래자별, 부서별 위험한도를 사전적으로 설정하는 데 이용된다. 금융기관 전체의 VaR 한도는 금융기관이 유지하고자 하는 신용등급(즉, 채무불이행 확률)을 고려하여 결정된다.

❹ 실적평가(performance evaluation) : VaR는 위험에 대해 실적을 조정하는 데 사용될 수 있다. 거래자들은 과도하게 위험을 부담하려는 경향이 있으므로 실적을 위험에 대하여 조정하여 평가하는 것이 특히 유용하다. VaR 측정치에 근거하여 위험자본을 계산하면 거래자들에게 올바른 유인을 제공한다. 자원배분과 실적평가에는 수익을 위험으로 나눈 RAROC의 개념이 기본이 된다. RAROC은 Risk Adjusted Return On Capital의 약자로 수익을 위험으로 나눈 비율이다.

❺ 감독기관(regulator) : 금융기관을 신중하게 규제하기 위해서는 최소 요구자본을 재무위험에 비례하여 유지하는 것이 요구된다. 여러 감독기관들은 VaR를 적절한 위험 측정치로 사용하는 데에 의견을 모았다. 그리고 증권거래위원회(SEC)는 파생상품의 시장위험을 보다 잘 공시할 수 있는 제안서를 발표하였다. 이 제안서에 의하면 거래소에 상장된 미국 기업들은 VaR를 포함하는 세 가지 방법 중의 하나로 파생상품의 위험을

공시해야 한다.

❻ 금융기관 및 기관투자가 : 대규모 거래 포트폴리오를 가지고 있는 금융기관들은 VaR를 이용하여 통합적으로 위험을 관리하는 것이 절대적으로 필요하다. Barings사와 Daiwa은행처럼 통합적 위험관리시스템을 운영하지 않는 기관은 대규모 손실에 노출될 수 있다.

❼ 제조기업 : VaR시스템은 금융기관에 특히 유용하나 다국적기업은 현금유입과 유출이 여러 통화로 되어 있으므로 VaR를 이용하여 위험을 관리하는 것이 바람직하다. 그리고 VaR의 개념을 제조기업에 적용시킨 CFaR(Cash Flow at Risk) 방법은 투자재원의 치명적인 부족 가능성을 분석하는 데 사용된다. 최근 들어 제조기업들은 VaR의 개념을 당기순이익에 적용시킨 EaR(Earnings at Risk) 또는 EPSaR (Earnings Per Share at Risk)의 방법으로 당기순이익의 변동성을 관리하고 있다(모건사는 이 방법론을 Corporate-Metrics라고 함).

2 VaR의 한계

VaR는 위험을 관리하는 하나의 수단에 불과하다. 즉, VaR는 시장위험에 대한 첫 번째 방어수단으로 사용되지만 만병통치약은 아니다. 따라서 사용자는 VaR의 한계를 인식하고 있어야 한다.

❶ VaR를 초과하는 경우의 손실을 알지 못함 : VaR는 VaR보다 더 큰 손실이 발생할 확률에 대해서는 정보를 제공하지만 얼마나 더 큰 손실이 발생하는가에 대해서는 정보를 제공하지 못한다. 예를 들어, 95% 신뢰 수준에서 계산한 1일 VaR가 1억 원이면 5% 확률로 1억 원보다 더 큰 손실이 발생할 수 있다는 것을 의미하지만 이때 손실이 얼마인지는 알 수 없다.

예를 들어, 〈그림 1-10〉과 같은 분포를 갖는 경우 95% 신뢰 수준에서의 두 분포의 VaR는 동일하다. 그러나 VaR보다 더 큰 손실이 발생하는 경우의 손실크기는 매우 상이하다. VaR는 발생 확률은 작지만 손실이 매우 큰 위험은 고려하지 못한다.

이런 VaR의 문제점을 보완할 수 있는 첫 번째 방법은 위기상황 분석(stress testing)을 실시하는 것이고, 두 번째 방법은 극단치 VaR(extreme VaR)를 계산하는 것이다.

❷ 비모수적 VaR의 경우 분산 효과를 정확히 반영하지 못할 수 있음 : 비모수적 방법 또는 시뮬레이션 방법으로 계산된 VaR는 subadditivity(하위 가법성)의 속성을 만족시키지 못한다. subadditivity는 분산 효과로 인해 포트폴리오의 위험이 개별 자산 위험의 합보다 클

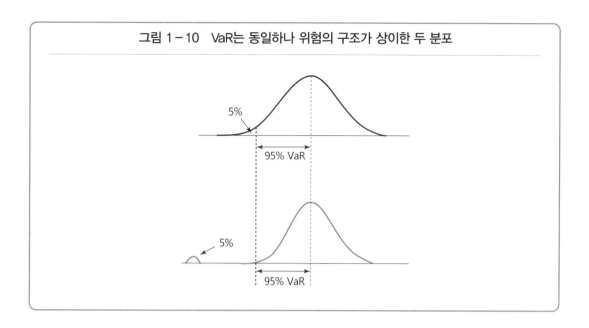

그림 1 – 10   VaR는 동일하나 위험의 구조가 상이한 두 분포

수 없음을 의미한다.

즉, subadditivity가 성립하지 않으면 포트폴리오의 VaR가 개별 VaR의 합보다 클 수 있음을 의미한다 : $VaR_{A+B} > VaR_A + VaR_B$. 이는 금융회사가 분산투자를 하면 오히려 위험이 증가하여 더 많은 자본이 요구된다는 비논리적인 내용이다. 그러나 모수적 방법으로 계산된 VaR는 subadditivity의 속성을 항상 만족시킨다.

예를 들어, A채권과 B채권의 가치가 각각 100원이고 채무불이행 확률이 4%로 동일하다고 하자(회수율은 0%로 가정함). 95% 신뢰 수준을 이용하는 경우 각 채권의 VaR는 0원이다. 두 채권의 채무불이행이 서로 독립적이라고 가정하면 포트폴리오의 손실 분포는 다음과 같다.

손실 200원 발생 확률 : $0.04 \times 0.04 = 0.0016$
손실 100원 발생 확률 : $0.04 \times 0.96 \times 2 = 0.0768$
손실 0원 발생 확률 : $0.96 \times 0.96 = 0.9216$

따라서 채권 포트폴리오의 95% VaR는 100원이 되고 subadditivity가 성립하지 않는다.

Artzner, Delbaen, Eber, Heath(1999)는 '일관성있는 위험 측정치(coherent measure of risk)'가 가져야 하는 네 가지 속성을 제시하였다. 네 가지 속성은 monotonicity, translation invariance, homogeneity, subadditivity이다.

① monotonicity는 적어도 하나의 상황에서 나쁜 결과가 나오면 위험이 크게 계산되어 요구자본이 늘어나야 한다는 속성이다.

② translation invariance는 현금이 추가되면 현금이 손실에 대한 완충역할(buffer)을 하므로 요구자본은 감소되어야 한다는 속성이다.

③ homogeneity는 포트폴리오의 크기가 2배가 되면 요구자본도 2배가 되어야 한다는 속성이다.

④ subadditivity는 분산투자가 위험을 감소시키므로 포트폴리오를 구성하면 전체 요구자본은 동일하거나 또는 감소해야 한다는 속성이다.

❸ 동일한 방법론을 사용하더라도 VaR 상업 프로그램 간의 차이가 큼 : Marshall과 Siegel은 1997년 리스크메트릭스의 방법론에 의해 VaR를 계산하는 11개 상업 프로그램(vendor)을 이용하여 계산된 VaR 간의 차이를 분석하였다. 데이터 간의 차이를 통제하기 위하여 동일한 수익률 자료가 제공되었다. 11개 상업 프로그램은 통화선도 계약, 국채, 금리스왑 등의 포지션에 대하여 VaR를 계산하였는데 그 결과는 〈표 1-3〉과 같다.

〈표 1-4〉는 포지션별로 계산된 VaR의 평균, 중위값, 표준편차, 표준편차/중위값을 보여준다. 통화선도 계약과 같이 간단한 포지션의 경우 차이가 거의 없으나 옵션이 내재된 포지션의 경우 표준편차/중위값이 20%를 초과할 정도로 차이가 큰 것으로 분석되었다.

이상의 분석은 동일한 방법론을 따르고 동일한 자료를 이용하더라도 VaR 값에 큰 차이가 있을 수 있음을 보여준다. 따라서 모형의 정확성을 정기적으로 검증하는 사후검증이 대단히 중요하다. 한편 VaR의 추정 오차가 크더라도 계산된 VaR의 시간적 변화는 여전히 중요한 정보를 제공해 준다.

❹ 사건 위험 : 만일 VaR를 과거 자료에 근거하여 계산하는 경우, 이는 과거가 미래를 예측하는 데 가장 좋은 길잡이가 된다는 것을 가정하고 있다.

그러나 어떤 사건이 과거에 발생하지 않았다고 해서 미래에도 발생하지 않을 것이라는 것은 어느 누구도 단언할 수 없다. 따라서 과거의 패턴이 완전히 바뀌는 상황이 발생하면 과거 자료를 이용하는 모형은 완전히 실패하게 된다.

물론 급격한 변화가 미치는 영향을 분석할 수 있는 위기상황 분석(stress testing)을 이용하여 사건 위험(event risk)을 분석할 수 있다. 사건 위험의 좋은 예는 1994년의 멕시코 페소화의 평가절하와 1997년 우리 나라 외환위기 등이다.

표 1-3 포지션별 VaR값

상업 프로그램	통화선도	머니마켓 예금	FRA	정부국채	금리스왑	통화옵션	금리캡 금리플로어
A	N/A	498,425	N/A	N/A	438,680	N/A	N/A
B	426,288	673,101	426,288	3,808,750	315,177	889,609	416,722
C	N/A	N/A	N/A	5,490,568	N/A	N/A	N/A
D	437,379	668,690	437,379	3,802,820	305,502	N/A	N/A
E	426,000	673,000	426,000	3,754,000	307,000	943,000	N/A
F	425,677	673,034	425,677	3,824,799	425,677	N/A	N/A
G	425,189	671,626	425,189	3,809,410	425,189	501,811	616,145
H	N/A	671,060	N/A	4,823,042	N/A	N/A	N/A
I	425,363	639,968	425,363	3,806,757	425,363	718,846	416,523

표 1-4 포지션별 VaR 평균, 중위값, 표준편차, 표준편차/중위값

포지션	평균	중위값	표준편차	표준편차/중위값
통화선도	427,649	425,839	4,784	1%
머니마켓예금	646,113	671,343	60,720	9%
FRA	78,856	78,856	7,534	10%
정부국채	4,140,018	3,809,080	652,762	17%
금리스왑	306,663	311,089	66,648	21%
통화옵션	763,317	804,228	198,829	25%
금리캡/금리 플로어	483,130	416,722	115,194	28%

chapter 02

기초지식

통계학 기초지식

1   기댓값과 분산

확률분포(probability distribution)란 미래 어떤 사건(event)이 발생할 수 있는 가능성을 확률로 나타낸 분포를 의미한다. 다시 말해서 확률분포는 특정 확률변수가 가질 수 있는 모든 값들과 이들이 나타날 확률을 분포로 나타낸 것이다. 확률분포의 특징을 규정하는 중요한 개념은 기댓값과 분산(또는 표준편차)이다.

기댓값이란 확률변수가 취할 수 있는 모든 값들의 평균값(average value)을 의미하고 평균값은 보통 평균이라고 부른다(P_i는 i상황이 발생할 확률임).

$$E(X) = \sum_{i=1}^{n} x_i P_i \tag{2.1}$$

분산은 확률변수들이 그것의 평균, 즉 기댓값으로부터 얼마나 떨어져 있는가를 나타내는 것이다. 분산은 확률변수에서 기댓값을 차감한 편차(deviation)의 제곱을 그것의 발생 확률로 곱하고 이들을 모두 더해서 구한다.

$$V(X) = \sum_{i=1}^{n} [x_i - E(X)]^2 \cdot P_i \tag{2.2}$$

$$\sigma(X) = \sqrt{V(X)} \tag{2.3}$$

확률변수의 결합(combination)과 변환(transformation)은 다음과 같다. 단, a, b, c는 상수이다.

$$E(c) = c \tag{2.4}$$

$$E(cX) = cE(X) \tag{2.5}$$

$$E(bX+c) = bE(x)+c \tag{2.6}$$

$$E(X+Y) = E(X)+E(Y) \tag{2.7}$$

$$E(w_1X+w_2Y) = w_1E(X)+w_2E(Y) \tag{2.8}$$

$$V(c) = 0, \; \sigma(c) = 0 \tag{2.9}$$

$$V(aX) = a^2V(X), \; \sigma(aX) = a\sigma(X) \tag{2.10}$$

$$V(X \pm b) = V(X), \; \sigma(X \pm b) = \sigma(X) \tag{2.11}$$

$$V(aX \pm b) = a^2V(X), \; \sigma(aX \pm b) = a\sigma(X) \tag{2.12}$$

2 공분산

공분산(covariance)은 두 확률분포의 결합과 관련된 개념으로서, 두 개의 확률변수의 분포가 결합된 결합 확률분포의 분산을 의미한다. 공분산은 포트폴리오의 분산 효과를 이해하는 데 필수적인 매우 중요한 개념이다. 두 확률변수 X, Y의 기대값이 각각 $E(X)$, $E(Y)$일 때, 공분산 $Cov(X, Y)$는 다음과 같이 정의된다.

$$Cov(X, \; Y) = \sum_{i=1}^{n} \{x_i - E(X)\}\{y_i - E(Y)\} \cdot P_i$$
$$= E[\{X - E(X)\}\{Y - E(Y)\}] \tag{2.13}$$

공분산은 다음과 같은 특성을 갖는다. 식 (2.15)에 의하여 위험자산과 무위험자산 간의 공분산은 0임을 알 수 있다.

$$Cov(X, \; Y) = E(XY) - E(X)E(Y) \tag{2.14}$$

$$Cov(X, \; c) = 0 \tag{2.15}$$

$$Cov(w_1X, w_2Y)=w_1w_2Cov(X, Y) \tag{2.16}$$

그리고 공분산을 표준화하면 상관계수(correlation : ρ)가 계산된다.

$$\rho_{XY} = \frac{Cov(X, y)}{\sigma(X)\sigma(Y)} \quad (-1 \leq \rho_{XY} \leq +1) \tag{2.17}$$

3 포트폴리오의 분산

두 확률변수 X와 Y를 합한 것의 분산은 각 확률변수의 분산의 합과 두 확률변수의 공분산에 2를 곱한 것을 더한 값과 같다.

$$V(X+Y)=V(X)+V(Y)+2Cov(X, Y) \tag{2.18}$$
$$V(w_1X+w_2Y)=w_1^2V(X)+w_2^2V(Y)+2w_1w_2Cov(X, Y) \tag{2.19}$$

세 확률변수 X, Y, Z를 합한 것의 분산은 다음과 같다.

$$V(X+Y+Z)=V(X)+V(Y)+V(Z)+2Cov(X, Y)$$
$$+2Cov(X, Z)+2Cov(Y, Z) \tag{2.20}$$

4 표본 추정치

실제로 수익률의 분포는 모든 관찰치가 동일하고 독립적인 분포를 따른다는 가정하에서 과거 자료로부터 보통 추정된다. 기대수익률 또는 1차 모멘트 $\mu=E(X)$는 다음과 같이 표본의 평균 수익률로 추정된다(T는 관찰치의 수임).

$$\hat{\mu} = \frac{1}{T}\sum_{i=1}^{T} x_i \tag{2.21}$$

그리고 분산 또는 2차 모멘트 $\sigma^2=E[(X-\mu)^2]$는 다음과 같이 표본분산으로 추정된다.

$$\hat{\sigma}^2 = \frac{1}{T-1}\sum_{i=1}^{T} (x_i - \hat{\mu})^2 \tag{2.22}$$

일반적으로 짧은 기간을 기준으로 위험 또는 VaR를 측정하는 경우, 평균 또는 기대수익률은 무시하는데, 이유는 다음과 같다.

① 짧은 기간 동안의 기대수익률(평균)은 변동성(표준편차)에 비하여 매우 작다.

② 짧은 기간 동안의 기대수익률을 0으로 가정하는 것이 재무이론과 크게 불일치하지 않는다.

③ 표본의 분산을 구할 때 기대수익률을 0으로 가정해도 결과는 크게 차이가 나지 않는다.

$$\hat{\sigma}^2 = \frac{1}{T-1} \sum_{i=1}^{T} (x_i - \hat{\mu})^2 \approx \sum_{i=1}^{T} x_i^2 \tag{2.23}$$

④ 기대수익률의 추정 오차가 변동성의 추정 오차보다 훨씬 크다.

5 정규분포

가우스 분포라고도 불리는 정규분포는 평균(mean : μ)과 표준편차(standard deviation : σ)에 의해 그 모양이 결정된다. 정규분포를 분포의 평균 μ와 표준편차 σ로 정형화하면 〈그림 2-1〉과 같다.

〈그림 2-1〉에서 볼 수 있듯이 정규분포는 다음과 같은 몇 가지 특성을 갖는다.

첫째, 정규분포의 형태는 평균(μ)과 표준편차(σ)에 의해 결정된다.

정규분포의 확률 밀도 함수는 다음과 같다.

$$f(X) = \frac{1}{\sqrt{2\pi\sigma^2}} e^{-(X-\mu)^2/2\sigma^2} \quad (-\infty < X < +\infty) \tag{2.24}$$

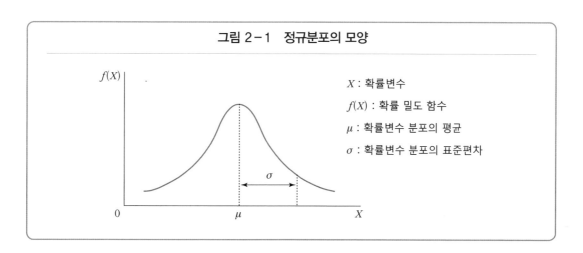

그림 2-1 정규분포의 모양

X : 확률변수
$f(X)$: 확률 밀도 함수
μ : 확률변수 분포의 평균
σ : 확률변수 분포의 표준편차

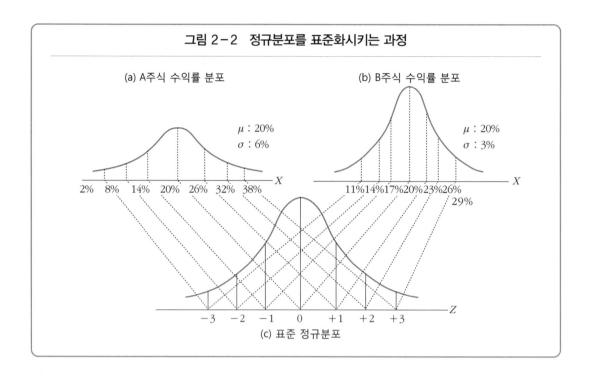

그림 2-2 정규분포를 표준화시키는 과정

(a) A주식 수익률 분포

μ : 20%
σ : 6%

2% 8% 14% 20% 26% 32% 38%

(b) B주식 수익률 분포

μ : 20%
σ : 3%

11%14%17%20%23%26%
29%

−3 −2 −1 0 +1 +2 +3

(c) 표준 정규분포

둘째, 정규분포의 확률 밀도 함수는 확률변수의 평균(μ)을 기준으로 좌우 대칭형의 모양을 갖는다. 즉, 정규분포는 좌우대칭형의 분포로서 종 모양(bell shape)을 갖는다. μ는 정규분포의 위치를 결정하고, σ는 정규분포의 모양을 결정한다.

셋째, 정규분포를 따르는 변수들을 선형으로 결합하여 만든 변수 또한 정규분포를 따른다.

정규분포함수는 μ와 σ에 의해 결정되므로 이를 평균이 0이고 분산이 1인 표준 정규분포(standard normal distribution)로 전환하면 이용하기가 편리하다. 〈그림 2-2〉는 두 확률분포를 하나의 정규분포로 표준화시키는 과정을 그린 것이다.

정규분포는 다음과 같은 공식에 의해 표준 정규분포로 전환된다.

$$Z = \frac{x - \mu}{\sigma} \tag{2.25}$$

식 (2.25)에서 볼 수 있듯이, 표준 정규분포는 모든 정규분포의 평균을 0으로, 그리고 표준편차를 1로 표준화시킨 정규분포이다. 즉, 표준 정규분포의 Z값은 어떤 확률변수 X가 그것의 평균 또는 기대값으로부터 표준편차를 기준으로 얼마나 떨어져 있는가를 나타내는 지표이다. 따라서 표준 정규분포를 Z분포라고도 부른다.

〈그림 2-3〉에서 볼 수 있듯이 $-1 \leq Z \leq +1$일 확률은 약 68%이고, $-2 \leq Z \leq +2$일 확률은

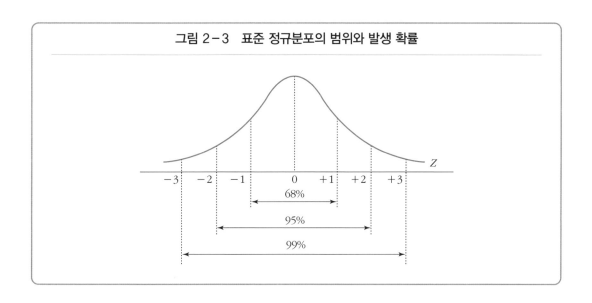

그림 2-3   표준 정규분포의 범위와 발생 확률

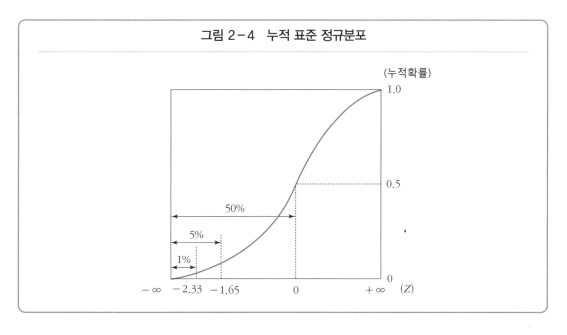

그림 2-4   누적 표준 정규분포

약 95%이며, $-3 \leq Z \leq +3$일 확률은 약 99%이다.

누적 표준 정규분포(cumulative standard normal distribution)란 Z분포에서 $Z = -\infty$부터 $Z = +\infty$까지의 확률을 누적해서 그린 확률분포이다.

〈그림 2-4〉의 누적 표준 정규분포는 〈표 2-1〉에서 확인할 수 있다.

〈그림 2-4〉에서 볼 수 있듯이, 누적 표준 정규분포에서 $-\infty \leq Z \leq 0$ 간의 누적확률은 0.5이

표 2-1   누적 표준 정규분포표

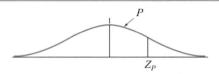

zp	.00	.01	.02	.03	.04	.05	.06	.07	.08	.09
0.0	.5000	.5040	.5080	.5120	.5160	.5199	.5239	.5279	.5319	.5359
.1	.5398	.5438	.5478	.5517	.5557	.5596	.5636	.5675	.5714	.5753
.2	.5793	.5832	.5871	.5910	.5948	.5987	.6026	.6064	.6103	.6141
.3	.6179	.6217	.6255	.6293	.6331	.6368	.6406	.6443	.6480	.6517
.4	.6554	.6591	.6628	.6664	.6700	.6736	.6772	.6808	.6844	.6879
.5	.6915	.6950	.6985	.7019	.7054	.7088	.7123	.7157	.7190	.7224
.6	.7257	.7291	.7324	.7357	.7389	.7422	.7454	.7486	.7517	.7549
.7	.7580	.7611	.7642	.7673	.7704	.7734	.7764	.7794	.7823	.7852
.8	.7881	.7910	.7939	.7967	.7995	.8023	.8051	.8078	.8106	.8133
.9	.8159	.8186	.8212	.8238	.8264	.8289	.8315	.8340	.8365	.8389
1.0	.8413	.8438	.8461	.8485	.8508	.8531	.8554	.8577	.8599	.8621
1.1	.8643	.8665	.8686	.8708	.8729	.8749	.8770	.8790	.8810	.8830
1.2	.8849	.8869	.8888	.8907	.8925	.8944	.8962	.8980	.8997	.9015
1.3	.9032	.9049	.9066	.9082	.9099	.9115	.9131	.9147	.9162	.9177
1.4	.9192	.9207	.9222	.9236	.9251	.9265	.9279	.9292	.9306	.9319
1.5	.9332	.9345	.9357	.9370	.9382	.9394	.9406	.9418	.9429	.9441
1.6	.9452	.9463	.9474	.9484	.9495	.9505	.9515	.9525	.9535	.9545
1.7	.9554	.9564	.9573	.9582	.9591	.9599	.9608	.9616	.9625	.9633
1.8	.9641	.9649	.9656	.9664	.9671	.9678	.9686	.9693	.9699	.9706
1.9	.9713	.9719	.9726	.9732	.9738	.9744	.9750	.9756	.9761	.9767
2.0	.9772	.9778	.9783	.9788	.9793	.9798	.9803	.9808	.9812	.9819
2.1	.9821	.9826	.9830	.9834	.9838	.9842	.9846	.9850	.9854	.9857
2.2	.9861	.9864	.9868	.9871	.9875	.9878	.9881	.9884	.9887	.9890
2.3	.9893	.9896	.9898	.9901	.9904	.9906	.9909	.9911	.9913	.9916
2.4	.9918	.9920	.9922	.9925	.9927	.9929	.9931	.9932	.9934	.9936
2.5	.9938	.9940	.9941	.9943	.9945	.9946	.9948	.9949	.9951	.9952
2.6	.9953	.9955	.9956	.9957	.9959	.9960	.9961	.9962	.9963	.9964
2.7	.9965	.9966	.9967	.9968	.9969	.9970	.9971	.9972	.9973	.9974
2.8	.9974	.9975	.9976	.9977	.9977	.9978	.9979	.9979	.9980	.9981
2.9	.9981	.9982	.9982	.9983	.9984	.9984	.9985	.9985	.9986	.9986
3.0	.9987	.9987	.9987	.9988	.9988	.9989	.9989	.9989	.9990	.9990
3.1	.9990	.9991	.9991	.9991	.9992	.9992	.9992	.9992	.9993	.9993
3.2	.9993	.9993	.9994	.9994	.9994	.9994	.9994	.9995	.9995	.9995
3.3	.9995	.9995	.9995	.9996	.9996	.9996	.9996	.9996	.9996	.9997
3.4	.9997	.9997	.9997	.9997	.9997	.9997	.9997	.9997	.9997	.9998

다. 즉, Z값이 $-\infty$에서 기대값까지에 있을 확률이 0.5라는 것이다. 그리고 $-\infty \leq Z \leq +\infty$ 간의 누적확률은 1.0이다. VaR 모형에서 신뢰 수준 95%와 99%라는 의미는 누적 표준 정규분포에서 Z값이 ∞에서 각각 -1.65, -2.33까지 있을 확률을 의미하는 것이다.

VaR는 신뢰 수준에서 발생할 수 있는 최대 손실금액으로 정의되므로 분포의 양쪽 꼬리(two-tail)를 이용하지 않고 한쪽(즉, 왼쪽) 꼬리(one-tail)만을 이용한다. 따라서 95% 신뢰 수준에 해당되는 값은 이 값보다 작을 확률이 5%인 값을 의미한다.

section 02 수익률 계산

위험 측정 시의 확률분포는 금융자산 수익률의 분포이다. 수익률을 계산하는 방법에 따라 이산 복리수익률과 연속 복리수익률이 있다. $t-1$시점에서의 가격 P_{t-1}과 t시점에서의 가격 P_t로부터 이산 복리수익률은 다음과 같이 계산된다.

$$R_t = \frac{P_t - P_{t-1}}{P_{t-1}} \tag{2.26}$$

동일한 기간의 연속 복리수익률을 r_t라고 가정하자. $P_t = P_{t-1}e^{r_t}$이므로, 양변에 ln을 취하면 $\ln P_t = \ln P_{t-1} + \ln e^{r_t}$이다. $\ln e^{r_t} = r_t$이므로 연속 복리수익률은 다음과 같이 계산된다.

$$r_t = \ln\left(\frac{P_t}{P_{t-1}}\right) = \ln(1 + R_t) = p_t - p_{t-1} \tag{2.27}$$

여기서 $p_t = \ln(P_t)$이다.

VaR시스템을 구축하기 위해서는 먼저 수익률을 어떤 방식으로 계산할 것인가를 결정해야 한다. 즉, 일별 수익률을 이산 복리로 계산할 것인지 아니면 연속 복리로 계산할 것인지를 결정해야 한다. 일반적으로 가격 변화가 작은 경우, 이산 복리수익률과 연속 복리수익률은 거의 차이가 없다.

연속 복리수익률은 이산 복리수익률에 비하여 단점보다 장점이 많으므로 연속 복리수익률로 데이터를 축적하는 것이 바람직하다. 연속 복리수익률의 장점은 다음과 같다.

❶ 시계열적 합산이 간편하다.

❷ 연속 복리수익률이 정규분포를 따르면 가격이 결코 음수(−)가 되지 않는다.

❸ 환율 자료의 경우 분포 간 일관성이 유지되고 여러 통화 기준으로 수익률을 전환하기가 편리하다.

section 03	평균과 표준편차의 기간별 합산

어떤 자산의 연간 평균 수익률과 표준편차는 연간 수익률 자료를 이용하여 구할 수 있고, 일별 평균 수익률과 표준편차는 일별 수익률 자료를 이용하여 직접 계산할 수 있다. 그렇다면 어떤 자산의 연간 평균 수익률과 표준편차를 아는 경우, 이 수치에 근거하여 일별 평균 수익률과 표준편차는 어떻게 구할 수 있는가? 반대로 일별 평균 수익률과 표준편차를 아는 경우, 이 수치에 근거하여 연간 평균 수익률과 표준편차는 어떻게 구할 수 있는가? 여기서는 관심 있는 기간과 위험이 측정되는 단위기간이 상이할 경우 계산을 전부 다시 하지 않고 주어진 자료로부터 다른 기간의 평균과 표준편차를 구하는 방법에 대해 설명하기로 한다.

이를 위해서는 먼저 매우 중요한 가정을 해야 한다. 즉, 수익률은 시계열적으로 독립적이고 동일한 분포(Independent and Identically Distributed : IID)를 따른다는 가정이다. 다시 말해서, 평균과 분산은 시간에 따라 변하지 않으며 시계열 상관계수는 0이라는 가정이다. k일 기준의 기대수익률과 표준편차는 1일 기준의 기대수익률 및 표준편차와 다음의 관계를 갖는다.

$$E[r_t(k)] = E[r_t] + E[r_{t-1}] + \cdots + E[r_{t-K+1}] = k \times E[r] \tag{2.28}$$

$$V(r_t(k)) = V(r_t) + V(r_{t-1}) + \cdots + V(r_{t-k+1}) = k \times V(r) \tag{2.29}$$

$$\sigma(r_t(k)) = \sqrt{k} \times \sigma(r) \tag{2.30}$$

$E[\cdot]$: 기대치, $V(\cdot)$: 분산, $\sigma(\cdot)$: 표준편차

기대수익률(μ)과 분산(σ^2)은 시간(k 또는 일반적으로 T)과 선형으로 증가한다.

즉, $\mu_{연} = \mu_{월} \times 12 = \mu_{일} \times 252$ 또는 $\sigma^2_{연} = \sigma^2_{월} \times 12 = \sigma^2_{일} \times 252$이다. 반면에 표준편차($\sigma$)는 시간의 제곱근($\sqrt{k}$ 또는 일반적으로 $\sqrt{T}$)과 선형으로 증가한다.[1]

---

1 1주일에 5일간 거래되는 경우, 1년에 250~252거래일이 있다고 가정하여, 250 또는 252를 이용한다. 과거 우리나라에서

표 2-2 우리나라 종합주가지수의 수익률과 변동성

기간	평균, μ(%)	표준편차, σ(%)	$\left\lvert\frac{0-\mu}{\sigma}\right\rvert$	손해 가능성
연(annual)	12.8800	36.4100	0.35	36.3%
분기(quarterly)	3.2200	18.2050	0.18	42.9%
월(monthly)	1.0733	10.5107	0.10	46.0%
주(weekly)	0.2477	5.0492	0.05	48.0%
일(daily)	0.0440	2.1271	0.02	49.2%

참고 : 1년은 4분기, 12개월, 52주, 293일로 가정함.

$$\sigma_{주} = \sigma_{일} \times \sqrt{5} = \sigma_{일} \times 2.24$$
$$\sigma_{월} = \sigma_{일} \times \sqrt{21} = \sigma_{일} \times 4.58$$
$$\sigma_{연} = \sigma_{일} \times \sqrt{252} = \sigma_{일} \times 15.87$$

예를 들어, 〈표 2-2〉를 보면 1981~'97년까지의 우리나라 종합주가지수 연간 수익률(관찰치 17개)의 평균과 표준편차는 각각 12.88%와 36.41%이다. 이 수치를 이용하여 분기별, 월별, 주별, 일별 수익률의 평균과 표준편차를 구해 보자.

0.1288 = 월평균 수익률 × 12이므로, 월평균 수익률은 12.88%/12 = 1.07%이다. 그리고 0.3641 = 월별 표준편차 × $\sqrt{12}$이므로, 월별 표준편차는 36.41% / $\sqrt{12}$ = 10.5107%이다. 참고로 우리나라 시장의 변동성은 미국시장에 비하여 매우 높은 것으로 나타났다. 미국의 경우, 1973~'94년까지의 주가지수 연간 수익률의 평균과 변동성(표준편차)은 각각 11.1%와 15.4%이다. 즉, 평균은 비슷한 수준이나, 국내 주식시장의 변동성은 미국 주식시장 변동성의 거의 2.5배에 달하는 것으로 나타났다.[2]

변동성은 시간의 제곱근과 선형으로 증가한다는 '시간의 제곱근 공식(square root of time rule)'을 이용하여 짧은 기간의 변동성으로부터 긴 기간의 변동성을 구하는 경우 다음과 같은 문제점이 발생할 수 있다.

❶ 시간의 제곱근 공식을 유도할 때 우리는 수익률 분포가 독립적이고 동일하다고 가정했다. 그러나 수익률 분포는 변동성의 군집현상에서 설명했듯이 기간별로 동일하지 않다. 따라서 이용하는 짧은 기간의 변동성이 표본기간에 따라 큰 차이가 날 수 있다.

토요일에도 거래된 경우(1998년 12월 7일 전), 1년에 291~296거래일이 있게 되므로 중간치인 293을 이용할 수 있다.

2 우리나라의 경우 97년의 자료를 제외하고 분석하면, 평균은 16.32%이고 표준편차는 34.63%이다.

② 수익률 분포는 독립적이지도 않다.

③ 위험요인의 움직임에 대한 제약(restriction) 조건이 존재함으로써 시간의 제곱근 공식으로 계산된 변동성이 실제의 변동성과 큰 괴리를 가질 수 있다.

만일 환율의 일별 변동성이 0.16%로 추정되면 시간의 제곱근 공식으로 추정된 연간 변동성은 $0.16\% \times \sqrt{252} = 2.54\%$가 된다. 연간 변동성의 90% 신뢰구간은 $1.65 \times \pm 2.54\% = \pm 4.19\%$가 되는데 이는 현실적으로 변화 가능한 2.25%를 크게 벗어나는 것이다.

chapter 03

VaR의 측정

보유기간과 신뢰 수준의 선택

VaR를 계산하기 위해서는 먼저 보유기간(holding period 또는 horizon)과 신뢰 수준(confidence level)을 선택해야 한다. 바젤위원회(Basle Committee)의 내부모형(internal model)은 99%의 신뢰 수준과 10일의 보유기간을 이용하여 VaR를 계산하도록 요구한다. 그리고 바젤위원회는 시장위험에 대한 최소 요구자본(Market Risk Charge : MRC)을 다음 공식을 이용하여 계산하도록 규정하고 있다(k는 안정 승수로 최소 3이고 최대 4이며, VaR는 10일, 99% 기준임).

$$MRC = \max(k \times \frac{1}{60} \sum_{i=t-1}^{t-60} \text{VaR}_i, \ \text{VaR}_{t-1})$$

1 보유기간

보유기간은 자주 계산하는 데 따르는 비용과 잠재적 위험을 초기에 파악하는 데서 오는 편익 간의 상충관계를 고려하여 결정한다. 또한 보유기간은 포트폴리오의 성격에 의해 결정된다.

예를 들어, 상업은행의 경우 보유기간은 비교적 짧고 연기금의 경우 비교적 길다. 이는 은행들이 포트폴리오의 구성을 비교적 빨리 변경시키고, 연기금은 포트폴리오의 구성을 천천히 변경시키기 때문이다. 일반적으로 보유기간은 소유하고 있는 포트폴리오를 정상적으로 매도하는 데 소요되는 기간을 의미하므로 증권의 유동성과 연관되어 있다.

2　신뢰 수준

신뢰 수준을 선택하는 데에는 일정한 원칙이 있는 것은 아니다. 바젤위원회는 99%의 신뢰 수준을 선택하고 있다. 신뢰 수준은 금융시스템의 안정성과 최소 요구자본이 수익률에 미치는 역효과 간의 상충관계를 반영하여 결정된다.

즉, 신뢰 수준이 높으면 VaR가 크게 계산되므로 필요한 최소 요구자본도 증가한다. 최소 요구자본이 증가하면 은행의 건전성은 향상되나 수익성은 악화된다(또한 그 반대의 경우도 성립한다).

따라서 신뢰 수준은 기업의 위험회피(risk-averse)의 정도와 VaR보다 손실이 클 경우에 부담해야 하는 비용을 고려하여 결정된다. 위험회피도가 클수록 또는 비용이 많이 발생할수록 금융기관은 신뢰 수준을 증가시켜 최소 요구자본을 늘려야 한다.

신뢰 수준과 연관해서 추가적으로 고려해야 할 사항은 신뢰 수준이 높으면 VaR시스템의 정확성을 검증하는 사후검증을 실시하는 데 오랜 기간이 소요된다는 점이다. 대체로 금융기관들은 95%~99% 사이의 신뢰 수준을 선택하는 경향이 있다.

보유기간과 신뢰 수준이 선택되면 정상적인 시장여건하에서 VaR를 계산할 수 있다. VaR를 계산하는 방법은 크게 2가지로 구별된다. 첫 번째 방법은 정규분포를 가정하여 표준편차를 이용하는 모수적(parametric) 방법이고, 두 번째 방법은 분포에 일정한 가정을 가하지 않고 모든 분포에 적용이 가능한 비모수적(non-parametric) 방법 또는 퍼센타일순위법(percentile ranking method)이다. 그리고 VaR는 어떤 값을 중심으로 계산하느냐에 따라 절대 손실 VaR와 평균 기준 VaR로 구별된다.

절대 손실 VaR와 평균 기준 VaR

　VaR 측정의 원리를 수식으로 설명하기 위하여 포트폴리오의 최초 투자액을 W_0로, 연속 복리수익률을 r로 정의하자. 목표기간 또는 보유기간 말 시점에서 포트폴리오의 가치 W는 $W_0(1+r)$이 된다.[1] r의 기대치와 변동성(표준편차)을 각각 μ와 σ로 정의하고 신뢰 수준 c에서 발생할 수 있는 포트폴리오의 최소가치를 W^*로, W_0에서 W^*로 하락할 때의 수익률을 r^*로 정의하자.

　그러면 포트폴리오의 최소가치 W^*는 $W_0(1+r^*)$가 된다.

　VaR는 무엇을 기준으로 손실금액을 측정하느냐에 따라 다음과 같이 2가지 방법으로 정의된다. 즉, 포트폴리오의 기대가치를 기준으로 측정하는 방법과 현재가치를 기준으로 측정하는 방법이 있다. 전자를 평균 기준 VaR라 부르고, 후자를 절대 손실 VaR라 부른다. 평균 기준 VaR는 다음과 같이 정의된다.

$$
\begin{aligned}
\text{VaR(평균 기준)} &= E(W) - W^* \\
&= W_0(1+\mu) - W_0(1+r^*) \\
&= -W_0(r^* - \mu)
\end{aligned}
\tag{3.1}
$$

$$E(W) : \text{포트폴리오의 기대가치}$$

그리고 절대 손실 VaR는 다음과 같이 정의된다.

$$
\begin{aligned}
\text{VaR(절대 손실)} &= W_0 - W^* \\
&= W_0 - W_0(1+r^*) \\
&= -W_0 r^*
\end{aligned}
\tag{3.2}
$$

　식 (3.1), (3.2)에서 볼 수 있듯이 어떤 방법으로 VaR를 정의하든, VaR를 구하는 데 가장 핵심적인 것은 주어진 신뢰 수준에서 W^* 또는 r^*를 구하는 것이다.

1　r이 연속 복리수익률이므로 $W = W_0(1+r)$의 관계가 정확히 성립하는 것은 아니나 이해를 쉽게 하기 위하여 마치 이산 복리수익률처럼 사용하기로 한다.

이 방법은 포트폴리오의 미래가치의 확률분포가 정규분포를 이룬다고 제한하지 않음으로써 일반적인 모든 분포(general distribution)에 적용할 수 있는 방법으로 퍼센타일순위방법(percentile ranking method)이라고도 한다.

〈그림 3-1〉은 모건(J. P. Morgan)사의 1997년 일별 이익(daily earnings)의 분포를 보여준다. 이 분포는 완전한 정규분포가 아니다. 모건사의 1997년 일별 이익의 분포(단위는 백만 달러임)를 이용하여 VaR를 계산해 보자. 1997년도에 254 거래일이 있었으므로 5-퍼센타일은 $254 \times 0.05 = 12.7$번째로 낮은 이익에 해당된다. 〈그림 3-1〉에서 볼 수 있듯이 일별 이익이 $-11M$보다 작은 관찰치가 12개 있고, $-10M$보다 작은 관찰치가 14개 있다.

따라서 12.7번째 관찰치에 해당하는 W^*는 이들 자료를 이용해서 보간법으로 추정할 수 있다. 보간법으로 구한 12.7번째 관찰치의 값인 W^*는 $-11 + \dfrac{12.7-12}{14-12} = \$-10.65M$이다. 또한

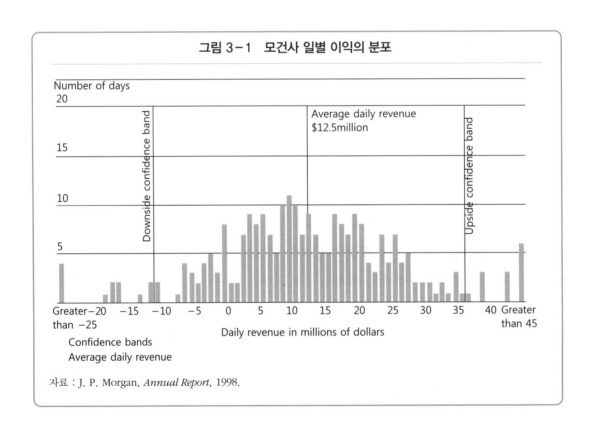

그림 3-1 모건사 일별 이익의 분포

자료 : J. P. Morgan, *Annual Report*, 1998.

포트폴리오의 기대치 $E(W)$는 \$12.5M이므로 평균 기준 VaR는 다음과 같이 \$23.15M이고, 절대 손실 VaR는 \$10.65M이다.

$$\text{VaR(평균 기준)} : E(W) - W^* = 12.5 - (-10.65) = \$23.15\text{M}$$
$$\text{VaR(절대 손실)} : -W_0 r^* = -(-10.65) = \$10.65\text{M}$$

section 04 **모수적 방법**

1 정규분포 가정하의 VaR

바로 앞에서 설명한 비모수적 방법은 실제 분포에서 퀀타일을 이용하는 방법으로서 분포의 종류에 상관없이 어떤 분포에도 적용할 수 있다. 그런데 만약 분포가 정규분포라면 VaR는 매우 간단히 계산된다. 이번에는 정규분포를 가정하고 표준편차를 이용하여 VaR를 추정하는 모수적 방법을 소개하기로 한다. 이 방법을 사용하여 VaR를 계산하기 위해서는 우선 정규분포 $f(w)$를 표준 정규분포 $\Phi(\varepsilon)$로 전환시켜야 하고($\Phi(\varepsilon) \sim N(0, 1)$) W^*인 점을 정규분포에서 σ를 이용하여 구하여야 한다. $W^* = W_0(1 + r^*)$이므로 W^*를 구하는 것은 r^*를 구한다는 얘기이다.

일반적으로 r^*는 음$(-)$의 값을 가지므로 $-|r^*|$로 바꿔 쓸 수 있다. 나아가 $-|r^*|$가 표준 정규분포에서 몇 σ에 해당하는가를 알기 위해서는 다음과 같은 표준화 과정을 거쳐야 한다.

$$-\alpha = \frac{-|r^*| - \mu}{\sigma} \tag{3.3}$$

식 (3.3)을 이용하여 모수적 방법에 의한 VaR를 추정하는 데 필요한 α를 구해 보자.

예를 들어, $\mu = 5\%$, $\sigma = 3\%$, $r^* = 2\%$이면,

$$-\alpha = \frac{-2\% - 5\%}{3\%} = -2.33$$

이므로 $\alpha = 2.33$이 된다. 따라서 다음의 전환이 가능하다.

$$1 - c = \int_{-\infty}^{W^*} f(w)\, dw = \int_{-\infty}^{-|r^*|} f(r)\, dr = \int_{-\infty}^{-\alpha} \Phi(\varepsilon)\, d\varepsilon \tag{3.4}$$

따라서 VaR를 계산하는 데 있어 가장 중요한 일은 누적 표준 정규분포 $N(d)$의 값이 $(1-c)$와 일치하는 α를 찾는 일이다.

$$N(d) = \int_{-\infty}^{d} \Phi(\varepsilon)\, d\varepsilon \tag{3.5}$$

$$d = -\alpha \ (\alpha > 0)$$

식 (3.5)에서 d의 왼쪽 영역의 합은 $1-c$이다. 표준 정규 변수가 d의 값을 가질 때 $N(d) = 1 - c$가 되는 것을 누적 표준 정규분포표에서 쉽게 구할 수 있다.

예를 들어 95%의 신뢰 수준을 이용하면 $N(d) = 1 - c = 5\%$이므로 누적 표준 정규분포를 활용하면 α는 1.65이고 d는 -1.65임을 알 수 있다.

따라서 우리가 구하고자 하는 r^*는 다음과 같다.

$$r^* = \mu - \alpha\sigma \tag{3.6}$$

식 (3.1)과 (3.2)에 식 (3.6)을 대입하면 식 (3.1)과 (3.2)는 다음과 같이 표현된다.

$$\text{VaR(평균 기준)} = -W_0(r^* - \mu) = W_0\alpha\sigma \tag{3.7}$$

$$\text{VaR(절대 손실)} = -W_0 r^* = W_0(\alpha\sigma - \mu) \tag{3.8}$$

앞에서 들었던 모건사의 예를 다시 고려해 보자. 그 예에서 $W_0\sigma = \$14.3\text{M}$이고 $W_0\mu = \$12.5\text{M}$이다(여기서 $W_0\sigma$와 $W_0\mu$는 금액으로 본 표준편차와 기대치이다). 정규분포를 이용한 모수적 방법으로 측정한 모건사의 VaR(평균 기준)과 VaR(절대 손실)은 각각 \$23.6M과 \$11.1M이다.

$$\text{VaR(평균 기준)} = W_0\alpha\sigma = 1.65 \times 14.3 = \$23.6\text{M}$$

$$\text{VaR(절대손실)} = W_0(\alpha\sigma - \mu) = 1.65 \times 14.3 - 12.5 = \$11.1\text{M}$$

이들은 앞에서 실제 분포를 이용하여 구했던 VaR(평균 기준) = \$23.15M 및 VaR(절대 손실) = \$10.65M과 큰 차이가 나지 않는다. 결론적으로 말해서 잘 분산된 포트폴리오의 경우 옵션의 비중이 그리 크지 않으면, 포트폴리오의 이익 분포를 정규분포라고 가정해서 구한 VaR는 실제 분포에서 구한 VaR와 큰 차이를 보이지 않는다.

2 VaR 간의 비교

정규분포를 이용하여 구한 VaR는 선택된 보유기간과 신뢰 수준에 따라 달라진다. 그리고 보유기간과 신뢰 수준은 이용하는 주체에 따라 다르다.

예를 들면, 모건사의 리스크메트릭스에서는 95%의 신뢰 수준과 1일의 보유기간을 사용하고, 바젤위원회는 99%의 신뢰 수준과 10일의 보유기간을 사용하도록 권장하고 있다. 금융기관별로 이용하는 신뢰 수준이 상이할 때에는 이들을 비교하기 위해서 보유기간이 동일하더라도 신뢰 수준을 동일하게 전환시켜야 한다.

95%의 신뢰 수준에서 VaR가 $12M이라고 하자. 이를 99% 신뢰 수준으로 전환시키면 VaR는 $12 \div 1.65 \times 2.33 = \$16.9M$이 된다. 만약에 신뢰 수준과 보유기간이 동시에 다른 경우에도 금융기관별 VaR를 비교하기 위해서는 이들을 동일한 기준으로 전환시켜야 한다.

c_1신뢰 수준에서 t_1 동안 계산한 VaR_1를 c_2신뢰 수준에서 t_2동안 계산한 VaR_2로 전환하는 공식은 다음과 같다. 표준 정규분포 가정하에서 c_1과 c_2에 해당되는 α가 각각 α_1과 α_2라고 정의하자.

$$VaR_2 = \frac{\alpha_2}{\alpha_1} \times \frac{\sqrt{t_2}}{\sqrt{t_1}} \times VaR_1 \tag{3.9}$$

예를 들어 바젤위원회의 권고에 의해 계산된 VaR(VaR_{BC} : 99%, 10일 기준)는 모건사의 리스크메트릭스에 의해 계산된 VaR(VaR_{RM} : 95%, 1일 기준)의 4.5배에 해당된다.

$$VaR_{BC} = \frac{2.33}{1.65} \times \frac{\sqrt{10}}{\sqrt{1}} \times VaR_{RM} = 4.5\ VaR_{RM} \tag{3.10}$$

만일 모건사의 리스크메트릭스가 계산한 1일 95% VaR가 3억이라고 하면, 바젤위원회가 권고한 10일 99% VaR는 $\frac{2.33}{1.65}\sqrt{10} \times 3$억 $= 13.5$억 원이다.

연방준비위원회(FRB)는 이러한 시간의 제곱근 공식(square root of time rule)으로 VaR를 계산하지 않도록 권장한다. 따라서 모건사는 지난 2년 동안의 자료로부터 10일 기준의 변동성을 추정하고 이로부터 BIS 기준의 VaR를 계산한다.

포트폴리오 VaR와 공헌 VaR

여기서는 VaR를 계산하는 일반적인 방법을 설명하기로 한다. 설명을 단순화하기 위하여 자산의 기대수익률을 0으로(즉, $\mu=0$을) 가정하자. 즉, $\mu=0$이면 앞의 식 (3.7)과 식 (3.8)에 의해 절대 손실 VaR와 평균 기준 VaR가 모두 $-W_0 r^*$로서 동일해지기 때문에 양자를 구별하지 않고 한꺼번에 설명할 수 있다. 이런 가정하에서 VaR를 구하는 공식은 다음과 같다.

$$\text{VaR} = -W_0 r^* = -W_0 \alpha \sigma = \alpha W_0 \sigma \tag{3.11}$$

식 (3.11)에서 σ는 수익률의 변동성(표준편차)이고, $W_0 \sigma$는 σ를 금액기준으로 전환한 것이다. 2개 주식으로 구성된 포트폴리오의 VaR도 식 (3.11)과 동일하다(이때 σ는 포트폴리오 수익률의 표준편차이다). 포트폴리오 수익률의 분산은 포트폴리오에 포함된 개별 주식 수익률의 분산과 다음의 관계를 갖는다.

$$\sigma_p^2 = w_A^2 \sigma_A^2 + w_B^2 \sigma_B^2 + 2 w_A w_B \sigma_{AB} \tag{3.12}$$

식 (3.12)를 행렬식으로 나타내면 다음과 같다.

$$\sigma_p^2 = [w_A \ w_B] \begin{bmatrix} \sigma_A^2 & \sigma_{AB} \\ \sigma_{BA} & \sigma_B^2 \end{bmatrix} \begin{bmatrix} w_A \\ w_B \end{bmatrix} \tag{3.13}$$

식 (3.11)에서 VaR는 α에 금액기준의 표준편차인 $W_0 \sigma$를 곱해서 구함을 알 수 있었다. 따라서 포트폴리오의 VaR는 $\alpha W_0 \sigma_p$이다. 여기서 $W_0 w_A = x_A$, $W_0 w_B = x_B$로 정의하면, 포트폴리오의 금액기준 표준편차 $W_0 \sigma_p$는 다음과 같다.

$$W_0 \sigma_p = \sqrt{[x_A \ x_B] \begin{bmatrix} \sigma_A^2 & \sigma_{AB} \\ \sigma_{BA} & \sigma_B^2 \end{bmatrix} \begin{bmatrix} x_A \\ x_B \end{bmatrix}} \tag{3.14}$$

식 (3.14)를 이용하여 포트폴리오의 VaR를 구하면 식 (3.15)와 같다.

$$\text{VaR} = \alpha \times \sqrt{[x_A \ x_B] \begin{bmatrix} \sigma_A^2 & \sigma_{AB} \\ \sigma_{BA} & \sigma_B^2 \end{bmatrix} \begin{bmatrix} x_A \\ x_B \end{bmatrix}} \tag{3.15}$$

다음에는 포트폴리오의 VaR 계산공식을 일반화시켜 보기로 한다. 개별 자산들의 가치를 벡터 $x(n \times 1)$로 표현하면 n개 자산들을 포함하는 포트폴리오의 VaR는 다음과 같이 나타낼 수 있다.

$$\text{VaR}_p = \alpha \sqrt{x^T \textstyle\sum x} \tag{3.16}$$

식 (3.16)에서 $\sum$는 분산−공분산 행렬(variance-covariance matrix)이고, $x = \begin{bmatrix} x_1 \\ x_2 \\ \vdots \\ x_n \end{bmatrix} = \begin{bmatrix} W_0 w_1 \\ W_0 w_2 \\ \vdots \\ W_0 w_n \end{bmatrix}$ 이며, x^T는 x의 전치행렬(transposed matrix)이다.

분산−공분산 행렬은 상관계수 행렬 R과 개별 변동성 σ로 표현된다. 분산−공분산 행렬은 $\sum = S^T R S$이다. 이를 식 (3.16)에 대입하면 식 (3.17)이 성립한다.

$$\text{VaR}_p = \sqrt{x^T \alpha S^T R S \alpha x} \tag{3.17}$$

식 (3.17)에서 R은 상관계수 행렬($n \times n$)이고, S는 대각선에는 표준편차가, 이외에는 0을 취하는 행렬($n \times n$)이다.

$Z = \begin{bmatrix} x_1 \alpha \sigma_1 \\ x_2 \alpha \sigma_2 \\ \vdots \\ x_n \alpha \sigma_n \end{bmatrix}$ 으로 정의하면(여기서 $\alpha\sigma$는 리스크메트릭스에서 사용하는 VaR(%)임),

식 (3.17)은 아래와 같이 정리된다. 여기서 벡터 Z에 포함된 $x_1 \alpha \sigma_1$, $x_2 \alpha \sigma_2$, $\cdots$, $x_n \alpha \sigma_n$은 각각 포트폴리오에 포함된 첫 번째 자산, 두 번째 자산, n번째 자산의 개별 VaR이다.[2]

$$\text{VaR}_p = \sqrt{Z^T R Z} \tag{3.18}$$

1 분산 효과 고려 전 VaR와 분산 효과 고려 후 VaR

만일 개별 자산 간의 상관관계를 무시하면 포트폴리오의 VaR는 다음과 같이 계산되며 이는 개별 자산 VaR를 단순히 합한 것과 같다. 이 VaR를 분산 효과 고려 전 VaR(undiversified VaR)로 칭하기로 한다.

$$\begin{aligned} \text{VaR}_p &= |x_1| \alpha \sigma_1 + |x_2| \alpha \sigma_2 + \cdots + |x_n| \alpha \sigma_n \\ &= \text{VaR}_1 + \text{VaR}_2 + \cdots + \text{VaR}_n \end{aligned} \tag{3.19}$$

2　여기서 x는 매입 또는 매도 포지션의 부호를 유지하므로 엄밀한 의미의 개별 VaR는 아니다. 왜냐하면 개별 VaR는 항상 양수이기 때문이다.

식 (3.19)에서 VaR_i는 자산 i의 개별 VaR를 의미한다. 그러나 자산 수익률 간의 상관계수를 고려한 포트폴리오의 VaR는 개별 VaR의 합보다 작아지게 마련이다. 왜냐하면, 포트폴리오의 효과에서 본 것처럼 불완전한 상관관계에 의하여 위험이 감소하기 때문이다. 이처럼 상관관계를 고려하여 계산한 포트폴리오의 VaR를 분산 효과 고려 후의 VaR(diversified VaR)라고 한다. 특별히 명시하지 않은 포트폴리오의 VaR는 상관관계를 고려하여 계산한 분산 효과 고려 후의 VaR이다.

분산 효과가 포트폴리오의 VaR에 미치는 영향을 좀더 자세하게 관찰하기 위하여 2개 자산으로 구성된 포트폴리오를 다시 고려해 보자. 식 (3.18)에 의해 포트폴리오의 VaR는 개별 자산 VaR와 다음과 같은 관계를 갖는다.

$$\text{VaR}_p = \sqrt{\text{VaR}_A^2 + \text{VaR}_B^2 + 2\rho_{AB}\text{VaR}_A\text{VaR}_B} \tag{3.20}$$

식 (3.20)에서 VaR_A는 자산 A의 VaR이고 VaR_B는 자산 B의 VaR이다(포트폴리오의 VaR 계산에 이용되는 개별 VaR는 포지션의 부호를 유지하여야 하므로 엄밀한 의미의 개별 VaR는 아님). 그리고 VaR_p는 자산 A와 B를 동시에 소유하는 경우 두 자산 간의 상관관계를 고려한 VaR이다. 즉, VaR_p는 두 자산 간의 불완전한 상관관계(imperfect correlation)에서 발생하는 분산 효과(diversification effect)까지를 고려한 VaR이다.

분산 효과가 VaR에 미치는 영향을 살펴보기 위하여 상관계수가 1, -1, 0인 3가지의 특수한 경우를 살펴보자. 상관계수의 최대값은 1이고 최소값은 -1이다. 결론적으로, 자산 간의 상관계수가 -1에 접근함에 따라 분산 효과가 증가하여 포트폴리오의 VaR는 감소한다.

❶ 상관계수가 1로서 두 자산 간에 완전 정(+)의 상관관계가 존재하면 분산 효과가 전혀 없으므로, 포트폴리오의 VaR는 개별 자산 VaR의 단순 합이다. 즉, $\text{VaR}_p = \text{VaR}_A + \text{VaR}_B$이며 분산 효과 고려 전 VaR와 분산 효과 고려 후의 VaR가 동일하다.

❷ 상관계수가 0으로서 두 자산 간에 상관성이 없으면 $\text{VaR}_p = \sqrt{\text{VaR}_A^2 + \text{VaR}_B^2}$의 관계가 성립한다. 즉, 포트폴리오의 VaR는 개별 VaR의 단순 합보다 적다. 이 결과는 수익률이 완전히 독립적인 두 자산으로 구성한 포트폴리오의 위험은 개별 자산 위험의 합보다 작다는 설명과 일치한다.

❸ 상관계수가 -1로서 두 자산 간에 완전 부(-)의 관계가 성립하면 분산 효과는 가장 극대화된다. 즉, $\text{VaR}_p = |\text{VaR}_A - \text{VaR}_B|$이다. 자산 간에 완전 부의 관계가 성립하면 위험이 서로 상쇄됨으로써 포트폴리오의 위험은 매우 작아지고 위험의 크기가 같으면 위험이

완벽하게 상쇄되어 포트폴리오의 VaR를 완전히 0으로 만드는 것도 가능하다.

지금까지의 논리를 정리하면 분산 효과 고려 후 VaR는 분산 효과 고려 전 VaR보다 클 수 없다. 분산 효과 고려 전 VaR(undiversified VaR)는 개별 VaR의 합으로 계산되는데 이는 개별 자산 간의 상관계수가 1인 경우의 VaR이다. 분산 효과 고려 전의 VaR가 개별 자산 간의 상관계수가 1인 경우로 정의되는 경우는 개별 자산에의 포지션이 모두 매입 포지션이거나 또는 모두 매도 포지션인 경우에 성립된다.

다시 말해서 분산 효과 고려 전 VaR를 상관계수가 1인 경우의 VaR로 정의하면, 분산 효과 고려 후 VaR가 분산 효과 고려 전 VaR보다 작거나 같다는 논리는 포트폴리오에 포함된 자산에 모두 매입 포지션 또는 모두 매도 포지션을 취하는 경우에만 성립한다.

만일 한 자산에 매입 포지션을 취하고 다른 자산에 매도 포지션을 취하면 상관계수가 1로 정의되는 분산 효과 고려 전 VaR는 분산 효과 고려 후 VaR보다 작을 수 있다. 왜냐하면 한 자산에 매입 포지션을 취하고 다른 자산에 매도 포지션을 취하면 분산 효과가 전혀 발생하지 않는 경우는 상관계수가 1인 경우가 아니고 −1인 경우이기 때문이다.

정리하면, 분산 효과 고려 전 VaR를 개별 VaR의 합으로 정의하면 분산 효과 고려 전 VaR는 포지션의 방향과 관계없이 항상 분산 효과 고려 후 VaR보다 크거나 같다. 그러나 분산 효과 고려 전 VaR를 상관계수가 1인 경우로 정의하면, 분산 효과 고려 전 VaR가 분산 효과 고려 후 VaR보다 크거나 같다는 논리는 매입 포지션과 매도 포지션을 동시에 취하는 경우에 성립하지 않을 수 있다.

다음 예를 고려해 보자. 100억 원을 A자산과 B자산에 50억 원씩 투자한다고 가정하자($w_A = 0.5$, $w_B = 0.5$임). A자산과 B자산의 표준편차에 1.65를 곱한 값이 각각 1%와 2%라고 하면 두 자산의 VaR는 다음과 같다.

$$VaR_A = 50 \times 0.01 = 0.5억\ 원$$
$$VaR_B = 50 \times 0.02 = 1.0억\ 원$$

예를 들어 상관계수가 0.9이면 σ_p와 VaR_p는 다음과 같이 계산된다.

$$\sigma^2 = \sqrt{0.5^2 0.01^2 + 0.5^2 0.02^2 + 2 \times 0.5 \times 0.5 \times 0.9 \times 0.01 \times 0.02}$$
$$= 1.47\%$$

$$\text{VaR}_p = 100억\ 원 \times 0.0147 = 1.47억\ 원\ 또는$$
$$= \sqrt{0.5^2 + 1.0^2 + 2 \times 0.9 \times 0.5 \times 1.0} = 1.47억\ 원$$

이는 〈표 3-1〉 및 〈그림 3-2〉와 같이 정리된다.

이번에는 A자산에 공매 포지션을 취하여 500억 원을 조달하고 여기에 자기자본 100억 원을 합한 600억 원을 B자산에 투자한 경우를 고려해 보자.

$$w_A = -5,\ w_B = 6$$
$$\text{VaR}_A = |-500| \times 0.01 = 5억\ 원$$
$$\text{VaR}_B = 600 \times 0.02 = 12억\ 원$$

예를 들어 상관계수가 0.9이면 σ_p와 VaR_p는 다음과 같이 계산된다.

$$\sigma^2 = \sqrt{(-5)^2 0.01^2 + 6^2 0.02^2 + 2 \times (-5) \times 6 \times 0.9 \times 0.01 \times 0.02}$$
$$= \sqrt{0.0061} = 7.8\%$$

표 3-1 상관계수와 VaR(모두 매입 포지션 또는 매도 포지션)

상관계수	1.0	0.9	0.5	0	−0.5	−0.9	−1.0
σ_p(%)	1.50	1.47	1.32	1.12	0.87	0.59	0.50
VaR_p(억 원)	1.50	1.47	1.32	1.12	0.87	0.59	0.50

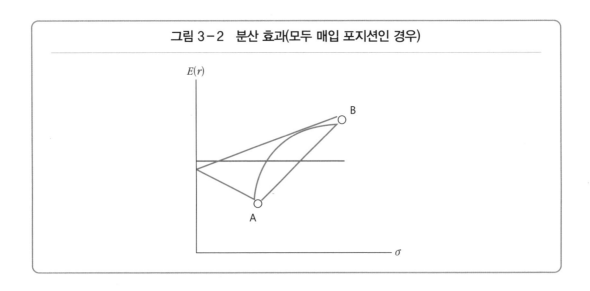

그림 3-2 분산 효과(모두 매입 포지션인 경우)

$$\text{VaR}_p = 100\text{억 원} \times 0.078 = 7.8\text{억 원 또는}$$
$$= \sqrt{(-5)^2 + 12^2 + 2 \times 0.9 \times (-5) \times 12} = 7.8\text{억 원}$$

이는 〈표 3-2〉와 같이 정리된다.

표 3-2	상관계수와 VaR(매입 포지션과 매도 포지션을 동시에 취하는 경우)						
상관계수	1.0	0.9	0.5	0	−0.5	−0.9	−1.0
σ_p(%)	7.0	7.8	10.4	13.0	15.1	16.6	17.0
VaR_p(억 원)	7.0	7.8	10.4	13.0	15.1	16.6	17.0

상관계수가 1인 경우와 −1인 경우의 VaR_p는 각각 7억 원과 17억 원이다. 즉, 상관계수가 1인 경우의 VaR는 7억 원으로 어떤 상관계수를 가정한 경우의 VaR보다 적다.

왜냐하면 매입 포지션과 매도 포지션을 동시에 취하면 상관계수가 1인 경우에 분산 효과가 가장 많이 발생하고 −1인 경우에 분산 효과가 전혀 없기 때문이다.

$$\text{VaR}_p = \sqrt{(-5)^2 + 12^2 + 2 \times 1.0 \times (-5) \times 12} = 7.0$$
$$\text{VaR}_p = \sqrt{(-5)^2 + 12^2 + 2 \times -1.0 \times (-5) \times 12} = 17.0$$

이 논리를 그래프로 설명하면 〈그림 3-3〉과 같다.

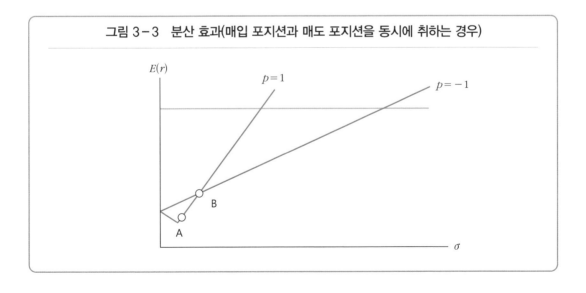

그림 3-3 분산 효과(매입 포지션과 매도 포지션을 동시에 취하는 경우)

2 **한계 VaR, 증분 VaR, 공헌 VaR의 개념**

일단 포트폴리오의 VaR가 계산되면 다음에 고려할 사항은 포트폴리오에 포함된 개별 자산이 포트폴리오의 전체 VaR에 얼마나 공헌(contribution)했는가 이다. 공헌의 정도를 나타내는 척도로는 한계 VaR(marginal VaR)와 증분 VaR(incremental VaR)가 있다.[3] 한계 VaR와 증분 VaR는 포트폴리오의 위험관리에 주요한 정보를 제공해 줄 뿐만 아니라 거래자의 포지션 한도와 실적평가에 매우 유용하게 사용된다. 또한 이 정보는 헤징전략뿐만 아니라 어떤 특정 자산의 매입 또는 매도 결정, 나아가 필요한 자기자본 산정에도 주요한 역할을 수행한다.

한계 VaR(Marginal VaR : MVaR)는 특정 포지션이 완전히 제거되었을 때 포트폴리오의 VaR에 미치는 영향을 측정한다. 따라서 한계 VaR는 특정 자산을 포함하여 포트폴리오의 VaR를 계산한 후 특정 자산을 제외하고 포트폴리오의 VaR를 다시 계산하여 두 포트폴리오 VaR의 차이로 계산된다.

$$\text{자산 A의 MVaR} = \text{VaR}_p\,(\text{자산 A 포함}) - \text{VaR}_p\,(\text{자산 A 제외}) \qquad (3.21)$$

만일 특정 자산이 포트폴리오의 전체 VaR에 공헌하는 것이 없으면 한계 VaR는 거의 0에 가까운 값이 계산될 것이고, 전체 VaR에 공헌하면 한계 VaR는 0보다 훨씬 큰 값이 계산될 것이다. 반면에 포트폴리오의 위험을 오히려 감소시키는 헤지 포지션(hedge position)의 경우에는 한계 VaR가 0보다 작은 값이 될 것이다. 이처럼 한계 VaR는 어떤 포지션이 포트폴리오의 위험에 가장 큰 공헌을 했는가를 측정하는 데 유용하다. 따라서 한계 VaR를 분석하면, 포트폴리오의 위험을 감소시키기 위하여 어떤 포지션을 완전히 청산해야 할 것인가의 질문에 대한 답을 구할 수 있다.

증분 VaR(Incremental VaR : IVaR)는 한계 VaR와 밀접하게 연관되어 있다. 한계 VaR가 특정 포지션이 완전히 포트폴리오에서 제거되었을 때에 포트폴리오의 위험에 미치는 영향을 측정하는 반면에, 증분 VaR는 포트폴리오에서 특정 포지션이 가중치가 약간 증가하였을 때 포트폴리오의 위험에 미치는 영향을 측정한다.

증분 VaR를 측정하는 절차는 다음과 같다. ① 특정 포지션의 가치를 약간(예를 들어, 1달러) 증

---

3 한계 VaR와 증분 VaR의 정의는 RiskMetrics의 정의를 따르기로 한다. 분석자에 따라 한계 VaR와 증분 VaR를 다르게 사용하기도 한다.
　한편 조리온(Jorion)은 *Value at Risk* 제2판(2000)에서 한계 VaR와 공헌 VaR를 다르게 정의한다. 즉, 본 서의 marginal VaR는 incremental VaR로, incremental VaR는 component VaR로 정의한다.

표 3-3 σ_p^2의 구성

비중	w_1	$w_2 \cdots$	$w_{삼성} \cdots$	w_n
w_1	$\mathrm{Cov}(R_1,\ R_1)$	$\mathrm{Cov}(R_2,\ R_1) \cdots$	$\mathrm{Cov}(R_{삼성},\ R_1) \cdots$	$\mathrm{Cov}(R_n,\ R_1)$
w_2	$\mathrm{Cov}(R_1,\ R_2)$	$\mathrm{Cov}(R_2,\ R_2) \cdots$	$\mathrm{Cov}(R_{삼성},\ R_1) \cdots$	$\mathrm{Cov}(R_n,\ R_2)$
$w_{삼성}$	$\mathrm{Cov}(R_1,\ R_{삼성})$	$\mathrm{Cov}(R_2,\ R_{삼성}) \cdots$	$\mathrm{Cov}(R_{삼성},\ R_{삼성}) \cdots$	$\mathrm{Cov}(R_{삼성},\ R_n)$
w_n	$\mathrm{Cov}(R_1,\ R_n)$	$\mathrm{Cov}(R_2,\ R_n) \cdots$	$\mathrm{Cov}(R_{삼성},\ R_n) \cdots$	$\mathrm{Cov}(R_n,\ R_n)$

가시킨 후 포트폴리오의 VaR의 변화를 측정한다. ② VaR의 변화에 포지션의 가치를 곱하여 증분 VaR를 계산한다. 이렇게 구한 증분 VaR의 합은 포트폴리오의 VaR와 동일하다. 증분 VaR를 이용하여 개별 포지션이 포트폴리오의 위험에 공헌하는 비율을 계산하는 것이 가능하므로, 증분 VaR를 공헌 VaR로 부르기로 한다. 공헌 VaR는 포트폴리오의 전체 위험을 감소시키기 위하여 어떤 개별 포지션을 헤지해야 하는가의 질문에 적절한 답을 제공한다.

포트폴리오 이론에 의하면 포트폴리오의 분산은 다음과 같이 계산된다.

$$\sigma_p^2 = \sum_i \sum_j w_i w_j \sigma_{ij} \tag{3.22}$$

σ_{ij}는 자산 i와 자산 j 간의 공분산이다. 이를 좀 더 자세히 이해하기 위하여 표를 만들면 〈표 3-3〉과 같다.

여기에서 삼성전자 주식이 포트폴리오의 분산에 공헌하는 정도를 계산하려면 삼성전자가 소속된 줄에 있는 모든 값을 더하면 된다. 즉,

$$w_{삼성}[w_1 Cov(R_1,\ R_{삼성}) + w_2 Cov(R_2,\ R_{삼성}) + \cdots + w_{삼성} Cov(R_{삼성},\ R_{삼성}) \\ + \cdots + w_n Cov(R_n,\ R_{삼성})]$$

이 합이 바로 삼성전자 주식이 공헌하는 정도이므로 삼성전자 주식의 공헌 VaR는 다음과 같이 계산된다.

삼성전자 IVaR = 포트폴리오의 VaR × (삼성전자 주식이 포트폴리오의 분산에 공헌하
는 정도/포트폴리오의 분산)

= 포트폴리오의 VaR × 공헌 비율

= 포트폴리오의 VaR ×

$$\frac{w_{삼성}[w_1 Cov(R_1,\ R_{삼성}) + \cdots + w_n Cov(R_n,\ R_{삼성})]}{\displaystyle\sum_i \sum_j w_i w_j \sigma_{ij}} \tag{3.23}$$

공헌 비율의 분자는 $w_{삼성}[\sum w_i Cov(R_i, R_{삼성})] = w_{삼성}[Cov(\sum w R_i, R_{삼성})] = w_{삼성}[Cov(R_M, R_{삼성})]$이므로, 공헌 비율은 $\dfrac{w_{삼성}[Cov(R_M, R_{삼성})]}{\sigma_M^2} = w_{삼성} \cdot \beta_{삼성}$이 된다. 따라서 포트폴리오의 VaR는 다음과 같이 IVaR의 합으로 표현된다.

$$VaR_p = IVaR_1 + IVaR_2 + \cdots + IVaR_{삼성} + \cdots + IVaR_n$$
$$= VaR_p \cdot w_1 \beta_1 + VaR_p \cdot w_2 \beta_2 + \cdots + VaR_p \cdot w_{삼성} \beta_{삼성} + \cdots + VaR_p \cdot w_n \beta_n$$

개별 포지션이 포트폴리오의 위험에 공헌하는 정도는 식 (3.23)을 $w_{삼성}$으로 미분하여 구한다.

$$\frac{\partial \sigma_p^2}{\partial w_{삼성}} = 2 Cov(R_{삼성}, R_p) \tag{3.24}$$

$\dfrac{\partial \sigma_p^2}{\partial w_{삼성}} = \dfrac{2\sigma_p \partial \sigma_p^2}{\partial w_{삼성}}$ 이므로, 가중치의 변화에 대한 포트폴리오 변동성 변화의 민감도는 다음과 같이 베타이다.

$$\frac{\partial \sigma_p / \sigma_p}{\partial w_{삼성}} = \frac{Cov(R_{삼성}, R_p)}{\sigma_p^2} = \beta_{삼성} \tag{3.25}$$

다음은 모건사의 VaR를 지역별로 구분하여 분석한 표로, 지역별로 개별 VaR, 한계 VaR, 공헌 VaR, 공헌 비율을 보여 준다. 일본을 제외한 아시아 포지션의 개별 VaR가 가장 크나 공헌

표 3-4   지역별 VaR 요약

지역 구분	현재 가치	VaR	한계 VaR	공헌 VaR	공헌 비율
미국	71,774,216	574,194	222,075	378,341	25%
라틴 아메리카	10,258,887	512,944	220,114	369,626	25%
유럽	64,600,480	581,404	204,358	343,237	23%
아시아(일본 제외)	12,693,840	589,734	196,046	317,346	21%
동유럽	1,948,860	116,932	31,050	40,322	3%
일본	19,569,450	195,694	48,012	30,068	2%
아프리카	4,669,370	93,387	24,423	24,163	2%
분산 효과		(1,161,186)			
합계	185,515,103	1,503,103		1,503,103	100%

참고 : VaR는 95% 신뢰 수준에서 1일 기준의 최대 손실금액이다.

자료 : RMG, *Risk Management : A Practical Guide*, p. 7.

비율은 21%로 4번째이다. 만일 포트폴리오의 전체 위험을 감소시키기 위하여 헤지 포지션을 취한다면 미국, 라틴아메리카, 유럽 포지션을 대상으로 하는 것이 적절함을 알 수 있다.

section 06　개별 VaR, 포트폴리오 VaR, 공헌 VaR(계산 예)

1　개별 VaR

예를 들어 기업 A의 주식에 10억 원을 투자한 경우의 VaR를 계산해 보자. 보유기간은 1주일이고 신뢰 수준은 99%이며 기업 A 주식의 일별 변동성(표준편차)은 2.69%이다. 먼저 해야 할 일은 주별(weekly) 변동성을 구하는 일이다. 일별(daily) 변동성을 알고 있으므로 이를 기간합산의 원칙에 적용하면 주별 변동성은 6.015%가 된다. 다음으로 주별 변동성에 투자금액과 신뢰 수준에 상응하는 표준편차의 수를 곱하면 VaR가 계산된다.[4]

$$주별\ 변동성 = 2.69\% \times \sqrt{5} = 6.015\%$$
$$VaR = \alpha W_0 \sigma = 2.33 \times 10억\ 원 \times 6.015\% = 140,149,500원$$

또는 일별 VaR에 $\sqrt{5}$를 곱하여 주별 VaR를 계산할 수도 있다.

$$일별\ VaR = 2.33 \times 10억\ 원 \times 2.69\% = 62,677,000원$$
$$주별\ VaR = 62,677,000 \times \sqrt{5} = 140,150,000원$$

다른 방법으로는 주별 변동성(표준편차)을 수익률 기준으로 하지 않고 금액($W_0\sigma$) 기준으로 하는 방법이다. 다시 말해서 주별 변동성을 %가 아니고 금액으로 구한 후, 99%의 신뢰 수준에 상응하는 2.33을 여기에 곱해서 VaR를 구하는 방법도 있다.[5] 즉, 표준편차는 10억 원 × 6.015% = 60,150,000원이고, 2.33을 여기에 곱하면, VaR는 140,149,500원이 된다.

4　1주일에 거래일이 6일이었던 97년의 자료로부터 변동성을 추정했으므로 $\sqrt{6}$을 이용하는 것이 정확하나, 1998년 12월 6일부터 거래일이 5일이므로 편의상 $\sqrt{5}$를 이용하기로 한다.

5　$\mu = 0$을 가정하면 VaR(평균 기준) = VaR(절대 손실) = $W_0 \alpha \sigma$이다.

$$VaR = 2.33 \times 65,900,000원 = 140,149,500원$$

다음에는 기업 B의 주식에 5억 원을 투자한 경우의 VaR를 계산해 보자. 보유기간은 1주일이고 신뢰 수준은 99%이다. 기업 B 주식의 일별 변동성(표준편차)은 2.92%이다.

$$주별\ 변동성 = 2.92\% \times \sqrt{5} = 6.529\%$$
$$VaR = 2.33 \times 5억\ 원 \times 6.529\% = 76,062,850원$$

금액기준으로 기업 B의 VaR를 계산해 보기로 하자. 금액기준의 표준편차는 5억 원 × 6.529% = 32,645,000원이고, VaR는 2.33을 여기에 곱한 76,062,850원이다.

$$VaR = 2.33 \times 32,645,000원 = 76,062,850원$$

---

2 포트폴리오의 VaR

지금까지는 기업 A와 기업 B의 주식에 투자한 경우의 개별 주식 VaR를 각각 구해 보았다. 이번에는 기업 A와 기업 B 주식으로 구성된 포트폴리오의 VaR를 계산해 보자. 포트폴리오의 보유기간은 1주일이고 신뢰 수준은 99%이다. 기업 A와 기업 B 주식에 투자한 금액은 각각 10억원과 5억 원이고, 두 주식 수익률 간의 상관계수는 0.48이다.

포트폴리오의 분산은 다음과 같다.

$$\sigma_p^2 = w_A^2 \sigma_A^2 + w_B^2 \sigma_B^2 + 2w_A w_B \sigma_{AB}$$

σ_p^2 : 포트폴리오 수익률의 분산

$\sigma_A^2,\ \sigma_B^2$: A, B 주식 수익률의 분산

$w_A,\ w_B$: A, B 주식의 투자비율

σ_{AB} : A, B 주식 수익률 간의 공분산

A주식과 B주식 수익률 간의 공분산 $\sigma_{AB} = \rho_{AB} \sigma_A \sigma_B$이므로, 윗식은 다음과 같이 표현된다.

$$\sigma_p^2 = w_A^2 \sigma_A^2 + w_B^2 \sigma_B^2 + 2w_A w_B \rho_{AB} \sigma_A \sigma_B$$

ρ_{AB} : A주식 수익률과 B주식 수익률 간의 상관계수

포트폴리오의 VaR를 구하는 방법은 접근하는 방식에 따라 3가지로 나누어 볼 수 있다. 첫 번째 방법은 포트폴리오 수익률의 일별 변동성(표준편차 : σ_P)을 구한 후 이를 주별 변동성으로 전환시킨다. 다음에 2.33과 투자금액 및 주별 변동성을 차례로 곱하면 포트폴리오의 VaR가 계산된다.

$$\sigma_p = \sqrt{\left(\frac{2}{3}\right)^2(0.0269)^2 + \left(\frac{1}{3}\right)^2(0.0292)^2 + 2\left(\frac{2}{3}\right)\left(\frac{1}{3}\right)(0.48)(0.0269)(0.0292)}$$

$$= 2.4163\%$$

주별 변동성 $= 2.4163 \times \sqrt{5} = 5.4\%$

$\mathrm{VaR}p = 2.33 \times 15$억 원 $\times 5.4\% = 188{,}730{,}000$원

여기서 w_A는 기업 A 주식에 투자한 비율로서 10억/15억 원 $= \frac{2}{3}$이고, 기업 B 주식에 투자한 비율 w_B는 5억 원/15억 원 $= \frac{1}{3}$이다.

두 번째 방법은 포트폴리오의 주별 변화의 표준편차를 금액으로 구하고 2.33을 이 값에 곱하여 계산하는 방법이다. 포트폴리오 주별 변화의 표준편차를 금액으로 구하기 위해서는 먼저 A, B 주식 각각의 주별 변화의 표준편차를 금액으로 구하여야 한다.

$$\sigma_p = \sqrt{\sigma_A^2 + \sigma_B^2 + 2\rho_{AB}\sigma_A\sigma_B} \qquad (3.26)$$

여기서 $\sigma_A = 10$억 원 $\times 2.69\% \times \sqrt{5} = 60{,}150{,}229$원

$\sigma_B = 5$억 원 $\times 2.92\% \times \sqrt{5} = 32{,}646{,}592$원

따라서,

$$\sigma_p = \sqrt{(60{,}150{,}229)^2 + (32{,}646{,}592)^2 + 2(0.48)(60{,}150{,}229)(32{,}646{,}592)}$$

$$= 81{,}049{,}380$$원

$\mathrm{VaR}_p = 2.33 \times 81{,}049{,}380 = 188{,}845{,}055$원

세 번째 방법은 두 번째 방법을 약간 변형시킨 것으로, 두 번째 방법에서 나중에 곱해 준 2.33을 개별 주식의 표준편차(금액기준)와 곱하는 방법이다. 즉 개별 주식의 VaR를 처음부터 이용하여 계산하는 방법이다.

$$\mathrm{VaR}_p = \sqrt{\mathrm{VaR}_A^2 + \mathrm{VaR}_B^2 + 2 \cdot \rho \cdot \mathrm{VaR}_A \cdot \mathrm{VaR}_B} \qquad (3.27)$$

여기서 $\mathrm{VaR}_A = 2.33 \times 60{,}150{,}229 = 140{,}150{,}034$원

$\mathrm{VaR}_B = 2.33 \times 32{,}646{,}592 = 76{,}066{,}559$원

$$\text{VaR}_p = \sqrt{(140,150,034)^2 + (76,066,559)^2 + 2(0.48)(140,150,034)(76,066,559)}$$
$$= 188,845,056$$

이상에서 살펴본 바와 같이 VaR를 계산하는 방법에 따라 VaR의 값이 약간씩 차이나는데, 이는 반올림 오차(rounding error) 때문이다.

3 분산 효과

다음에는 포트폴리오의 분산 효과(diversification effect)로 인한 VaR의 감소금액을 계산해 보기로 하자. 개별 주식의 총위험(total risk)은 개별 기업의 특수위험(unique risk) 또는 비체계적 위험(nonsystematic risk)과 시장위험(market risk) 또는 체계적 위험(systematic risk)으로 구성되어 있다. 그런데 여러 자산에 나누어서 투자하면 특수위험이 줄어들어 포트폴리오의 위험은 감소하게 된다.

포트폴리오의 VaR는 분산 효과로 인해 개별 자산의 VaR를 합한 것보다 작아지게 마련이다. 분산 효과로 인한 VaR의 감소금액은 개별 VaR의 합에서 포트폴리오의 VaR를 차감하여 구한다. 상관계수가 0.48인 기업 A 주식과 기업 B 주식의 경우, 분산 효과로 인한 VaR의 감소금액은 다음과 같이 약 2,700만 원 정도이다.

> 분산 효과로 인한 VaR의 감소금액
>
> = 기업 A 주식의 개별 VaR + 기업 B 주식의 개별 VaR − 포트폴리오 VaR
>
> = (140,149,500 + 76,062,850) − 188,845,055
>
> = 27,367,295원

만일 두 주식 간의 상관계수가 0.48보다 크면, VaR의 감소금액, 즉 분산 효과는 더 작아진다 (모두 매입 포지션을 취하고 있으므로 상관계수가 −1에 가까울수록 분산 효과가 크기 때문임). 〈표 3-5〉는 상관계수가 증가함에 따라 VaR의 감소금액(즉, 분산 효과)이 감소함을 보여 준다.

표 3-5 상관계수와 분산 효과 (단위 : 원)

상관계수	−1	−0.5	0	0.5	1
포트폴리오의 VaR	64,083,475	121,521,285	159,462,075	189,970,746	216,216,593
분산 효과	152,133,118	94,695,308	56,754,518	26,245,847	0

앞에서 계산한 포트폴리오의 VaR에는 기업 A 주식과 기업 B 주식이 각각 공헌한 부분이 섞여 있다. 포트폴리오의 VaR 중에서 개별 자산이 공헌하는 VaR를 공헌 VaR(또는 증분 VaR) 라 한다.

이번에는 포트폴리오에 포함된 기업 A와 기업 B의 두 개별 주식이 이들로 구성된 포트폴리오의 VaR에 각각 어느 정도 공헌하는지를 계산해 보기로 하자. 다시 말해서 포트폴리오의 VaR 가 188,730,000원(첫 번째 계산방법 기준)인데, 이를 각 개별 주식이 공헌하는 정도를 기준으로 나누어 보기로 하자.

포트폴리오의 VaR인 188,730,000원은 포트폴리오의 분산 σ_p^2에 의하여 결정되며 포트폴리오의 분산은 다시 기업 A와 기업 B의 분산과 두 주식 간의 공분산에 의해 결정된다. 따라서 공헌 VaR는 포트폴리오의 분산 중에서 개별 주식이 공헌하는 비율을 기준으로 나누어진다. 포트폴리오의 분산은 다음과 같이 2부분으로 구성된다.

$$\sigma_p^2 = (w_A^2 \sigma_A^2 + w_A w_B \rho_{AB} \sigma_A \sigma_B) + (w_B^2 \sigma_B^2 + w_A w_B \rho_{AB} \sigma_A \sigma_B) \tag{3.28}$$

식 (3.28)의 우변의 처음 2개 항은 기업 A 주식이 포트폴리오의 분산에 공헌하는 정도이고, 다음 2개 항은 기업 B 주식이 포트폴리오의 분산에 공헌하는 정도이다.[6] 공헌하는 정도를 σ_p^2 의 비율로 표시하면 다음과 같다.

$$기업\ A\ 주식의\ 공헌\ 비율 = \frac{w_A^2 \sigma_A^2 + w_A w_B \rho_{AB} \sigma_A \sigma_B}{\sigma_p^2} \tag{3.29}$$

$$기업\ B\ 주식의\ 공헌\ 비율 = \frac{w_B^2 \sigma_B^2 + w_A w_B \rho_{AB} \sigma_A \sigma_B}{\sigma_p^2} \tag{3.30}$$

식 (3.29)와 (3.30)을 이용하여 기업 A와 기업 B 주식의 공헌 VaR를 계산하면 다음과 같다.

---

6 포트폴리오의 표준편차에 공헌하는 정도를 이용하여 공헌 VaR를 계산하지 않는 것에 주의하라.

① 기업 A 주식의 공헌 VaR :

$$188,730,000 \times \left[\frac{\left(\frac{2}{3}\right)^2 0.0269^2 + \left(\frac{2}{3}\right)\left(\frac{1}{3}\right) \times 0.48 \times 0.0269 \times 0.0292}{\left(\frac{2}{3}\right)^2 0.0269^2 + \left(\frac{1}{3}\right)^2 0.0292^2 + 2 \times \left(\frac{2}{3}\right)\left(\frac{1}{3}\right) \times 0.48 \times 0.0269 \times 0.0292} \right]$$

$$= 188,730,000 \times 0.6943 = 131,035,239 원$$

② 기업 B 주식의 공헌 VaR :

$$188,730,000 \times \left[\frac{\left(\frac{1}{3}\right)^2 0.0292^2 + \left(\frac{2}{3}\right)\left(\frac{1}{3}\right) \times 0.48 \times 0.0269 \times 0.0292}{\left(\frac{2}{3}\right)^2 0.0269^2 + \left(\frac{1}{3}\right)^2 0.0292^2 + 2 \times \left(\frac{2}{3}\right)\left(\frac{1}{3}\right) \times 0.48 \times 0.0269 \times 0.0292} \right]$$

$$= 188,730,000 \times 0.3057 = 57,694,761 원$$

포트폴리오를 구성하는 개별 주식의 공헌 VaR의 합은 당연히 포트폴리오의 VaR이다. 즉, 131,035,239원 + 57,694,761원 = 188,730,000원이다. 기업 A의 공헌 VaR는 포트폴리오 VaR의 약 69.43%를 차지하고, 기업 B의 공헌 VaR는 나머지 30.57%를 차지한다. 두 주식의 분산(또는 표준편차)이 거의 동일한 상태에서 기업 A 주식에 투자한 금액이 기업 B 주식에 투자한 금액의 2배이므로, 기업 A 주식의 공헌 VaR도 거의 2배 정도에 이르고 있다. 만일 기업 A 주식의 일별 변동성이 기업 B 주식 일별 변동성의 절반 수준인 1.4% 내외이면, 두 주식의 공헌 VaR는 거의 동일하게 된다.

개별 주식의 VaR가 이미 계산되어 있으면 개별 주식의 VaR와 포트폴리오의 VaR를 이용하여 공헌 비율을 구하는 것이 보다 편리하다. 다음 식이 성립하므로,

$$VaR_p^2 = VaR_A^2 + VaR_B^2 + 2 \cdot \rho \cdot VAR_A \cdot VAR_B$$

두 개별 주식의 공헌 비율은 다음과 같이 계산된다.

$$기업 \; A \; 주식의 \; 공헌 \; 비율 = \frac{VaR_A^2 + \rho \cdot VaR_A \cdot VaR_B}{VaR_p^2}$$

$$기업 \; B \; 주식의 \; 공헌 \; 비율 = \frac{VaR_B^2 + \rho \cdot VaR_A \cdot VaR_B}{VaR_p^2}$$

A주식의 가치는 100억 원이고 일별 변동성은 3%이다. B주식의 가치는 50억 원이고 일별 변동성은 2%이다. 1일 기준 95% 신뢰 수준에서 개별 VaR는 아래와 같이 각각 4.95억 원과 1.65억 원이다.

$$VaR_A = 1.65 \times 100억\ 원 \times 0.03 = 4.95억\ 원$$
$$VaR_B = 1.65 \times 50억\ 원 \times 0.02 = 1.65억\ 원$$

두 주식 수익률 간의 상관계수를 0.5라고 가정하면 포트폴리오 수익률의 표준편차는 다음과 같이 2.404%이고 포트폴리오의 VaR는 5.95억 원이다.

$$\sigma_p = \sqrt{\left(\frac{2}{3}\right)^2 (0.03)^2 + \left(\frac{1}{3}\right)^2 (0.02)^2 + 2\left(\frac{2}{3}\right)\left(\frac{1}{3}\right)(0.5)(0.03)(0.02)} = 2.404\%$$
$$VaR_p = a \times V_p \times \sigma_p = 1.65 \times 150억\ 원 \times 0.02404 = 5.95억\ 원$$

또는 개별 VaR로부터 직접 포트폴리오 VaR를 계산한다. 개별 VaR가 각각 4.95억 원과 1.65억 원이므로, 포트폴리오 VaR는 5.95억 원이다.

$$VaR_p = \sqrt{(4.95)^2 + (1.65)^2 + 2(0.5)(4.95)(1.65)} = 5.95억\ 원$$

두 주식 간의 상관계수가 0.5인 경우, 분산 효과로 인한 VaR의 감소금액은 다음과 같이 0.65억 원이다.

분산 효과로 인한 VaR의 감소금액
= A주식의 개별 VaR + B주식의 개별 VaR − 포트폴리오 VaR
= (4.95 + 1.65) − 5.95 = 0.65억 원

정규분포를 가정하는 경우 포트폴리오의 VaR는 개별 VaR의 합보다 작거나 같다. 만일 두 주식 수익률 간의 상관계수가 0.5보다 크면, VaR의 감소금액, 즉 분산 효과는 더 작아진다. 〈표 3-6〉은 상관계수가 −1에 접근함에 따라 VaR의 감소금액(즉, 분산 효과)이 증가함을 보여준다.

그리고 전체 포트폴리오의 VaR에 각 주식의 공헌 비율을 곱하면 각 주식의 공헌 VaR가 계산된다. A주식과 B주식의 공헌 비율 및 공헌 VaR는 각각 다음과 같이 계산된다. 포트폴리오를 구성하는 개별 주식의 공헌 VaR의 합은 당연히 포트폴리오의 VaR이다. 즉, 4.81억 원 + 1.14억

표 3-6	상관계수와 분산 효과			(단위 : 억 원, VaR$_A$ = 4.95억 원, VaR$_B$ = 1.65억 원)	
상관계수	−1	−0.5	0	0.5	1
포트폴리오의 VaR	3.30	4.37	5.22	5.95	6.60
분산 효과	3.30	2.23	1.38	0.65	0

원=5.95억 원이다.

A주식의 공헌 VaR

$$= 5.95 \times \left[\frac{4.95^2 + 0.5 \times 4.95 \times 1.65}{5.95^2} \right] = 5.95 \times 0.808 = 4.81억\ 원$$

B주식의 공헌 VaR

$$= 5.95 \times \left[\frac{1.65^2 + 0.5 \times 4.95 \times 1.65}{5.95^2} \right] = 5.95 \times 0.192 = 1.14억\ 원$$

이번에는 가정을 바꾸어 상관계수가 −0.5라고 가정하고 공헌 VaR를 계산해보자. 〈표 3-6〉에서 상관계수가 −0.5이면 포트폴리오의 VaR는 4.37억 원이다. 상관계수가 −0.5인 경우, 공헌 비율은 107%와 −7%이므로 공헌 VaR는 각각 4.68억 원과 −0.31억 원으로 계산된다.

A주식의 공헌 VaR

$$= 4.37 \times \left[\frac{4.95^2 + (−0.5) \times 4.95 \times 1.65}{4.37^2} \right] = 4.37 \times 1.07 = 4.68억\ 원$$

B주식의 공헌 VaR

$$= 4.37 \times \left[\frac{1.65^2 + (−0.5) \times 4.95 \times 1.65}{4.37^2} \right] = 4.37 \times −0.07 = −0.31억\ 원$$

공헌 VaR가 음수라는 것은 B주식 포지션이 추가됨으로 인해 포트폴리오의 위험이 감소한다는 것을 의미하며, B포지션이 헤지 포지션(hedge position)의 역할을 하고 있음을 알 수 있다. 상관계수에 따른 각 포지션의 공헌 VaR는 〈표 3-7〉과 같이 정리된다. 표에서 확인할 수 있듯이, 상관계수가 음(−)인 경우 공헌 VaR가 포트폴리오 VaR보다 클 수 있다.

A주식과 B주식의 한계 VaR는 각각 4.3억 원과 1억 원이다.

A주식의 한계 VaR=VaR$_p$−VaR$_B$=5.95억 원−1.65억 원=4.30억 원

B주식의 한계 VaR=VaR$_p$−VaR$_A$=5.95억 원−4.95억 원=1.00억 원

표 3-7	상관계수와 공헌 VaR				(단위 : 억 원, VaR_A = 4.95억 원, VaR_B = 1.65억 원)
상관계수	-1	-0.5	0	0.5	1
포트폴리오의 VaR	3.30	4.37	5.22	5.95	6.60
A의 공헌 VaR	4.95	4.68	4.69	4.81	4.95
B의 공헌 VaR	-1.65	-0.31	0.52	1.14	1.65

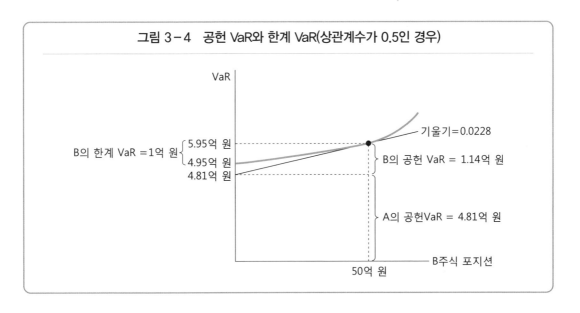

그림 3-4 공헌 VaR와 한계 VaR(상관계수가 0.5인 경우)

한계 VaR와 공헌 VaR의 차이점을 B주식을 중심으로 〈그림 3-4〉를 이용하여 설명하기로 한다. B주식의 한계 VaR는 1억 원이고 공헌 VaR는 1.14억 원이다. B주식 포지션이 커짐에 따라 포트폴리오의 VaR는 두 주식 간의 상관계수가 0.5이므로 비선형으로 증가한다. 즉, B주식이 포함되기 전에는 4.95억 원이었으나 B주식 포지션 50억 원이 포함됨에 따라 포트폴리오의 VaR는 5.95억 원으로 증가한다. 반면에 현재 B주식 포지션 50억 원이 포함된 상태에서 B포지션 1원의 변화는 포트폴리오의 VaR를 0.0228만큼 변화시키므로 이 변화에 기초하여 50억 원이 전부 제외된다고 가정하면 포트폴리오의 VaR는 4.81억 원까지 감소하게 된다. 그러나 0.0228의 기울기는 현재 시점에서의 기울기이므로, B주식 포지션의 변화가 크지 않은 경우에만, B포지션 변화에 따른 포트폴리오 VaR의 변화를 추정하는 데 적합하다. 그러나 포지션의 변화가 큰 경우(즉, B포지션을 완전히 제거한다고 가정하는 경우) 포트폴리오의 VaR는 선형으로 감소하지 않으므로 이 경우에 공헌 VaR는 포트폴리오 VaR 감소금액으로는 적합하지 않다. 리스크메트릭스는 어떤 포지션을 부분적으로 헤지할 것인가의 의사결정에 공헌 VaR를 이용

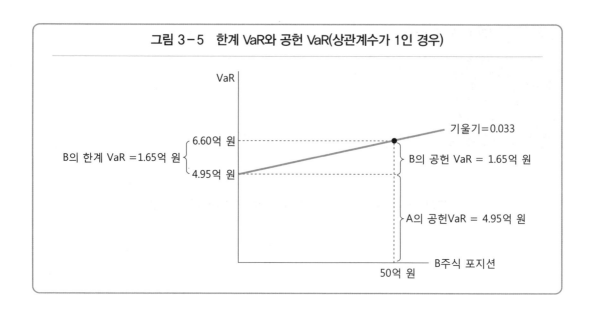

그림 3-5 한계 VaR와 공헌 VaR(상관계수가 1인 경우)

표 3-8	상관계수와 분산 효과				(단위: 억 원, VaR$_A$=4.95억 원, VaR$_B$=−1.65억 원)
상관계수	−1	−0.5	0	0.5	1
포트폴리오의 VaR	6.60	5.95	5.22	4.37	3.30
분산 효과	0	0.65	1.38	2.23	3.30

한다.

이번에는 두 포지션 간의 상관계수가 1이라고 가정하자(〈그림 3-5〉 참조). 이 경우에 분산 효과가 전혀 없으므로 포트폴리오의 VaR는 선형으로 증가하고 결국 B주식의 한계 VaR와 공헌 VaR는 동일하게 된다.

〈표 3-8〉은 B포지션이 매도 포지션이라는 가정하에서 여러 상관계수의 경우 포트폴리오의 VaR를 계산한 것이다. 분산 효과가 전혀 없는 경우의 포트폴리오의 VaR는 상관계수가 −1인 경우로 6.60억 원이며 이는 모두 매입 포지션이고 상관계수가 1인 경우인 VaR와 동일하다. 매입 포지션과 매도 포지션이 동시에 존재하면, 상관계수가 −1인 경우에 분산 효과가 전혀 없고, 상관계수가 +1인 경우에 분산 효과가 극대화됨을 확인할 수 있다. 여기서 분산 효과는 $|\text{VaR}_A| + |\text{VaR}_B| - \text{VaR}_p$으로 계산된다.

6 시계열적으로 독립적이지 않은 경우의 VaR 계산

앞에서 유도한 시간의 제곱근 공식은 수익률이 시계열적으로 독립적이고 동일한 분포를 따른다는 가정하에서 유도된 것이다. 따라서 시계열적으로 독립적이지 않으면 이 공식을 사용할 수 없다.

예를 들어, 일별 VaR가 10억 원이고 시계열적 독립성을 가정하면 2일 기준의 VaR는 10억 원 $\times \sqrt{2} = 14.14$억 원이다. 그러나 시계열적으로 독립적이지 않으면 이 값은 실제의 위험을 과대 또는 과소평가하게 된다.

2일 수익률의 분산은 다음과 같이 계산된다(V는 분산을 의미함). 여기서 상관계수가 0이면 아래 공식이 유도된다.

$$V(r_t + r_{t-1}) = \sigma^2 + \sigma^2 + 2\rho\sigma^2 = \sigma^2(2 + 2\rho) \tag{3.31}$$

따라서 일별 수익률 간의 자기 상관계수 ρ가 0이 아니면 2일 기준 VaR는 일별 VaR에 $\sqrt{2 + 2\rho}$를 곱하여 구한다. 상관계수가 0.2이면 2일 기준의 VaR는 15.49억 원이고 상관계수가 -0.2이면 2일 기준의 VaR는 12.65억 원이다.

$$\text{2일 기준 VaR}(\rho = 0.2) = 10 \times \sqrt{2 + 2 \times 0.2} = 15.49$$
$$\text{2일 기준 VaR}(\rho = -0.2) = 10 \times \sqrt{2 + 2 \times (-0.2)} = 12.65$$

그렇다면 3일 기준 VaR는 얼마인가? 3일 기준의 수익률은 다음과 같이 계산된다.

$$V(r_t + r_{t-1} + r_{t-2}) = \sigma^2 + \sigma^2 + \sigma^2 + 2\rho\sigma^2 + 2\rho\sigma^2 + 2\rho\sigma^2\rho$$
$$= 3\sigma^2 + 4\rho\sigma^2 + 2\rho^2\sigma^2 = \sigma^2(3 + 4\rho + 2\rho^2) \tag{3.32}$$

따라서 3일 기준의 VaR는 일별 VaR에 $\sqrt{3 + 4\rho + 2\rho^2}$를 곱하여 구한다.

상관계수가 0.2이면 3일 기준의 VaR는 19.70억 원으로 $\sqrt{3}$을 이용하여 계산한 17.32억 원보다 2.38억 원 크다.

$$\text{3일 기준 VaR}(\rho = 0.2) = 10 \times \sqrt{3 + 4 \times 0.2 + 2 \times 0.2^2} = 19.70$$

Expected Shortfall

Expected Shortfall(ES)는 손실이 VaR보다 더 큰 조건 하에서 발생한 손실의 기댓값으로 정의되는데, 이는 다음의 식으로 표현된다.

$$ES = E(-\triangle V | -\triangle V > VaR)$$

예를 들어, 95% 신뢰 수준을 이용하는 경우 ES는 분포의 왼쪽 꼬리 5%에서의 평균 손실금액을 의미한다. 정규분포의 경우 정상 VaR와 ES 간에 큰 차이가 없다. 그러나 〈그림 3-6〉 분포의 경우 정상 VaR와 ES 간에 큰 차이가 존재한다.

VaR가 '상황이 얼마나 악화될 수 있는가?'라는 질문에 대한 답을 제공한다면, ES는 '상황이 악화된 경우 손실이 얼마나 클 수 있는가?'라는 질문에 대한 답을 제공하므로 위험관리 차원에서 특히 매력적이다.

앞에서 비모수적 방법으로 추정한 VaR가 subadditivity의 속성을 만족시키지 못한다고 설명하였다. 여기서 소개하는 ES는 항상 subadditivity의 속성을 항상 만족시키는 것으로 알려져 있다. subadditivity의 속성을 만족시키면서 또한 VaR를 초과하는 경우의 손실크기에 대한 정보를 제공하는 점 때문에 VaR보다 리스크 측정치로서 더 매력적인 면이 있다. 그러나 극한 VaR의 문제점은 통계적인 검증을 하기 어렵다는 점이다.

두 포트폴리오의 손실 중에서 큰 손실 7개씩이 다음과 같다고 하자.

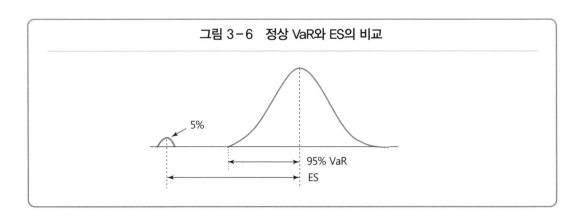

그림 3-6 정상 VaR와 ES의 비교

손실 순위	A 포트폴리오의 손실	B 포트폴리오의 손실
1	150억 원	62억 원
2	120억 원	60억 원
3	110억 원	55억 원
4	80억 원	53억 원
5	70억 원	51억 원
6	50억 원	50억 원
7	45억 원	48억 원

그리고 99% 신뢰 수준에서 계산한 두 포트폴리오의 VaR가 50억 원으로 동일하다고 하자. 그러나 99% 신뢰 수준에서의 두 포트폴리오의 ES는 각각 106억 원과 56억 원으로 크게 차이가 난다.

$$ES_A = \frac{150 + 120 + 110 + 80 + 70}{5} = 106$$

$$ES_B = \frac{62 + 60 + 55 + 53 + 51}{5} = 56.2$$

section 08 자산의 유형과 매핑

1 선형자산과 비선형 자산

포트폴리오의 VaR를 계산하기 위해서는 먼저 포트폴리오를 몇 가지 유형의 포지션으로 구분하고 포지션별로 기초자산을 이용하여 위험을 측정한다. 여기서 이용하는 기초자산이 바로 위험요인이 된다. 포지션 가치의 변화와 기초자산 가치의 변화 간에는 다양한 관계가 존재한다. 예를 들어, 100만 달러 포지션의 원화가치는 원/달러 환율 변화와 선형함수(linear function)의 관계를 갖는다. 그러나 우리나라에서 99년 4월부터 거래되고 있는 미국 달러 통화옵션의 이득은 원/달러 환율과 비선형함수(nonlinear function)의 관계를 갖는다. 〈그림 3-7〉은 포지션 가치와 기

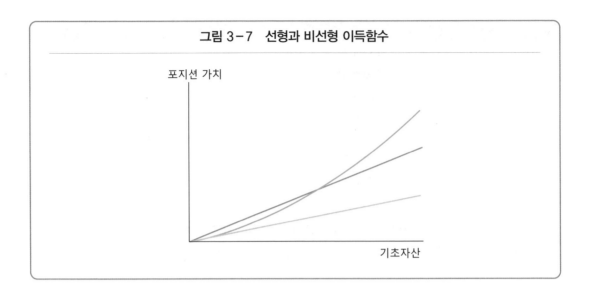

그림 3-7 선형과 비선형 이득함수

포지션 가치

기초자산

초자산 가치 간에 선형관계가 존재할 때와 비선형관계가 존재할 때 각각의 이득함수를 그린 것이다. 선형자산은 위험요인의 변화에 대한 포지션 가치의 변화가 일정한 자산이다. 〈그림 3-7〉에서 볼 수 있듯이 포지션 가치와 기초자산의 가치 간에 선형관계가 존재하는 경우, 양 가치 간의 관계는 기울기, 즉 델타(delta)로 측정할 수 있다. 또한 양 가치 간에 비선형적 관계가 존재하면 이런 비선형관계의 볼록성(convexity)은 감마(gamma)로 측정할 수 있다. 금융상품별로 기초자산 또는 위험요인과의 관계를 요약하면 〈표 3-9〉와 같다.

〈그림 3-7〉에서 볼 수 있듯이, 선형자산의 경우, 기초자산 또는 위험요인이 1% 변하면 평가하는 포지션의 가치도 1% 변하거나 또는 1%보다 크거나 작은 값으로 일정하게 변한다. 반면에 비선형 자산의 경우 위험요인의 수준에 따라 포지션이 변하는 정도가 다르게 된다.

〈표 3-9〉에서 볼 수 있는 바와 같이, 옵션상품은 모두 비선형 자산에 속하고 나머지는 모두 선형자산에 속한다. 선형자산의 VaR는 앞에서 설명한 방법으로 계산된다. 즉, 정규분포를 가정하고 선형으로 델타-노말방법(delta-normal method)으로 간단히 VaR를 계산할 수 있다. 그러나 비선형 자산의 경우, 델타-노말방법으로 계산된 VaR는 오차가 커지므로 볼록성을 고려하는 델타-감마방법(delta-gamma method) 또는 시뮬레이션방법으로 VaR를 계산해야 한다.

표 3-9 선형자산과 비선형 자산 요약표

포지션의 유형	금융상품	기초자산(price 또는 rate)
선형자산	채권(bond)*	채권 가격
	주식(stock)	주가지수
	외환(foreign exchange)	환율
	상품(commodity)	상품 가격
선형 파생상품	금리스왑(interest rate swap)	채권 가격
	통화선도(currency forward)	환율/MMP**
	변동금리 채권(Floating Rate Note : FRN)	MMP/채권 가격
	선도금리 계약(Forward Rate Agreement : FRA)	MMP
	역변동금리 채권(inverse floater)	MMP/채권 가격
비선형 파생상품	주식옵션(stock option)	주가
	채권옵션(bond option)	채권 가격
	통화옵션(currency option)	환율

* 채권 가격과 수익률(yield) 간의 관계는 비선형이나 채권 포지션 가치와 채권 가격은 선형관계이다.
** MMP는 단기금융상품 가격(money market price)를 의미함(만기가 1년 이내인 단기금융상품의 가격 또는 가격에 내재된 이자율)
자료 : J. P. Morgan, *RiskMetricsTM*, 1996, p. 123.

2 매핑

앞에서 살펴본 바와 같이 포트폴리오의 VaR는 개별 포지션 간의 공분산 또는 상관계수에 의해 크게 좌우된다. 그러나 자산의 수가 증가하면 계산해야 할 공분산의 수는 $\frac{N(N-1)}{2}$로 기하급수적으로 증가한다. 예를 들어 자산의 수가 700개이면, 추정해야 할 공분산의 수는 244,650개에 이르게 되므로 대규모 포트폴리오의 경우 모든 공분산을 계산한다는 것은 사실상 불가능하다. 따라서 실제의 포지션을 표준화된 포지션으로 전환시켜야 하는데 이 과정을 매핑(mapping)이라고 한다. 매핑할 때의 포지션은 순포지션(net position)으로 제한된다.

델타-노말방법에 의하면 포지션의 변화는 기초자산 또는 위험요인의 변화와 다음과 같은 선형관계를 갖는다.

$$\text{포지션의 변화} = \delta \times \text{기초자산의 변화} \tag{3.33}$$

여기서 δ는 기초자산의 가치 변화에 대한 포지션 가치 변화, 즉 민감도를 말한다. 예를 들어, 주식의 경우, 개별 주식의 수익률을 이용하면 δ는 1이지만, 시장지수를 이용하면 δ는 베타가 된다. 채권의 경우 기초자산은 채권 가격이므로 δ는 1이나, 채권 가격의 변화율은 수익률 변화와 수정 듀레이션의 곱으로 표현되므로, 결국 δ는 수정 듀레이션에 해당된다. 그리고 옵션의 경우 δ는 옵션의 델타이다.

따라서 포지션과 기초자산이 동일한 경우 VaR는 $W\alpha\sigma$로 계산된다. 그러나 포지션과 기초자산이 상이한 경우 델타—노말방법에 의한 VaR는 다음과 같이 계산된다.

$$\text{VaR} = W \times \frac{dW}{dP} \times \alpha \times \sigma_p \times \sqrt{T} \tag{3.34}$$

여기서 $\frac{dW}{dP}$는 δ이고 σ_p는 위험요인의 일별 변동성이다. α와 $\sqrt{T}$는 VaR를 계산하는 데 필요한 신뢰 수준과 목표기간에 의해 결정된다. $\alpha \times \sigma_p \times \sqrt{T}$는 목표기간 T일 동안에 주어진 신뢰 수준에서 위험요인의 최악의 움직임(worst 또는 adverse extreme move)을 의미한다.

chapter 04

변동성의 추정

변동성 군집현상

앞에서 수익률이 동일하고 독립적인 분포를 따른다고(identically and independently distributed : IID) 가정했다. 그러나 실제 자료를 분석해 보면, 분포가 동일하다는 가정은 성립하지 않는다.[1] 〈그림 4-1〉은 '96년 7월 1일부터 '98년 6월 30일까지의 종합주가지수 일별 수익률을 그래프로 그린 것이고, 〈그림 4-2〉는 동일 기간 동안의 원/달러 환율 수익률을 그래프로 그린 것이다.

〈그림 4-1〉과 〈그림 4-2〉로부터 수익률의 분포가 동일하다(identical)는 가정은 현실성이 없다는 것을 알 수 있다. 즉, 가격(종합주가지수 또는 환율)이 크게 변하는 구간과 그렇지 않은 구간이 있음을 확인할 수 있다. 이번에는 수익률 분포가 시계열적으로 독립적인가를 분석해 보자. 시계열적 독립성을 검증하는 간단한 방법은 시계열 상관(serial correlation) 또는 자기 상관(autocorrelation)의 유의성(significance)을 검증하는 것이다.[2] 확률변수 X와 Y 간의 상관계수(correlation coefficient)는 다음과 같이 정의된다.

---

1 변동성의 군집현상에 관한 부분은 윤평식 – 김철중, VaR의 측정과 사후검증, 선물시장월보(2000년 2월)로부터 인용
2 자기 상관계수의 유의성을 공식적으로 검증하는 방법은 Box-Ljung(BL) 통계치를 이용하는 방법이다. BL 통계치는 다음과 같이 정의된다.

$$BL(p) = T \cdot (T + 2) \sum_{k=1}^{p} \frac{\rho_k^2}{T - k}$$

p개의 자기 상관계수가 동시에 0이라는 귀무가설하에서 $BL(p)$는 자유도가 p인 카이자승분포(Chi-squared distribution)를 따른다. 단, p는 통계치를 추정하는 데 사용된 자기 상관계수의 수를 의미한다.

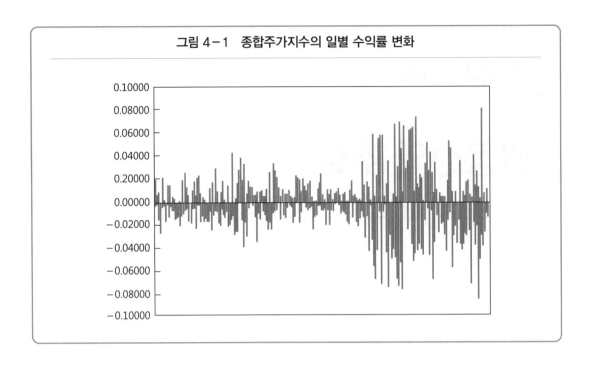

그림 4-1 종합주가지수의 일별 수익률 변화

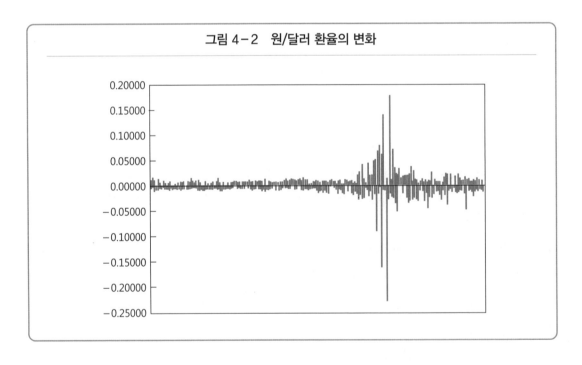

그림 4-2 원/달러 환율의 변화

$$\rho_{XY} = \frac{\sigma_{XY}}{\sigma_X \sigma_Y} \tag{4.1}$$

ρ_{XY} : 상관계수

σ_{XY} : 공분산

σ_X, σ_Y : 각 변수의 표준편차

식 (4.1)에서 σ_{XY}는 확률변수 X와 Y 간의 공분산으로 $E[(X-\mu_X)(Y-\mu_Y)]$이다. 시계열 자료 r_t의 경우(t=1, 2, …, T), k차 자기 상관계수(kth order autocorrelation coefficient)는 다음과 같이 정의된다.

$$\rho_k = \frac{\sigma_{t,t-k}}{\sigma_t \sigma_{t-k}} = \frac{\sigma_{t,t-k}}{\sigma_t^2} \tag{4.2}$$

〈그림 4-3〉은 종합주가지수 수익률의 시계열 상관계수를 그래프로 그린 것이다. 사용된 자료는 91년 1월 1일부터 98년 6월 30일까지의 일별 수익률이다(관찰치는 총 2,170개임). X축은 래그(lag)시킨 일 수(k)를 의미한다. 〈그림 4-3〉에서 볼 수 있듯이 일부는 양(+)의 상관계수를, 일부는 음(−)의 상관계수를 갖는다. $k=1$인 경우를 제외하고는 모든 상관계수가 그리 크지는 않다. $k=1$의 경우, 상관계수는 0.1391로 매우 유의적이다. 상관계수가 양(+)으로 유의적이라는 것은 어제의 수익률이 평균보다 높으면 오늘의 수익률도 평균보다 높을 가능성이 매우 크다는 것을 의미한다. 이런 경우에 어제의 수익률을 이용하여 오늘의 수익률을 예측하는 것이 어느 정도 가능하다. 총 30개의 자기 상관계수 중에서 10개가 신뢰구간을 벗어나는 것으로 나타났다. 그러나 $k=1$인 경우를 제외하고는 자기 상관계수가 통계적으로 유의하더라도 그 크기가 그리 크지 않으므로 거래비용을 감안하면 경제적인 의미를 갖지는 않는다고 생각된다.[3]

〈그림 4-4〉는 종합주가지수 수익률 제곱(square)을 그래프로 그린 것이다. 그리고 〈그림 4-5〉는 종합주가지수 수익률 제곱의 자기 상관계수이다. 기대수익률을 0으로 가정하면 수익률 제곱의 기대치가 분산이므로, 수익률 제곱의 자기 상관관계는 분산의 자기 상관관계를 의미한다. 식 (4.3)은 수익률 제곱의 기대치, 즉 분산을 의미한다.

$$\sigma_t^2 = E[r_t - E(r_t)]^2 = E(r_t)^2 \ (E(r_t)=0 \text{이므로}) \tag{4.3}$$

〈그림 4-5〉에서는 〈그림 4-3〉과는 달리, 30개의 모든 자기 상관계수가 양(+)의 값을 갖는 것으로 나타났다. 또한 수익률 제곱의 자기 상관계수가 수익률의 자기 상관계수보다 훨씬 크다

---

3 참고로 95% 신뢰구간은 $\frac{1.96}{\sqrt{T}} = 0.0421$이다. 이 신뢰구간은 Harvey(1993)가 도출한 통계치로 1,000개 이상의 자료인 경우에 적용이 가능하다.

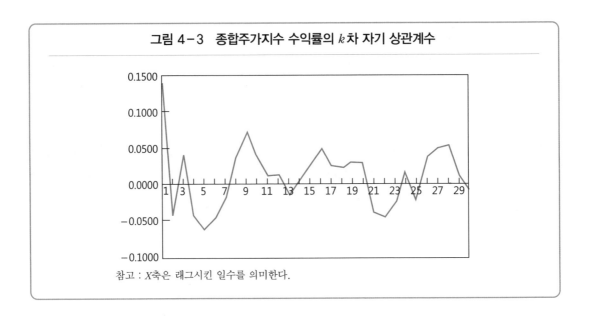

그림 4-3 종합주가지수 수익률의 k차 자기 상관계수

참고 : X축은 래그시킨 일수를 의미한다.

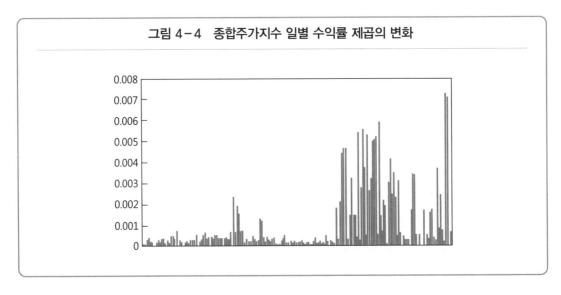

그림 4-4 종합주가지수 일별 수익률 제곱의 변화

는 것을 알 수 있다. 그리고 수익률 제곱의 모든 자기 상관계수는 95%의 신뢰구간을 벗어나 있다.[4] 앞의 〈그림 4-1〉과 〈그림 4-2〉에서 우리는 수익률이 큰 기간과 수익률이 작은 기간을 쉽게 분별할 수 있었다. 이로 인해 변동성이 한번 커지게 되면 큰 상태로 어느 정도 지속되고 그런 다음 상대적으로 작은 기간이 이를 뒤따르게 된다. 이런 패턴(pattern)을 변동성의 군집 또는

---

4 여기서 95%의 신뢰구간은 $\dfrac{1.96}{\sqrt{T}}=0.0421$을 의미하는데, 이 구간은 엄밀한 의미에서 수익률의 상관계수에 대해서만 적용이 가능하므로 주의를 요한다.

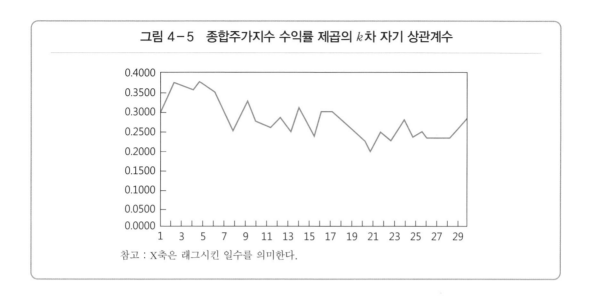

그림 4-5 종합주가지수 수익률 제곱의 k차 자기 상관계수

참고 : X축은 래그시킨 일수를 의미한다.

변동성의 집중(volatility clustering)이라고 한다. σ^2 또는 σ가 시간에 따라 변하므로 이를 변동성의 시간 가변성(time variation in volatility)이라고도 한다. 변동성의 군집현상은 변동성의 시계열 상관계수를 매우 크고 유의적으로 만든다. 다시 말하면 이는 변동성이 예측 가능한 패턴으로 움직인다는 것을 의미하고, 이런 패턴을 이용하면 변동성을 보다 정확히 예측할 수 있다는 것을 의미한다. 변동성을 보다 정확히 예측할 수 있으면 이는 위험을 보다 효율적으로 관리할 수 있다는 것을 의미하기도 한다. VaR 계산에서 변동성의 정확한 예측은 매우 중요하다.

section 02 변동성과 상관계수 추정 방법

변동성을 추정하는 방법은 ① 옵션 가격을 이용하여 내재변동성을 추정하는 방법, ② 시뮬레이션에 의하여 변동성을 추정하는 방법, ③ 표준편차를 변동성으로 이용하는 방법, ④ 단순 이동평균모형으로 변동성을 추정하는 방법, ⑤ GARCH모형으로 변동성을 추정하는 방법, ⑥ 리스크메트릭스 방법인 지수 가중 이동평균 모형으로 변동성을 추정하는 방법 등 여러 가지가 있으나 여기서는 단순 이동평균법과 지수 가중 이동평균법을 간략히 소개하기로 한다.

일정기간의 이동기간(moving window)을 설정하고 그 기간 동안의 단순 이동평균치를 구하여 변동성을 추정하는 방법으로서 단순 이동평균법(simple moving average model)이 있다. 단순 이동평균법에서는 이동기간에 포함된 모든 과거 수익률은 동일한 가중치(weight)를 갖는다. 예를 들어, 대표적인 이동기간은 20거래일(약 1개월) 또는 60거래일(약 3개월)이다. 이동기간을 m일로 하였을 때 단순 이동평균법에 의한 변동성은 다음과 같이 추정된다.

$$\sigma_t^2 = \frac{1}{m}\sum_{i=0}^{m} r_{t-i}^2 \tag{4.4}$$

σ_t^2 : 변동성 추정치, r_{t-i}^2 : 수익률의 제곱치

단순 이동평균법은 계산하기에는 편리하다. 그러나 이 방법에서는 과거 수익률이 모두 동일한 비중을 가지므로 최근의 자료가 오래된 자료보다 더 많은 정보를 내포하고 있다는 점이 무시되고 있다. 앞에서 설명했듯이 변동성은 일반적으로 군집현상을 보이고 있다. 변동성이 군집현상을 보이고 있다는 것은 변동성이 예측 가능한 패턴을 갖고 움직인다는 것을 의미하며, 이는 위험을 효율적으로 관리하는데 매우 중요한 역할을 한다. 변동성의 군집현상은 최근의 과거 자료가 오래된 과거 자료보다 변동성을 추정하는 데 보다 중요하다는 것을 의미한다.

또한 단순 이동평균법은 에코 효과(echo effect)를 야기하는 점이다. 다시 말해서 변동성 추정치가 시장에서 충격이 발생하는 시점에서 뿐만 아니라 충격이 이동기간에서 제외될 때까지 동일한 크기로 계속된다. 그 결과 처음의 충격이 이동기간에서 제외되면 변동성 추정치는 다시 영향을 받게 되는데 이 변동성 추정치의 변화는 허구적인 변화이기 때문에 에코 효과는 바람직하지 않다.

따라서 변동성의 시간 가변성을 반영하면서 에코 효과를 제거할 수 있는 모형이 필요하다. 즉 최근의 과거 자료에 보다 많은 가중치를 부여할 수 있는 다음과 같은 모형이 필요하다.

$$\sigma_t^2 = \sum_{i=0}^{m} \alpha_i r_{t-i}^2 \tag{4.5}$$

여기서 α_i는 i일 전의 관찰치에게 주어진 가중치이다. α_i는 양(+)의 값을 가지며 $\alpha_i < \alpha_j$가 바람직하다(단, $i > j$임). 그리고 가중치의 합은 1이어야 한다. 따라서 $\sum_{i=1}^{m} \alpha_i = 1$이다.

식 (4.5)에서 장기적으로 평균 변동성(long-run average volatility)이 존재한다고 가정하면 여기에 일정량의 가중치를 부여하는 것이 바람직하므로, 식 (4.5)는 다음과 같이 수정된다.

$$\sigma_t^2 = \gamma V + \sum_{i=0}^{m} \alpha_i r_{t-i}^2 \tag{4.6}$$

식 (4.6)에서 V는 장기평균 변동성이고, γ는 가중치이다. 식 (4.6)에서도 가중치의 합은 1이어야 한다. 즉,

$$\gamma + \sum_{i=1}^{m} \alpha_i = 1$$

식 (4.6)은 엔글(Engle)이 제안한 ARCH(m)모형이다. 식 (4.6)에 의하면 분산은 장기 평균분산과 m개의 관찰치에 의해 추정되며 오래된 관찰치일수록 작은 가중치를 갖는다. $w=\gamma V$라고 정의하면, 식 (4.6)은 다음과 같다.

$$\sigma_t^2 = w + \sum_{i=0}^{m} \alpha_i r_{t-i}^2 \tag{4.7}$$

2 EWMA방법

리스크메트릭스에서는 변동성을 구할 때 오래된 자료일수록 그것의 가중치를 지수적으로 감소시키는 지수 가중 이동평균법(Exponentially Weighted Moving Average(EWMA) method) 또는 간단히 지수모형을 사용한다. EWMA방법은 식 (4.5)의 특수한 경우로, α_i가 과거로 갈수록 지수적으로(exponentially) 감소하는 경우이다. 보다 정확하게 말하면, $\alpha_{i+1} = \lambda \alpha_i$의 관계가 성립한다. λ는 소멸 계수(decay factor)이며, 0과 1 사이의 값을 갖는다. 이런 방식으로 가중치를 부여하면 변동성은 다음과 같은 간단한 방법으로 추정된다.

$$\sigma_t^2 = \lambda \sigma_{t-1}^2 + (1-\lambda) r_t^2 \tag{4.8}$$

식 (4.8)에서 t시점에서의 추정치는 전기(일별로 계산하는 경우는 전일을 의미함)에 계산한 추정치 σ_{t-1}^2와 최근 수익률의 제곱 r_t^2을 가중평균하여 계산되므로, 지수모형은 과거 자료를 보관할 필요가 없고, 단 2개의 자료로 간단히 계산된다는 장점을 갖는다.

식 (4.8)의 의미를 좀더 살펴보기 위해 이 식을 반복적으로 적용하여 σ_t^2를 과거 j개의 수익률로 표현해 보자. 먼저 전기의 분산 추정치를 지수모형으로 나타내면 다음과 같다.

$$\sigma_{t-1}^2 = \lambda \sigma_{t-2}^2 + (1-\lambda) r_{t-1}^2 \qquad (4.9)$$

식 (4.9)를 식 (4.8)에 대입하면 다음 식 (4.10)이 성립한다.

$$\begin{aligned} \sigma_t^2 &= \lambda(\lambda \sigma_{t-2}^2 + (1-\lambda) r_{t-1}^2) + (1-\lambda) r_t^2 \\ &= (1-\lambda)(r_t^2 + \lambda r_{t-1}^2) + \lambda^2 \sigma_{t-2}^2 \end{aligned} \qquad (4.10)$$

이 과정을 오래된 과거 자료를 이용하여 j개의 수익률까지 계속 반복하면 식 (4.11)이 성립한다.

$$\sigma_t^2 = (1-\lambda) \sum_{j=0}^{t-1} \lambda^j r_{t-j}^2 + \lambda^t \sigma_0^2 \qquad (4.11)$$

식 (4.11)에서 $t \to \infty$이면 $\lambda^t \sigma_0^2 \to 0$이므로, $j=0$에서 $t-1$에 이르기까지의 r_t^2의 비중은 각각 $(1-\lambda)$, $(1-\lambda)\lambda$, $(1-\lambda)\lambda^2$, $\cdots$, $(1-\lambda)\lambda^{t-1}$이다.

예를 들어 λ가 94%이면, r_t^2의 비중은 과거로 갈수록 각각 6%, 5.64%, 5.30%, 4.98% 등으로 감소한다. 그리고 λ가 97%이면, r_t^2의 비중은 과거로 갈수록 각각 3%, 2.91%, 2.82%, 2.74% 등으로 감소한다. 〈그림 4-6〉은 λ가 0.93, 0.95, 0.97, 0.99인 경우, 과거 수익률들이 갖는 가중치들을 연결한 그래프이다. X축은 오른쪽에서 왼쪽으로 갈수록 과거이고, 따라서 가중치가 감소함을 알 수 있다.

지수모형으로 변동성을 추정하는 예를 들어 보기로 하자. $\lambda = 0.90$, $\sigma_{t-1} = 1\%$, $r_t = 2\%$이면, σ_t는 1.14%로 추정된다.

$$\sigma_t = \sqrt{0.9(0.01)^2 + (0.1)(0.02)^2} = 1.14\%$$

반면에 $r_t = 0.5\%$이면 σ_t는 0.962%로 감소하는 것으로 추정된다. 또한 $r_t = 1.0\%$이면 σ_t는 1.0%로 변하지 않는 것으로 추정된다.

$$\sigma_t = \sqrt{0.9(0.01)^2 + (0.1)(0.005)^2} = 0.962\%$$

$$\sigma_t = \sqrt{0.9(0.01)^2 + (0.1)(0.01)^2} = 1.0\%$$

식 (4.8)을 적용하여 EWMA방법으로 변동성을 추정하는 경우, $\sigma_{t-1}^2 < r_t^2$이면 $\sigma_{t-1}^2 < \sigma_t^2$이고,

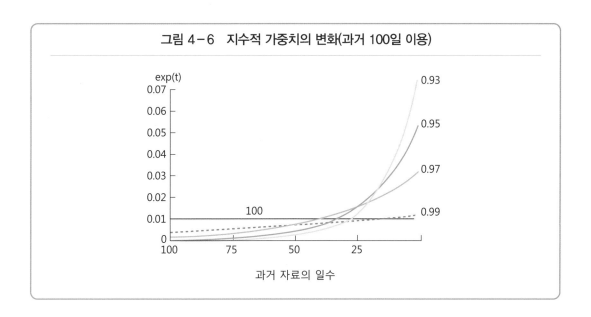

그림 4-6 지수적 가중치의 변화(과거 100일 이용)

그림 4-7 λ와 변동성 추정(진한 색 : λ = 0.85, 옅은 색 : λ = 0.98)

$\sigma_{t-1}^2 > r_t^2$이면 $\sigma_{t-1}^2 > \sigma_t^2$이다. 한편, λ는 r_t^2에 대한 σ_t^2의 민감도를 결정한다. 즉, λ가 크면(1에 가까우면) r_t^2에 작은 비중이 주어지므로, σ_t^2은 r_t^2의 변화에 천천히 반응한다. 〈그림 4-7〉은 λ가 0.85인 경우와 0.98인 경우를 비교한 그림이다. λ가 낮으면 σ_t^2가 r_t^2의 변화에 민감하게 반응하므로 변동성 추정치의 변동성이 크게 된다.

그리고 EWMA방법은 최근 수익률의 변화에 보다 많은 가중치를 부여하므로 변동성의 군집현상을 적절히 반영한다. 따라서 위험요인이 급격하게 변할 때 EWMA방법에 의한 변동성 추

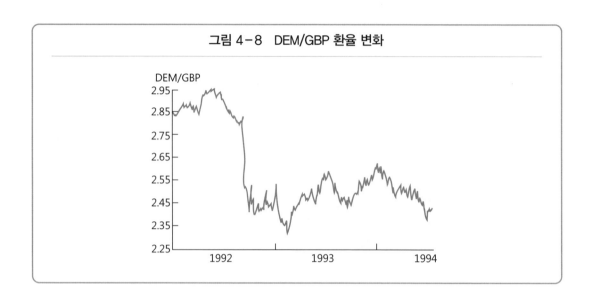

그림 4-8   DEM/GBP 환율 변화

그림 4-9   단순 이동평균모형과 지수 가중 이동평균모형에 의한 VaR 추정치 비교

정치는 단순 이동평균모형에 의한 추정치보다 위험요인의 변화를 빠르게 반영할 수 있다. 〈그림 4-8〉은 DEM/GBP 환율의 변화를 보여 준다. 그리고 〈그림 4-9〉는 단순 이동평균모형과 지수모형에 의한 VaR 추정치의 변화를 보여 준다.

λ가 0.94 또는 0.97일 때, 실제로 변동성의 추정에 사용되는 과거 관찰치의 수는 〈표 4-1〉과 같다. 여기서 허용 수준(tolerance level)은 모든 관찰치 가중치의 합에서 1을 차감하여 구한다. 예를 들어, 〈표 4-1〉에서 λ가 0.97이고, 허용 수준이 1%이면 변동성의 추정에 사용되는 관찰치

표 4-1 　EWMA모형과 관찰치의 수

소멸 계수(λ)	허용 수준에서의 관찰치의 수			
	0.001%	0.01%	0.1%	1%
0.85	71	57	43	28
0.90	109	87	66	44
0.94	186	149	112	74
0.97	378	302	227	151
0.99	1,146	916	687	458

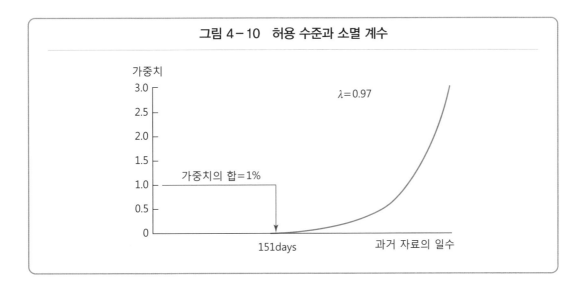

그림 4-10　허용 수준과 소멸 계수

의 수는 151개이다. 즉, 151개에 부여된 가중치의 합이 99%임을 의미하는 것으로 〈그림 4-10〉과 같다.

3　EWMA모형에 의한 공분산 추정

식 (4.8)을 응용하여 지수모형으로 공분산을 추정하는 공식을 정리하면 다음과 같다.[5]

$$\sigma_{12,t} = \lambda\sigma_{12,t-1} + (1-\lambda)r_{1,t}\,r_{2,t} \tag{4.12}$$

5　식 (4.13)에서 사용하는 λ는 식 (4.9)에서 사용하는 λ와 동일해야 한다.

그리고 상관계수는 정의에 의해 다음과 같이 계산된다.

$$\rho_{12,t} = \frac{\sigma_{12,t}}{\sigma_{1,t}\sigma_{2,t}} \tag{4.13}$$

$\rho_{12,t}$: t기의 자산 1과 자산 2 수익률 간의 상관계수

지수모형을 이용하여 공분산과 상관계수를 추정하는 예를 들어 보기로 하자.

$$\lambda = 0.94, \ \rho_{t-1} = 0.6, \ \sigma_{1,t-1} = 0.01,$$
$$\sigma_{2,t-1} = 0.02, \ r_{1,t} = 0.005, \ r_{2,t} = 0.025$$

이면, 아래의 과정에 의해 $\sigma_{12,t}$는 0.0001203이고 $\rho_{12,t}$는 0.6057이다.

$$\sigma_{1,t} = \sqrt{(0.94)(0.01)^2 + (0.06)(0.005)^2} = 0.00977$$
$$\sigma_{2,t} = \sqrt{(0.94)(0.02)^2 + (0.06)(0.025)^2} = 0.02033$$
$$\sigma_{12,t-1} = 0.6 \times 0.01 \times 0.02 = 0.00012$$
$$\sigma_{12,t} = (0.94)(0.00012) + (0.06)(0.005)(0.025) = 0.0001203$$
$$\rho_{12,t} = \frac{0.0001203}{(0.00977)(0.02033)} = 0.6057$$

4 최적 λ 선택

λ는 통계학적인 방법을 활용해서 최적치를 선택하는데, 국가별로 그리고 수익률 시리즈별로 최적 λ가 상이하다. 리스크메트릭스에서는 모든 일별 자료에는 $\lambda = 0.94$를, 모든 월별 자료에는 $\lambda = 0.97$을 사용하고 있어, 일별 자료와 월별 자료 간에 일관성(consistency)이 결여되어 있다.

리스크메트릭스에서는 일정기간 동안의 다음과 같은 평균 평방근 오차(Root Mean Squared Error : RMSE)를 최소화하는 λ를 최적 소멸 계수(optimal decay factor)로 선택하고 있다.[6]

$$\text{RMSE} = \sqrt{\frac{1}{T}\sum_{t=1}^{T}(r_{t+1}^2 - \sigma_{t+1|t}^2(\lambda))^2} \tag{4.14}$$

---

6 리스크메트릭스는 수익률 시리즈별로 계산된 최적 소멸 계수를 가중평균하여(가중치로는 시리즈별 추정치의 정확도를 이용함) 일별 자료의 경우 0.94를, 월별 자료의 경우 0.97를 최적 λ로 선택하고 있다.

여기서 $\sigma^2_{t+1|t}(\lambda)$는 선택된 λ를 이용하여 EWMA방법으로 추정한 $t+1$일의 분산을 의미한다. 〈표 4-2〉는 국가별 위험요인의 최적 소멸 계수에 대한 자료이다.

표 4-2 최적 소멸 계수

국가명	환율	5년 만기 스왑금리	10년 만기 무이표채 가격	주가지수	1년 만기 이자율
오스트리아	0.945	–	–	–	–
오스트레일리아	0.980	0.955	0.975	0.975	0.970
벨기에	0.945	0.935	0.935	0.965	0.850
캐나다	0.960	0.965	0.960	–	0.990
스위스	0.955	0.835	–	0.970	0.980
독일	0.955	0.940	0.960	0.980	0.970
덴마크	0.950	0.905	0.920	0.985	0.850
스페인	0.920	0.925	0.935	0.980	0.945
프랑스	0.955	0.945	0.945	0.985	–
핀란드	0.995	–	–	–	0.960
영국	0.960	0.950	0.960	0.975	0.990
홍콩	0.980	–	–	–	–
아일랜드	0.990	–	0.925	–	–
이탈리아	0.940	0.960	0.935	0.970	0.990
일본	0.965	0.965	0.950	0.955	0.985
네덜란드	0.960	0.945	0.950	0.975	0.970
노르웨이	0.975	–	–	–	–
뉴질랜드	0.975	0.980	–	–	–
포르투갈	0.940	–	–	–	0.895
스웨덴	0.985	–	0.980	–	0.885
싱가포르	0.950	0.935	–	–	–
미국	–	0.970	0.980	0.980	0.965
ECU	–	0.950	–	–	–

자료 : J. P. Morgan, *RiskMetricsTM*, 4th edition, 1996, p. 95.

chapter 05

다양한 VaR 측정방법

section 01 VaR의 측정방법 소개

VaR를 계산하는 방법에는 크게 분석적 분산 – 공분산방법, 역사적 시뮬레이션방법, 몬테카를로 시뮬레이션방법이 있다. 이들 세 가지 방법에 의하여 추정된 VaR는 정상적인 시장여건하에서 보유기간 동안에 주어진 신뢰 수준에서 발생할 수 있는 최대 손실금액을 의미한다. 여기서 추정된 VaR는 정상적인 시장여건을 가정하므로 좀더 정확하고 치밀한 위험관리를 위해서는 극단적인 사건이 발생하는 경우의 손실금액을 추정하는 분석이 필요하다. 이런 분석을 위기상황 분석이라 한다.

가치를 평가하는 방법에는 부분 가치평가방법(local valuation)과 완전 가치평가방법(full valuation)이 있다. 예를 들어, 액면이자율이 10%이고 만기가 3년인 이표채(이자를 1년에 1번 지급한다고 가정하면 듀레이션은 2.7355년)는 수익률 곡선이 10%에서 수평이면 액면가 10,000원과 동일한 가치를 갖는다. 만일 수익률 곡선이 9%로 평행이동하는 경우, 완전 가치평가방법으로(9%를 할인율로 하여 계산) 채권 가치를 구하면 $\frac{1,000}{1.09} + \frac{1,000}{1.09^2} + \frac{11,000}{1.09^3} = 10,253$원이 되어 채권 가치의 변화는 253원(=10,253−10,000)이 된다. 반면에 듀레이션을 이용한 부분 가치평가방법으로 채권의 가치 변화를 추정하면 다음과 같이 249원이 된다.

$$\Delta P \sim P \times (-D) \times \frac{\Delta y}{1+y}$$
$$= 10,000 \times (-2.7355) \times (-0.01) \div 1.1$$
$$= 249 \tag{5.1}$$

section 02 분석적 분산-공분산방법

VaR를 계산하는 첫 번째 방법은 분석적 분산－공분산방법(analytic variance-covariance method) 이다. 이 방법은 과거 자료를 이용하여 분산과 공분산을 추정하고 이 값들을 이용하여 VaR를 계산하는 방법이다. 특히 모건사의 리스크메트릭스에서 사용하는 분산－공분산방법을 델타－노말방법(delta-normal method)이라고 한다. 이 방법은 모든 자산의 수익률이 정규분포를 따른다고 가정한다. 포트폴리오의 수익률은 정규분포를 따르는 변수의 선형 결합이므로 포트폴리오의 수익률도 정규분포를 따른다. 또한 델타－노말방법은 잠재적 손실을 선형으로 측정하는 부분 가치평가방법이다.

여기서 S는 위험요인이고, β_0는 위험요인의 변화에 대한 포트폴리오의 민감도이다. 기초 재무 변수의 움직임에 선형 노출된 정도를 측정하는 지표로는 주식의 경우 베타(beta), 파생상품의 경우 델타(delta), 채권의 경우 수정 듀레이션(modified duration)이 있다. 반면에 완전 가치평가방법에 의하면 $\Delta V = V(S_1) - V(S_0)$이다.

$$\Delta V \sim \beta_0 \times \Delta S \tag{5.2}$$

델타－노말방법을 플로 차트(flow chart)화하면 〈그림 5-1〉과 같다.

〈그림 5-1〉은 모든 자산(옵션 포함)의 VaR를 델타－노말방법으로 추정하는 절차를 그린 것이다. 이는 자산의 과거 자료와 옵션 자료를 기초로 변동성과 상관계수를 추정하고 이를 선형관계로 인식하여 가치 변화를 추정하는 과정을 나타낸다. 델타－노말방법은 모든 자산의 수익률이 정규분포를 따른다고 가정하므로 사용하기에 편리하나 여러 가지 단점도 가지고 있다. 델타－노말방법의 장·단점은 〈표 5-1〉과 같다.

비선형 노출의 위험을 고려하는 방법은 감마와 베가 위험을 측정하기 위해 테일러 전개식에

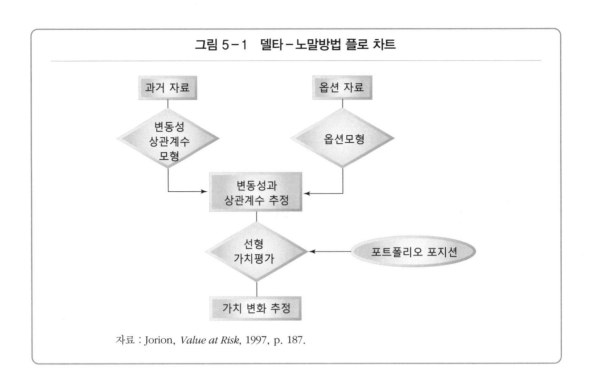

그림 5−1   델타−노말방법 플로 차트

자료 : Jorion, *Value at Risk*, 1997, p. 187.

표 5−1   델타−노말방법의 장·단점

장점	단점
① 부분 가치평가방법을 적용하므로 가치평가 모형이 반드시 필요하지 않다. ② 리스크메트릭스에서 제공하는 자료를 이용할 수 있고 판매되고 있는 계산 프로그램이 다양하다.	① 민감도분석을 할 수 없다. ② 옵션의 경우 정확성이 떨어진다. ③ 현금흐름 매핑(mapping)이 복잡할 수 있다. ④ 수익률 분포의 두터운 꼬리를 반영하지 못하므로 위험을 과소평가할 수 있다.

서 추가항을 고려하는 것이다(*df*는 옵션 가치 변화임).

$$df = \Delta dS + \frac{1}{2}\Gamma dS^2 + \Lambda d\sigma + \cdots$$

여기서 Δ, Γ, Λ는 동일한 기초자산에 대한 옵션들로 구성된 포트폴리오의 델타, 감마(gamma), 베가(vega)를 의미한다. 콜옵션 또는 풋옵션의 매입 또는 매도 포지션과 같이 간단한 옵션 포지션의 경우 델타−감마방법에 의한 VaR는 다음과 같다.

$$VaR = |\Delta|(\alpha\sigma S) - \frac{1}{2}\Gamma(\alpha\sigma S)^2 \tag{5.3}$$

여기서 감마가 음수인 매도 포지션의 경우 두 번째 항은 VaR를 증가시키고, 반대로 감마가 양수인 매입 포지션의 경우 두 번째 항은 VaR를 감소시킨다.

스트래들 매도(short straddle)와 같이 기초자산의 가격과 옵션의 이익 패턴 간에 1 : 1 함수관계(one-to-one function)가 존재하지 않는 경우 정확한 VaR를 계산하기 위해서는 시뮬레이션 방법에 의존해야 한다. 근사치 VaR를 계산하는 또 하나의 간단한 방법은 dS와 dS^2이 정규분포를 따른다는 가정하에서 델타-감마방법으로 VaR를 계산하는 것이다. 그러나 이 방법으로 계산한 VaR가 어느 정도 정확한지는 아직 충분히 검토되지 않았다.

$$VaR = \alpha\sqrt{\Delta^2 S^2 \sigma^2 + \frac{1}{2}[\Gamma S^2 \sigma^2]^2} \tag{5.4}$$

옵션의 경우 위에서 제시한 여러 방법으로 계산한 VaR는 진실한 VaR의 추정치에 지나지 않는다. 그리고 선형 자산의 경우 적용했던 변동성의 기간별 합산 공식(예를 들어, 연간 VaR=월별 VaR$\times\sqrt{12}$)은 옵션의 경우에는 유효하지 않다. 옵션은 비선형 자산으로 옵션 수익률은 정규분포를 따르지 않기 때문에 변동성의 기간별 단순 합산 공식을 적용할 수 없다.

section 03 역사적 시뮬레이션

역사적 시뮬레이션은 특정 확률분포를 가정하지 않고 시장 변수들의 과거 변화에 기초하여 완전 가치평가방법으로 시뮬레이션을 함으로써 VaR를 계산한다. 대부분의 경우 과거 자료를 기준으로 계산한 확률분포는 꼬리가 두텁기 때문에 정규분포로 예상하는 것보다 더 나쁜 결과가 나올 가능성이 높다. 역사적 시뮬레이션은 실제 가격을 이용하므로 비선형성과 비정규분포를 모두 수용할 수 있는 방법이다. 〈그림 5-2〉는 역사적 시뮬레이션의 플로 차트를 보여준다.

〈그림 5-2〉에서 볼 수 있듯이, 역사적 시뮬레이션에서는 분석자가 과거의 실제 수익률을 기초로 포트폴리오 포지션의 가치를 완전 가치평가방법으로 평가하고, 그 결과를 이용하여 VaR를 계산한다.

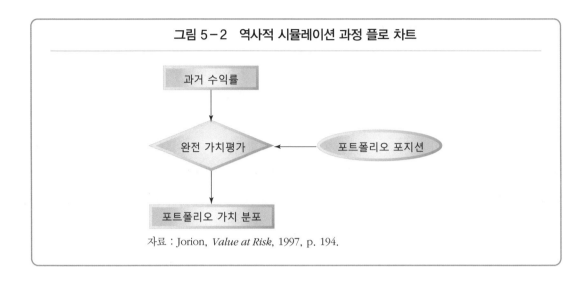

그림 5-2   역사적 시뮬레이션 과정 플로 차트

과거 수익률

완전 가치평가 ← 포트폴리오 포지션

포트폴리오 가치 분포

자료 : Jorion, *Value at Risk*, 1997, p. 194.

(1) 역사적 시뮬레이션 예시

99% 신뢰 수준에서 달러/마르크(US$/DM) 통화콜옵션 1개의 일별 VaR(달러 기준)를 역사적 시뮬레이션으로 구해 보자.[1] 콜옵션의 기초자산은 US$/DM 환율이다. 옵션 가치에 영향을 미치는 시장요인(market factor)은 현물환율, 환율의 변동성, 독일과 미국의 이자율 등이다. 너무 복잡해지는 것을 피하기 위하여 현물환율과 환율의 변동성만을 이용하여 시뮬레이션하자.

❶ 제1단계 : 과거 일정기간 동안의 환율 자료를 이용하여 환율 변화(또는 수익률)와 변동성을 계산한다. 예를 들어, 과거 100개의 환율 변화를 이용하려면 −101일부터 −1일까지 총 101일 동안의 환율 자료가 필요하다. 변동성은 앞에서 설명한 단순 이동평균모형 또는 지수 가중 이동평균모형으로 계산된다. 과거 자료로부터 계산된 환율과 변동성 각각의 변화가 다음과 같다고 하자.[2]

---

1   이 예는 Smithson-Smith-Wilford의 *Managing Financial Risk*(3판) 442쪽부터 445쪽에 설명되어 있는 〈예시 19-1〉을 인용하였다.

2   이 예에서 환율의 변화를 절대 가격 변화(absolute price change)로 측정하였으나 상대 가격 변화(relative price change), 즉 수익률로 측정하여도 무방하다.

일	US$/DM 환율	변동성	환율 변화(ΔP)	변동성 변화($\Delta \sigma$)
-101	1.4000	0.150		
-100	1.3970	0.149	-0.0030	-0.001
-99	1.3960	0.149	-0.0010	$+0.000$
-98	1.3973	0.151	$+0.0013$	$+0.002$
⋮	⋮	⋮	⋮	⋮
-2	1.4015	0.163	$+0.0015$	$+0.005$
-1	1.4024	0.162	$+0.0007$	-0.001

❷ 제2단계 : 제1단계에서 구한 환율 변화와 변동성 변화를 기준으로 옵션의 가격을 다시 계산하는 데 필요한 새로운 환율과 변동성을 계산한다. 현재의 현물환율이 1.4040이고 환율의 변동성이 0.160일 때, 새로운 환율과 새로운 변동성을 추정해 보기로 하자.

시뮬레이션	새로운 US$/DM 환율	새로운 변동성
시뮬레이션 1	$1.4040 - 0.0030 = 1.4010$	$0.160 - 0.001 = 0.159$
시뮬레이션 2	$1.4040 - 0.0010 = 1.4030$	$0.160 + 0.000 = 0.160$
⋮	⋮	⋮
시뮬레이션 99	$1.4040 + 0.0015 = 1.4025$	$0.160 + 0.005 = 0.165$
시뮬레이션 100	$1.4040 + 0.0007 = 1.4033$	$0.160 - 0.001 = 0.159$

❸ 제3단계 : 새로운 환율과 변동성을 기준으로 새로운 옵션 가격 100개를 각각 계산한다. 그리고 현재의 옵션 가격과 비교하여 100개의 옵션 가격 변화를 구한다. 현재의 콜옵션 가격은 1.80달러로 가정하자.

환율 변화(ΔP)	변동성 변화($\Delta \sigma$)	콜옵션 가치	콜옵션 가치 변화
-0.0030	-0.001	$1.75	$-$0.05
-0.0010	$+0.000$	$1.73	$-$0.07
⋮	⋮	⋮	⋮
$+0.0015$	$+0.005$	$1.87	$+$0.07
$+0.0007$	-0.001	$1.88	$+$0.08

❹ 제4단계 : 최종적으로 옵션 가격 변화의 분포로부터 주어진 신뢰 수준을 이용하여 비모수적 방법으로 VaR를 계산한다. 99% 신뢰 수준에서의 VaR는 분포의 1-퍼센타일을 구하는 것이다. 100개의 가치 변화가 있으므로 99% VaR는 가치 변화가 작은 것부터 큰 것

으로 배열한 것의 두 번째 가치 변화이다. 만일, −$0.11, −$0.09, −$0.08, −$0.07, … 등으로 배열된다면 99% VaR는 −$0.09, 즉 9센트이다.

(2) 역사적 시뮬레이션의 장·단점

역사적 시뮬레이션은 특정 분포를 가정하지 않고 실제의 변동성과 상관관계를 이용한다는 점에서 우수하다. 그러나 오직 1개의 가격 변화만이 고려된다는 점과 완전 가치평가를 위하여 가치평가모형이 요구된다는 점이 단점이다. 앞에서 설명했듯이 위험은 시간적으로 변하고 때로는 예측할 수 있는 패턴을 갖기도 하는데, 역사적 시뮬레이션은 일시적으로 증가한 변동성을 고려하지 못한다는 단점을 갖고 있다. 또한 과거 자료에 극단치(outlier)가 포함되어 있으면 역사적 시뮬레이션으로 구한 VaR는 이 관찰치의 영향을 크게 받게 된다. 역사적 시뮬레이션방법의 장·단점은 〈표 5-2〉와 같이 요약된다.

표 5-2 **역사적 시뮬레이션방법의 장·단점**

장점	단점
① 특정 분포를 가정하지 않는다.	① 일시적으로 증가한 변동성을 고려하지 못한다.
② 실제의 가격에 포함된 변동성과 상관계수를 이용한다.	② 과거 자료에 포함된 극단치에 의해 민감하게 영향을 받는다.
③ 모형 위험에 전혀 노출되지 않는다.	③ 민감도 분석 또는 위기상황 분석을 하기 어렵다.
	④ 완전 가치평가방법이 요구된다.
	⑤ 오직 1개의 가격 변화만이 고려되는데, 이는 과거가 가까운 미래를 적절히 대표한다는 가정에 근거한다.

section 04 구조적 몬테카를로 시뮬레이션

1 구조적 몬테카를로 시뮬레이션 방법

구조적 몬테카를로(Structured Monte Carlo : SMC) 시뮬레이션은 가장 효과적으로 VaR를 계산할

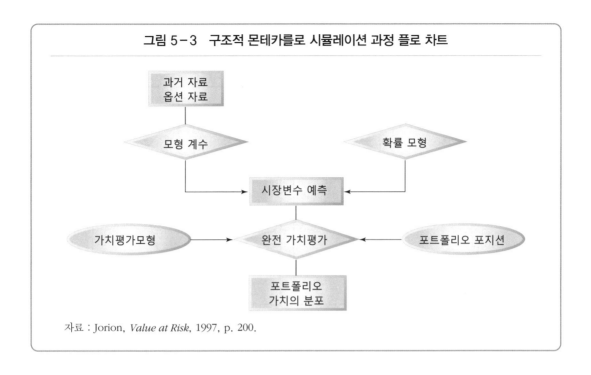

그림 5-3 구조적 몬테카를로 시뮬레이션 과정 플로 차트

과거 자료
옵션 자료

모형 계수

확률 모형

시장변수 예측

가치평가모형

완전 가치평가

포트폴리오 포지션

포트폴리오
가치의 분포

자료 : Jorion, *Value at Risk*, 1997, p. 200.

수 있는 방법이다. SMC는 비선형성, 변동성의 변화, 두터운 꼬리, 극단적인 상황 등을 모두 고려할 수 있다. 〈그림 5-3〉은 구조적 몬테카를로 시뮬레이션 방법을 플로 차트화한 것이다.

〈그림 5-3〉에서 볼 수 있듯이, 구조적 몬테카를로 시뮬레이션 방법은 다음과 같은 두 단계로 구성된다.

❶ 위험관리자는 재무변수의 확률과정(stochastic process)과 과정계수(process parameter) 규정한다. 여기서 위험과 상관관계 등의 계수는 과거 자료 또는 옵션 자료로부터 구한다. 확률모형으로 가장 많이 사용되는 모형은 옵션 가격결정 모형의 기초가 되는 기하적 브라운 운동(geometric Brownian motion)이다.

❷ 가상적인 가격 변화를 모든 변수에 대하여 시뮬레이션한다. 주어진 목표기간 동안에 포트폴리오의 시장가치는 완전 가치평가모형에 의해 계산된다. 이렇게 구한 가상적인 가격을 이용하여 수익률 분포를 구한 후 이 분포로부터 VaR를 직접 계산한다. 시뮬레이션 횟수가 많을수록 실증 분포는 연속 분포로 접근하고 진실한 분포에 접근하게 된다(〈그림 5-4〉 참조).

두 번째 과정은 역사적 시뮬레이션과 동일하다.

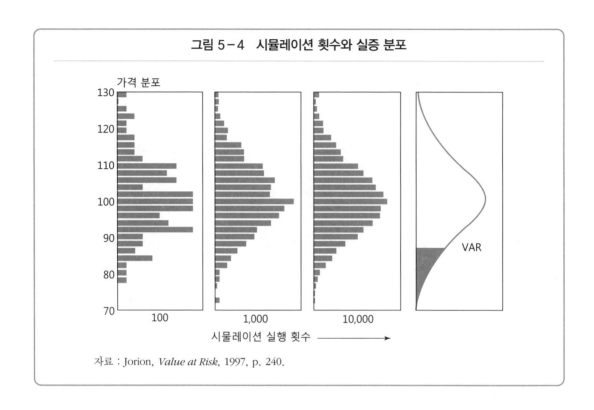

그림 5-4 시뮬레이션 횟수와 실증 분포

가격 분포

시뮬레이션 실행 횟수 ⟶

자료 : Jorion, *Value at Risk*, 1997, p. 240.

표 5-3 구조적 몬테카를로 시뮬레이션 방법의 장·단점

장점	단점
① 모든 것을 분석자가 규정하므로 유연성이 높다.	① 모든 자산에 대하여 가치평가모형이 요구된다.
② 민감도 분석 또는 위기상황 분석을 하기 쉽다.	② 프로그램이 복잡하다.
③ 모든 위험요인에 대하여 분포를 규정하는 것이 가능하다.	③ 시간과 비용이 많이 든다.
	④ 시뮬레이션된 가격은 실제 가격이 아니다.
	⑤ 가격 변화 과정을 생성하기 위해 선택된 확률 과정이 비현실적이면 VaR 추정치도 비현실적이 된다(모형 위험).

2 몬테카를로 시뮬레이션에 의한 옵션의 VaR(예시)

원래 몬테카를로 시뮬레이션은 옵션의 가치평가를 위하여 제안되었다. 시뮬레이션은 정확한 옵션 가격 공식을 도출할 수 없는 옵션의 가치를 평가하는 데 특히 유용하다. VaR계산은 할인하지 않는다는 점을 제외하고는 복잡한 가치평가과정과 기본적인 구조를 같이 한다.

표 5-4 **시뮬레이션 예시**

① 패널A : 옵션의 현재가치 계산					
	1차	2차	3차	4차	5차
시뮬레이션된 주가	126.48	110.52	93.40	85.53	135.97
옵션의 내재가치	31.48	15.52	0.00	0.00	40.97
할인율	0.9048	0.9048	0.9048	0.9048	0.9048
옵션의 현재가치	28.48	14.04	0.00	0.00	37.07

참고 : 내재가치＝max(시뮬레이션된 주가－행사 가격, 0), 할인율＝$e^{-0.1}$＝0.9048

② 패널B : 주가 시뮬레이션 과정					
	1차	2차	3차	4차	5차
무작위 숫자	0.7500	0.5000	0.2000	0.1000	0.8500
(표준편차) ε	0.6745	0.0000	−0.8416	−1.2816	1.0364
수익률	0.2349	0.1000	−0.0683	−0.1563	0.3073
exp{수익률}	1.2648	1.1052	0.9340	0.8553	1.3597
시뮬레이션된 주가	126.48	110.52	93.40	85.53	135.97

참고 : 무작위 숫자는 구간 [0, 1]의 균일 분포(uniform distribution)에 의해 생성된 숫자이다.

$$e^{0.2349} = 1.2648$$

❶ 옵션계약 : 기초자산 가격＝100달러, 행사 가격＝95달러,

기초자산 변동성(σ)＝20%, 만기＝1년, 무위험이자율＝10%

❷ 가정 : 주가는 1년에 1번 변함

다음 단계는 균일 분포를 따르는 변수를 역 누적확률분포 함수(inverse cumulative probability distribution function)를 이용하여 표준 정규분포로 전환시키는 것이다. 즉, 생성된 무작위 숫자가 정규분포에서 왼쪽의 누적확률을 의미한다고 가정할 때 평균으로부터 몇 표준편차 떨어져야 하는가를 계산하는 것이다. 예를 들어 무작위 숫자가 0.7500이면 이는 평균보다 0.6745표준편차 높은 경우에 해당된다. 예를 들어 평균이 10%이고 표준편차가 20%이면, 수익률은 10%＋0.6745×20%＝23.49%이고, 이는 이산 복리수익률로 $e^{0.2349}-1$＝26.48%가 된다. 따라서 새로 생성된 주가는 100×(1+0.2648)＝126.48달러이다.

참고로 EXCEL에서 0.7500으로부터 0.6745를 계산하는 함수는 NORMSINV이다. 즉, NORMSINV(0.7500)＝0.6745이다.

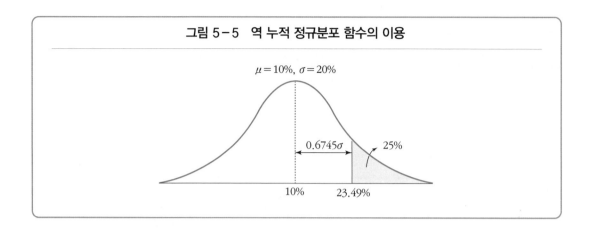

그림 5-5   역 누적 정규분포 함수의 이용

$\mu = 10\%,\ \sigma = 20\%$

0.6745σ 25%

10%   23.49%

표 5-5   시뮬레이션에 의한 주가 생성

	첫 번째 기간	두 번째 기간
Δt	0.001	0.001
무작위 숫자	0.1780	0.6598
ε (표준편차)	-0.9229	0.4119
수익률	-0.0057	0.0027
exp{수익률}	0.9943	1.0027
전 기간 말 주가	100.00	99.43
시뮬레이션된 주가	99.43	99.70

참고 : $-0.0057 = 0.1 \times 0.001 + 0.2 \times (-0.9229)\sqrt{0.001}$
$e^{-0.0057} = 0.9943$

$$\text{NORMSINV}(0.05) = -1.645$$
$$\text{NORMSDIST}(-1.645) = 0.05$$

　이렇게 10,000번 시도하면 10,000개의 옵션 가격이 계산되고 이를 현재의 옵션 가격과 비교하면 이익과 손실이 계산된다. 옵션의 95% VaR는 10,000개의 이익 분포에 기초하여 평균과 5－퍼센타일의 차이로 계산된다. 선형 자산의 경우 5－퍼센타일을 이용하여 구한 VaR는 분포의 표준편차를 이용하여 구한 VaR와 거의 차이가 없게 된다. 위에서 옵션의 만기는 1년이고 우리가 구한 VaR의 목표기간도 1년이었다. 만일 VaR의 목표기간이 1개월이면 우리는 1개월 후의 주가를 생성하고 기타 다른 변수의 값을 이용하여 완전 가치평가모형으로 옵션의 가치를 추정해야 한다.

(가정 : 1년에 주가가 1,000번 변함)

위에서 수익률은 $\mu + \sigma \times \varepsilon$이었다. 만일 1년을 1,000개의 짧은 기간으로 나누어 기간마다 주가가 변할 수 있다고 가정하면 한 기간 Δt의 수익률은 $\mu \Delta t + \sigma \varepsilon \sqrt{\Delta t}$가 된다.

section 05 위기상황 분석

위기상황 분석 또는 스트레스 검증(stress testing)은 주요 변수의 극단적인 변화가 포트폴리오에 미치는 영향을 시뮬레이션하는 기법이다. 즉, 이 분석은 관심 있는 변수가 변할 수 있는 상황을 주관적인 시나리오로 결정한 후 이 변화가 포트폴리오의 가치에 미치는 영향을 분석하는 것이다. 예를 들어, 수익률 곡선이 향후 1개월 동안 2% 상향 또는 하향 이동하는 상황 또는 환

표 5-6 **중요 지수의 일별 변동성(표준편차)과 최대 가격 변동폭**

	1986~'94년				1987년 4Q 제외		
	표준편차 (A), %	최대 변동폭 (B), %	일자	B/A	최대 변동폭 (C), %	일자	C/A
미국주가지수(S&P500)	1.03	−22.90	10/19/87	22.3	−7.01	1/8/88	6.8
영국주가지수(FTSE 100)	1.00	−13.03	10/20/87	13.0	5.44	4/10/92	5.4
독일주가지수(FAZ)	1.23	−14.32	10/16/89	11.6	−14.32	10/16/89	11.6
일본주가지수(Nikkei)	1.37	−16.14	10/20/87	11.8	12.43	10/2/90	9.1
미국 3개월 LIBOR	1.31	−10.69	10/20/87	8.2	−9.35	10/6/93	7.1
미국 장기국채수익률	0.76	−9.46	10/19/87	12.4	7.32	4/23/86	6.4
영국 10년 만기 수익률	0.80	−6.17	4/10/92	7.7	−6.17	4/10/92	7.7
독일 10년 만기 수익률	0.74	−7.40	10/20/87	10.0	4.64	3/2/94	6.3
파운드/달러 환율	0.68	−3.29	9/16/92	4.9	−3.29	9/16/92	4.9
마르크/달러 환율	0.70	3.10	8/19/91	4.4	3.10	8/19/91	4.4
엔/달러 환율	0.65	−3.39	1/21/92	5.2	−3.39	1/21/92	5.2
금 가격 지수	2.11	−20.03	10/20/87	9.5	−9.88	9/7/93	4.7
에너지 가격 지수	1.78	−26.06	1/17/91	14.7	−26.06	1/17/91	14.7

자료 : Chase Manhattan Bank

율이 갑자기 30~40% 오르거나 내리는 상황 등을 설정하여 포트폴리오의 가치에 미치는 영향을 분석하는 것이 위기상황 분석이다. 1987년 블랙 먼데이(Black Monday)에 주식 가치가 23% 하락하였으며, 1994년에 미국 연방준비은행은 이자율을 6번 인상하여 채권 가치가 폭락하였다. 표준편차의 5배 정도 변하는 것은 정규분포 가정하에서 7,000년에 1번 발생할 수 있다. 그러나 실제로는 10년에 1번 내지 2번 발생한다. 이런 것들이 위기상황 분석을 필요로 하는 이유이다.

〈표 5-6〉은 중요 지수의 일별 변동성과 최대 가격 변동폭을 비교한 것이다. 시장위험요인의 최대 가격 변동폭이 표준편'차에 비하여 얼마나 큰가를 확인할 수 있다. 이와 같은 위기상황분석은 정상적인 시장을 가정하고 계산한 VaR가 반영하지 못한 리스크의 계량화를 보완할 수 있다.

1998년 체이스맨해튼 은행의 연차보고서에 위기상황 분석의 필요성이 다음과 같이 간략하게 설명되어 있다.

체이스맨해튼 은행의 주요 위험 측정 도구는 VaR와 위기상황 분석이다. VaR는 매일의 정상적인 시장 변화에서 발생하는 시장위험을 측정하는 반면에, 위기상황 분석은 비정상적인 시장환경에서의 시장위험을 측정한다. 이런 이중접근방법(dual approach)은 정상적인 시장 환경에서의 이익창출 기회를 포착하기에 충분히 다양하고 유연할 뿐만 아니라 시장 상황이 급변할 때에도 대비할 수 있는 위험구조(risk profile)를 갖도록 디자인되었다.

1994년에 결성된 파생상품 정책그룹(Derivatives Policy Group)은 1995년에 발표한 'Framework for Voluntary Oversight'에서 극단적인 시나리오의 가이드라인(guideline)을 다음과 같이 제시하였다.

① 수익률 곡선이 ±100bp 평행이동함
② 수익률 곡선의 기울기가 25bp 증가하거나 완만해짐
③ 주가지수가 ±10% 변함
④ 주가지수의 변동성이 ±20% 변함
⑤ 통화가치가 ±6% 변함
⑥ 환율의 변동성이 ±20% 변함

위기상황 분석에 사용되는 극단적인 시나리오는 자산유형 및 지역별로 구분되어 〈표 5-7〉과 같이 설정되기도 한다.

표 5-7 **자산 유형 및 지역별 시나리오**

지역 구분	이자율	주식 가격(%)	환율(%)
북아메리카	+80bp/−80bp	+/−8	+/−10
유럽	+100bp/−100bp	+/−10	+/−10
일본	+50bp/−25bp	+/−10	+/−10
아시아(이머징마켓)	+250bp/−200bp	+/−25	+/−20
러시아 및 동유럽	+400bp/−300bp	+/−30	+/−25
라틴아메리카	+1000bp/−500bp	+/−35	+/−20

자료 : Morgan, *Risk Management* : *A Practical Guide*, 1999, p. 30.

이런 가이드라인이 얼마나 유용한가는 가이드라인이 극단적인 시장의 움직임을 얼마나 적절히 대표하는가에 달려 있다. 만일 주가지수가 10% 이상 변하는 상황이 자주 발생하면, 위의 가이드라인에 기초한 위기상황 분석은 그리 효과적이지 않다. 일반적으로 위기상황 분석시 위험요인들의 극단적인 움직임을 고려하나 때로는 극단적인 움직임을 고려하는 것이 적절하지 않을 수 있다. 예를 들어 스트래들 매입(long straddle)의 경우 기초자산의 가격이 전혀 변하지 않을 때 포지션의 가치가 최악이기 때문이다.

위기상황 분석에서 가장 효과적인 시나리오는 아마도 최고경영자에 의해 생성된 시나리오일 수 있다. 최고경영자는 손실을 야기할 수 있는 환경에 대해 가장 잘 파악하고 있다. 따라서 과거의 금융위기를 기반으로 최근의 금융환경을 반영한 시나리오는 매우 효과적일 수 있다. 또한 최고경영자가 직접 시나리오를 만드는 것은 위기상황 분석의 중요성을 인식하고 시나리오가 가져 올 부정적인 결과의 심각성을 직접 체험하게 하므로 이는 최고경영자로 하여금 항상 위험관리를 염두에 두고 경영하도록 하는 계기가 된다.

최고경영자가 시나리오를 생성하기 위한 브레인스토밍(brainstorming)을 하기 전 실무자들은 큰 손실을 야기할 수 있는 시나리오를 찾는 역 위기상황 분석(reverse stress testing)을 실시해야 한다. 역 위기상황 분석을 통하여 경영진에게 제공할 기초자료를 만들면 위기상황의 시나리오가 보다 효과적이고 현실적으로 만들어질 수 있게 된다.

적절한 위기상황 분석이 되기 위한 조건은 다음과 같다.

❶ 현재의 포지션이 적절해야 한다.
❷ 적절한 모든 시장 변수의 변화를 고려해야 한다.

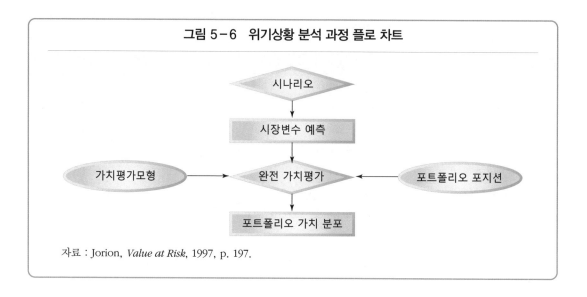

그림 5-6 위기상황 분석 과정 플로 차트

시나리오

↓

시장변수 예측

↓

가치평가모형 → 완전 가치평가 ← 포트폴리오 포지션

↓

포트폴리오 가치 분포

자료 : Jorion, *Value at Risk*, 1997, p. 197.

③ 구조적 변화의 가능성(potential regime shift)도 분석해야 한다.

④ 시장의 비유동성(illiquidity)도 고려해야 한다.

⑤ 시장위험과 신용위험의 상호작용(interplay)도 고려해야 한다.

⑥ 설정한 시나리오에 대해 합리적인 이유를 제시할 수 있어야 한다.

위기상황 분석은 다음과 같은 과정으로 구성되고 〈그림 5-6〉은 위기상황 분석 과정을 플로
차트화한 것이다.

❶ 1단계 : 시나리오 생성(generating scenario) : 위기상황 분석의 가장 중요한 부분으로 현
재 포트폴리오 포지션에 적절하며 신뢰성 있는 최악의 시나리오를 생성하는 것이다. 시
나리오는 개별 시장 변수 변화의 방향 및 크기를 명시해야 할 뿐만 아니라 변수 간의 상
관관계도 설정해야 한다.

❷ 2단계 : 포지션의 가치 재평가(revaluing position) : 생성된 최악의 시나리오를 기초로 모
든 금융자산의 시가를 계산하여 포트폴리오 또는 포지션을 재평가한다.

❸ 3단계 : 결과 요약(summarizing results) : 각 시나리오가 어떤 영향을 미칠 것인가를 평
가한다. 그리고 위험을 줄이기 위하여 어떤 조치를 취할 것인가를 논의한다.

〈그림 5-6〉에서 볼 수 있듯이, 시나리오 분석의 경우 분석자는 시장 변수의 움직임을 시나
리오화하여 극단적인 상황을 추정하고, 이를 기준으로 포트폴리오의 포지션을 가치평가함으로
써 위기상황을 대처할 수 있다. 위기상황 분석의 장점과 단점은 다음과 같이 요약된다.

| 표 5-8 | 위기상황 분석의 장·단점 |

장점	단점
① 과거 자료에 존재하지 않는 상황을 고려할 수 있다. ② 정상적인 시장에서의 위험 측정치인 VaR 분석을 보완할 수 있다.	① 적절하지 않은 상황이 설정되면 부적절한 VaR가 계산된다. ② 상관관계를 제대로 반영하기 어렵다.

section 06 접근방법의 비교

VaR의 3가지 접근방법(분산-공분산방법 또는 델타-노말방법 역사적 시뮬레이션, 구조적 몬테카를로 시뮬레이션)과 위기상황 분석 간의 차이점을 다음과 같이 간략하게 요약할 수 있다.

| 표 5-9 | VaR 접근방법의 비교 |

	델타 - 노말	역사적 시뮬레이션	시나리오	
			위기상황 분석	몬테카를로
포지션				
가치평가방법	선형(부분)	완전	완전	완전
비선형 자산	N	Y	Y	Y
분포				
과거 분포	정규분포	실제 분포	주관적	모든 분포
시간 변동성	Y	N	주관적	Y
내재 변동성	가능함	N	가능함	Y
시장				
비정규분포	N	Y	Y	Y
극단적인 사건 고려	약간	약간	Y	가능
상관계수 이용	Y	Y	N	Y
실행				
모형 위험 회피	약간 Y	완전 Y	N	N
계산의 용이성	Y	약간	약간	N
의사소통의 용이성	쉬움	쉬움	좋음	어려움

주요 문제점	델타 – 노말	역사적 시뮬레이션	시나리오	
			위기상황 분석	몬테카를로
주요 문제점	비선형성과 두터 운 꼬리를 고려 하지 못함	극단적 사건을 고려 하지 못함, 1개 가격 변화만 고려	예측의 부정확성, 상 관계수 고려하기 어 려움	모형 위험

참고 : Y는 yes, N은 no를 의미함
자료 : Jorion, *Value at Risk*, 1997, p. 202.

section 07 VaR의 사후검증

95% 신뢰 수준에서 VaR를 계산한다고 가정하자. 이 경우에 VaR를 초과하는 손실이 나올 가능성이 5%이다. 그러나 실제로 VaR보다 큰 손실이 나올 가능성은 정확히 5%가 아닐 수도 있다. 즉, 경우에 따라서는 VaR를 초과하는 손실을 갖는 관찰치가 전체 표본 중에서 7%만큼 나타날 수도 있다. 이는 VaR 측정 모형에 문제점이 있을 수도 있고 단지 우연히 그렇게 되었을 수도 있다.

VaR를 계산하는 모형이 개발되면 일정기간 동안 자료를 축적하여 그 모형의 정확성을 검증하는 절차가 필요하다. 이 과정을 사후검증(backtesting)이라고 부른다. 사후검증의 기본 논리는 VaR의 수치와 포트폴리오의 실제 가치 변화를 비교하여 VaR 모형이 위험을 과대 또는 과소평가하는지 판단하는 것이다. 사후검증의 절차는 다음과 같다.

1 VaR모형을 이용하여 일정한 간격으로(예를 들어 매일) VaR를 추정한다.
2 매일의 실제 가격을 이용하여 포트폴리오의 실제의 이익과 손실을 계산하고 이를 기록한다.
3 일정기간 동안의 VaR 추정치와 실제의 이익/손실(P&L)을 정기적으로 비교한다.
4 실제의 이익/손실이 VaR 추정치를 초과하는 일수 또는 비율을 계산하여 모형의 적정성 여부를 판단한다.

바젤위원회는 VaR의 정확성을 검증하는 수단으로 사후검증을 추천하는데, 검증 결과 은행의 내부모형에 문제가 있는 것으로 판단되면(즉, 위험을 잘못 예측하면), 승수(safety multiplicative factor)에 벌점이 추가된다. 사후검증은 보통 1일 보유기간과 99% 신뢰 수준을 기준으로 250일 동안 추정한 VaR와 실제의 이익/손실(P&L : profit and loss)을 매일 비교하여 실제의 이익과 손실이 VaR를 초과하는 횟수를 기초로 이루어진다.[3] 만일 VaR가 정확히 측정되었다면, 손실이 VaR를 초과하는 횟수는 $250 \times 0.01 = 2.5$회 정도가 될 것이다. BIS는 VaR 추정치를 초과하는 일수에 따라 〈표 5-10〉과 같이 3개의 구역(zone)으로 구분하고 이에 따라 안정 승수를 조정한다.[4] 〈표 5-10〉은 손실이 VaR를 초과하는 횟수에 따른 안정 승수를 보여 준다.

안정 구역(green zone)은 250일의 검증기간 중에서 VaR를 초과하는 횟수가 4회 이내인 경우로 현재 사용 중인 VaR모형이 정확하다는 것을 의미한다. 위험 구역(red zone)은 VaR를 초과하는 횟수가 10회 이상인 경우로 현재 사용 중인 VaR모형이 실제의 위험을 매우 과소평가하고 있음을 의미한다. 위험 구역 내에 있으면 모형의 수정이 요구되며, 모형의 부정확성에 대한 벌

표 5-10 **사후검증 결과에 의한 구역 분류와 안정 승수 조정방법**

예외 발생 횟수	안정 승수	구역
0		
1		
2	3.00	안정 구역(green zone)
3		
4		
5	3.40	
6	3.50	
7	3.65	경계 구역(yellow zone)
8	3.75	
9	3.85	
10 이상	4.00	위험 구역(red zone)

---

3 실제의 P&L 대신에, 현재의 포지션이 변하지 않는다는 가정 하에서 계산한 가상의 P&L을 이용할 수도 있다.

4 1995년의 내부모형에 의하면 시장위험 요구자본은 전날 VaR와 지난 60거래일 VaR의 평균에 안정 승수를 곱한 금액 중에서 큰 금액으로 설정된다.

점으로 안정 승수는 최대치인 4가 부과된다. 그리고 경계 구역(yellow zone)은 VaR를 초과하는 횟수가 5~9회인 경우로, 이 구역 내에 있으면 VaR모형에 문제가 있다고 단언하기는 어려우나 문제의 가능성이 잠재적으로 존재하므로 주의깊은 관찰이 요구된다.[5]

2 쿠피엑 모형

쿠피엑(Kupiec)은 VaR모형의 정확성을 검증하는 간단한 방법을 제시하였다. T를 검증에 사용된 관찰치의 수로 그리고 X를 실제 손실이 VaR를 초과하는 횟수로 정의하자. X가 너무 작거나 크면 VaR 모형의 정확성이 기각된다. 쿠피엑이 제시한 95% 유의 수준에서의 채택역(non-rejection region)은 다음과 같다.

〈표 5-11〉을 좀더 설명해 보기로 하자. 예를 들어, 1년간의 자료(거래일=255일)를 이용하는 경우 95% 신뢰 수준에서 VaR를 초과하는 손실이 나타날 횟수는 255×0.05=13번으로 기대된다. 즉, 전체 관찰치 중에서 VaR를 초과하여 손실이 나타나는 횟수(실패 횟수)가 13번 정도이면 VaR모형(95% 신뢰 수준)이 정확하다고 보는 것이다. 그러나 표본추출의 추정 오차를 감안하면 실패 횟수가 6보다 크고 21보다 작은 한, 모형의 정확성에 문제가 있는 것으로 결론지을 수 없다. 만일 실패 횟수가 21번 이상이면 VaR모형이 위험을 과소평가하고 있음을 의미하고, 실패

표 5-11 VaR모형의 검증 : 채택역(95% 신뢰 수준**에서의 실패 횟수 X)

신뢰 수준(c)*	채택역에 속하는 실패 횟수, X		
	T=255일	T=510일	T=1,000일
99.0%	$X<7$	$1<X<11$	$4<X<17$
97.5%	$2<X<12$	$6<X<21$	$15<X<36$
95.0%	$6<X<21$	$16<X<36$	$37<X<65$
92.5%	$11<X<28$	$27<X<51$	$59<X<92$
90.0%	$16<X<36$	$38<X<65$	$81<X<120$

 * 신뢰 수준은 VaR계산에 이용된 신뢰 수준을 의미한다.
** 신뢰 수준은 모형의 정확성을 기각하는 의사결정 기준으로서의 신뢰 수준이며 VaR계산에 이용된 신뢰 수준과는 아무 관계가 없음
자료 : Jorion, *Value at Risk*, 1997, p. 95.

5 바젤위원회는 금융기관의 위험을 감독하는 입장에 있으므로 금융기관의 내부 VaR모형이 실제의 위험을 과대평가하는지의 여부에는 관심이 없다. 즉, 예외 발생 횟수가 작다는 것은 VaR모형이 실제 위험을 과대평가하고 있다는 것인데, 이 경우 바젤위원회는 적정 여부를 판단하는 기준을 제시하지 않고 있다.

횟수가 6번 이하이면 위험을 과대평가하고 있음을 의미한다.

한편, $\frac{X}{T}$의 비율로 표시한 채택역 구간은 검증에 사용되는 표본의 크기$_{(T)}$가 증가함에 따라 작아지는 것을 알 수 있다. 즉 기각역(rejection region) 구간이 넓어지는 것을 알 수 있다. 예를 들어, 95% 신뢰 수준에서 $T=255$일 자료를 이용하여 검증하는 경우 채택역 구간은 [6/255 = 2.4%, 21/255 = 8.2%]이나 $T=1,000$일의 자료를 이용하여 검증하는 경우 채택역 구간은 [37/1,000 = 3.7%, 65/1,000 = 6.5%]로 작아진다. 이는 표본이 클수록 틀린 귀무가설(null hypothesis)을 보다 쉽게 기각할 수 있음을 의미한다. 즉, 표본이 크면 추정 오차가 작아져서 표본추출 결과를 갖고 진실을 보다 쉽게 추정할 수 있다. 극단적으로 표본의 수가 무한대인 경우 실패율이 5%가 아니면 귀무가설은 기각된다.

VaR 모형을 검증하면서 한 가지 주의할 것은 신뢰 수준이 높을수록 모형을 검증하기가 어렵다는 것이다. 예를 들어 99%의 신뢰 수준에서 $T=255$일 자료를 이용하면 채택역은 $[X < 7]$이다. 따라서 검증 결과가 채택역 내에 있는 것이 X가 비정상적으로 작아서 그런 것인지 아니면 VaR모형이 위험을 체계적으로 과대평가하고 있어 그런 것인지를 확인할 수 있는 방법이 없다.

신뢰 수준이 높으면 VaR를 초과하는 손실이 발생할 가능성이 감소하므로 체계적인 편의(bias)를 파악하는 것이 더욱 어려워진다. 일반적으로 은행들은 신뢰 수준을 너무 높지 않게 하려고 하는데, 이는 신뢰 수준을 너무 높이면 모형을 검증하는 데 필요한 실패 횟수를 충분히 관찰할 수 없기 때문이다. 그러나 지금까지 모형 검증에 최적인 신뢰 수준이 얼마인지에 대한 연구는 이루어지지 않고 있다.

3 　모건사의 DEaR의 검증

DEaR(Daily Earnings at Risk)는 1일 기준으로 계산된 VaR를 의미한다. 모건사는 DEaR의 사후검증을 통하여 VaR 계산의 기초가 되는 가치평가모형과 위험평가모형의 적정성을 검증한다.

〈그림 5-7〉은 1993년 1월부터 7월까지 기간 동안에 모건사의 전세계 영업에서 발생하는 매일의 이익·손실, +DEaR, −DEaR을 보여 준다. −DEaR는 표준편차에 −1.65를 곱한 값이고, +DEaR은 표준편차에 +1.65를 곱한 값이다. 따라서 정규분포의 속성에 의해 +/−DEaR는 매일 실현된 이익·손실의 90%를 포함해야 한다.

만일 10%를 훨씬 초과하는 관찰치가 +/−DEaR의 범위를 벗어나면 위험이 과소평가된 경우이고, 반대로 거의 모든 관찰치가 +/−DEaR의 범위에 포함되면 위험이 과대평가된 경

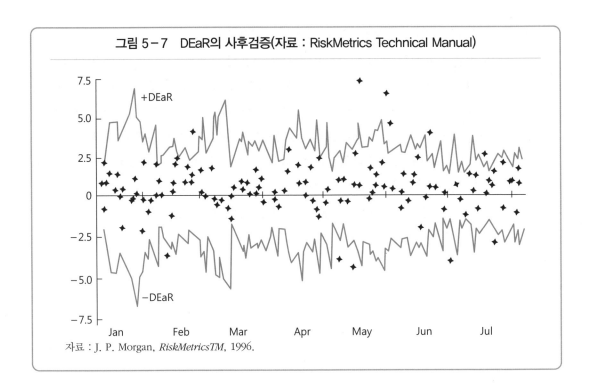

그림 5-7   DEaR의 사후검증(자료 : RiskMetrics Technical Manual)

자료 : J. P. Morgan, *RiskMetricsTM*, 1996.

우이다.

표본기간 동안에 대략적으로 21×7=147거래일이 있으므로, 실제의 이익과 손실이 +/−DEaR의 범위를 벗어나는 횟수가 147×10%=14.7번일 것으로 추정된다.

〈그림 5-7〉에서 별표는 일별 손익을 의미하는데 원 안에 있는 것은 +/−DEaR의 범위를 벗어나는 경우이다. 그림에서 이 경우는 11회 발생하였으므로 DEaR 모형은 문제가 없는 것으로 판단된다.

chapter 06

델타-노말방법의 적용 : 주식, 외환, 채권

주식 포지션의 VaR

1 **주식 VaR의 도출**

대규모 주식 포트폴리오의 경우 VaR를 계산하는 가장 정확한 방법은 포트폴리오에 포함된 개별 주식의 변동성과 개별 주식 간의 상관계수를 모두 이용하는 방법이다. 그러나 포트폴리오를 구성하는 개별 주식의 종류가 많은 경우, 모든 주식들 간의 상관계수 또는 공분산을 고려하는 것은 매우 번거롭다. 왜냐하면 N개 주식의 경우, 계산해야 하는 공분산(covariance)의 수는 $\frac{N(N-1)}{2}$개이기 때문이다. 샤프(Sharpe, 1963)는 공분산의 추정을 보다 단순화하기 위하여 다음과 같은 시장 모형을 제시하였다. 이 모형은 모든 자산이 함께 변하는 것은 시장이라는 단일 공통요인에 기인한다고 가정한다. 즉,

$$R_i = \alpha_i + \beta_i R_M + \varepsilon_i \tag{6.1}$$

단, $E[\varepsilon_i]=0$, $E[\varepsilon_i R_M]=0$, $E[\varepsilon_i \varepsilon_j]=0$, $E[\varepsilon_i^2]=\sigma_{\varepsilon_i}^2$이다. 여기서 자산 i의 수익률은 시장 포트폴리오 수익률 R_M과 잔차항 ε_i에 의하여 결정된다.

분산과 공분산은 단일 지수모형 또는 시장 모형에 근거하여 다음과 같이 추정된다.

$$V(R_i)=\sigma_i^2=E[R_i-E(R_i)]^2=\beta_i^2\sigma_M^2+\sigma_{ei}^2 \tag{6.2}$$

$$Cov(R_i,\ R_j)=\sigma_{ij}=E[(R_i-E(R_i))(R_j-E(R_j))]=\beta_i\beta_j\sigma_M^2 \tag{6.3}$$

식 (6.2)에서 첫 번째 항인 $\beta_i^2\sigma_M^2$는 체계적 위험(systematic risk) 또는 시장위험(market risk)을 의미하고 두 번째 항인 σ_{ei}^2는 비체계적 위험(unsystematic risk) 또는 특수위험(unique risk)을 의미한다.

앞에서 개별 주식의 VaR를 $\alpha\times W_0\times\sigma$로 설명했다. 단일 지수모형을 이용하면 $\sigma_i=\sqrt{\beta_i^2\sigma_M^2+\sigma_{ei}^2}$이므로 VaR는 $\alpha W_0\sqrt{\beta_i^2\sigma_M^2+\sigma_{ei}^2}$이다. 그러나 특수위험을 무시하면 개별 주식의 분산은 $\beta_i^2\sigma_M^2$이 되므로 결국 개별 주식의 VaR는 다음과 같이 추정된다.

$$\text{VaR}_i=\alpha\times W_0\times\beta_i\times\sigma_M \tag{6.4}$$

리스크메트릭스는 개별 주식의 자료를 위험요인으로 축적하지 않으므로 식 (6.4)와 같이 베타와 시장지수 수익률의 변동성을 이용하여 개별 주식의 VaR를 계산한다.

리스크메트릭스의 방법은 개별 주식을 해당 국가의 주가지수로 매핑하는 방법이다. 예를 들어, 삼성전자 주식은 종합주가지수(KOSPI)로, IBM주식은 S&P 500지수로, Volkswagen은 독일 DAX지수로 매핑한다.

이 방법을 적용하는 경우 필요한 자료는 시장지수의 변동성과 개별 주식의 베타뿐이므로 간단하다는 점이 장점으로, 분산이 잘 된 대규모 포트폴리오의 경우 적절하다. 그러나 특정 산업에 집중된 포트폴리오와 특수위험이 충분히 분산되지 않은 포트폴리오의 경우에 주가지수를 이용한 매핑 방법은 적절하지 않다.

주식 포트폴리오의 VaR 계산방법에는 다음과 같은 여러 방법이 있다.

❶ 실제의 분산과 공분산을 모두 이용하는 가장 정확한 방법으로 완전 공분산 모형이라고 한다.

❷ 위에서 설명한 것처럼 단일 지수모형으로 추정한 분산을 이용하는 방법(식 (6.4) 이용)으로 해당 국가의 주가지수로 매핑하는 방법이다. 베타 모형이라고 한다.

❸ 처음 2가지 방법을 절충한 것으로 분산은 실제의 분산을 이용하고 공분산은 시장 모형을 이용하여 추정하는 방법으로 대각선 모형이라고 한다.

❹ 해당 국가의 여러 산업지수로 매핑하는 방법

❺ 요인분석(factor analysis)을 이용하여 매핑하는 방법

여기서는 처음 3가지 방법을 POSCO, 삼성전자, 한국전력공사로 구성된 포트폴리오에 적용하기로 한다.

<table>
<tr><td>**2**</td><td>**계산 사례**</td></tr>
</table>

실제의 자료들을 이용하여 여러 가지 방법으로 포트폴리오의 VaR(보유기간=1개월, 신뢰 수준=95%)를 계산해 보기로 하자.

표 6-1 분산–공분산 행렬과 상관계수 행렬(완전 공분산 모형)

패널 A : 분산–공분산 행렬(단위는 %²임)				패널 B : 상관계수 행렬			
	기업 A	기업 B	기업 C		기업 A	기업 B	기업 C
기업 A	161.26			기업 A	1		
기업 B	108.36	184.96		기업 B	0.627	1	
기업 C	81.80	76.59	116.04	기업 C	0.598	0.523	1

포트폴리오는 기업 A, B, C 주식으로 구성되어 있다. 총 투자금액은 300억 원이고 세 주식에 동일비중으로 투자하였다. 기업 A, B, C 주식의 베타는 각각 1.149, 1.427, 0.983이다. 시장 포트폴리오(종합주가지수)의 수익률분산(σ_M^2)은 45.04%²(=0.004504)이다. 그리고 각 주식의 분산, 주식 간의 공분산 및 상관계수는 〈표 6-1〉과 같다.

주식 포트폴리오의 VaR를 계산하는 방법으로 완전 공분산 모형에 의한 방법, 대각선 (diagonal) 모형(단일 지수모형으로 공분산을 추정하는 방법)에 의한 방법, 베타(beta) 모형(단일 지수모형으로 공분산과 분산을 모두 추정하는 방법)에 의한 방법, 분산 효과를 고려하지 않는 방법 등이 있다. 여기서는 이들을 각각 소개하기로 한다.

❶ 완전 공분산 모형 : 완전 공분산 모형은 실제의 분산과 공분산을 이용하여 VaR를 계산하는 모형이다. 〈표 6-1〉을 이용하여 세 가지 주식으로 구성된 포트폴리오의 표준편차를 구하고 이에 포트폴리오의 가치와 1.65(95% 신뢰 수준)를 곱하여 계산한 VaR는 다음과 같다.

$$\sigma_p^2 = (1/3)^2(0.016126) + (1/3)^2(0.018496) + (1/3)^2(0.011604)$$
$$+ 2(1/3)(1/3)(0.010836) + 2(1/3)(1/3)(0.008180)$$
$$+ 2(1/3)(1/3)(0.007659) = 0.011064$$

$$\sigma_p = 0.10519$$

$$\mathrm{VaR}_1 = 1.65 \times 300억\ 원 \times 0.10519 = 52.07억\ 원$$

❷ 대각선 모형 : 대각선 모형은 실제의 분산과 단일 지수모형에 의해 추정된 공분산을 이용하는 모형으로, VaR 계산에 사용되는 자료는 〈표 6-2〉와 같이 정리된다.

〈표 6-2〉를 이용하여 세 주식으로 구성된 포트폴리오의 표준편차를 구하고 이에 포트폴리오의 가치와 1.65(95% 신뢰 수준)를 곱하여 계산한 VaR는 다음과 같다.

표 6-2 분산-공분산 행렬과 상관계수 행렬(대각선 모형)

	패널 A : 분산-공분산 행렬				패널 B : 상관계수 행렬		
	기업 A	기업 B	기업 C		기업 A	기업 B	기업 C
기업 A	161.26			기업 A	1		
기업 B	73.85	184.96		기업 B	0.428	1	
기업 C	50.87	63.18	116.04	기업 C	0.372	0.431	1

참고 : $\sigma_{ij} = \beta_i \beta_j \sigma_M^2$ 이므로, $73.85 = (1.149)(1.427)(45.04)$
$50.87 = (1.149)(0.983)(45.04)$
$63.18 = (1.427)(0.983)(45.04)$

$\rho_{ij} = \dfrac{\sigma_{ij}}{\sigma_i \sigma_j}$ 이므로, $0.428 = 0.007385/\sqrt{0.016126}\sqrt{0.018496}$
$0.372 = 0.005087/\sqrt{0.016126}\sqrt{0.011604}$
$0.431 = 0.006318/\sqrt{0.018496}\sqrt{0.011604}$

$$\sigma_p^2 = (1/3)^2(0.016126) + (1/3)^2(0.018496) + (1/3)^2(0.011604)$$
$$+ 2(1/3)(1/3)(0.007385) + 2(1/3)(1/3)(0.005087)$$
$$+ 2(1/3)(1/3)(0.006318) = 0.0093117$$

$$\sigma_p = 0.0965$$

$$\mathrm{VaR}_2 = 1.65 \times 300억\ 원 \times 0.0965 = 47.77억\ 원$$

❸ 베타 모형 : 베타 모형은 단일 지수모형으로 추정된 분산과 공분산을 모두 이용하여 VaR를 계산하는 모형으로 리스크메트릭스가 주식의 VaR를 계산하는 데 사용하는 모형이다. 식 (6.3)과 (6.4)에 의해 추정된 분산과 공분산은 〈표 6-3〉과 같다. 그런데 식 (6.3)을 이용하여

표 6-3 **분산-공분산 행렬(베타 모형)**

	기업 A	기업 B	기업 C
기업 A	59.46		
기업 B	73.85	91.72	
기업 C	50.87	63.18	43.52

참고 : $\sigma_i^2 = \beta_i^2 \sigma_M^2$이므로, $59.46 = (1.149)^2(45.04)$
$91.72 = (1.427)^2(45.04)$
$43.52 = (0.983)^2(45.04)$

분산을 추정할 때 특수위험을 나타내는 σ_{ei}^2를 무시하고 시장위험만을 고려한다.

〈표 6-3〉을 이용하여 세 가지 주식으로 구성된 포트폴리오의 표준편차를 구하고 이에 포트폴리오의 가치와 1.65(95% 신뢰 수준)를 곱하여 계산한 VaR는 다음과 같다.

$$\sigma_p^2 = (1/3)^2(0.005946) + (1/3)^2(0.009172) + (1/3)^2(0.004352)$$
$$+ 2(1/3)(1/3)(0.007385) + 2(1/3)(1/3)(0.005087)$$
$$+ 2(1/3)(1/3)(0.006318) = 0.0063389$$

$$\sigma_p = 0.07962$$

$$\text{VaR}_3 = 1.65 \times 300억\ 원 \times 0.07962 = 39.41억\ 원$$

식 (6.4)에 의하면 개별 주식의 VaR는 $\alpha W \beta \sigma_M$로 계산한다. 이 공식을 이용하여 구한 기업 A, B, C의 개별 VaR는 다음과 같이 각각 12.72억 원, 15.80억 원, 10.89억 원이다.

$$(1.65)(100)(1.149)\sqrt{0.004504} = 12.72$$
$$(1.65)(100)(1.427)\sqrt{0.004504} = 15.80$$
$$(1.65)(100)(0.983)\sqrt{0.004504} = 10.89$$

그리고 각 개별 VaR를 단순히 합산하면 위에서 구한 39.41억 원이 계산된다.

$$12.72 + 15.80 + 10.89 = 39.41억\ 원$$

위에서 39.41억 원은 단일 지수모형으로 추정된 분산과 공분산을 모두 이용하여 계산된 포트폴리오의 VaR이다. 그런데 이렇게 구한 VaR가 세 개별 VaR의 단순 합으로 계산되었다는 것은 결국 모든 상관계수가 1이라는 것을 의미한다.[1] 결국 베타 모형으로 구한

---

1 특수위험을 무시하고 단일 지수모형으로 추정한 분산과 공분산에 내재된 자산 간의 상관계수는 1이다.

포트폴리오의 VaR는 개별 VaR의 단순 합으로 계산된다.

베타 모형을 이용하여 주식 포트폴리오의 VaR를 보다 직접적으로 구하는 방법은 포트폴리오의 베타를 계산하고 이를 식 (6.4)에 대입하는 것이다. 즉, 위의 예시에서 포트폴리오의 베타는 $(1.149 + 1.427 + 0.983)/3 = 1.1863$이므로 포트폴리오의 VaR는 (1.65) $(300)(1.1863)\sqrt{0.004504} = 39.41$억 원으로 동일하게 계산된다.

베타 모형에 의한 주식 포트폴리오의 VaR 공식은 다음과 같다.

$$VaR_p = \alpha \times W_p \times \beta_p \times \sigma_M \tag{6.5}$$

여기서 W_p는 포트폴리오의 가치이고 β_p는 포트폴리오의 베타로서 개별 주식의 베타를 가중평균하여 구한다(즉, $\beta_p = \sum w_i \beta_i$).

다른 예를 들어보자. A주식(베타 0.7)에 10억 원, B주식(베타 1.5)에 10억 원, C주식(베타 1.05)에 5억 원, D주식(베타 1.7)에 7억 원, 그리고 E주식(베타 0.75)에 1억 원을 투자한 포트폴리오의 일별 95% VaR를 계산해 보자(총투자금액은 33억 원임). 종합주가지수의 일별 변동성은 2%를 가정하자. 종합주가지수를 이용하여 매핑하는 베타 모형으로 VaR를 계산하면 다음과 같이 1.3167억 원이다.

$$VaR_p = 1.65 \times 0.02 \times (10억\ 원 \times 0.7 + 10억\ 원 \times 1.5 + 5억\ 원 \times 1.05$$
$$+ 7억\ 원 \times 1.7 + 1억\ 원 \times 0.75)$$
$$= 1.65 \times 0.02 \times 39.9억\ 원 = 1.3167억\ 원$$

VaR를 계산하는 목적하에서 이 포트폴리오는 주가지수로 매핑되며 매핑되는 금액은 39.9억 원이다. 즉, 이 포트폴리오는 분산이 잘 된 포트폴리오 39.9억 원과 동일한 위험을 갖는 것으로 인식된다.

❹ 분산 효과 무시 : 모든 상관계수가 1이라고 가정하는 방법으로 분산 효과 고려전의 VaR를 의미한다.

⟨표 6-4⟩는 분산 효과를 무시한 상태에서 세 가지 주식의 분산－공분산 행렬을 정리한 표이다. 분산 효과가 무시된다는 것은 모든 상관계수가 1이므로 포트폴리오의 VaR는 개별 VaR를 합하여 구할 수 있다. 분산 효과를 무시하고 계산한 VaR를 분산 효과 고려 전 VaR(undiversified VaR)라고 한다.

$$\rho = \frac{\beta_i \beta_j \sigma_M^2}{\sqrt{\beta_i^2 \sigma_M^2} \times \sqrt{\beta_j^2 \sigma_M^2}} = 1$$

<table>
<tr><th></th><th>기업 A</th><th>기업 B</th><th>기업 C</th></tr>
<tr><td>기업 A</td><td>161.26</td><td></td><td></td></tr>
<tr><td>기업 B</td><td></td><td>184.96</td><td></td></tr>
<tr><td>기업 C</td><td></td><td></td><td>116.04</td></tr>
</table>

$$\sigma_p^2 = (1/3)^2(0.016126) + (1/3)^2(0.018496) + (1/3)^2(0.011604)$$
$$+ 2(1/3)(1/3)(1)\sqrt{0.016126}\sqrt{0.018496}$$
$$+ 2(1/3)(1/3)(1)\sqrt{0.018496}\sqrt{0.011604}$$
$$+ 2(1/3)(1/3)(1)\sqrt{0.016126}\sqrt{0.011604} = 0.01527$$
$$\sigma_p = 0.1236$$
$$\text{VaR}_4 = 1.65 \times 300억\ 원 \times 0.1236 = 61.16억\ 원$$

또는

$$\text{VaR}_4 = (1.65 \times 100억\ 원 \times \sqrt{0.016126}) + (1.65 \times 100억\ 원$$
$$\times \sqrt{0.018496}) + (1.65 \times 100억\ 원 \times \sqrt{0.011604})$$
$$= 20.95억\ 원 + 22.44억\ 원 + 17.17억\ 원 = 61.16억\ 원$$

지금까지 포트폴리오의 VaR를 네 가지로 계산해 보았다. 네 가지 방법으로 계산된 VaR는 각기 상이한데, 이를 요약하면 〈표 6-5〉와 같다. 표에 제시된 VaR 중에서 실제의 VaR는 완전 공분산 모형에 의해 계산된 52.07억 원이다. 표로부터 대각선 모형에 의한 VaR가 약간 작지만 실제 VaR에 가장 가깝다는 것을 알 수 있다. 한편 베타 모형은 특수위험(비체계적 위험)을 무시하므로 실제의 VaR보다 상당히 작게 계산된다.

베타 모형으로 VaR를 계산하면 개별 주식의 변동성 자료를 매일 갱신(update)할 필요가 없고 정기적으로 개별 주식의 베타 자료만을 갱신하면 된다. 마지막으로 분산 효과를 무시하고 계산한 VaR는 위험 감소 효과를 고려하지 못하므로 너무 크게 계산된다. 분산 효과를 무시한 상태에서의 VaR는 개별 VaR를 단순히 합해서 구한다.

이미 언급하였듯이 모건사는 베타 모형에 의하여 주식의 VaR를 계산한다. 〈표 6-5〉에 의하면 베타 모형은 특수위험을 무시하므로 실제의 VaR보다 상당히 작게 계산된다.

지금 우리가 고려하고 있는 포트폴리오는 오직 세 개의 주식만을 포함하고 있다. 따라서 세

표 6-5   분산-공분산 추정방법에 따른 VaR 비교

분산-공분산 추정방법	완전 공분산 모형	대각선 모형	베타 모형	분산 효과 무시
VaR(억 원)	52.07	47.77	39.41	61.16

개의 주식으로 구성된 포트폴리오가 특수위험을 전부 분산시켰을 것이라고 생각하기는 어렵다. 만일 특수위험을 전혀 가지고 있지 않으면 베타 모형으로 계산한 VaR는 완전 공분산 모형으로 계산한 VaR와 크게 차이나지 않을 것이다.

포트폴리오 이론(portfolio theory)에 의하면 20개에서 30개의 무작위로(at random) 추출된 포트폴리오의 경우 특수위험의 대부분은 서로 상쇄되어 제거되고 시장위험만을 갖게 된다고 한다. 이런 측면에서 베타 모형을 사용하여 합리적인 VaR의 값을 계산하려면 포트폴리오가 적어도 20개의 주식을 포함해야 함을 알 수 있다.

3   베타의 측정과 의미

상관계수 추정상의 문제로 인해 자신의 변동성을 사용하지 않고 위험요인(risk factor)으로 시장지수의 변동성을 이용하는 경우 VaR 계산에 추가적으로 필요한 항목이 베타이다. 그렇다면 베타는 어떤 의미를 갖는가? i주식의 베타는 시장지수의 변화율에 대한 i주식 수익률의 변화율로 정의된다. 예를 들어, 베타가 2이면 시장지수의 수익률이 1%이면 주식의 수익률이 체계적

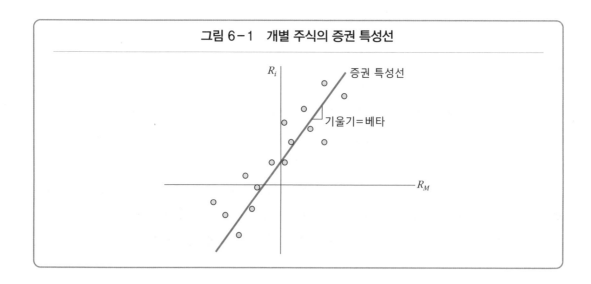

그림 6-1   개별 주식의 증권 특성선

으로 2%가 됨을 의미한다. 베타는 i주식의 수익률 R_i를 시장지수의 수익률 R_M에 대하여 회귀분석하여 얻은 회귀선, 즉 증권 특성선(characteristic line)의 기울기를 의미한다.

베타 모형은 VaR 계산에 σ_i 대신에 $\beta_i\sigma_M$을 사용하므로, 베타는 위험요인의 분포를 특정 포지션의 분포로 전환시키는 역할을 한다. 〈그림 6-2〉가 보여주듯이, 위험요인이 평균이 0%이고 표준편차가 10%인 정규분포를 따른다고 가정하면, 베타가 1보다 작은 방어적(defensive) 자산의 경우, 베타는 분포의 산포도(dispersion)를 줄여 표준편차를 감소시키고, 반대로 베타가 1

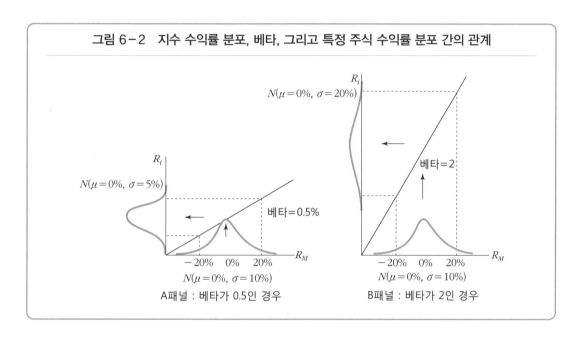

그림 6-2 지수 수익률 분포, 베타, 그리고 특정 주식 수익률 분포 간의 관계

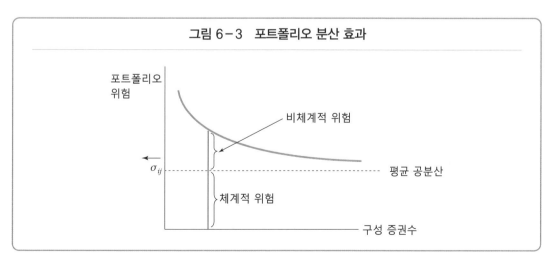

그림 6-3 포트폴리오 분산 효과

보다 큰 공격적(aggressive) 자산의 경우, 베타는 분포의 산포도를 늘려 표준편차를 증가시킨다.

〈그림 6-3〉은 개별 주식 수익률의 변동이 시장지수 수익률의 변동만으로 완전히 설명될 수는 없다는 것을 보여준다. 왜냐하면 개별 주식 수익률의 변동은 시장 전체의 경제 상황 변동에 기인하기도 하지만, 개별 기업 자체의 요인에 의하여도 변동하기 때문이다.

이처럼 시장 전체의 상황에 의하여 변하는 부분을 시장위험 또는 체계적 위험(systematic risk)이라고 하고, 개별 기업의 특수요인에 의하여 변하는 부분을 특수위험 또는 비체계적 위험(unsystematic risk)이라고 한다.

특수위험은 개별 기업의 특수한 사정에 의하여 영향을 받으므로 포트폴리오를 구성하게 되면 자연스럽게 서로 상쇄되어 거의 완전히 제거된다. 이를 포트폴리오의 분산 효과라고 한다.[2]

포트폴리오 이론에 의하면 20~30개의 무작위로 추출된 포트폴리오의 경우 개별 기업의 특수위험은 서로 상쇄되어 시장위험만을 갖게 된다고 한다.

section 02 외환의 VaR

다음에는 외환 VaR를 계산해 보기로 하자. 외환 포지션은 주식 포지션과 같이 선형자산이므로 VaR를 계산하는 방법도 주식의 VaR를 계산하는 방법과 동일하다. 예를 들어, 140백만 독일 마르크를 보유하고 있는 미국 기업을 고려해 보자. DEM/US$ 환율의 일별 변동성(표준편차)은 0.565%이고, 현재 DEM/US$ 환율은 1.40이다. 이 경우 외환 VaR를 계산하기 위해서는 먼저 위험에 노출된 금액을 미국 달러화로 계산해야 한다.

포지션 가치＝140백만 마르크/1.4＝100백만 달러

일단 위험에 노출된 금액이 계산되면 환율이 얼마나 변할 수 있는지를 고려해야 한다. 95% 신뢰 수준에서 일별 VaR는 다음과 같이 계산된다.

VaR＝1.65×100백만 달러×0.565%＝932,250달러

95% 신뢰 수준에서 계산한 일별 VaR가 932,250달러라는 것은 향후 24시간 이내에 환율의

---

2 일정한 가정하에서 포트폴리오의 분산은 평균 공분산(average covariance)에 수렴한다.

불리한 움직임으로 인해 보유 외환 포지션에서 발생할 수 있는 손실이 932,250달러를 초과하지 않을 것을 95% 신뢰 수준에서 확신할 수 있다는 의미이다. 즉, 932,250달러 이상의 손실이 발생할 가능성이 5%라는 의미이다. 요약하면, 외환 포지션의 VaR는 다음과 같이 계산된다.

$$VaR = \alpha \sigma_E WE \tag{6.6}$$

여기서 σ_E는 환율의 변동성이고, W는 외국 통화의 가치이며, E는 환율(정확하게 얘기하면 외국 통화 1단위의 국내 통화 기준의 가치)이다.

이번에는 약간 복잡한 경우를 고려해 보자. 만기 10년의 독일 국채에 140백만 마르크를 투자한 미국 기업을 고려해 보자. 10년 만기 독일 국채의 일별 가격 변동성은 0.605%이다.[3] DEM/US\$ 환율의 일별 변동성은 앞에서와 같이 0.565%이고, 현재 DEM/US\$ 환율은 1.40이다. 이 경우에 미국 기업은 이자율 위험과 환위험에 모두 노출된다. 이자율 위험이 0이라고 가정하면 VaR는 위에서 계산한 바와 같이 932,250달러이고, 반대로 환위험이 0이라고 가정하면 VaR는 다음과 같이 998,250달러가 된다(보유기간은 1일이고 신뢰 수준은 95%임).

$$이자율\ 위험만을\ 고려한\ VaR = 1.65 \times 100백만\ 달러 \times 0.605\%$$
$$= 998,250달러$$

그런데 미국 기업은 이자율 위험과 환위험에 노출되어 있으므로 두 위험을 모두 고려해야 한다. 두 위험 간의 상관관계를 고려하여 VaR를 계산할 때에는 포트폴리오 효과를 감안해야 한다. 상관계수가 −0.27이라고 가정하면 95% 신뢰 수준에서 일별 VaR는 다음과 같다(앞에서 설명했던 포트폴리오의 VaR를 계산하는 방법 중에서 세 번째 계산방법을 이용함).

$$VaR = \sqrt{VaR^2_{채권\ 가격} + VaR^2_{환율} + (2 \times \rho_{환율,\ 채권\ 가격} \times VaR_{채권\ 가격} \times VaR_{환율})}$$
$$= \sqrt{(998,250)^2 + (932,250)^2 + \{2 \times (-0.27) \times 998,250 \times 932,250\}}$$
$$= 1,167,501달러$$

이자율 위험과 환위험을 동시에 고려해서 계산한 VaR는 1,167,501달러이다. 이 금액은 이자율 위험과 환위험으로 인해 발생하는데, 이를 각각의 공헌 VaR로 구분하면 다음과 같다.

---

3 채권의 VaR를 계산하는 경우 가격 변동성(price volatility 또는 return volatility)을 이용한다. 자세한 내용은 채권의 VaR를 참조하시오.

이자율 위험의 공헌 VaR

$$= 1,167,501 \times \left[\frac{(998,250)^2 + (-0.27)(998,250)(932,250)}{(1,167,501)^2} \right]$$

$$= 638,317달러$$

환위험의 공헌 VaR

$$= 1,167,501 \times \left[\frac{(932,250)^2 + (-0.27)(998,250)(932,250)}{(1,167,501)^2} \right]$$

$$= 529,814달러$$

총 VaR인 1,167,501달러는 이자율 위험의 VaR와 환위험의 VaR를 합한 998,250+932,250 =1,930,500달러보다 762,999달러만큼 작은데, 이는 두 위험의 상관관계에 의한 분산 효과에 기인한다. 두 위험 간의 상관계수가 음(-)의 값을 가지므로 분산 효과는 매우 크게 나타나서 VaR의 감소 또한 매우 크게 나타난다.

section 03　채권의 VaR

1　채권의 전통적인 위험 측정치

(1) 금액 듀레이션

채권의 수익률이 변하면 채권 가격도 변하게 된다. 채권의 위험을 측정하는 가장 기본적인 위험 측정치가 채권의 수익률의 변화에 대한 채권 가격의 변화인데 이를 금액 듀레이션(dollar duration : DD)이라고 한다. 채권의 금액 듀레이션은 다음과 같이 정의된다(마이너스 부호를 붙이는 이유는 금액 듀레이션이 양수 값을 갖도록 하기 위함임). 여기서 수익률 곡선은 수평이며 항상 평행이동 만 한다고 가정한다.

$$DD = -dp/dy \approx -\Delta P/\Delta y$$

표 6-6 금액 듀레이션의 계산

시점(t)	CF_t	PVF	PV(CF_t)	$PV(CF_t) \times t/(1+y)$
1	800	0.9091	727.28	661.16
2	800	0.8264	661.12	1,202.04
3	10,800	0.7513	8,114.04	22,129.20
합계				23,992.40

참고 : $PVF = 1/(1+y)^t$임.

채권의 가치는 발행기관이 지급하기로 약정한 이자와 원금의 현재가치이다. 즉, $P = \sum_{t=1}^{T} \frac{CF_t}{(1+y)^t}$이다. 따라서 이표채의 금액 듀레이션은 다음과 같이 계산된다.

$$\frac{\Delta P}{\Delta y} = -\frac{1}{1+y}\left[\frac{1 \times CF_1}{(1+y)} + \frac{2 \times CF_2}{(1+y)^2} + \cdots + \frac{T \times CF_T}{(1+y)^T}\right]$$

$$DD = \frac{1}{(1+y)}\left(\sum_{t=1}^{t=T} t \times PV(CF_t)\right)$$

원금이 10,000원이고 액면이자율이 8%이고 만기가 3년인 채권의 금액 듀레이션은 다음과 같이 23,992.40이다. 이자는 연 1회 지급되며 만기수익률은 10%라고 가정한다.

(2) DV01

DV01은 수익률이 1베이시스포인트(basis point : bp, 0.01%) 변할 때의 채권 가격의 변화를 측정한 것이므로 금액 듀레이션을 10,000으로 나눈 값이다.

$$DV01 = DD/10,000 = -\frac{\Delta P}{\Delta y}/10,000$$

만기가 3년이고 액면이자율이 8%인 채권의 DV01은 2.4이다. 그러나 DV01은 채권 가격의 변화를 측정하므로 DV01이 크다고 해서 반드시 위험한 채권을 의미하지는 않는다. 왜냐하면 DV01은 가격의 변화이므로 그 값이 커도 채권 가격의 변화율은 작을 수 있기 때문이다.

(3) 수정 듀레이션

금액 듀레이션은 이자율과 가격을 연결시킴으로 인해 직관적으로 이해하기가 힘들다. 즉, 23,992.40의 실질적인 의미를 이해하기란 어려우며 투자자와 거래자에게 의미있는 제공을 제

수정 듀레이션의 계산

시점(t)	CF_t	PVF	$PV(CF_t)$	$PV(CF_t) \times t/(1+y)$
1	800	0.9091	727.28	661.16
2	800	0.8264	661.12	1,202.04
3	10,800	0.7513	8,114.04	22,129.20
합계			9,502.44	23,992.40
수정 듀레이션			23,992.40/9,502.44 = 2.525	

공할 수 없다. 또한 DV01은 앞에서 설명했듯이 위험의 측정치로서 항상 정확한 것은 아니다. 따라서 이자율의 변화에 대한 채권 가격의 변화율로 전환시키기 위하여 금액 듀레이션을 채권 가격으로 나누게 되는데 이 척도를 수정 듀레이션(modified duration : MD)이라고 한다.

$$MD = DD/P = -\frac{\frac{\Delta P}{P}}{\Delta y}$$

이표채의 수정 듀레이션은 다음과 같이 계산된다.

$$MD = \frac{1}{(1+y)}\left[\sum_{t=1}^{t=T}\left(t \times \frac{PV(CF_t)}{P}\right)\right]$$

앞에서 인용한 채권의 수정 듀레이션은 표에 계산된 바와 같이 2.525년이다.

$MD = -\dfrac{\frac{\Delta P}{P}}{\Delta y}$ 이므로 채권 가격의 변화율은 수익률의 변화와 수정 듀레이션의 곱으로 계산 된다. 따라서 수정 듀레이션은 위험 측정치로서의 의미를 갖는다.

$$\frac{\Delta P}{P} = -MD \times \Delta y$$

수익률이 1% 포인트 변할 때 수정 듀레이션은 채권 가격의 백분율 변화를 의미한다. 그러나 이 식은 Δy가 매우 작은 경우에만 성립하므로 우리가 현실적으로 고려하는 이자율의 변화에 대해서는 위 식은 오직 근사치로만 성립한다. 즉, 앞에서 고려한 채권의 경우 수익률이 10%에 서 11%로 변할 때 채권 가격의 하락을 근사치로 계산하면 2.525%이다.

(4) 매콜레이 듀레이션

수정 듀레이션은 프레데릭 매콜레이(Frederick Macaulay)가 1938년에 처음 도출한 듀레이션(duration : D)과 밀접하게 연관되어 있다. 듀레이션은 현금흐름의 가중평균으로 계산하며 가격리스크를 고려한 채권의 실질적 만기를 의미한다. 예를 들어, 듀레이션이 3년인 이표채권의 부분적인 가격 움직임은 3년 만기 무이표채권과 유사하다는 뜻이다.

$MD = D/(1+y)$이므로 듀레이션은 다음과 같이 정의된다.

$$D = \sum_{t=1}^{t=T} \left(t \times \frac{PV(CF_t)}{P} \right)$$

이렇게 구한 듀레이션은 다음의 식을 통해서 위험 측정치로서의 의미를 갖는다.

$$\frac{\Delta P}{P} = -D \times \frac{\Delta y}{(1+y)}$$

앞에서 고려한 채권의 듀레이션은 표에 계산되어 있듯이 2.777년이다.

듀레이션은 여러 가지 의미로 정의된다.

정의 1 : 듀레이션은 채권 현금흐름의 가중평균만기로 가중치는 현금흐름의 현재가치에 의해 결정된다.
정의 2 : 채권의 듀레이션은 동등한 무이표채의 만기이다.
정의 3 : 듀레이션은 재투자수익과 채권 가격의 변화가 미치는 상반된 영향을 서로 상쇄시키는 데 필요한 기간이다.
정의 4 : 듀레이션은 투자자가 현재가치를 기준으로 투자금액의 절반을 회수하는 데 평균적으로 소요되는 기간이다.
정의 5 : 듀레이션은 현재가치로 계산된 채권 현금흐름의 균형점이다.

표 6-8 듀레이션의 계산

시점(t)	CF_t	PVF	$PV(CF_t)$	$PV(CF_t) \times t$
1	800	0.9091	727.28	727.28
2	800	0.8264	661.12	1,322.24
3	10,800	0.7513	8,114.04	24,342.12
합계			9,502.44	26,391.64
듀레이션			26,391.64/9,502.44 = 2.777년	

두 번째 정의에 의하면, 앞에서 분석한 이표채의 듀레이션은 2.777년이므로, 액면이자율이 8%이고 만기가 3년인 이표채는 만기가 2.777년인 무이표채와 동일한 속성을 갖는다(수익률 10%임). 이때 무이표채의 원금은 이표채의 현재가치가 2.777년 동안 10%의 수익률을 얻는다는 가정하에서 $9,502.44(1.1)^{2.777} = 12,381.77$원으로 계산된다. 무이표채는 현금흐름이 만기일에만 발생하므로 만기일까지 보유하는 투자자는 어떤 종류의 위험에도 노출되지 않는다.

그런데 액면이자율이 8%이고 만기가 3년인 이표채가 만기가 2.777년이고 원금이 12,381.77원인 무이표채와 동일하므로, 이 이표채를 2.777년 보유하면 일정한 조건하에서 위험에 노출되지 않는다. 다시 말해서 듀레이션 기간동안 이표채를 보유하고 그리고 일정한 조건하에서 시장이자율이 변하면, 채권 가격과 재투자수익률에 미치는 상반되는 영향이 서로 정확히 상쇄되어 순효과(net effect)를 0으로 만드는 것이 가능하다. 이것이 면역전략(immunization strategy)의 기본적인 아이디어이다. 그러나 이표채를 만기일까지 보유하면 투자자는 가격위험(price risk)은 없으나 재투자수익률위험(reinvestment risk)에 노출되어 수익률이 변하는 경우 순효과를 0으로 만드는 것이 불가능하다.

(5) 컨벡시티

채권의 가격은 만기수익률의 1차함수가 아니므로 수정 듀레이션 또는 듀레이션만을 이용하여 채권 가격의 변화를 추정하면 오차가 발생한다. 따라서 이 오차를 줄이기 위하여 $\dfrac{d^2P}{dy^2} \cdot \dfrac{1}{P}$로 정의되는 컨벡시티(convexity v : cv) 또는 볼록성을 고려해야 한다.

수익률과 채권 가격은 양의 볼록성(positive convexity)을 갖는다. 그리고 볼록한 정도는 액면이자율과 만기에 따라 다르다. 〈그림 6-4〉는 수익률−가격 간의 관계가 볼록할 때 선형 추정치(즉, 수정 듀레이션)의 추정 오차를 보여 준다.

현재 채권의 가격은 P이고 수익률이 y라고 가정하자.

만일 수익률이 y^+로 상승하면 채권 가격은 P^+로 하락한다. 그러나 $\dfrac{dP}{P} = -MD{\times}dy$을 이용하여 계산한 채권의 새로운 가격은 P^{+MD}이다. 왜냐하면 이 식은 완벽하게 성립하는 것이 아니고 근사치로 성립하기 때문이다. 즉, 공식에서 채권 가격은 수익률과 선형관계(linear relationship)에 있는 것으로 가정하고 근사치를 구한 반면, 실제로 채권 가격과 수익률 간의 관계에는 단순한 선형관계가 아니라 볼록성이 존재한다. 따라서 수익률이 크게 변하는 경우, 이 식을 이용하면 오차가 많이 발생하나, 수익률이 조금 변하는 경우에는 비교적 정확한 값을 제시할 수 있다.

듀레이션을 이용하는 경우, 수익률−가격 관계가 볼록할수록 또는 수익률 변동폭이 클수록 발생하는 오차가 크게 된다. 수익률이 하락하는 경우 수정 듀레이션을 이용하여 추정한 채권 가격 변화는 $P^{-MD} - P$이고 실제가격 변화는 $P^- - P$인데 $P^- - P$가 $P^{-MD} - P$보다 크므로 선

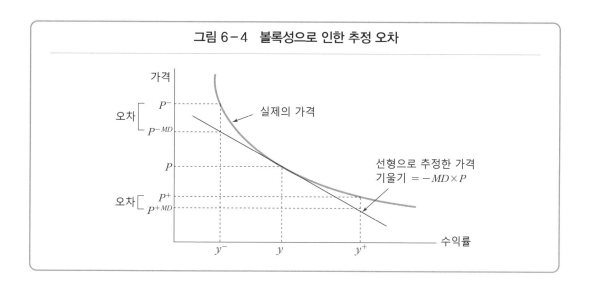

그림 6-4 볼록성으로 인한 추정 오차

형 추정치는 실제 변화를 과소평가(underestimation)한다.

반면에 수익률이 상승하는 경우 수정 듀레이션을 이용하여 추정한 채권 가격 변화는 $P-P^{+MD}$이고 실제 가격 변화는 $P-P^{+}$인데 $P-P^{+MD}$가 $P-P^{+}$보다 크므로 선형 추정치는 실제 변화를 과대평가(overestimation)한다.

테일러 전개식에서 2차 미분항을 고려하면 채권 가격의 변화율은 다음 식으로 추정된다.

$$\frac{\Delta P}{P} = -MD \times \Delta y \times \frac{1}{2} + cv \times (\Delta y)^2 \tag{6.7}$$

여기서 $cv = \dfrac{1}{(1+y)^2}\left[\dfrac{1\times 2\times CF_1}{(1+y)} + \dfrac{2\times 3\times CF_2}{(1+y)^2} + \cdots + \dfrac{n\times n+1\times CF_n}{(1+y)^n}\right]/P$

만기가 3년이고 액면이자율이 8%인 채권의 경우, 만기수익률이 10%에서 6%로 크게 하락하면 채권 가격은 실제로 10,534.40원으로 10.86% 상승한다. 그러나 수정 듀레이션을 이용하여 구한 가격 변화율은 $(-2.525)\times(-0.04)=10.11\%$로 실제의 10.86%보다 훨씬 작다. 그러나 수정 듀레이션과 컨벡시티를 모두 고려하는 경우, 가격 변화율은 $(-2.525)(-0.04)+(0.5)(8.94)(-0.04)^2=10.82\%$로 수정 듀레이션만을 고려했을 때보다 그 오차가 줄어든다.

표 6-9 컨벡시티의 계산

시점(t)	CF_t	PVF	$PV(CF_t)$	$PV(CF_t) \times t \times (t+1)$
1	800	0.9091	727.28	1,454.56
2	800	0.8264	661.12	3,966.72
3	10,800	0.7513	8,114.04	97,368.48
합계			9,502.44	102,789.76
컨벡시티		$102,789.76/(1.1)^2 \times 9,502.44 = 8.94$년		

2 수평 수익률 곡선 가정하의 채권 VaR

수평 수익률 곡선 채권의 VaR를 구하는 식은 수익률의 변화와 채권 가격의 변화율을 연결시키는 다음의 식으로부터 유도된다.

$$\frac{\Delta P}{P} = -MD \times \Delta y \tag{6.8}$$

식 (6.8)로부터 수익률 변동성(yield volatility)과 가격 변화율의 변동성(return volatility) 간에 다음의 관계가 성립함을 알 수 있다.

$$\sigma\left(\frac{\Delta P}{P}\right) = MD \cdot \sigma(\Delta y) \tag{6.9}$$

만일 수익률 변동성을 $\sigma\left(\frac{\Delta y}{y}\right)$로 정의하면 이들 간의 관계는 다음과 같다.

$$\sigma\left(\frac{\Delta P}{P}\right) = MD \cdot y \cdot \sigma\left(\frac{\Delta y}{y}\right) \tag{6.10}$$

모건사의 리스크메트릭스에서 수익률 변동성은 $\sigma\left(\frac{\Delta y}{y}\right)$로 정의된다.

가격 변화율의 변동성을 단순히 가격 변동성(price volatility)이라 부르기도 한다. 예를 들어, 만기 3년 액면이자율 8%인 채권(1년에 이자를 1번 지급한다고 가정하면 듀레이션은 2.78년임)의 만기수익률이 10%이고 $\sigma(\Delta y)$가 0.45%일 때 식 (6.9)를 이용해서 가격 변동성을 구하면 다음과 같이 1.14%이다.

$$\sigma\left(\frac{\Delta P}{P}\right) = MD \cdot \sigma(\Delta y) = \frac{2.78}{1.1} \times 0.45\% = 1.14\%$$

VaR는 $\alpha W_0 \sigma$이므로 100억 원을 이 채권에 투자하였다면 VaR는 1.9억 원이다.

$$\text{VaR} = 1.65 \times 100 \times 1.14\% = 1.65 \times 100 \times 2.53 \times 0.45\% = 1.9억\ 원$$

즉, 1.9억 원 이상의 손실이 발생할 가능성이 5%이다. 수평 수익률 곡선 가정하에서 VaR는 채권 포지션의 가치, 수정 듀레이션, 수익률 변동성, 신뢰 수준에 해당하는 표준편차의 곱으로 표현되므로 이는 식 (6.11)과 같다.

$$\text{VaR} = \alpha \times W_0 \times MD \times \sigma(\Delta y) \quad 또는 \quad \alpha \times W_0 \times MD \times y \times \sigma\left(\frac{\Delta y}{y}\right) \tag{6.11}$$

이 공식을 이용하여 만기가 3년이고 액면이자율이 8%인 채권의 VaR를 95% 신뢰 수준에서 1일 기준으로 계산하여 보자. 채권의 듀레이션은 2.69년이고, 연 4회 이자를 지급하며 원금은 10,000원이다. 현재 수익률 곡선은 10%에서 수평이며 연간 수익률의 변동성 $\sigma\left(\frac{\Delta y}{y}\right)$은 15%이다.

먼저 $MD = \dfrac{D}{1 + \dfrac{y}{m}}$ 이므로(y는 연간 수익률이고, m은 연간 이자지급 횟수임) 수정 듀레이션은 $2.69/1.025 = 2.62$이다. 그리고 채권의 가치는 9,487원이다.

$$채권\ 가치 = 200 \times \left(\frac{1 - \dfrac{1}{1.025^{12}}}{0.025}\right) + \frac{10,000}{1.025^{12}} = 9,487원$$

따라서 95% 신뢰 수준에서 1일 기준의 VaR는 다음과 같이 39원이다.

$$\text{VaR} = 1.65 \times 9,487 \times 2.62 \times 0.1 \times 0.15 \times \frac{1}{\sqrt{250}} = 39원$$

3　현금흐름 매핑에 의한 VaR

수익률 곡선이 수평이고 항상 평행이동만 한다고 가정하면 식 (6.11)에 의하여 채권의 VaR가 계산된다. 그러나 수익률 곡선은 수평이지도 않고 항상 평행이동만 하는 것은 아니다. 따라서 보다 일반적인 경우에 채권 포지션의 VaR를 계산하는 방법을 설명하기로 한다.

표 6-10 | 만기별 현물 이자율과 변동성

	1년	2년	3년	4년	5년
현물 이자율(%)	4.000	4.618	5.192	5.716	6.112
VaR(%) : σ(%) × 1.65	0.470	0.987	1.484	1.971	2.426

만기별 현물 이자율과 가격 변동성은 〈표 6-10〉과 같다(이자는 1년에 1번 지급하는 것으로 가정함). 여기서 σ는 가격 변동성으로 관찰 자료로부터 계산된 것이고, 여기에 95% 신뢰 수준에 해당하는 1.65를 곱하면 VaR(%)가 계산된다.

만기가 5년이고 액면이자율이 6%인 액면가 채권(D=4.4651)과 만기가 1년이고 액면이자율이 4%인 액면가 채권(D=1)에 각각 100억 원을 투자한 채권 포트폴리오의 VaR(c=95%, N=1개월)를 계산해 보기로 하자.[4] 1년에 이자는 1번 지급된다고 가정한다.

액면가 채권 여부를 다음과 같이 확인할 수 있다(만기별 현물 이자율은 〈표 6-10〉에 있음).

$$\frac{6}{1.04} + \frac{6}{1.04618^2} + \frac{6}{1.05192^3} + \frac{6}{1.05716^4} + \frac{106}{1.06112^5} = 100 \tag{6.12}$$

또는 기간별 선도 이자율(forward interest rate)을 이용하여 채권의 가치를 평가할 수 있다. 1년 만기 선도 이자율은 각각 4%, 5.24%, 6.349%, 7.304%, 7.711%이다. 따라서 다음과 같은 방법으로 액면가 채권임을 재차 확인할 수 있다.

$$\frac{6}{1.04} + \frac{6}{(1.04)(1.0524)} + \frac{6}{(1.04)(1.0524)(1.06349)} + \frac{6}{(1.04)(1.0524)(1.06349)(1.07304)}$$
$$+ \frac{6}{(1.04)(1.0524)(1.06349)(1.07304)(1.07711)} = 100 \tag{6.13}$$

포트폴리오의 VaR를 계산하는 첫 번째 과정은 채권 포트폴리오의 포지션을 VaR 계산을 위하여 인식한 후 이를 위험요인(즉, 기본만기)과 연결시키는 과정이다. 이를 매핑(mapping)이라고 하는데 여기에는 크게 3가지의 방법이 있다.

(1) 1단계 : 현금흐름 인식

❶ 첫 번째 방법은 원금 매핑(principal mapping)이다. 즉, 만기 전의 모든 액면이자의 지급은

---

4 본 장에 사용된 예시는 Jorion(1997)의 *Value at Risk : The New Benchmark for Controlling Market Risk*에서 인용하였음. 보다 자세한 내용은 *RiskMetrics Technical Manual*(1995)를 참조할 것

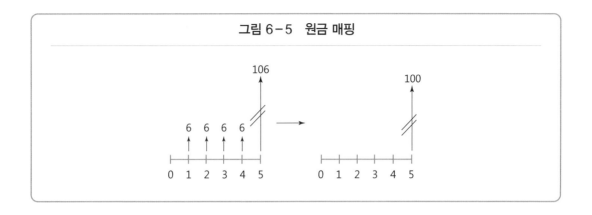

그림 6-5   원금 매핑

무시하고 원금만을 인식하는 방법이다. 원금 매핑은 만기가 5년이고 액면이자율이 6%인 이표채를, 이자금액을 무시하고 액면가의 현재가치가 100억 원이며 만기가 5년인 무이표채로 인식하는 방법이다.

❷ 두 번째 매핑 방법은 듀레이션 매핑(duration mapping)이다. 듀레이션의 정의에 의하면, 채권의 듀레이션은 그 채권과 동등한 무이표채의 만기이다(duration is the term to maturity of its equivalent zero-coupon bond). 앞에서 설명했듯이 액면이자율이 6%이고 만기가 5년인 채권의 듀레이션이 4.4651년이므로 이 채권과 만기가 4.4651년인 무이표채는 가격 변동성이 동등하다. 즉, 이 두 채권은 이자율이 변할 때 채권 가치의 변화율이 동일하다. 결국, 위험이란 가격 변동성을 의미하므로 VaR계산 측면에서 볼 때 이 채권을 만기가 4.4651년인 무이표채로 인식할 수 있다. 듀레이션 매핑은 만기가 5년이고 액면이자율이 6%인 이표채를 만기가 4.4651년이고 액면가의 현재가치가 100억 원인 무이표채로 인식하는 방

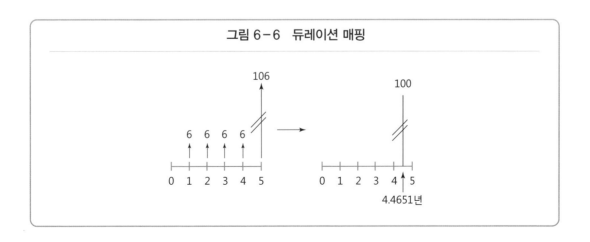

그림 6-6   듀레이션 매핑

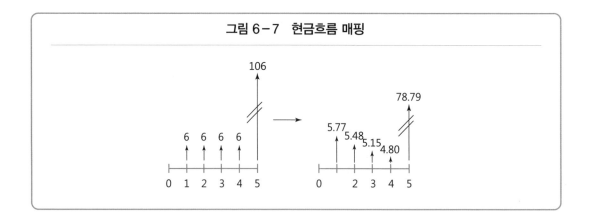

그림 6-7 현금흐름 매핑

법이다.[5]

❸ 세 번째 방법은 현금흐름 매핑(cash flow mapping)이다. 현금흐름 매핑은 모든 개별 현금흐름의 시점과 금액을 파악한 후에 이를 수익률 곡선을 이용하여 현재가치로 전환하는 방법이다. 이 방법은 현금흐름의 시점을 그대로 인식하고 현재가치로 전환한다는 점에서 앞의 두 매핑 방법과 상이하다.

첫 번째 액면이자인 6억 원은 1년 후에 지급되므로 현재가치로 전환하여 5.77억 원으로 인식하고, 두 번째 액면이자는 2년 후에 지급되므로 현재가치로 전환(할인율 4.618% 이용)하여 5.48억 원으로 인식하고, 3번째와 4번째의 액면이자도 같은 식으로 현재가치화한다. 그리고 마지막 현금흐름은 원금과 액면이자의 합인 106억 원인데 이를 현재가치로 전환(할인율 6.112% 이용)하여 78.79억 원으로 인식한다. 발생 시점 기준의 현금흐름의 현가를 모두 합하면 100억 원이 되고 이는 앞의 두 매핑 방법이 인식하는 금액과 동일하다.

만기가 1년이고 액면이자율이 4%인 액면가 채권의 경우, 원금 매핑, 듀레이션 매핑 그리고 현금흐름 매핑에 의한 인식방법은 〈그림 6-8〉과 같이 동일하게 표현된다. 여기서 100억 원은 현재가치이다.

지금까지 3가지의 매핑 방법을 개별 채권의 경우에 적용하였다. 이번에는 만기가 5년이고 액면이자율이 6%인 액면가 채권(D=4.4651)과 만기가 1년이고 액면이자율이 4%인 액면가 채권(D=1)에 각각 100억 원을 투자한 채권 포트폴리오에 3가지의 매핑 방법을 적용해 보기로 하자.

---

5 정확히 말하면 이 무이표채 원금의 현재가치가 100억 원이다. 또한 원금 매핑의 경우도 100억 원은 현가 개념이다. 여기서 100억 원으로 인식하는 것은 원금이 100억 원이어서가 아니라 현재가치가 100억 원이기 때문이다(모두 액면가 채권임).

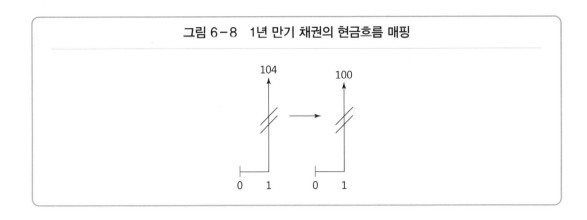

그림 6-8   1년 만기 채권의 현금흐름 매핑

원금 매핑의 경우, 채권 포트폴리오의 만기는 개별 채권의 만기(각 5년과 1년)를 투자비중(각 0.5)을 가중치로 하여 평균한 것으로 다음과 같이 3년이 된다.

가중평균 만기 $= 0.5 \times 5 + 0.5 \times 1 = 3$년

듀레이션 매핑의 경우, 채권 포트폴리오의 듀레이션은 포트폴리오에 포함된 개별 채권의 듀레이션(각 4.4651년과 1년)을 투자비중을 가중치(각 0.5)로 하여 평균한 것으로 다음과 같이 2.733년이 된다.

가중평균 듀레이션 $= 0.5 \times 4.4651 + 0.5 \times 1 = 2.733$년

현금흐름 매핑의 경우는 개별 채권의 현금흐름의 현재가치를 모두 구한 후 이들을 만기별로 합산하면 된다. 위의 세 가지 방법에 의한 현금흐름을 요약하면 〈표 6-11〉과 같다.

표 6-11   원금 매핑, 듀레이션 매핑, 현금흐름 매핑 간의 비교

만기 (년)	채권 (6%, 5년)	채권 (4%, 1년)	만기수익률(%) (현물 이자율)	매핑(단위 : 억 원)		
				원금 매핑	듀레이션 매핑	현금흐름 매핑
1	6	104	4.000			105.77
2	6		4.618			5.48
2.733					200	
3	6		5.192	200		5.15
4	6		5.716			4.80
5	106		6.112			78.79
합계				200	200	200

참고 : $105.77 = (6 + 104)/1.04$

(2) 2단계 : 현금흐름 배정(기본만기로의 매핑)

채권 포트폴리오의 VaR를 계산하는 두 번째 과정은 여러 매핑 방법에 의해 인식된 현금흐름의 시점을 단순화하는 과정이다. 즉, 원금 매핑, 듀레이션 매핑, 현금흐름 매핑에 의해 확인된 현금흐름을 데이터가 축적된 기본만기로 배정하는 과정이다. 예를 들어, 리스크메트릭스의 기본만기는 1개월, 3개월, 6개월, 1년, 2년, 3년, 4년, 5년, 7년, 9년, 10년, 15년, 20년, 30년 등 총 14개이다.[6] 원금 매핑의 경우, 인식된 현금흐름이 3년 후 발생하므로 리스크메트릭스상의 기본만기를 적용하는 데 문제가 없다. 현금흐름 매핑의 경우도 현금흐름 발생 시점이 기본만기와 일치하므로 문제가 없다. 그러나 듀레이션 매핑의 경우, 2.733년 후에 현금흐름이 발생하는 것으로 가정하므로 리스크메트릭스상의 기본만기를 적용할 수 없다. 2.733년은 기본만기 2년과 3년 사이에 위치한다. 따라서 2.733년에 발생하는 현금흐름 200억 원을 2년과 3년에 적절히 분배해야 한다.

현금흐름이 기본만기와 일치하지 않는 경우, 현금흐름을 기본만기와 가장 가까운 2개의 만기에 배정하기 위해서는 다음 3가지 조건이 충족되어야 한다.

❶ 시장가치가 변하지 않아야 한다.
❷ 현금흐름의 부호가 변하지 않아야 한다.
❸ 시장위험도 변하지 않아야 한다.

예를 들어, 현금흐름이 2.733년 후에 있는 채권 p를 고려해 보자(이 채권의 듀레이션은 2.733년임). 만기가 2.733년인 채권의 위험을 정확히 반영하면서 가장 가까운 기본만기에 현금흐름을 어떻게 배정해야 할 것인가? 방법은 채권 p를 만기가 2년과 3년인 무이표채로 구성된 포트폴리오로 인식하는 것이다. 이 문제를 해결하기 위하여 먼저 만기가 2년과 3년인 채권의 변동성을 각각 σ_L과 σ_R로 그리고 이들의 상관계수를 ρ로 정의하자. 그리고 2년 만기 채권에 배정할 현금흐름의 비중을 w로 정의하자. 두 채권으로 이루어진 채권 포트폴리오의 분산은 채권 p의 분산과 같아야 하므로 다음의 식이 성립한다.

$$\sigma_p^2 = w^2 \sigma_L^2 + (1-w)^2 \sigma_R^2 + 2w(1-w)\rho\sigma_L\sigma_R \tag{6.14}$$

식 (6.14)를 w의 방정식으로 정리하면

$$(\sigma_L^2 + \sigma_R^2 - 2\rho\sigma_L\sigma_R)w^2 + 2(-\sigma_R^2 + \rho\sigma_L\sigma_R)w + (\sigma_R^2 - \sigma_p^2) = 0 \tag{6.15}$$

---

6 우리 나라의 경우 SAS Korea에서 사용하는 기본만기는 3개월, 6개월, 9개월, 12개월, 18개월, 24개월, 30개월, 3년, 5년, 9년, 20년 등 11개이다.

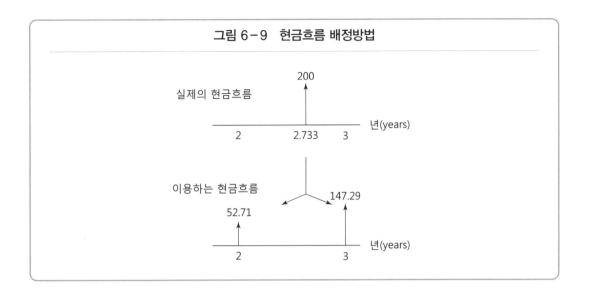

그림 6-9 현금흐름 배정방법

그리고 2년 만기와 3년 만기 무이표채의 가격 변동성을 이용하여 채권 p의 변동성을 선형보간법(linear interpolation)으로 구하면 1.351%가 된다[(0.987% + (1.484% − 0.987%) × (2.733 − 2) = 1.351%)]. 식 (6.15)에 $\rho = 0.99$, $\sigma_L = 0.00987$, $\sigma_R = 0.01484$, $\sigma_p = 0.01351$을 대입하여 구한 w는 26.35%이다.[7] 이렇게 구한 w는 원래 현금흐름의 시장가치, 현금흐름의 시장위험, 그리고 현금흐름의 부호를 변화시키지 않는다. 〈그림 6-9〉는 2.733년 후의 현금흐름 200억 원을 배정한 결과를 보여 준다. 듀레이션 매핑으로 인식된 현금흐름 200억 원은 2년 만기에 52.71억 원(= 200 × 0.2635), 3년 만기에 147.29억 원(= 200 × 0.7365)으로 배정된다.[8] 이와 같은 현금흐름 배정방법을 위험 매칭 방법(risk matching method)이라 부른다. 기본만기에 일치하지 않는 현금흐름이 여러 개 존재하는 경우도 동일한 방법으로 배정한다.

현금흐름을 배정하는 다른 방법으로는 듀레이션을 일치시키는 방법이 있다. 듀레이션을 일치시키는 방법을 듀레이션 매칭방법(duration matching method)이라고 하는데 이를 설명하면 다음과 같다. 만기 2년과 만기 3년 무이표채로 구성된 포트폴리오의 듀레이션을 2.733년이라고 하면 다음 식이 성립한다.

$$wD_1 + (1-w)D_2 = 2.733 \tag{6.16}$$

여기서 w는 2년 만기 채권에 배정할 투자비중이고, D_1과 D_2는 2년 만기와 3년 만기 무이표

---

7 참고로, $ax^2 + 2bx + c = 0$의 해는 $x = \dfrac{-b \pm \sqrt{b^2 - ac}}{a}$ 이다.

8 여기서 200억 원, 52.71억 원, 147.29억 원은 모두 현가이다.

채의 듀레이션으로 각각 2년과 3년이다. D_1과 D_2를 위 식에 대입하면 $w = 26.75\%$가 된다.

그러나 26.75%와 73.25%를 만기 2년과 3년의 무이표채에 배정하면 포트폴리오의 위험은 1.349%가 되므로 3가지 조건 중의 하나인 시장위험이 변하지 않아야 한다는 조건을 충족시키지 못한다.

$$\sigma_p = \sqrt{\begin{array}{l} 0.2675^2 0.00987^2 + 0.7325^2 0.01484^2 \\ + 2(0.2675)(0.7325)(0.99)(0.00987)(0.01484) \end{array}} = 1.349\%$$

(3) 3단계 : VaR의 계산

현금흐름의 매핑과 배정과정이 끝나고 난 후 마지막 단계는 채권 포트폴리오의 VaR를 계산하는 단계이다. 〈표 6-12〉는 1단계와 2단계를 거친 후의 기초자료를 정리한 표이다.

표 6-12 VaR 계산을 위한 기초자료

만기 (년)	6%, 5년	4%, 1년	만기수익률(%) (현물 이자율)	변동성* $\sigma(\%) \times 1.65$	매핑 방법			현금흐름× 변동성(%)**
					원금	듀레이션	현금흐름	
1	6	104	4.000	0.470			105.77	49.71
2	6		4.618	0.987		52.71	5.48	5.41
3	6		5.192	1.484	200	147.29	5.15	7.64
4	6		5.716	1.971			4.80	9.46
5	106		6.112	2.426			78.79	191.14
합계					200	200.00	200.00	263.36

* 여기서 변동성은 VaR(%)로 채권 가격의 변동성에 95% 신뢰도를 의미하는 1.65를 곱한 값임(즉, $\alpha\rho(\%)$임)
** 현금흐름 변동성(%)은 현금흐름 매핑 방법으로 인식한 현금흐름(현가임)에 변동성(%)를 곱한 값임

앞의 자료를 이용하여 채권 포트폴리오의 VaR를 계산해 보기로 하자.

❶ 원금 매핑에 의한 VaR의 계산 : 포트폴리오의 평균 만기는 3년이므로 3년 만기 무이표채의 위험을 이용하여 VaR를 계산하면 다음과 같다.

$$\text{VaR}_1 = 200\text{억 원} \times 0.01484 = 2.97\text{억 원}$$

이 방법은 만기 전에 지급되는 액면이자를 무시하는 방법이다.

② 듀레이션 매핑에 의한 VaR의 계산

$$VaR_2 = \sqrt{\begin{array}{c}(52.71)^2(0.00987)^2 + (147.29)^2(0.01484)^2 \\ + 2(52.71)(147.29)(0.9908)(0.00987)(0.01484)\end{array}}$$

$$= 2.702억\ 원$$

이 방법은 2.733년 만기 무이표채의 위험을 이것과 만기가 가장 가까운 2개의 무이표채(즉, 만기가 2년과 3년인 무이표채)의 위험을 이용하여 VaR를 계산하는 방법이다.

③ 현금흐름 매핑에 의한 VaR의 계산

ㄱ. 상관계수 무시(분산 효과 고려 전 VaR) : 포트폴리오의 VaR는 개별 VaR를 단순히 합산하여 구한다.

$$VaR_3 = (105.77 \times 0.00470) + (5.48 \times 0.00987) + (5.15 \times 0.01484)$$
$$+ (4.80 \times 0.01971) + (78.79 \times 0.02426)$$
$$= 0.4971 + 0.0541 + 0.0764 + 0.0946 + 1.9114 = 2.63억\ 원$$

ㄴ. 상관계수 고려(분산 효과 고려 후 VaR) : 포트폴리오의 VaR는 개별 VaR와 상관계수를 고려하여 구한다.

$$VaR_4 = \sqrt{[0.4971, 0.0541, 0.0764, 0.0946, 1.9114]\begin{bmatrix} 1 & 0.897 & 0.886 & 0.866 & 0.855 \\ 0.897 & 1 & 0.991 & 0.976 & 0.966 \\ 0.886 & 0.991 & 1 & 0.994 & 0.988 \\ 0.866 & 0.976 & 0.994 & 1 & 0.998 \\ 0.855 & 0.966 & 0.988 & 0.998 & 1 \end{bmatrix}\begin{bmatrix} 0.4971 \\ 0.0541 \\ 0.0764 \\ 0.0946 \\ 1.9114 \end{bmatrix}}$$

$$= 2.57억\ 원$$

현금흐름 매핑에 의한 VaR는 상관계수를 무시하면 2.63억 원이고 상관계수를 고려하면 2.57억 원이다. 상관계수가 매우 높으므로 분산 효과로 인한 VaR의 감소 효과는 크지 않다.

다시 말해서 2.63억 원과 2.57억 원과의 차이인 0.07억 원은 채권 간의 불완전한 상관관계(imperfect correlation)에 의해 발생한다(즉, 상관계수가 1이 아님). 또한 2.70억 원과 2.63억 원과의 차이인 0.07억 원은 채권의 변동성과 만기가 선형관계에 있지 않기 때문에 발생한다. 채권의 변동성과 만기가 선형관계가 있지 않다는 것은 수익률 곡선이 정확히 수평으로만 항상 이동하지는 않는다는 것을 의미한다(〈표 6-13〉 참조).

표 6 - 13   변동성과 만기 간의 관계

만기(년)	VaR(%)	VaR(%)/만기
1	0.470%	0.4700%
2	0.987%	0.4935%
3	1.484%	0.4947%
4	1.971%	0.4926%
5	2.426%	0.4852%
10	4.250%	0.4250%
30	11.119%	0.3706%

chapter 07

델타-노말방법의 적용 : 파생상품

선형 파생상품

1 선물계약의 VaR

다음에는 베어링스(Barings)사의 니콜라스 리슨(Nicholas Leeson)이 취한 선물 포지션의 VaR를 계산해 보자. 리슨은 일본 국채선물에 매도 포지션(160억 달러 상당)과 일본 니케이(Nikkei)선물에 매입 포지션(77억 달러 상당)을 취하였다. 〈표 7-1〉은 두 포지션의 크기와 분산 및 포지션 간의 공분산과 상관계수를 보여 준다.

주가지수선물은 주가지수와, 채권선물은 채권과 동일한 수준의 위험을 갖는다고 가정한다. 실제로 선물과 현물 간의 상관계수는 1에 가깝다. 선물계약의 포지션을 계산할 때는 증거금만을 고려하지 않고 액면금액(notional amount)을 고려한다. 그 이유는 선물계약이 높은 레버리지(leverage) 효과를 갖기 때문이다. 리슨이 취한 포지션의 표준편차(금액 기준)는 $506.16M이고, VaR는 $835.16M이다.

$$\sigma_p^2 = (-16,000)^2(0.000139) + (7,700)^2(0.003397)$$
$$+ 2(-16,000)(7,700)(-0.000078) = 256,193.8$$

표 7-1　일본 국채와 니케이지수의 기초자료

	σ	공분산		상관계수		포지션($M)
10년 만기 일본 국채	1.18%	0.000139	−0.000078	1	−0.114	−16,000
니케이지수	5.83%	−0.000078	0.003397	−0.114	1	7,700

$$\sigma_p = \$506.16M$$
$$\text{VaR} = 1.65 \times 506.16 = \$835.16M$$

그리고 리슨이 취한 포지션의 전체 VaR를 채권선물 매도 포지션과 지수선물 매입 포지션 각각의 공헌 VaR로 구분하면 다음과 같다.

채권선물 매도 포지션의 공헌 VaR

$$= 835.16 \times \left[\frac{(-16,000)^2(0.000139) + (-16,000)(7,700)(-0.000078)}{256,193.8} \right]$$

$$= 147.15M$$

지수선물 매입 포지션의 공헌 VaR

$$= 835.16 \times \left[\frac{(7,700)^2(0.003397) + (-16,000)(7,700)(-0.000078)}{256,193.8} \right]$$

$$= 688.01M$$

2　통화선도 계약의 VaR

여기서는 통화선도 계약의 VaR를 구하는 방법을 설명하기로 한다. 만기가 1년이고 $1M을 매입할 수 있는 통화선도 계약에 포지션을 취하고 있는 금융기관의 VaR를 계산해 보자.

$S = 1,100.00$, $F = 1,151.89$, $r = 11\%$(국내 이자율), $r_f = 6\%$(미국 이자율)라고 가정하자(참고 : $F = 1,100 \times \dfrac{1.11}{1.06} = 1,151.89$)[1].

현물 가격과 선물 가격(또는 선도 가격) 간에 다음과 같은 일정한 관계가 성립되어야 하는데,

---

[1] 달러를 차입하여 현물환율로 전환하면 1,100원이다. 이를 국내 이자율인 11%로 1년 투자하면 1,100 (1.11)원이 되고 선도환율을 이용하여 1년 후에 달러로 전환하면 1,100(1.11)/1,151.89=1.06달러이다. 이를 이자율 패리티(interest rate parity)라고 한다. 즉, 1.06달러는 1달러를 미국 이자율인 6%로 1년 투자한 금액과 동일하다. 즉, 이자율 패리티에 의해 선도환율이 1,151.89원이 아니면 차익거래가 가능하다.

표 7-2 선물 가격의 결정(요약)

경우	선물 가격	기호	선물계약
경우 1 : 소유 혜택과 비용이 모두 없는 경우	$F=Se^{rT}$	r=무위험이자율	금리선물
경우 2 : 소유 혜택만이 있는 경우	$F=(S-I)e^{rT}$	I=만기 전 모든 소득 (이자 등)의 현재가치	금리선물
	$F=Se^{(r-q)T}$	q=연속 배당수익률	주가지수선물
	$F=Se^{(r-r_f)T}$	r_f=외국의 무위험이자율	통화선물
경우 3 : 비용만이 있는 경우	$F=Se^{(r+u)T}$ $F=(S+U)e^{rT}$	U=보관비용 u=보관비용(%)	상품선물 (투자목적)
경우 4 : 소유 혜택과 비용이 모두 있는 경우	$F=Se^{(r+u-y)T}$	y=보유 편익률	상품선물 (소비목적)

이를 현물 가격과 선물 가격 간의 패리티(spot-futures parity)라고 한다.[2]

$$\text{선물 가격} = \text{현물 가격} + (\text{만기일까지의 이자} + \text{보관비용} - \text{보유 혜택}) \tag{7.1}$$

만기일까지의 이자에 보관비용을 합하고 보유 혜택을 차감한 금액, 즉 선물 가격에서 현물 가격을 차감한 금액을 보유비용(cost of carry)이라고 하는데 이는 기초자산을 지금 보유하는 데서 발생하는 비용이란 의미이다. 선물-현물 패리티를 기초자산이 소유 혜택을 제공하는가와 보관비용을 필요로 하는가의 여부에 따라 다음과 같이 4가지의 경우로 구별된다.

이는 〈표 7-2〉와 같이 정리된다.

선도계약 체결 시의 선도계약의 가치는 0이다. 그러나 계약 체결 이후에는 선도계약은 양 (+) 또는 음(-)의 가치를 갖는다. 왜냐하면 인도 가격은 이미 정해져 있는데 선도 가격이 기초 자산의 가격, 이자율, 보관비용 및 보유 혜택 등의 변화로 인해 변하기 때문이다. 계약 체결시 에 합의한 인도 가격이 K이고 현재 선도 가격이 F이면 선도계약 매입 포지션의 가치 f는 다음 과 같다.

$$f=(F-K)e^{-rT} \tag{7.2}$$

이 관계를 증명하기 위하여 인도 가격이 F인 선도계약 매입 포지션과 모든 조건이 동일하고 인도 가격이 K인 선도계약 매입 포지션을 비교해 보자. 두 선도계약의 차이는 T시점에서 기초

---

2 선도 가격과 선물 가격은 약간 상이하나 큰 차이가 없으므로 일반적으로 두 용어는 상호 교환적으로 사용된다.

자산을 인도하고 지급하는 금액이 다르다는 것뿐이다. 첫 번째 선도계약에서 지급하는 금액은 F이고 두 번째 계약에서는 K이다. T시점에서 $F-K$는 현재 시점에서 $(F-K)e^{-rT}$와 같고 인도 가격이 F인 선도계약의 가치는 0이므로, 인도 가격이 K인 선도계약의 가치는 $(F-K)e^{-rT}$이다(인도 가격이 F인 선도계약의 가치는 인도 가격이 K인 선도계약의 가치보다 $(F-K)e^{-rT}$만큼 작다).

식 (7.2)에서 $F=Se^{rT}$인 경우, 위 식은 다음과 같이 표현된다.

$$f=(Se^{rT}-K)e^{-rT}=S-Ke^{-rT} \tag{7.3}$$

또한 식 (7.3)에서 $F=(S-I)e^{rT}$인 금리선물의 경우, $f=S-I-Ke^{-rT}$이고, $F=Se^{(r-q)T}$인 주가지수선물의 경우, $f=Se^{-qT}-Ke^{-rT}$이다.

그리고 $F=Se^{(r-r_f)T}$인 통화선물의 경우 선도계약의 가치는 다음과 같이 표현된다.

$$f=Se^{-r_fT}-Ke^{-rT} \tag{7.4}$$

〈그림 7-1〉은 1년 후에 ₩1,151.89M을 지급하고 $1M를 수령하는 통화선도 계약 매입 포지션 투자자의 현금흐름이다. 이 현금흐름을 다음과 같이 재구성 또는 복제(replication)할 수 있으며 이는 〈그림 7-2〉와 같이 표현된다.

❶ Short ₩ 포지션 : ₩1,037.74M을 1년 동안 11%로 차입한다. 만기에 상환해야 할 금액은 1,037.74×1.11=₩1,151.89M이다.

❷ Long $ Spot 포지션 : ₩1,037.74M으로 $0.9434M를 매입한다($0.9434M×1,100=₩1,037.74M).

❸ Long $ 포지션 : $0.9434M을 1년 동안 6%로 투자한다. 그리고 만기에 $0.9434M×1.06=$1M을 받는다.

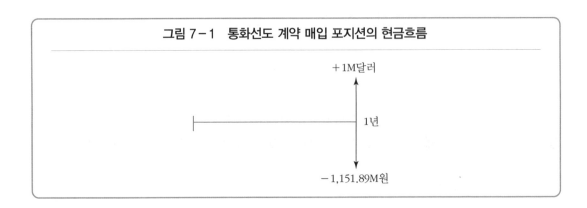

그림 7-1 통화선도 계약 매입 포지션의 현금흐름

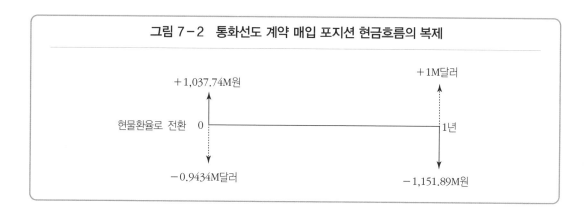

그림 7-2   통화선도 계약 매입 포지션 현금흐름의 복제

위의 ❶, ❷, ❸의 현금흐름을 합성하면 〈그림 7-1〉의 통화선도 계약 매입 포지션 투자자의 현금흐름이 된다.

〈그림 7-2〉에서 0시점에서는 ₩1,037.74.M이 유입되었다가 이를 −$0.9434M와 교환하고, 1년 후에는 0시점에서 투자한 −$0.9434M가 $1M가 되고, 0시점에서 차입했던 원리금 −₩1,151.89M이 상환된다. 결국 〈그림 7-3〉에서 1년 후의 현금흐름은 〈그림 7-1〉의 현금흐름과 동일하게 된다.

식 (7.3)을 전미분하면 식 (7.5)의 관계가 유도된다.

$$df = \frac{\partial f}{\partial S}dS + \frac{\partial f}{\partial r_f}dr_f + \frac{\partial f}{\partial r}dr$$
$$= e^{-r_fT}dS - Se^{-r_fT}Tdr_f + Ke^{-rT}Tdr \tag{7.5}$$

식 (7.5)에서 볼 수 있는 바와 같이 통화선도 계약의 위험은 현물환율의 위험과 국내 채권(이자율) 및 외국 채권(이자율)의 위험으로 표현된다. 여기서 $P = e^{-rT}$와 $P^f = e^{-r_fT}$로 정의하자. 즉, P는 만기가 T이고 액면가가 1원인 국내 무이표채의 가격이고 P^f는 만기가 T이고 액면가가 1달러인 미국 무이표채의 가격을 의미한다. $dP = \frac{\partial P}{\partial r}dr = -Te^{-rT}dr = -TPdr$이므로, $dr = -\frac{1}{T}\frac{dP}{P}$이다. 또한 $dP^f = \frac{\partial P}{\partial r_f}dr_f = -Te^{-r_fT}dr_f = -TP^fdr_f$이므로, $dr_f = -\frac{1}{T}\frac{dP^f}{P^f}$이다. 따라서 식 (7.5)는 다음과 같이 정리된다.

$$df = (Se^{-r_fT})\frac{dS}{S} + (Se^{-r_fT})\frac{dP^f}{P^f} - (Ke^{-rT})\frac{dP}{P} \tag{7.6}$$

식 (7.6)에 의하면 통화선도 계약 매입 포지션의 변화는 다음 〈표 7-3〉과 같이 세 부분으로 구성된다.

이와 같이 통화선도 계약 매입 포지션은 3개의 포지션으로 재구성되므로, 이들의 월별 변동성, 상관계수, 현금흐름의 현가 등에 근거하여 통화선도 계약 매입 포지션의 월별 VaR(신뢰 수준 95%, 보유기간 1개월)를 구하면 〈표 7-4〉와 같이 대략 6,511만 원이 된다(월별 변동성과 상관계수는 관찰된 자료임).

〈표 7-4〉를 좀더 설명해 보기로 하자.

$$\text{VaR} = \sqrt{Z^T R Z} \tag{7.7}$$

$$Z = \begin{bmatrix} 1{,}037.74 \times 0.062201 \\ 1{,}037.74 \times 0.002876 \\ -1{,}037.74 \times 0.004696 \end{bmatrix}$$

표 7 - 3 df의 구성요소

df의 구성요소	복제요소
$(Se^{-r_f T})\dfrac{dS}{S}$: 환율 현물 포지션 $Se^{-r_f T} \cong \dfrac{S}{(1+r_f)^T} = 1{,}100/1.06 = ₩1{,}037.74\text{M}$ $\quad = Se^{-\ln(1.06)}$	②의 $ Spot 포지션
$(Se^{-r_f T})\dfrac{dP^f}{P^f}$: 미국 달러화 매입 포지션(미국 채권 매입 포지션) $Se^{-r_f T} \cong \dfrac{S}{(1+r_f)^T} = ₩1{,}037.74\text{M}$	③의 Long $ 포지션
$-(Ke^{-rT})\dfrac{dP}{P}$: 원화 매도 포지션(한국 채권 매도 포지션) $-Ke^{-rT} \cong \dfrac{-K}{(1+r)^T}$ $\quad = -1{,}151.89/1.11 = -₩1{,}037.74\text{M} = -Ke^{-\ln(1.11)}$	①의 Short ₩ 포지션

표 7 - 4 통화선도 계약 매입 포지션의 월별 VaR

포지션	월 변동성 (σ, %)	1.65σ (%)	상관계수(R) $ spot	상관계수(R) long $	상관계수(R) short ₩	현금흐름의 현가(₩M)	공헌 VaR (₩M)
현물환율($ spot)	3.7698	6.2201	1			1,037.74	64.366
미국 채권 매입(long $)	0.1743	0.2876	0.1912	1		1,037.74	0.637
한국 채권 매도(short ₩)	0.2846	0.4696	0.0400	0.2937	1	−1,037.74	0.106
합계							65.109

$$R = \begin{bmatrix} 1 & 0.1912 & 0.0400 \\ 0.1912 & 1 & 0.2937 \\ 0.0400 & 0.2937 & 1 \end{bmatrix}$$

그런데 $Z^T R Z$는 분산－공분산 행렬식에 의해 다음과 같이 계산하면 ₩4,239.12M이 된다.

$$\begin{aligned} Z^T R Z &= [x_A^2 \sigma_A^2 + x_A x_B \sigma_A \sigma_B \rho_{AB} + x_A x_C \sigma_A \sigma_C \rho_{AC}] \\ &\quad + [x_B^2 \sigma_B^2 + x_B x_A \sigma_B \sigma_A \rho_{BA} + x_B x_C \sigma_B \sigma_C \rho_{BC}] \\ &\quad + [x_C^2 \sigma_C^2 + x_C x_A \sigma_C \sigma_A \rho_{CA} + x_C x_B \sigma_C \sigma_B \rho_{CB}] \\ &= 4,190.76 + 41.47 + 6.89 \\ &= 4,239.12 \end{aligned}$$

위의 식에서 예를 들면 x_A는 현물환율 포지션의 현가인 ₩1,037.74M이고, σ_A는 현물환율 포지션의 월별 변동성에 신뢰 수준에 따른 1.65를 곱한 VaR(%)이며, ρ_{AB}는 현물환율 포지션과 미국 채권 매입 포지션 간의 상관계수인 0.1912이다. 통화선도 계약 매입 포지션의 VaR를 세 가지 구성요소별, 즉 $ Spot, Long $, Short ₩별 공헌 VaR로 분해한 〈표 7-4〉의 마지막 열은 다음과 같이 계산된 것이다.

$$\begin{aligned} \text{VaR} &= \sqrt{4,239.12} = ₩65.109\text{M} \\ &= 65.109 \times \frac{4,190.76}{4,239.12} + 65.109 \times \frac{41.47}{4,239.12} + 65.109 \times \frac{6.89}{4,239.12} \\ &= ₩64.366\text{M} + ₩0.637\text{M} + ₩0.106\text{M} = ₩65.109\text{M} \end{aligned}$$

한편, 통화선도 계약 매도 포지션은 〈그림 7-3〉과 같이 복제된다.

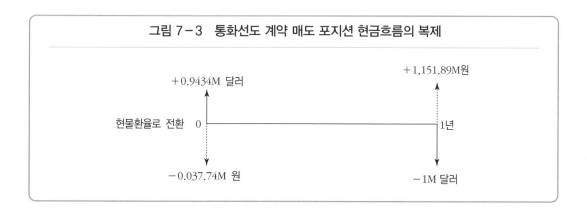

그림 7-3 통화선도 계약 매도 포지션 현금흐름의 복제

+0.9434M 달러

+1,151.89M원

현물환율로 전환 0 1년

−0.037.74M 원

−1M 달러

3 선도금리 계약의 VaR

선도금리 계약(Forward Rate Agreement : FRA)은 거래자로 하여금 미래 일정기간의 이자율을 고정시킬 수 있도록 하는 선도계약이다.

선도금리 계약에서는 현물 이자율이 선도 이자율보다 높으면 매도 포지션 투자자는 매입 포지션 투자자에게 두 이자율의 차이만큼을 지급해야 한다. 그리고 현물 이자율이 선도 이자율보다 낮으면 매도 포지션 투자자는 매입 포지션 투자자로부터 차이만큼을 지급받는다.

즉, 매입 포지션 투자자는 차입이자율(borrowing rate)을 고정(고정금리 지급)시킬 수 있고, 매도 포지션 투자자는 대출이자율(lending rate) 또는 수익률을 고정(고정금리 수취)시킬 수 있다. 이상의 내용은 〈표 7-5〉에 요약되어 있다.

예를 들어, 6×12 선도금리 계약 매도 포지션(액면가는 100백만 달러)을 고려해 보자(선도금리 계약은 $t_1 \times t_2$로 표시하는데 t_1시점이 현금 정산일(cash settlement date)임). 6×12는 미래 기간을 의미하여 6개월×12개월, 즉 180일×360일을 의미한다. 100백만 달러는 명목원금(notional principal)으로 실제로 교환되는 금액이 아니다. 360일 현물 이자율이 연 6.356%이고 180일 현물 이자율이 연 6.124%이면 다음 식에 의해 선도 이자율 $f_{180,360}$은 연 6.392%가 된다.

$$1 + 0.06356 = \left(1 + \frac{0.06124}{2}\right)\left(1 + \frac{f_{180,360}}{2}\right) \tag{7.8}$$

매도 포지션을 취한 투자자는 180일 이후부터 180일 동안의 수익률(대출이자율)을 연 6.392%로 고정시킬 수 있다. 선도금리 계약은 180일 후(t_1)에 만기가 되는데, 이 시점에서의 180일 현물 이자율이 선도 이자율인 6.392%보다 높으면 매도 포지션 투자자는 두 이자율의 차이를 원금에 적용하여 매입 포지션 투자자에게 지급해야 한다. 반대로 180일 현물 이자율이 선도 이자율인 6.392%보다 낮으면 매도 포지션 투자자는 매입 포지션 투자자로부터 두 이자율의 차이를 원금에 적용시킨 만큼의 금액을 받는다. 이로 인해 매도 포지션 투자자는 현물 이자율의 높고 낮음에 관계없이 선도 이자율로 수익률(즉, 대출이자율)을 고정시키게 된다.

예를 들어, 현재부터 6개월 후에 현물 이자율이 6.8%이면, 매도 포지션 투자자는 (0.068−0.06392)×100M×(180/360)=$0.204M을 t_2시점에서 매입 포지션 투자자에게 지급해야 한다.[3] 100백만 달러를 현물 이자율 6.8%로 6개월 투자하면 t_2시점에서 103.4백만 달러가 되나 같

---

3 실제로는 t_1시점에서 이 금액의 현재가치만큼을 지급한다.

은 시점에서 0.204백만 달러를 지급해야 하므로 결국 매도 포지션 투자자는 6개월 후에 103.196 (＝103.4−0.204)백만 달러를 확보한다. 반대로 t_1시점에서 현물 이자율이 5%이면, 매도 포지션 투자자는 (0.06392−0.05)×100M×(180/360)=\$0.696M을 t_2시점에서 받게 된다.

100백만 달러를 현물 이자율 5%로 6개월 투자하면 t_2시점에서 102.5백만 달러가 되나 매입 포지션 투자자로부터 0.696백만 달러를 받으므로 결국 매도 포지션 투자자는 6개월 후에 103.196(＝102.5+0.696)백만 달러를 확보한다.

결국 매도 포지션은 6개월 후의 현물 이자율에 상관없이 6개월 동안 연 6.392%의 수익률을 얻어 $100\left(1 + \dfrac{0.06392}{2}\right) = 103.196$백만 달러를 확보한다.

선도금리 계약에서 현금흐름은 t_1시점에서 발생하는데, 사실상 그 현금흐름은 t_1시점에서 확정되는 현물 이자율에 의해 결정되므로 현재 시점에서는 알 수 없다.

표 7-5 선도금리 계약에서 매입 포지션과 매도 포지션 비교

	매입 포지션	매도 포지션
현물 이자율＞선도 이자율	차이 받음	차이 지급
현물 이자율＜선도 이자율	차이 지급	차이 받음
결과	선도 이자율로 차입이자율을 확정시킴	선도 이자율로 수익률을 확정시킴

따라서 선도금리 계약의 현금흐름은 차입이자율 또는 대출이자율을 고정시킨다는 측면에서 이해해야 한다. 선도금리 계약 매도 포지션에서는 대출이자율을 고정시키므로 현금흐름이 〈그림 7-4〉와 같이 인식된다(선도금리 계약은 t_1시점에서 정산되므로 이는 실제의 현금흐름이 아님).

〈그림 7-4〉에서 볼 수 있듯이, 선도금리 계약 매도 포지션 투자자는 6개월 후에 −\$100M를 투자해서 12개월 후에 ＋\$103.196M을 얻는다. 이 포지션은 100백만 달러의 현재가치를 6개월

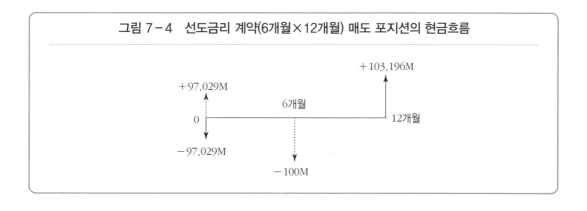

그림 7-4 선도금리 계약(6개월×12개월) 매도 포지션의 현금흐름

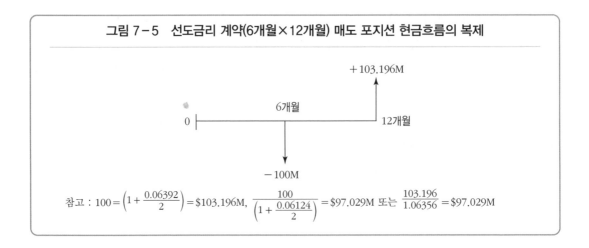

그림 7-5 선도금리 계약(6개월×12개월) 매도 포지션 현금흐름의 복제

참고 : $100 = \left(1 + \frac{0.06392}{2}\right) = \$103.196\text{M}$, $\frac{100}{\left(1 + \frac{0.06124}{2}\right)} = \$97.029\text{M}$ 또는 $\frac{103.196}{1.06356} = \$97.029\text{M}$

동안 차입하고 이를 12개월 동안 투자한 것으로 복제할 수 있다. 즉, 선도금리 계약 매도 포지션은 다음과 같이 2개의 무이표채의 합으로 간주될 수 있으며, 이는 〈그림 7-5〉와 같이 표현된다. 이와 같은 현금흐름을 기초로 금리선도계약의 월별 VaR를 계산하기 위한 기초자료는 〈표 7-5〉와 같다. 단 6개월 만기 무이표채와 12개월 만기 무이표채의 상관계수는 0.85로 가정한다.

6×12 선도금리 계약 매도 포지션＝6개월 만기 무이표채 매도 포지션＋12개월 만기
무이표채 매입 포지션

〈표 7-6〉을 이용하여 95% 신뢰 수준의 1개월 VaR를 구하면 $0.281M이 된다.

$$\text{VaR} = \sqrt{Z^T R Z}$$

$$\text{단, } Z = \begin{bmatrix} -97.029 \times 0.0017 \\ 97.029 \times 0.0042 \end{bmatrix}, R = \begin{bmatrix} 1 & 0.85 \\ 0.85 & 1 \end{bmatrix}$$

$$Z^T R Z = -0.02993 + 0.10894 = 0.07901$$

$$\text{VaR} = \sqrt{0.07901} = \$0.281\text{M}$$

전체 포지션의 VaR를 6개월 만기 채권과 12개월 만기 채권의 공헌 VaR로 구분하면 다음과 같다. 여기서 6개월 만기 매도 포지션의 공헌 VaR는 0보다 작다.

❶ 6개월 만기 채권 매도 포지션의 공헌 $\text{VaR} = 0.281 \times \frac{-0.02993}{0.07901} = -0.106$

❷ 12개월 만기 채권 매입 포지션의 공헌 $\text{VaR} = 0.281 \times \frac{0.10894}{0.07901} = 0.387$

표 7-6 선도금리 계약 매도 포지션의 월별 VaR

	변동성(1.65×σ)	상관계수(R)		현금흐름	현금흐름의 현가
180일(6개월)	0.17%	1	0.85	−100,000	−97,029
360일(12개월)	0.42%	0.85	1	103,196	97,029

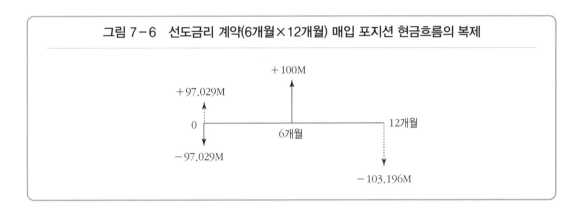

그림 7-6   선도금리 계약(6개월×12개월) 매입 포지션 현금흐름의 복제

참고로 각 포지션의 개별 VaR는 각각 다음과 같다.

❶ 6개월 만기 채권 매도 포지션의 개별 VaR=97,029×0.0017=$0.165M

❷ 12개월 만기 채권 매입 포지션의 개별 VaR=97,029×0.0042=$0.408M

한편, 선도금리 계약(6×12) 매입 포지션은 매도 포지션의 반대이므로 다음과 같이 6개월 만기 무이표채 매입 포지션과 12개월 만기 무이표채 매도 포지션으로 복제되며, 이는 〈그림 7-6〉과 같이 표현된다.

$$6×12 \text{ 선도금리 계약 매입 포지션}=6\text{개월 만기 무이표채 매입 포지션}$$
$$+12\text{개월 만기 무이표채 매도 포지션}$$

4 금리스왑의 VaR

금리스왑은 투자자로 하여금 변동금리를 고정금리로 또는 고정금리를 변동금리로 교환할 수 있게 해준다.

표 7-7 금리스왑의 월별 VaR(기준 시점은 변동금리가 결정되는 시점)

만기 (년)	고정금리 채권	변동금리 채권	현물 이자율 (%, 년)	VaR(%) = 1.65σ	현금흐름 (현가)	현금흐름 × 1.65×σ	공헌 VaR ($M)
1	−6.195	−	5.813	0.470	−5.855	−0.028	$0.024
2	−6.195	−	5.929	0.987	−5.521	−0.054	$0.053
3	−6.195	−	6.034	1.484	−5.196	−0.077	$0.075
4	−6.195	−	6.130	1.971	−4.883	−0.096	$0.096
5	−106.195	−	6.217	2.426	−78.545	−1.905	$1.905
계					−100.00		
VaR($M)							
분산 효과 고려 전							$2.160
분산 효과 고려 후							$2.153

스왑은 두 부분, 즉 고정금리와 변동금리 부분으로 분해된다. 스왑에 만기의 원금교환을 가정하면 고정금리 부분은 고정금리 채권처럼 평가할 수 있으며 변동금리 부분은 변동금리 채권처럼 평가할 수 있다. 만일 투자자가 고정금리이자를 지급하고 변동금리이자를 받는다면, 투자자가 취한 스왑 포지션의 가치는 변동금리 채권의 가치에서 고정금리 채권의 가치를 차감한 값이다.

앞에서 설명한 고정금리 채권과 변동금리 채권의 VaR에 대한 내용을 기초로 5년 만기 액면가 100백만 달러에 대한 금리스왑의 VaR를 계산해 보기로 하자.

5년 동안 매년 6.195%의 고정금리로 이자를 지급하고 LIBOR 기준의 변동금리로 이자를 받는 금리스왑 계약(기초통화는 달러화임)을 체결했다고 가정하자.[4]

변동금리가 결정되는 순간(0시점)에서 변동금리 채권의 가치는 $F(1+r_0)$을 이미 결정된 r_0로 할인한 현재가치이기 때문에 액면가(F)와 일치하며 가격 변동의 위험이 없으므로 VaR를 계산할 때 변동금리 부분은 무시할 수 있다.[5] 즉, 변동금리 채권의 가격 변동 위험은 0이다.

따라서 변동금리가 결정되는 순간을 기준으로 한 금리스왑의 VaR는 고정금리 채권의 현금흐름만을 고려해서 측정한다. 〈표 7-7〉은 금리스왑의 월별 VaR(95% 신뢰 수준)를 변동금리가 결정되는 0시점을 기준으로 계산한 것이다.

---

4 고정금리로 이자를 지급하는 포지션을 스왑의 매입 포지션(페이 포지션)이라고 하며, 고정금리로 이자를 수취하는 포지션을 스왑의 매도 포지션(리시브 포지션)이라고 한다.

5 변동금리 채권의 위험이 없는 경우는 변동금리가 결정되는 순간뿐이다. 일단 변동금리가 결정되면 액면이자가 확정되나 이자율은 계속 변하게 되므로 변동금리 채권의 위험은 더 이상 0이 아니다. 따라서 스왑의 VaR를 계산할 때에는 변동금리가 결정되는 순간을 제외하고는 변동금리 부분의 현금흐름을 원금과 확정된 액면이자의 합으로 인식해야 한다.

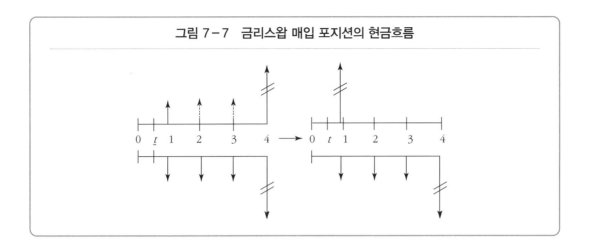

그림 7-7   금리스왑 매입 포지션의 현금흐름

〈표 7-7〉에서 두 번째 열은 고정금리 채권으로부터 얻은 연간 현금흐름이다. 세 번째 열은 변동금리 채권의 현금흐름으로 위험이 없으므로 VaR의 계산 목적상 고려하지 않는다. 네 번째 열의 현물 이자율은 할인율로 이용되며, σ는 월간 기준의 가격 변동성이다. 다섯 번째 열의 현금흐름(현가)는 연간 현금흐름을 현물 이자율로 할인한 값이고, 여섯 번째 열의 현금흐름$\times 1.65$ $\times \sigma$는 개별 VaR를 의미한다. 그리고 이들 개별 VaR를 모두 합한 $2.160M은 상관계수를 1로 가정했을 때 금리스왑의 VaR이다.

그러나 실제 상관계수를 고려하면 금리스왑의 VaR는 다음과 같이 $2.153M이 된다. 마지막 열의 공헌 VaR는 $2.153M에 연간 현금흐름이 공헌한 정도를 측정한 공헌 VaR이다.

$$
VaR = \sqrt{
\begin{bmatrix} -0.028, & -0.054, & -0.077, & -0.096, & -1.905 \end{bmatrix}
\begin{bmatrix}
1 & 0.897 & 0.886 & 0.866 & 0.855 \\
0.897 & 1 & 0.991 & 0.976 & 0.966 \\
0.886 & 0.991 & 1 & 0.994 & 0.988 \\
0.866 & 0.976 & 0.994 & 1 & 0.998 \\
0.855 & 0.966 & 0.988 & 0.998 & 1
\end{bmatrix}
\begin{bmatrix}
-0.028 \\
-0.054 \\
-0.077 \\
-0.096 \\
-1.905
\end{bmatrix}
}
$$

$$= \$2.153M$$

이번에는 변동금리 채권의 이자율이 새롭게 결정된 직후의 t시점을 기준으로 VaR를 계산해 보자. 시장이자율은 계속 변하므로 변동금리 채권은 1년만기의 채권으로서 위험에 노출된다(위험에 노출되는 금액은 액면가와 확정된 액면이자의 합이고 이 현금흐름의 현재가치는 액면가임).

〈그림 7-7〉은 금리스왑의 현금흐름을 변동금리 채권의 현금흐름과 고정금리 채권 현금흐름의 합으로 나타낸 것이다.

표 7-8 금리스왑의 월별 VaR(기준 시점은 변동금리가 결정된 후 특정 시점)

만기 (년)	고정금리 채권	변동금리 채권	VaR(%)	현물 이자율 (%, 년)	현금흐름 (현가)	현금흐름× 1.65×σ
1	-6.195	105.813	0.470	5.813	94.145	0.4425
2	-6.195	-	0.987	5.929	-5.521	-0.054
3	-6.195	-	1.484	6.034	-5.196	-0.077
4	-6.195	-	1.971	6.130	-4.883	-0.096
5	-106.195	-	2.426	6.217	-78.546	-1.905
분산 효과 고려 후 VaR($M)						$1.763

〈표 7-8〉에서와 같은 방법으로 실제 상관계수를 고려한 금리스왑의 VaR는 $1.763M이다. 〈표 7-7〉에서 변동금리 채권의 위험이 0이므로 고정금리 채권의 현금흐름만을 이용하여 VaR를 계산하였다.

반면에 〈표 7-8〉에서는 변동금리 채권의 현금흐름 $105,813M을 고려하고 있는데 이 현금흐름의 부호가 양 (+)이고 고정금리 채권 현금흐름의 부호가 음(-)이므로 서로 상쇄되는 효과가 있다.

따라서 변동금리 채권의 위험을 인식하고 이를 추가적으로 고려함에도 불구하고 금리스왑의 VaR는 오히려 감소하게 된다.

$$VaR = \sqrt{[0.4425, -0.054, -0.077, -0.096, -1.905] \begin{bmatrix} 1 & 0.897 & 0.886 & 0.866 & 0.855 \\ 0.897 & 1 & 0.991 & 0.976 & 0.966 \\ 0.886 & 0.991 & 1 & 0.994 & 0.988 \\ 0.866 & 0.976 & 0.994 & 1 & 0.998 \\ 0.855 & 0.966 & 0.988 & 0.998 & 1 \end{bmatrix} \begin{bmatrix} 0.4425 \\ -0.054 \\ -0.077 \\ -0.096 \\ -1.905 \end{bmatrix}}$$

$$= \$1.763M$$

비선형 파생상품 : 옵션

1 **헤징모수**

블랙—숄즈의 공식에 의하면, 옵션 가격은 기초자산의 가격, 행사 가격, 무위험이자율, 만기, 변동성, 그리고 배당수익률의 함수이다. 즉, $c=f(S, K, \sigma, r, q, T)$이다. 일반적으로 옵션 가치의 변화와 기초자산 변수의 변화 간에는 다음의 관계가 성립한다.

$$dc = \frac{\partial f}{\partial S} dS + \frac{\partial^2 f}{\partial S^2} dS^2 + \frac{\partial f}{\partial \sigma} d\sigma + \frac{\partial f}{\partial r} dr + \frac{\partial f}{\partial q} dq + \frac{\partial f}{\partial T} dT \tag{7.9}$$

옵션을 발행한 투자자들은 기초자산의 가격 변화로부터 자기가 취한 옵션 포지션의 가치가 변하지 않도록, 즉 면역(immunization)이 되도록 다양한 헤징 전략을 구사한다. 이들이 이용하는 전략은 옵션의 델타, 베가, 감마, 로, 세타의 개념에 바탕을 두고 있다.

델타, 베가, 감마, 로, 세타는 옵션 가격에 영향을 미치는 요인의 변화에 대한 옵션 가격의 변화를 말한다. 블랙—숄즈 공식을 이용하여 무배당 주식에 대한 콜옵션과 풋옵션 가치의 민감도에 대해서 살펴보자. 또한 포트폴리오의 헤징모수는 개별 옵션 헤징모수의 합이다. 즉, 옵션 포트폴리오의 델타는 개별 옵션의 델타를 합하여 구한다(포트폴리오의 델타$= \sum_{i=1}^{n} w_i \Delta_i$이다. 여기서 w_i는 i옵션의 수임)

(1) 옵션 델타

옵션 델타(delta : Δ)는 기초자산의 가격 변화에 대한 옵션 가격의 변화로서, 이항 분포모형에서의 Δ와 블랙—숄즈모형에서의 $N(d_1)$을 말한다. 옵션의 델타는 〈그림 7-8〉에서와 같이 기초자산 가격 변화에 따른 옵션가격의 변화를 수치화한 것으로 접선의 기울기이다.

콜옵션의 델타는 양수이고 풋옵션의 델타는 음수이다. 콜옵션의 델타가 0.4이면 기초자산의 가격이 1원 상승할 때 콜옵션의 가격은 0.4원 상승한다. 기초자산과 옵션으로 구성된 포트폴리오의 델타를 0으로 만들면 짧은 기간 동안에 기초자산의 가격이 변해도 포트폴리오의 가치는 변하지 않는다. 이를 델타 헤징(delta hedging)이라 하고 델타 헤징이 포함된 포지션은 델타가 0인 델타 중립(delta neutral)이 된다.

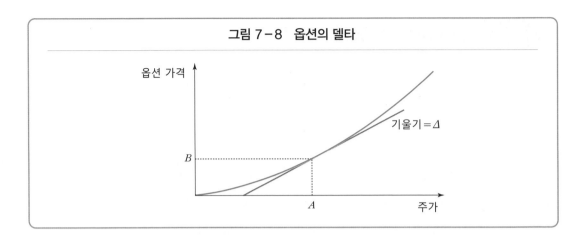

그림 7-8 옵션의 델타

기초자산의 가격이 변하면 콜옵션의 델타도 변한다. 따라서 기초자산의 가격이 변할 때마다 포트폴리오 포지션을 재조정해야 한다(예를 들어, 기초자산의 가격이 상승하면 콜옵션의 델타가 증가하므로 기초자산을 추가적으로 매입해야 함). 이렇게 지속적인 재조정을 해야 하는 전략을 동적(dynamic) 헤징전략이라 한다. 참고로 선도거래 헤징의 경우는 재조정이 필요 없어 정적(static) 헤징이라 부른다.

$$\Delta_c = \frac{dc}{dS} = e^{-qT}N(d_1) > 0 \tag{7.10}$$

$$\Delta_p = \frac{dp}{dS} = -e^{-qT}N(-d_1) < 0 \tag{7.11}$$

(2) 옵션 감마

옵션 감마(gamma : Γ)는 기초자산의 가격 변화에 대한 옵션 델타의 변화를 말한다. 콜옵션의 감마와 풋옵션의 감마는 동일하다.

$$\Gamma_c = \frac{\partial \Delta_c}{dS} = \frac{\partial e^{-qT}N(d_1)}{dS} = \frac{e^{-qT}N'(d_1)}{S\sigma\sqrt{T}} > 0 \tag{7.12}$$

$$\Gamma_p = \frac{\partial \Delta_p}{dS} = \frac{-\partial e^{-qT}N(-d_1)}{dS} = \frac{e^{-qT}N'(d_1)}{S\sigma\sqrt{T}} = \Gamma_c > 0 \tag{7.13}$$

단, $N'(d_1) = \frac{1}{\sqrt{2\pi}}e^{-d_1^2/2}$

(3) 옵션 베가

옵션 베가(vega : Λ)는 기초자산 변동성의 변화에 대한 옵션 가격의 변화를 말한다. 베가를 람다(lambda), 시그마(sigma), 또는 카파(kappa)라고 부르기도 한다. 콜옵션의 베가와 풋옵션의 베가는 동일하다.

$$\Lambda_c = \frac{\partial c}{\partial \sigma} = Se^{-qT}N'(d_1)\sqrt{T} > 0 \tag{7.14}$$

$$\Lambda_p = \frac{\partial p}{\partial \sigma} = Se^{-qT}N'(d_1)\sqrt{T} > 0 \tag{7.15}$$

(4) 옵션 로

옵션 로(rho)는 무위험이자율의 변화에 대한 옵션 가격의 변화를 말한다.

$$\rho_c = \frac{\partial c}{\partial r} = TXe^{-rT}N(d_2) > 0 \tag{7.16}$$

$$\rho_p = \frac{\partial p}{\partial r} = -TXe^{-rT}N(-d_2) < 0 \tag{7.17}$$

(5) 옵션 세타

옵션 세타(theta : Θ)는 시간 경과에 대한(즉, 만기일까지의 기간이 감소함에 따른) 옵션 가격의 변화를 말한다($\leq \geq 0$은 양수와 음수가 모두 가능함을 의미함).

$$\Theta_c = \frac{\partial c}{\partial T} = Se^{-qT}N'(d_1)\frac{\sigma}{2\sqrt{T}} - qSe^{-qT}N(d_1) + rXe^{-rT}N(d_2) \leq \geq 0 \tag{7.18}$$

$$\Theta_p = \frac{\partial p}{\partial T} = Se^{-qT}N'(d_1)\frac{\sigma}{2\sqrt{T}} + qSe^{-qT}N(-d_1) - rXe^{-rT}N(-d_2) \leq \geq 0 \tag{7.19}$$

옵션의 세타는 거의 대부분 음수이다. 왜냐하면 만기일까지의 기간이 감소함에 따라 옵션의 가치가 감소하는 경향이 있기 때문이다(즉, 시간 프리미엄이 감소하므로).

| 2 | 델타-노말방법 |

델타-노말방법은 옵션의 가치 변화가 기초자산의 가치 변화와 선형적인 관계에 있으며, 옵션의 수익률이 정규분포를 따른다는 가정하에서 VaR를 계산하는 방법이다. 즉, 델타-노말방법에서는 콜옵션 가치의 변화를 식 (7.20)과 같이 델타를 이용하여 측정한다.

$$dc = \Delta \, dS \tag{7.20}$$

dc : 콜옵션의 가치 변화

Δ : 옵션의 델타

dS : 기초자산의 가치 변화

식 (7.20)에서 dc의 표준편차를 구하면 다음과 같다.

$$\sigma(dc) = \Delta \times \sigma(dS) \tag{7.21}$$

식 (7.21)에서 알 수 있듯이, 콜옵션 가치 변화의 표준편차는 기초자산 가치 변화의 표준편차에 델타를 곱한 값이다.[6]

현재 가격이 5달러인 콜옵션의 VaR(보유기간 1일, 신뢰 수준 95%)를 계산해 보기로 하자. 기초자산은 Exxon주식이며 Exxon의 주가는 현재 100달러이다. Exxon주식의 일별 변동성(표준편차)은 1.5%이고, 콜옵션의 델타는 현재 0.4이다. 이 경우에 기초자산인 Exxon주식의 VaR(보유기간 1일, 신뢰 수준 95%)는 다음과 같이 2.475달러가 된다(1년=250거래일 가정).

$$\text{Exxon주식 1주의 VaR} = \alpha W_0 \sigma_{1일} = 1.65 \times \$100 \times 0.015 = 2.475달러$$

콜옵션 가치 변화의 표준편차는 기초자산 가치 변화의 표준편차에 델타를 곱한 값이므로 Exxon주식 1주에 대한 콜옵션의 VaR는 다음과 같이 0.99달러가 된다.

$$\begin{aligned}\text{콜옵션 1개의 VaR} &= \alpha W_0 \sigma_{1일} = \alpha S \Delta \sigma_{1일}\\ &= 1.65 \times \$100 \times 0.4 \times 0.015 = 0.99달러\end{aligned}$$

옵션의 VaR를 델타-노말방법으로 계산할 때 다음의 사항을 주의해야 한다.

첫째, 콜옵션의 VaR를 계산하는 데 콜옵션의 가격을 사용하지 않고 기초자산의 가격을 사용한다.

둘째, 콜옵션 100계약(즉, 100개)의 VaR는 콜옵션 1개의 VaR에 100을 곱하여 구한다.

셋째, 매입 포지션의 VaR와 매도 포지션의 VaR는 동일하다.

참고로, 콜옵션 매입 포지션은 기초자산 델타(Δ)주에 매입 포지션을 취함과 동시에 차입함으로써 복제될 수 있다. 즉, $c = SN(d_1) - Xe^{-rT}N(d_2)$이므로 차입할 금액 $Xe^{-rT}N(d_2)$는 $SN(d_1) - c$이다($N(d_1)$은 콜옵션의 델타임). 이 예에서 델타는 0.4이고 차입금액은 $0.4 \times 100 - 5$

---

6 식 (7.21)을 수익률 기준으로 전환하면 다음과 같다. dc를 기초자산의 가격 S의 수익률로 나타내기 위하여 식 (7.22)의 양변을 S로 나누면 $\frac{dc}{S} = \Delta \frac{dS}{S}$이다. 이로부터 $\sigma\left(\frac{dc}{S}\right) = \Delta\sigma\left(\frac{dS}{S}\right)$의 관계가 도출된다.

=35달러이다. 복제 포트폴리오에 포함된 차입 포지션의 VaR는 매우 작으므로(보유기간이 짧다고 가정함) 이를 무시하면, 결국 콜옵션 매입 포지션의 VaR는 기초자산 $\varDelta$주 매입 포지션의 VaR와 동일하다.

$$\text{옵션 1개의 VaR} = \text{기초자산 1개의 VaR} \times \text{옵션의 델타} \tag{7.22}$$

기초자산의 VaR에 델타를 곱하면 옵션의 VaR가 계산되는 것을 복제 포트폴리오의 개념으로 설명하였다. 이번에는 식 (7.20)을 이용해 보자.

$dc=\varDelta\,dS$이고, $dc=c-\bar{c}$와 $dS=S-\bar{S}$로 정의하면($\bar{c}$와 $\bar{S}$는 현재 가치를 의미함), 콜옵션은 다음과 같이 표현된다.

$$c=\bar{c}-\varDelta\bar{S}+\varDelta S=k+\varDelta S \tag{7.23}$$

여기서 $k=\bar{c}-\varDelta\bar{S}$로 상수이다. 따라서 콜옵션의 VaR는 기초자산의 VaR에 델타를 곱한 것으로 계산된다.

이번에는 기초자산이 주가지수인 경우를 고려해 보자. KOSPI 200 지수는 현재 100포인트이고 지수의 연간 변동성은 40%이다(연간 거래일수 250 가정). 만기가 1년이고 행사 가격이 100포인트인 주가지수콜옵션의 가격이 현재 15포인트이며 델타는 0.45이다. 무위험이자율은 현재 8%이고 지수 1포인트는 50만 원을 의미한다. 95% 신뢰 수준에서 일별 기준으로 주가지수콜옵션의 VaR는 다음과 같이 939,195원이다.

$$1.65 \times 100 \times 500,000 \times 0.4 \times \frac{1}{\sqrt{250}} \times 0.45 = 939,195$$

3 델타-노말방법의 문제점

그러나 비선형 파생상품인 옵션의 VaR를 델타-노말방법으로 계산하는 데에는 다음과 같은 문제점이 내포되어 있다.

❶ 포트폴리오의 델타가 매우 심하게 변할 수 있다(즉, 감마가 크다).
❷ 포트폴리오의 델타가 상향과 하향 움직임에 있어서 비대칭적이다.
❸ 최악의 손실이 기초자산 가격의 극단적인 움직임(상향 또는 하향)과 무관할 수 있다. 예를 들어 콜옵션과 풋옵션을 동시에 매입한 스트래들 매입 포지션의 경우 최악의 상황은 기

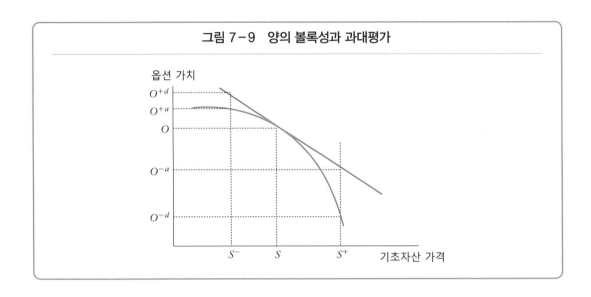

그림 7-9 양의 볼록성과 과대평가

옵션 가치

기초자산 가격

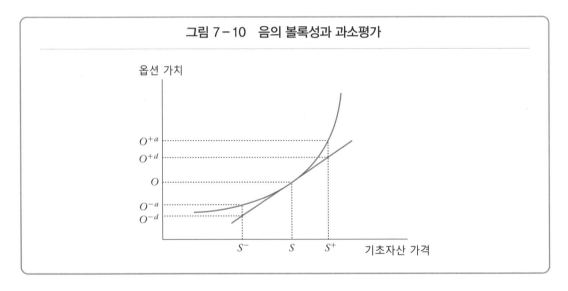

그림 7-10 음의 볼록성과 과소평가

옵션 가치

기초자산 가격

초자산의 가격이 전혀 변하지 않는 경우에 발생한다.

④ 포트폴리오가 무위험 상태가 아니어도 옵션 포트폴리오의 델타가 0일 수 있다.

⑤ 콜옵션과 풋옵션 매입 포지션과 같이 양(+)의 볼록성을 갖는 포지션의 경우, 선형으로
추정한 VaR는 실제의 VaR보다 과대평가(overestimation)되어 있다(〈그림 7-9〉 참조). 반대로
콜옵션과 풋옵션의 매도(또는 발행) 포지션과 같이 음(−)의 볼록성을 갖는 포지션의 경우,
선형으로 추정한 VaR는 실제의 VaR보다 과소평가(underestimation)되어 있다(〈그림 7-10〉 참
조). 이는 〈표 7-9〉와 같이 요약된다.

표 7-9 볼록성과 델타평가법의 편의

볼록성	주요 포지션	델타평가법의 편의
양(+)	콜옵션 매입, 풋옵션 매입	위험을 과대평가함
음(−)	콜옵션 발행, 풋옵션 발행	위험을 과소평가함

〈그림 7-9〉는 콜옵션 매입 포지션의 가치와 기초자산 가격 간의 관계를 보여 준다. 콜옵션 매입 포지션의 감마는 양수이다. 기초자산 가격이 S에서 S^+로 상승하면 실제 옵션의 가격은 O에서 O^{+a}로 증가한다. 그러나 델타를 이용하여 선형으로 추정하면 옵션의 가격은 O^{+d}로 증가한다. 반대로 기초자산 가격이 S에서 S^-로 하락하면 실제 옵션의 가격은 O에서 O^{-a}로 하락한다. 그러나 델타를 이용하여 선형으로 추정하면 옵션의 가격은 O^{-d}로 하락한다. 이 때 옵션 포지션의 손실은 $(O^{-d}-O)$로 추정되는데, 이는 실제의 손실인 $(O^{-a}-O)$보다 과대평가된 것이다. 즉, 감마가 양수인 경우 선형으로 추정한 옵션의 위험은 실제보다 과대평가된다.

〈그림 7-10〉은 콜옵션 매도 포지션의 가치와 기초자산 가격 간의 관계를 보여 준다. 콜옵션 매도 포지션의 감마는 음수이다. 〈그림 7-10〉의 관계는 〈그림 7-9〉의 관계와 정반대이다. 기초자산 가격이 S에서 S^+로 상승하면 콜옵션 매도 포지션의 실제 손실은 $(O\text{-}O^{+a})$인데, 선형으로 추정한 손실은 $(O-O^{+d})$이 된다. 결국 선형으로 추정하면 손실이 $(O^{+d}-O^{+a})$만큼 과소평가되므로, 선형으로 추정한 VaR는 진실한 VaR보다 과소평가된다.

4 델타-감마방법

옵션의 가격과 기초자산의 가격은 선형관계에 있지 않으므로 델타-노말방법은 옵션의 시장위험을 정확하게 평가하지 못한다. 따라서 기초자산가치 변화와 옵션 가치 변화 간의 비선형성을 측정하는 감마를 추가적으로 고려하면 VaR의 정확성이 향상된다. 윌슨(Wilson, 1994)은 콜옵션 또는 풋옵션의 매입 또는 매도 포지션과 같이 간단한 옵션 포지션의 VaR를 구하는 방법으로 다음과 같은 델타-감마방법을 제안하였다. VaR는 주어진 신뢰 수준에서의 최대 손실금액이므로, VaR는 다음 최적화 문제의 해(solution)에 해당된다.

$$\text{VaR} : \max(-dc) \text{ subject to } \frac{dS^2}{(\sigma S)^2} \le \alpha^2 \tag{7.24}$$

즉, VaR는 주어진 신뢰 수준에서 기초자산이 최악으로 움직일 때의 가장 큰 손실금액이다. 여기서 가장 큰 손실은 기초자산이 극단적으로 움직이는 경우, 즉 dS가 $-\alpha\sigma S$ 또는 $\alpha\sigma S$인 경우에 발생된다고 가정한다. $dS=-\alpha\sigma S$의 경우, $-dc$는 다음과 같이 정리된다.

$$-dc = \alpha\varDelta\sigma S - \frac{\Gamma}{2}(\alpha\sigma S)^2 \tag{7.25}$$

$dS=\alpha\sigma S$의 경우, $-dc$는 다음과 같이 정리된다.

$$-dc = -\alpha\varDelta\sigma S - \frac{\Gamma}{2}(\alpha\sigma S)^2 \tag{7.26}$$

두 값 중에서 큰 값은 $dS=-\alpha\sigma S$이므로 결국 VaR는 다음과 같이 계산된다.

$$\text{VaR} = |\varDelta|(\alpha\sigma S) - \frac{1}{2}\Gamma(\alpha\sigma S)^2 \tag{7.27}$$

한편 리스크메트릭스의 델타-감마 방법은 dS와 dS^2가 정규분포를 따른다는 가정하에서 다음과 같이 도출된다(실제로 dS^2는 카이자승분포를 따름).

옵션 가치의 변화를 df로 정의하면, $df=\varDelta dS+\frac{1}{2}\Gamma dS^2$이다. df의 분산 $V(df)$는 식 (7.28)과 같이 된다.

$$V(df) = \varDelta^2 V(dS) + \left(\frac{1}{2}\Gamma\right)^2 V(dS^2) + 2\left(\varDelta\frac{1}{2}\Gamma\right)Cov(dS, dS^2) \tag{7.28}$$

Γ : 감마

$Cov(dS, dS^2)$: dS와 dS^2 간의 공분산

만일 dS가 정규분포를 따르면 $Cov(dS, dS^2)=E(dS^3)$이다(dS의 기대치는 0으로 가정함). dS의 3차 모멘트(moment)인 왜도는 0이므로 식 (7.28)의 세 번째 항은 사라지게 된다. $V(dS^2)=2V(dS)^2$이므로, 식 (7.28)은 다음과 같이 간략히 표현된다.[7]

$$V(df) = \varDelta^2 V(dS) + \frac{1}{2}[\Gamma V(dS)]^2 \tag{7.29}$$

---

7 $Y=X^2$로 정의하면 다음의 관계가 성립한다.
$$\sigma_Y^2 = E(Y^2) - [E(Y)]^2 = E(X^4) - [E(X^2)]^2 = E(X^4) - \sigma_X^4$$
정규분포를 가정하면 $E(X^4)=3\sigma_X^4$이므로,
$$\sigma_Y^2 = 3\sigma_X^4 - \sigma_X^4 = 2\sigma_X^4$$

$\sigma = \sigma\left(\dfrac{dS}{S}\right)$로 정의하면, $V_{(dS)} = S^2\sigma^2$이므로,

$$\text{VaR} = \alpha\sqrt{\Delta^2 S^2\sigma^2 + \frac{1}{2}[\Gamma S^2\sigma^2]^2} = \alpha S\sqrt{\Delta^2\sigma^2 + \frac{1}{2}\Gamma^2 S^2\sigma^4} \tag{7.30}$$

만일 Γ(감마)가 0이면, VaR는 $\alpha\Delta S\sigma$가 되어 델타—노말방법으로 구한 VaR와 같아진다. 그리고 식 (7.30)에서 Γ의 값이 클수록 위험이 커지므로 VaR도 커지게 된다.

앞에서 고려했던 Exxon주식에 대한 콜옵션의 예를 다시 고려해 보자. 이번에는 콜옵션 매도 포지션의 VaR를 계산해 보자. 델타가 -0.4이고 감마가 -0.2이라고 가정하고 델타—감마 방법을 적용하여 콜옵션 1개 매도 포지션의 VaR(보유기간 1일, 95% 신뢰 수준, 기초자산의 가격 100달러, 변동성 1.5%)를 계산하면 1.12달러가 된다. 또한 같은 조건하에서 매입 포지션의 VaR도 1.12달러이다.

$$\begin{aligned}
\text{VaR} &= \alpha\sqrt{\Delta^2 S^2\sigma^2 + \frac{1}{2}[\Gamma S^2\sigma^2]^2} \\
&= 1.65\sqrt{(-0.4)^2(100)^2(0.015)^2 + \frac{1}{2}[(-0.2)(100)^2(0.015)^2]^2} \\
&= 1.12\text{달러}
\end{aligned}$$

식 (7.27)과 식 (7.30)은 다음과 같은 측면에서 상이하다.

❶ 식 (7.27)과 식 (7.30)에서 감마가 0이면 각각의 식으로 구한 VaR는 $\alpha\Delta S\sigma$로 동일하다. 그러나 감마가 0이 아닐 때 감마가 VaR에 미치는 영향은 각 식에서 상이하다. 즉, 식 (7.30)에서 감마는 제곱으로 표현되므로 감마의 부호와 관계없이, 즉 옵션 포지션이 매입 포지션이든지 아니면 매도 포지션이든지 관계없이, 절대값의 크기만 같으면 VaR는 동일하다. 그러나 식 (7.27)에서는 감마의 값이 그대로 사용되므로 매입 포지션의 VaR 와 매도 포지션의 VaR는 동일하지 않다. 다시 말해서 콜옵션과 풋옵션 매입 포지션의 감마는 양수이므로 옵션의 VaR를 감소시키는 역할을 하는 반면에, 매도 포지션의 감마는 음수이므로 옵션의 VaR를 증가시키는 역할을 한다.

감마가 양수인 경우 : $|\Delta|(\alpha\sigma S) - \dfrac{1}{2}\Gamma(\alpha\sigma S)^2 < |\Delta|(\alpha\sigma S)$

감마가 음수인 경우 : $|\Delta|(\alpha\sigma S) - \dfrac{1}{2}\Gamma(\alpha\sigma S)^2 > |\Delta|(\alpha\sigma S)$

앞에서 예로 든 콜옵션 매도 포지션(델타는 −0.4이고 감마는 −0.2임)의 VaR를 식 (7.27)을 이용하여 구하면 1.60달러가 되고, 콜옵션 매입 포지션의 VaR를 식 (7.27)을 이용하여 구하면 0.38달러가 되어 양자 간에 큰 차이가 발생한다. 참고로 식 (7.30)을 이용하여 구한 VaR는 1.12달러였다.

$$VaR = |-0.4|(1.65 \times 0.015 \times 100) - \frac{1}{2} \times (-0.2) \times (1.65 \times 0.015 \times 100)^2$$
$$= 1.60달러$$

$$VaR = |0.4|(1.65 \times 0.015 \times 100) - \frac{1}{2} \times (0.2) \times (1.65 \times 0.015 \times 100)^2$$
$$= 0.38달러$$

❷ 감마가 그리 크지 않은 보통의 상황에서 식 (7.27)과 (7.30)에 의해 계산된 VaR 간에는 큰 차이가 없다. 그러나 감마가 매우 큰 경우 식 (7.35)에 의해 계산된 VaR는 항상 양수인 반면에 식 (7.27)에 의해 계산된 VaR는 음수가 될 수 있다. VaR는 항상 양수이어야 하므로 감마가 매우 큰 경우 식 (7.30)을 사용할 수 없다. 예를 들어, 감마가 2이고 델타가 0.5라고 가정하자(모든 조건은 앞의 예와 동일함). 이 경우 식 (7.30)에 의한 VaR는 5.39달러이다. 그러나 식 (7.27)에 의한 VaR는 −4.89달러가 되어 음(−)의 값을 갖는다.

$$VaR = 1.65 \times \sqrt{0.5^2 \times 100^2 \times 0.015^2 + \frac{1}{2} \times (2 \times 100^2 \times 0.015^2)^2}$$
$$= 5.39달러$$

$$VaR = |0.5|(1.65 \times 0.015 \times 100) - \frac{1}{2} \times 2 \times (1.65 \times 0.015 \times 100)^2$$
$$= -4.89달러$$

이상의 사실로부터 윌슨의 델타−감마 VaR는 다음과 같은 경우에 사용할 수 있음을 알 수 있다.

❶ 기초자산의 가격과 옵션의 이익 패턴 간에 1 : 1 함수관계가 존재하는 경우에 사용할 수 있다. 예를 들면, 콜옵션 또는 풋옵션의 단일 포지션의 경우가 이에 해당된다. 그러나 스트래들 매입 또는 매도 포지션의 경우는 1 : 1 매핑 관계가 성립하지 않으므로 이 식을 이용하여 VaR를 계산할 수 없다. 이유는 VaR를 도출할 때 최대 손실금액이 기초자산의 가격이 극단적으로 변하는 경우에 발생한다고 가정하였기 때문이다.

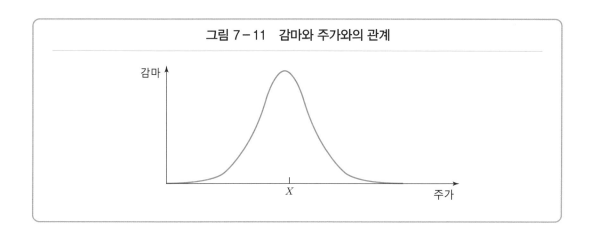

그림 7-11 감마와 주가와의 관계

감마

X

주가

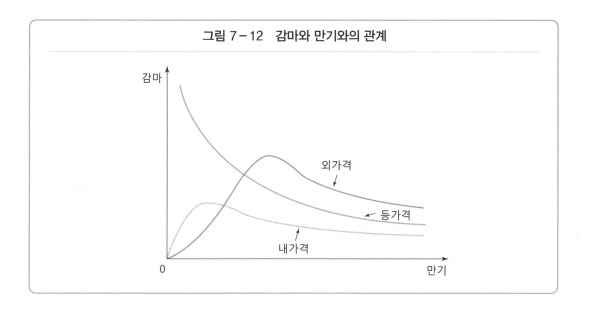

그림 7-12 감마와 만기와의 관계

감마

외가격

등가격

내가격

0

만기

❷ 첫 번째 항의 값에 비하여 두 번째 항의 값이 작아야 한다. 왜냐하면 VaR의 값은 양수이
어야 하기 때문이다. 즉, 감마가 상대적으로 커서 두 번째 항이 첫 번째 항보다 크게 되
는 경우에는 사용할 수가 없고 또한 델타가 0이고 감마가 양수인 경우에는 사용할 수 없
다. 옵션의 감마는 옵션이 등가격에 있고 만기가 짧은 경우에 가장 크다. 〈그림 7-11〉은
감마와 주가와의 관계를 그리고 〈그림 7-12〉는 감마와 만기와의 관계를 보여 준다.

감마가 0보다 크면 옵션의 가치 변화인 df의 확률분포는 오른쪽으로 긴 꼬리를 갖고(positively skewed), 반대로 감마가 0보다 작으면 df의 확률분포는 왼쪽으로 긴 꼬리를 갖는다(negatively skewed). 〈그림 7-13〉은 콜옵션 매입 포지션의 가치와 기초자산의 가치 간의 관계를 보여 준다. 콜옵션 매입 포지션은 감마가 0보다 큰 옵션 포지션의 대표적인 예이다. 〈그림 7-13〉이 보여 주듯이, 기초자산의 가격 분포가 정규분포이더라도 콜옵션 매입 포지션 가치의 확률분포는 오른쪽으로 긴 꼬리를 갖는다. 〈그림 7-14〉는 콜옵션 매도 포지션의 가치와 기초자산의 가치 간의 관계를 보여 준다. 콜옵션 매도 포지션의 감마는 0보다 작다. 이 경우에 기초자산의 가격 분포가 정규분포이더라도 콜옵션 매도 포지션 가치의 확률분포는 왼쪽으로 긴 꼬리를 갖는다.

앞에서 설명한 식 (7.27)과 식 (7.30)은 비록 감마를 고려하고 있지만 $\alpha=1.65$를 이용하고 있으므로 여전히 정규분포를 가정하고 있다. 그러나 〈그림 7-14〉 또는 〈그림 7-15〉가 보여 주듯이, 델타와 감마를 모두 고려하면 수익률의 분포는 정규분포가 아니고 오른쪽 또는 왼쪽으로 긴 꼬리를 갖는다.

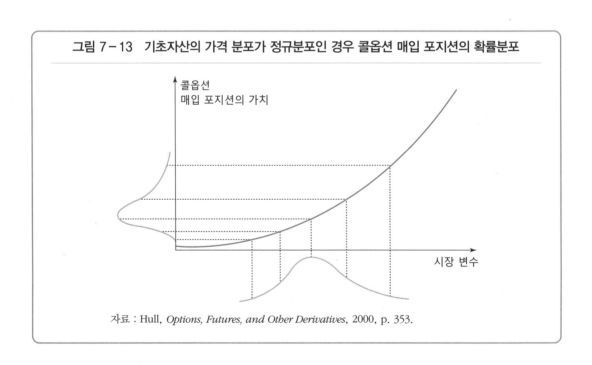

그림 7-13 기초자산의 가격 분포가 정규분포인 경우 콜옵션 매입 포지션의 확률분포

자료 : Hull, *Options, Futures, and Other Derivatives*, 2000, p. 353.

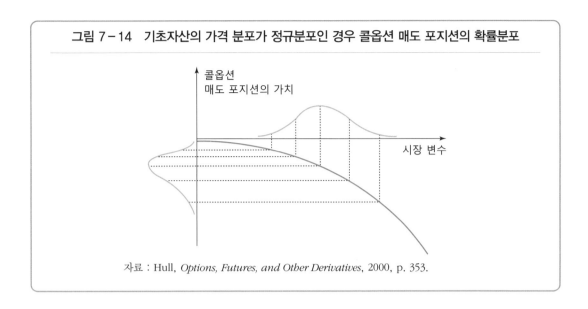

그림 7-14 기초자산의 가격 분포가 정규분포인 경우 콜옵션 매도 포지션의 확률분포

콜옵션
매도 포지션의 가치

시장 변수

자료 : Hull, *Options, Futures, and Other Derivatives*, 2000, p. 353.

$df = \Delta dS + \dfrac{1}{2} \Gamma dS^2$ 에서 $dS = S\left(\dfrac{dS}{S}\right)$ 이므로, $df = S\Delta \dfrac{dS}{S} + \dfrac{1}{2} S^2 \Gamma \left(\dfrac{dS}{S}\right)^2$

이다. df를 S의 단위로 표현하기 위하여 양변을 S로 나누면, r_f는 다음과 같이 계산된다.

$$r_f = \Delta r + \frac{1}{2} S\Gamma r^2 \tag{7.31}$$

여기서 r은 $\dfrac{\Delta S}{S}$로 기초자산의 수익률이다. 그리고 r_f는 옵션 포지션의 기초자산 기준 수익률$\left(\dfrac{df}{S}\right)$로 비대칭적인 분포를 따른다.

오른쪽으로 긴 꼬리를 갖는 분포(즉, 감마가 양수인 경우)를 정규분포로 가정하고 계산하면 위험이 과대평가되고, 반대로 왼쪽으로 긴 꼬리를 갖는 분포(즉, 감마가 음수인 경우)를 정규분포로 가정하고 계산하면 위험이 과소평가된다. 식 (7.27)은 정규분포를 가정하고 VaR를 계산하되 감마의 부호에 따라 VaR를 조정하고 있다. 즉, 감마가 양수인 경우 두 번째 항을 통하여 VaR를 감소시키고 감마가 음수인 경우 두 번째 항을 통하여 VaR를 증가시킴으로써, 치우친 분포가 미치는 영향을 어느 정도 반영하고는 있으나 아주 정확하게 반영하지는 못한다.

r_f의 모양은 〈그림 7-15〉와 같이 매우 다양하게 나타난다. 치우친 분포가 미치는 영향을 정확히 반영하기 위해서는 정규분포가 아닌 분포에서 정규분포의 1.65 표준편차에 해당되는 점을 분포의 왜도(skewness)와 첨도(kurtosis)를 고려하여 구해야 한다. 왜도와 첨도를 고려하는 방법에는 여러 가지가 있으나 여기서는 코니시-피셔 확장식(Cornish-Fisher expansion)을 통하여

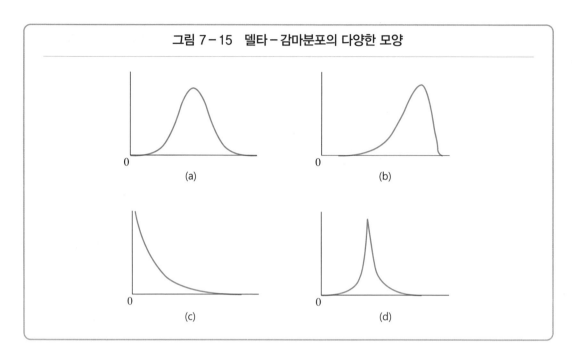

그림 7-15 델타-감마분포의 다양한 모양

(a)

(b)

(c)

(d)

1.65 표준편차를 추정하는 방법, 즉 모멘트 교정방법(moment-correction approach)을 간단히 소개하기로 한다.[8]

$z_{0.05} = -1.65$와 $z_{0.95} = 1.65$를 각각 정규분포의 5퍼센타일(percentile)과 95퍼센타일로 정의하자. 그리고 $\widetilde{z_{0.05}}$와 $\widetilde{z_{0.95}}$를 오른쪽으로 긴 꼬리를 갖는 분포(감마가 양인 경우로 옵션 매입 포지션에 해당됨)의 5퍼센타일과 95퍼센타일로 각각 정의하자. 우리가 구하고자 하는 점은 $z_{0.05}$에 상응하는 $\widetilde{z_{0.05}}$이다. 코니시-피셔 확장식에 의한 조정계수(adjustment factor) v는 다음과 같다.

$$\widetilde{z_{0.05}} = z_\alpha + v \tag{7.32}$$

$$v = \frac{1}{6}(z_\alpha^2 - 1)\rho_3 + \frac{1}{24}(z_\alpha^3 - 3z_\alpha)\rho_4 - \frac{1}{36}(2z_\alpha^3 - 5z_\alpha)\rho_3^2 \tag{7.33}$$

식 (7.33)에서 ρ_3와 ρ_4는 치우친 분포, 즉 r_f분포의 왜도와 첨도를 의미하며 이들은 다음과 같이 구한다.

$$\rho_3 = \frac{E[r_f - E[r_f]]^3}{\sigma^3} \tag{7.34}$$

---

8 다른 방법으로는 Johnson distribution을 이용하는 moment-fitting approach가 있다.

$$\rho_4 = \frac{E[r_f - E[r_f]]^4}{\sigma^4} - 3 \tag{7.35}$$

앞에서 예로 든 Exxon주식에 대한 콜옵션 매입 포지션 가치 분포의 ρ_3와 ρ_4가 각각 1.48과 0.107이라고 가정하고 이들을 식 (7.32)와 식 (7.33)에 대입하면, $\widetilde{z_{0.05}} = -1.176$이고 $\widetilde{z_{0.95}} = 2.029$이다. 즉, 오른쪽으로 긴 꼬리를 갖는 분포의 5퍼센타일은 -1.176이므로 콜옵션 매입 포지션(델타는 0.4이고 감마는 0.2임)의 VaR(95% 신뢰 수준)는 0.799달러이다.

$$\text{VaR} = 1.176 \times 100 \times 0.00679 = \$0.799$$

$\widetilde{z_{0.05}}$이 매입 포지션의 5퍼센타일이면, $\widetilde{z_{0.95}}$는 매도 포지션의 5퍼센타일이다. 따라서 콜옵션 매도 포지션의 VaR는 다음과 같이 1.378달러가 된다.

$$\text{VaR} = 2.029 \times 100 \times 0.00679 = \$1.378$$

지금까지 여러 가지 방법으로 추정한 Exxon주식에 대한 콜옵션의 VaR를 요약하면 〈표 7-10〉과 같다.

표 7-10 추정 방법에 따른 VaR의 비교(1일 보유기간, 95% 신뢰 수준)				(단위 : 달러)
	델타-노말방법	델타-감마방법 (Wilson방법)	델타-감마방법 (리스크메트릭스)	코니시-피셔 확장식 을 이용한 방법
콜옵션 매입 포지션	0.99	0.38	1.12	0.80
콜옵션 매도 포지션	0.99	1.60	1.12	1.38

참고 : 고려한 콜옵션의 델타는 0.4이고 감마는 0.2이다. 기초자산의 가격은 100달러이고 기초자산의 일별 변동성은 1.5%이다.

chapter 08

VaR의 용도

section 01 **정보보고**

VaR는 금융기관과 기업이 노출된 시장위험을 주주에게 전달하는 목적으로 사용될 뿐만 아니라 내부적으로 주요한 의사결정을 하는 데도 사용된다. 최근 들어 금융기관과 기업들은 주주들에게 가능한 보다 많은 정보를 제공하려고 노력하고 있다. 대부분의 주주들은 경영에 대한 전문지식이 결여되어 있으므로, 금융기관이나 기업들은 기업의 리스크를 주주들에게 정확히 전달하는 데 많은 어려움을 겪고 있다. VaR는 비전문적인 일반주주들도 기업의 경영상태를 비교적 쉽게 이해하는 데 유용한 개념이다.

이런 관점에서, 일본의 다국적 기업인 Sony사는 1998년 연차보고서에서 VaR를 다음과 같이 보고하였다.

Sony사는 시장 변수의 변화가 금융상품(financial instruments) 및 파생상품(derivatives)의 가치에 미치는 영향을 VaR를 이용하여 측정하고 있다. VaR는 주어진 신뢰 수준에서 일정기간 동안에 시장의 불리한 움직임으로 발생할 수 있는 최대한의 잠재손실을 측정한다. Sony사는 분산-공분산 모형을 이용하여 VaR를 계산한다. VaR 계산의 대상은 Sony사와 자회사가 보유하고 있는 현금, 유가증권, 단기 및 장기부채, 파생상품 등을 포함한다. Sony사는 1998년 3월 31일 기준으로 95% 신뢰 수준에서 일별 VaR를 계산한다.

1998년 3월 31일 기준의 Sony사의 VaR는 69억 엔(5,200만 달러)이다. 이 금액은 95% 신뢰 수준에서 하루 동안에 발생할 수 있는 최대 손실금액이다. 전체 포지션의 VaR를 시장위험별로 구분하여 보면 다음과 같다.

환위험에 대한 VaR는 72억 엔(5,500만 달러)인데, 이는 주로 일본 엔화와 미국 달러화(상당 금액의 자산, 부채, 파생상품 포지션의 주요 통화) 간의 환율 변동성에 기인한다. 이자율 위험과 주가 변화 위험에 의한 VaR는 각각 34억 엔(2,600만 달러)과 33억 엔(2,500만 달러)이다. Sony사 전체 포지션의 VaR는 개별 포지션의 VaR를 단순히 합산한 값보다 작다. 그 이유는 환율, 이자율, 주가와 같은 시장위험요인들이 완전히 독립적이 아니라 상관관계를 가지므로 각 포지션의 이익과 손실이 서로 상쇄되는 경향이 있기 때문이다.

최고경영자도 회사 전체의 노출된 위험을 하나의 수치로 이해해야 할 필요성을 절실히 실감하고 있다. J. P. Morgan사의 '4 : 15 보고서'는 이런 필요성을 느낀 전(前) 회장인 데니스 웨더스톤(Dennis Weatherstone)에 의해 탄생되었다. 데니스 웨더스톤은 하루의 일과가 끝나면 자신에게 1쪽짜리 리스크 보고서를 제출하도록 지시하였고, 그 보고서는 매일 4시 15분에 웨더스톤에게 제출되었다. 그 보고서에는 24시간 안에 발생할 수 있는 모건사의 95%의 확률로 발생할 수 있는 최대 손실금액의 추정치가 포함되어 있다. 사실 이 보고서가 VaR로 알려진 성공적인 위험관리수단의 시초가 된 보고서이다.

Steve Thieke는 다음과 같이 4 : 15 보고서의 내용과 역할을 설명하였다.

4 : 15 보고서는 1쪽 보고서로서 시장에서의 모든 포지션과 위험 수준에 대한 정보를 포함한다. 또한 포지션 한도, P&L(이익/손실), 그리고 최근의 주요 변화가 모두 평범한 영어로 설명되어 있다. 이 보고서는 매일 오후에 주요 경영자에게 전달될 뿐만 아니라 전세계의 각 부서로도 전달된다. 이런 과정은 위험의 정도를 명확하게 제시하고, 이에 대한 상호 토론이 가능하게 하며, 또한 모든 경영진들이 전사적 위험관리와 실적평가라는 하나의 목표에 초점을 맞추도록 하는 데 매우 효과적이다.

IOSCO(International Organization of Securities Commissions)의 기술위원회(technical committee)는 정보공시와 관련하여 다음과 같은 2가지 지침을 발표하였다.

첫째, 기관들은 재무제표 사용자에게 거래(trading) 및 파생상품과 연관된 행위(derivative activity)를 충분히 이해할 수 있도록 정보를 제공해야 한다. 기관들은 거래 및 파생상품 투자행위의 범위 및 성격에 대해 의미 있는 요약정보(summary information)(질적 및 양적 정보를 모두 포함)를 제공해야 하며, 또한 이런 행위들이 순이익의 위험에 어떤 영향을 미치는지도 설명해야 한다. 기업들은 거래 및 파생상품 투자행위와 연관된 주요 위험과 이런 위험들의 관리실적에 대한 정보를 공시해야 한다.

둘째, 기관들은 내부 위험 측정 및 관리시스템에 의해 생성된 위험 노출 정도와 그것이 어떻게 관리되는지에 대한 정보를 공시해야 한다. 내부 위험 관리과정(internal risk management process)에 대한 정보를 공시하는 것은 기업들이 위험 측정 및 관리와 관련하여 최근의 혁신(innovation)을 따라가고 있다는 것을 확신시켜 준다.

1997년 미국의 증권거래위원회(Securities and Exchange Commisson : SEC)는 상장기업들이 SEC에 제출하는 보고서에 파생상품 투자에 관한 정보를 공시하도록 요구하였다. 1999년 6월부터 시행되는 규정에 의하면, SEC에 등록된 상장기업 중 시장가치가 25억 달러 이상인 기업은 파생상품 포지션을 다음 세 가지의 가능한 공시 대안 중에서 하나를 선택해야 한다.

❶ 위험유형에 따라 정리된 기대 현금흐름과 계약조건을 도표화하는 대안
❷ 시장 가격의 가상적인 변화에 따른 가능한 손실을 분석하는 민감도 분석(sensitivity analysis)
❸ 현 회계년도의 VaR를 보고하는 대안

section 02 | 포지션 한도와 자원배분

전통적인 포지션 한도는 액면금액(nominal) 또는 잠재 위험과 관련이 깊지 않은 단위를 기준으로 설정되므로 전사적으로 공통의 기준으로 위험을 측정하여 포지션 한도를 적용하기가 어렵다. VaR를 이용하여 부서별 포지션 한도를 설정하면, 역동적으로 변하는 시장 상황을 즉각 반영하여 부서별 위험을 조정할 수 있다.

예를 들어, 이자율의 변동성이 증가하면, 고정소득 증권에 주로 투자하는 부서의 VaR가 증가하므로 주어진 VaR 한도를 넘어서게 된다. 이 경우에 금융기관은 고정소득 증권 투자부서의 VaR를 감소시키기 위하여 그 부서의 포지션 한도를 하향 조정할 수 있다. 이 경우 VaR를 구할 때 적용한 확률을 고려하여야 한다.

또한 VaR를 이용하여 제한된 자원을 부서·계층별로 배분하는 것은 위험의 분산 효과(diversification effect)를 얻을 수 있다는 이점을 갖고 있다. 즉, 위험한도를 계층별로 설정하면 상위계층의 VaR는 하위계층 VaR를 합산한 것보다 작게 설정되는데, 이는 위험 간의 상관계수가 고려되기 때문이다.

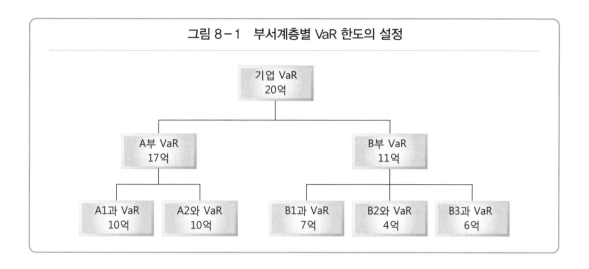

그림 8-1 부서계층별 VaR 한도의 설정

기업 VaR
20억

A부 VaR
17억

B부 VaR
11억

A1과 VaR
10억

A2와 VaR
10억

B1과 VaR
7억

B2와 VaR
4억

B3과 VaR
6억

〈그림 8-1〉은 분산 효과가 적용되어, 부서·계층별로 한도가 설정된 예를 보여 준다. 금융기관이 위험을 고려하여 자원을 배분하는 것은 경쟁력을 향상시키는 데 필수적이다.

section 03 | 실적평가

1 RAROC

기업의 전략적인 차원에서 위험이 조정된 실적평가는 거래자의 실적을 위험을 고려하여 상호비교하는데 사용할 수 있다.

전술적인 차원에서 VaR를 이용하면, 다양한 종류의 자산에 투자하여 실현한 이익을 노출된 위험의 크기로 조정하여 거래자 간의 실적을 상호 비교할 수 있다.

RAROC은 기본적으로 이익을 위험으로 조정한 것이다. 여기서 위험은 99%의 신뢰 수준에서 향후 1년 동안에 발생할 수 있는 최대 손실금액으로 정의된다. 다시 말해서 RAROC은 이익을 VaR로 나누어서 계산된다.[1]

---

1 RAROC은 다음과 같은 단점이 있다. RAROC의 계산식에서 쉽게 알 수 있듯이 VaR가 0에 접근함에 따라 RAROC은 무

$$RAROC = 이익/VaR \tag{8.1}$$

RAROC을 이용하면 거래자가 투자한 자산의 유형에 관계없이 거래자들 간의 실적을 동일한 기준으로 평가할 수 있다.

예를 들어 A거래자는 외환에 1억 달러를 투자하여 1,000만 달러의 이익을 얻었고 B거래자는 단기국채에 2억 달러를 투자하여 1,000만 달러의 이익을 얻었다고 하자. 환율의 변동성이 연 12%이고, 채권의 변동성이 연 4%이다. 두 거래자는 동일한 이익을 얻었는데 B거래자는 2배의 금액을 보다 안정적인 자산에 투자하였다. 따라서 위험을 조정하지 않고 두 거래자의 실적을 평가하는 것은 정확하지 않다.

A, B거래자 포지션의 VaR(연간, 99% 신뢰 수준)는 각각 $2.33 \times 10,000 \times 0.12 = 2,796$만 달러와 $2.33 \times 20,000 \times 0.04 = 1,864$만 달러이다. 두 거래자가 얻은 이익을 각각의 VaR로 나누어서 A의 외환 포지션과 B의 채권 포지션의 RAROC을 계산하면 다음과 같다.

$$RAROC(A거래자) = \frac{1,000}{2,796} = 36\% \tag{8.2}$$

$$RAROC(B거래자) = \frac{1,000}{1,864} = 54\% \tag{8.3}$$

따라서 위험을 고려했을 때 B거래자가 A거래자보다 높은 수익률을 올렸다는 결론을 내릴 수 있다.

VaR 또는 RAROC은 거래자의 거래를 제한하는 목적으로도 사용된다.

예를 들어, 위에서 고려한 A거래자의 1년 기준 VaR는 2,796만 달러이다. 만일 A거래자가 1개월 동안에 일정 비율(예를 들어, 10%)을 초과하는 손실을 내면, 금융기관은 A거래자에게 잠정적으로 거래를 중단하도록 요청하거나 또는 투자 포지션을 감소시키도록 요구할 수 있다. 이 경우 VaR를 구할 때 적용한 확률을 고려하여야 한다.

적절한 위험관리시스템을 운용하면 금융기관 종사자들 간에 건전한 위험관리 문화(risk management culture)가 형성된다. 즉, RAROC에 기초하여 거래자들을 보상함으로써 위험을 감안한 투자전략이 은행의 문화로 자리잡게 되었다.

VaR를 이용하여 거래자들이 실현한 이익을 위험을 반영하여 계산하기 때문에 거래자들의

한대에 접근하게 된다. 즉, 무위험투자의 VaR는 0이므로 무한대의 RAROC을 갖게 된다. 따라서 거래자들의 실적이 엄격하게 RAROC에 의해서만 평가된다면, 거래자는 무위험자산에 모두 투자한 후 만기까지 보유함으로써 RAROC을 최대한 높게 유지할 수 있다. 다시 말해서, RAROC에 의한 실적평가 시스템은 매우 안전한 포지션을 유지하는 거래자를 과대평가하는 편의(bias)를 가질 수 있다.

실적을 동일한 기준으로 비교하는 것이 가능하다. 거래자들의 실적을 위험으로 조정하는 것은 이익-보상시스템에서 흔히 발생할 수 있는 도덕적 해이(moral hazard) 문제를 해결하는 한 방안을 제시해 준다.

금융기관이 거래자들이 취한 포지션의 위험을 조정해 주지 않고 이익-보상시스템을 가동하면 거래자들은 보다 공격적이고 위험한 포지션을 취할 유인을 제공하게 된다. 왜냐하면 거래자들은 큰 이익만을 얻으려고 할 것이고 기본적으로 큰 이익을 얻기 위해서는 취하는 위험이 커야 큰 이익의 가능성을 높일 수 있기 때문이다.

다시 말해서 거래자가 이익의 일정 비율을 성과급으로 받는다면, 거래자의 포지션은 콜옵션을 소유한 포지션과 동일하다. 변동성이 커지면 옵션의 가치는 증가하므로 거래자들은 포지션의 위험을 증가시킬 유인을 갖는다는 것이다.

이런 행위는 이익과 연계되어 보너스를 받는 거래자의 입장에서는 최적이나 기업의 입장에서는 반드시 최적일 수는 없다. 따라서 금융기관은 위험을 높이려는 거래자들을 사전적으로 억제해야 할 필요성을 느끼는데, 이런 점에서 VaR를 이용한 위험통제시스템은 매우 유용하다.

2 리스크메트릭스 실적평가시스템

리스크메트릭스의 실적평가는 〈그림 8-2〉에서 볼 수 있듯이 이익, 이익의 변동성, 그리고 VaR로 측정된 위험 간의 삼각관계를 기초로 하여 이루어진다. 여기서 VaR는 사전적인(ex ante) 위험을 의미하고, 이익의 변동성은 사후적인 혹은 실현된(realized 또는 ex post) 변동성을 의미한다.

실적은 3가지 측면에서 평가되어야 한다.

〈그림 8-2〉의 삼각관계로부터 거래자의 실적을 다음과 같이 평가할 수 있다.

위험비율＝이익/위험(즉, VaR)　　　　　　　　　　　　　　　　　　　　　　(8.4)

샤프비율＝이익/이익의 변동성　　　　　　　　　　　　　　　　　　　　　　(8.5)

효율성 비율＝VaR(ex ante)/변동성(ex post)　　　　　　　　　　　　　　　(8.6)

위험비율(risk ratio)은 이익을 VaR로 나눈 것으로 위험을 조정한 실적평가지표로 활용된다(예를 들면, RAROC).

샤프비율(Sharpe ratio)은 이익을 이익의 변동성으로 나눈 것으로 사후적인 위험을 조정한 실적평가지표로 활용된다.[2] 그리고 효율성 비율(efficiency ratio)은 VaR를 이익의 변동성으로 나눈

2　보다 정확하게 표현하면, 샤프비율은 수익률이 무위험이자율을 초과하는 정도를 수익률의 변동성으로 나누어 구한 비율이다.

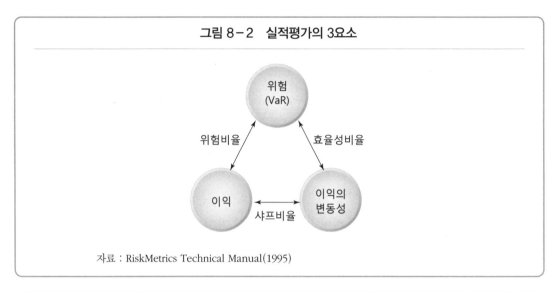

그림 8-2 실적평가의 3요소

위험
(VaR)

위험비율   효율성비율

이익   샤프비율   이익의
변동성

자료 : RiskMetrics Technical Manual(1995)

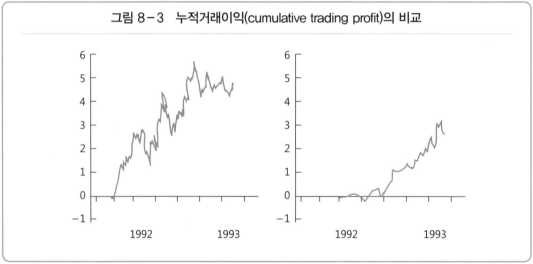

그림 8-3 누적거래이익(cumulative trading profit)의 비교

것으로 사전 위험지표의 사후적 효율성을 나타내는 지표로 활용된다.

예를 들어 〈그림 8-3〉과 같이 A거래자와 B거래자에 대하여 일정기간 누적된 이익에 대한 자료만을 가지고 있다면, 금융기관은 거래자의 이익과 이익의 변동성을 비교할 수 있으나 사전적으로 거래자가 어떤 위험에 노출되었는지는 알 수 없다.

그러나 금융기관이 위험에 대한 자료를 갖고 있으면 샤프비율 이외에도 위험비율, 효율성비율 등을 계산할 수 있고, 이를 통해 〈그림 8-4〉와 같이 보다 정확하게 거래자의 투자성과와 전략을 평가할 수 있다.

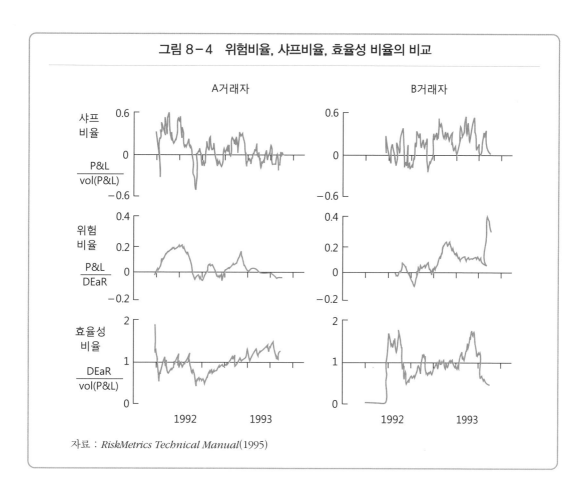

그림 8-4 위험비율, 샤프비율, 효율성 비율의 비교

A거래자   B거래자

샤프
비율

$$\frac{P\&L}{vol(P\&L)}$$

위험
비율

$$\frac{P\&L}{DEaR}$$

효율성
비율

$$\frac{DEaR}{vol(P\&L)}$$

자료 : *RiskMetrics Technical Manual*(1995)

그림 8-5 실적평가의 3단계

평가
Evaluation

목표설정
Goal Setting

감시
Monitoring

실적평가는 〈그림 8-5〉와 같이 3단계 사이클로 구성된다.

❶ 1단계 : 목표설정(goal setting) : 경영목표를 설정하고 벤치마킹한다.
❷ 2단계 : 감시(monitoring) : 목표와 정기적으로 비교한다.
❸ 3단계 : 평가(evaluation) : 피드백(feedback)을 주고 최종적으로 보상(compensation)을 실시한다.

3 공헌 VaR에 의한 실적평가

앞에서 소개한 RAROC과 리스크메트릭스는 VaR를 이용하여 실적을 평가한다. 이 경우에 개별 VaR를 이용하여 위험을 평가하면 이 비율은 위험을 과대평가할 수 있다. 예를 들어 A거래자가 주식에 매입 포지션을 취하고 B거래자가 지수선물에 매도 포지션을 취하였다고 가정하자. 거래자별로 보면 위험이 매우 크나 두 포지션을 결합하면 위험이 거의 없다.

트레이너비율(Treynor ratio)은 결합된 포지션의 위험을 평가하는 데 매우 유용하다. 트레이너비율은 다음과 같이 초과수익률을 베타로 나눈 비율이다.

$$트레이너비율 = \frac{R_i - R_f}{\beta_i} \qquad (8.7)$$

$$R_f : 무위험이자율, \ \beta_i : 베타$$

여기서 베타는 개별 포지션이 전체 포지션의 위험에 공헌하는 정도를 의미하므로 공헌 VaR로 대체될 수 있다. 결국, 트레이너비율은 다음과 같이 위험조정 후 이익을 공헌 VaR로 나눈 비율이다.

$$트레이너비율 = 이익 / 공헌 \ VaR \qquad (8.8)$$

트레이너비율은 베타 또는 공헌 VaR가 너무 낮으면 너무 커진다는 단점을 가지고 있다 (RAROC도 유사한 단점을 가짐). 이상의 분석으로부터 수익률을 위험에 대하여 조정하는 방법이 각각 장점과 단점을 가지고 있다는 것을 알 수 있다. 따라서 각 방법의 단점 또는 한계점을 정확히 파악하고서 실적을 평가해야 한다.

금융기관과 비금융기업들은 해당 감독기관이 요구하는 최소 요구자본규정(capital adequacy requirement)과 위험공시요건(risk disclosure requirement)을 만족시켜야 한다. 바젤위원회가 요구하는 조건은 다음과 같다.

1   바젤협약

금융시스템의 리스크에 대한 규제의 움직임이 커지면서 1988년에 바젤협약(Basel Accord)이 체결되었다. 이 협약은 회원국들의 은행에 대해 전 세계적으로 표준화된 최소 요구자본을 적용하는 것에 주요 목적이 있다. 이 협약은 지급능력(solvency)의 측정치로 통상 BIS비율이라고 하는 쿡비율(Cooke ratio)을 사용하였다. 바젤협약은 은행이 보유한 위험가중자산의 최소 8%를 자기자본으로 보유하도록 요구한다. 즉, 자기자본비율은 자기자본을 위험가중자산(risk-adjusted asset)으로 나누어 계산하며, 은행은 적어도 자기자본을 8% 유지해야 한다.

표 8-1   자산별 위험가중치

위험가중치	자산유형
0%	미국 국채, OECD 국채, 보유현금, 보유금괴
20%	받을 현금, OECD 국가의 은행에 대한 대출 미국 정부기관증권, 미국 시에서 발행한 일반채권
50%	미국 시에서 발행한 수익채권(income bond)
100%	회사채 저개발국(Less Developed Country : LDC) 부채, 비 OECD 국가의 은행에 대한 1년 이상의 대출 주식, 부동산, 기계설비, 특수주택저당채권

$$쿡비율 = \frac{자기자본}{위험가중자산} \geq 8\% \tag{8.9}$$

자기자본(capital)은 통상적인 자기자본(equity)보다 넓은 의미로서 1종자본(또는 핵심자본)과 2종

표 8-2	기초자산과 만기별 신용환산율				(단위 : %)
만기	이자율	환율, 금	주식	금을 제외한 귀금속	기타 상품
1년 이하	0.0	1.0	6.0	7.0	10.0
1년 초과 5년 이하	0.5	5.0	8.0	7.0	12.0
5년 초과	1.5	7.5	10.0	8.0	15.0

표 8-3	부외자산의 상대방 위험가중치
상대방 위험가중치	상대방 위험
0%	OECD 정부
20%	OECD 국가의 은행과 공공기업
50%	기업과 기타 상대방

자본(또는 보완자본)으로 구성된다. 바젤협약이 제시한 자산별 위험가중치는 〈표 8-1〉과 같다.

부외자산이 있는 경우 위험가중자산은 다음의 식과 같이 계산한다.

$$위험가중자산 = \sum [\text{B/S 자산가치} \times \text{위험가중치}]$$
$$+ \sum [(\text{부외 자산가치} + \text{추가 수정금액}) \times \text{상대방 위험가중치}] \qquad (8.10)$$

식 (8.10)을 이용하여 위험가중자산을 계산하기 위해서는 추가 수정금액과 상대방 위험가중치를 알아야 한다. 이들은 각각 〈표 8-2〉와 〈표 8-3〉에 정리되어 있다. 추가 수정금액은 부외자산 액면가에 신용환산율(add-on factor)을 곱하여 구한다.

2 1996년 수정안

그러나 1988년의 바젤협약은 시장위험, 포트폴리오 수준의 위험, 그리고 신용위험 등을 무시하였다는 이유로 많은 비판을 받게 되자, 바젤위원회는 1993년의 1차 수정(표준모형이라 함)을 거쳐 1995년 4월에 개정안을 제시하였다. 여기서 처음으로 은행의 자체적인 내부모형으로 VaR를 계산하는 것을 허용하였다. 시장위험을 고려하는 경우 최소 요구자본은 신용위험 요구자본과 시장위험 요구자본의 합으로 계산된다.

$$\text{최소 요구자본} = \text{신용위험 요구자본(Credit Risk Charge : CRC)}$$
$$+ \text{시장위험 요구자본(Market Risk Charge : MRC)} \tag{8.11}$$

1996년에 확정된 내부모형(internal model)의 내용은 다음과 같다.

❶ VaR는 99%의 신뢰 수준에서 10거래일 또는 2주일을 목표기간으로 설정한다. 그리고 적어도 1년 이상의 과거 자료에 최소한 분기에 1번 자료를 보완한다.

❷ 상관관계는 자산유형 간(예를 들어, 통화와 채권)에 그리고 자산유형 내에서 인식될 수 있다.

❸ 최소 요구자본은 전날 VaR와, 60사업일 동안의 평균 VaR에 최소 3 이상의 승수(multiplicative factor 또는 hysteria factor)를 곱한 값 중 큰 값으로 설정된다.

t일에서의 시장위험 요구자본

$$= \max\left[k \cdot \frac{1}{60} \sum_{i=t-1}^{t-60} \text{VaR}_i,\ \text{VaR}_{t-1} \right] \tag{8.12}$$

❹ 사후검증(back testing)에서 내부모형에 문제가 있는 것으로 판정되면 승수에 벌점이 추가되어 더 높은 승수로 최소 요구자본을 계산해야 한다. 250일 검증기간의 경우, VaR를 초과하는 일수가 4회까지는 안정 승수 3을 이용하며, 4회부터 9회까지는 3.4~3.85를 사용하며, 초과 일수가 10이 되면 승수는 최대치인 4로 증가한다.

❺ VaR를 이용하여 계산한 시장위험 요구자본(market risk charge)에 신용위험 요구자본(credit risk charge)을 더하면 은행의 총 요구자본이 된다. 추가적인 요구자본에 대한 대가로 은행은 3종자본(tier 3 capital)이라는 새로운 자본을 사용할 수 있다. 3종자본은 단기 후순위사채(subordinated debt)이다.

1998년 연차보고서에 발표된 VaR로부터 시장위험 요구자본(MRC)을 계산할 수 있다(안정 승수 3을 가정함). 다음 〈표 8-4〉는 이를 요약한 것이다.

표 8-4 외국 주요 은행의 MRC 추정금액   (단위 : 백만 달러)

금융기관	VaR(1일)	VaR(10일, 99%)	MRC 추정금액
Chase	64	202	606
Citicorp	18	57	171
Salomon	70	221	664
Morgan	55	246	736

참고 : Morgan의 일별 VaR는 95% 신뢰 수준을 이용하고 다른 금융기관은 모두 99% 신뢰 수준을 이용한다. VaR(10일,

$$99\%) = \text{VaR}(1\text{일}, 95\%) \times \frac{2.33}{1.65} \times \sqrt{10}$$

자료 : RMG, *Risk Management : A Practical Guide*, 1999, p. 94.

3   바젤 II

바젤위원회는 그동안의 금융환경의 변화로 인해 바젤I의 유효성이 떨어짐에 따라 2004년 6월 신BIS협약 또는 바젤II를 발표하였다. 바젤II는 최저 자기자본 규제(Pillar 1), 감독기능 강화 (Pillar 2), 시장규율 강화(Pillar 3) 등 세 개의 축(pillar)으로 구성되어 있다.

시장위험의 표준모형과 내부모형은 1996년의 수정안과 동일하다. 바젤II의 신용위험 표준 방법은 위험가중치를 차등화하고 있으므로 바젤협약의 표준방법과 약간 상이하다. 기업채무와 은행채무의 경우 신용등급에 따라 20%부터 150%까지 4단계로 차별화된다(바젤I에서는 기업채무의 경우 일률적으로 100%이었고 은행채무의 경우 20%이었음). OECD국가채무의 경우, 바젤I에서는 위험가 중치가 0%이었으나 바젤II에서는 0%부터 150%까지 5단계로 구분된다. 또한 자산유동화의 경우 바젤I에서는 100%이었으나, 바젤II에서는 위험의 큰 차이를 고려하여 적게는 20%부터 많게는 1,250%까지 신용등급에 따라 극단적으로 차별하였다.

그리고 처음으로 운영위험에 대한 자기자본이 요구되었다. 즉, 최소 요구자본은 다음과 같이 계산된다.

최소 요구자본＝신용위험 요구자본(Credit Risk Charge : CRC)

＋시장위험 요구자본(Market Risk Charge : MRC)

＋운영위험 요구자본(Operational Risk Charge : ORC)

그리고 규제자본 계산 시 사용하는 신뢰 수준 및 기간은 다음과 같다.

❶ 시장위험 : 99%, 10일

❷ 신용위험 : 99.9%, 1년

❸ 운영위험 : 99.9%, 1년

4　바젤 II.5

글로벌 금융위기 이후 바젤위원회는 거래계정(트레이딩계정)에 대한 IRC(incremental risk charge)를 요구하였다. 이 요구는 사실 2005년부터 시작된 것으로 은행이 자산을 은행계정에서 거래계정으로 전환하여 요구자본을 의도적으로 줄이고 있다는 사실을 파악하였기 때문이다. CDO와 같은 구조화 상품은 거래계정에 속하지만 다른 거래계정 상품에 비하여 유동성이 떨어지므로 이런 상품에 대해 추가 자본(99.9% 신뢰 수준, 보유기간 1년 기준)을 요구하는 것이다.

또한 바젤위원회는 스트레스 VaR(stressed VaR)를 계산하도록 요구한다. 스트레스 VaR는 가장 큰 손실이 발생했던 과거 1년의 시장 자료로부터 계산된 VaR이다. 바젤 II.5의 시장위험 요구자본은 다음과 같이 세 가지로 구성된다.

일반 시장위험 요구자본＋IRC＋스트레스 VaR

5　바젤 III

바젤위원회는 2010년 12월 금융위기의 재발을 막고 금융시스템의 리스크 관리를 제고하기 위해 바젤 III 규정기준서를 발표했다. 바젤 III의 주요 내용은 규제자본의 질과 양을 강화하고 레버리지비율 규제를 신설하는 등 글로벌 규제자본체계를 강화하고 글로벌 유동성 기준을 새로 도입하는 것이다.[3]

구체적으로 손실 발생 시 금융기관이 자체적으로 이를 흡수할 수 있는 자본을 충분히 보유토록 하기 위해 BIS자기자본비율을 보통주 자기자본비율, 기본 자기자본비율, 총자본비율 등 세 가지로 구분하고 각각 위험가중자산의 일정 비율 이상이 되도록 규정하였다. 총자기자본비율은 현행과 같이 8.0%로 하되 보통주 자본비율은 2.0%에서 4.5%로, 기본 자기자본비율은 4.0%에서 6.0%로 상향조정하기로 하였다. 아울러 기본자본을 손실 흡수력이 가장 높은 보통주와 이익잉여금 위주로 구성하여 자본의 질도 보강하였다.

3　한국은행 홈페이지 참고

한편 위기상황 발생 시 은행들이 손실을 흡수할 수 있도록 자본보완 완충자본으로 최저 2.5%의 보통주 자본을 추가로 적립토록 하였으며 경기순응성 완화를 위해 경기대응 완충자본(0~2.5%의 보통주 자본)도 별도로 적립하도록 하였다. 은행들의 무분별한 자산확대 방지를 위해 익스포져 대비 기본자본의 비율이 3% 이상이 되도록 하는 레버리지 비율 규제도 새로 도입했다.

더불어 스트레스 상황에서 은행이 단기간의 급격한 유동성 유출에 견딜 수 있도록 유동성커버리지비율을 도입하는 한편 은행의 안정적인 자금조달구조 구축을 유도하기 위해 순안정자금조달비율을 신설했다.

보통주 자본비율과 기본 자본비율 규제는 2013년부터 매년 0.5%p씩 상향하여 2015년 이후 각각 4.5%, 6.0% 이상 적립하여야 한다. 자본보전 완충자본은 2016년부터 매년 0.625%p씩 상향하여 2019년부터 2.5% 이상을 유지해야 하며, 경기대응 완충자본은 2016년부터 적용되었다. 한편 레버리지 비율은 2018년부터, 유동성 커버리지비율은 2015년부터, 순안정 자금조달비율은 2018년부터 시행되었다.

실전예상문제

01 전통적인 위험 측정치 중 특히 민감도 중심의 위험 측정치가 갖는 문제점은?

① 계산이 부정확하다.

② 계산과정이 복잡하다.

③ 자산의 유형이 상이하면 합산이 불가능하다.

④ 반드시 정규분포를 가정해야 한다.

02 95% 신뢰 수준에서 계산한 주별 VaR가 10억 원이다. 다음 중 이에 대한 설명으로 옳지 않은 것은?

① 1주일 동안 발생할 수 있는 손실이 VaR보다 클 확률이 100%에서 신뢰 수준을 차감한 값이다.

② 1주일 동안 발생할 수 있는 손실이 VaR보다 작을 확률이 95%이다.

③ 1주일 동안 발생할 수 있는 손실이 VaR보다 작을 것을 95% 신뢰 수준에서 확신할 수 있다.

④ 1주일 동안 발생할 수 있는 손실이 VaR보다 클 확률이 2.5%이다.

03 A포지션의 VaR가 100억 원이고 B포지션의 VaR가 200억 원이다. 두 포지션 간의 상관계수가 0.2이면 A포지션의 공헌 VaR는?

① 58억 원   ② 50억 원

③ 65억 원   ④ 46억 원

해설

01 ③ 민감도 측면의 위험 측정치는 합산이 불가능하다는 단점을 가지므로 ③이 정답임

02 ④ 1주일 동안 발생할 수 있는 손실이 VaR보다 클 확률이 5%이므로 ④가 틀린 표현이다.

03 ① 포트폴리오의 VaR는 $\sqrt{100^2 + 200^2 + 2 \times 0.2 \times 100 \times 200} = 241$억 원이다. 따라서 A포지션의 공헌 VaR는 $241 \times \dfrac{100^2 + 0.2 \times 100 \times 200}{241^2} = 58.1$억 원이다.

04 1일 기준의 VaR가 10억 원이다. 2주일 기준의 VaR는? (단, 토요일은 비거래일로 간주)

① 31.62억 원   ② 37.42억 원

③ 100억 원   ④ 20억 원

05 $VaR_A = 500$, $VaR_B = 1,200$이다. A와 B 간의 상관계수가 0이라고 가정하면 포트폴리오의 VaR는?

① 1,700   ② 1,300   ③ 700   ④ 1,000

06 상관계수가 _____에 접근함에 따라 포트폴리오의 VaR는 감소한다. 매입 포지션을 가정하며 VaR는 정규분포를 가정하고 계산한다.

① −1   ② 0   ③ 1   ④ −1 또는 1

07 다음 중 VaR의 세 가지 접근방법에 속하지 않는 것은?

① 분석적 분산−공분산 방법   ② 몬테카를로 시뮬레이션

③ 역사적 시뮬레이션   ④ 사후검증

08 람다(λ)는 0.94이고 어제의 변동성은 2%이며 오늘의 수익률은 1%이다. EWMA모형을 이용하여 변동성을 갱신(update)하면?

① 2.0000%   ② 0.1371%

③ 1.9400%   ④ 1.9545%

해설

04 ① $10 \times \sqrt{10} = 31.62$

05 ② $VaRp = \sqrt{500^2 + 1,200^2} = 1,300$

06 ① 상관계수가 −1에 접근함에 따라 분산 효과가 크다.

07 ④ 사후검증은 VaR 모형의 정확성을 검증하는 방법이므로 ④가 세 가지 접근방법에 속하지 않음

08 ④ $\sqrt{0.94 \times 0.02^2 + 0.06 \times 0.01^2} = 1.9545\%$

09 BIS는 내부모형을 허용하면서 사후검증을 실시하도록 요구하였는데, 250일 검증기간의 경우 BIS가 green zone으로 설정한 예외 발생 횟수는? (단, 예외 발생 횟수는 VaR보다 큰 손실이 발생한 경우를 의미)

① 1부터 3   ② 1부터 4

③ 0부터 3   ④ 0부터 4

10 영희는 XYZ기업 주식 100주를 보유하고 있다. 현재 주식 가격은 10,000원이고 수익률의 일별 변동성은 4%이다. 99% 신뢰 수준에서 1개월 기준으로 영희의 주식 포지션의 VaR는? (단, 1개월에 20거래일이 있다고 가정)

① 416,803   ② 178,885

③ 295,161   ④ 4,168

11 만기가 5년이고 매콜레이 듀레이션이 4.5년인 채권(1년에 이자 1회 지급함)에 100억 원을 투자하였다. 수익률 곡선은 6%에서 수평이고 일별 수익률의 변동성(즉, $\sigma(\Delta y)$)이 0.2%이다. 95% 신뢰 수준에서 일별 VaR는?

① 1.401억 원   ② 1.485억 원

③ 0.33억 원   ④ 0.08억 원

12 다음 중 리스크메트릭스에서 현금흐름을 기본만기(vertex)에 배정할 때 만족시켜야 하는 세 가지 조건이 아닌 것은?

① 시장가치가 변하지 않아야 한다.

② 시장위험이 변하지 않아야 한다.

③ 현금흐름의 부호가 변하지 않아야 한다.

④ 현금흐름의 수가 변하지 않아야 한다.

해설

09 ④ 안정 구역은 0부터 4까지임

10 ① $2.33 \times 10,000 \times 0.04 \times \sqrt{20} \times 100 = 416,803$

11 ① $\sigma(\Delta y)$가 주어져 있으므로 가격 변동성은 $\sigma(\Delta y) \times MD$이다. $100 \times 1.65 \times (4.5/1.06) \times 0.002 = 1.401$억 원

12 ④ 처음 세 가지 조건을 만족시키도록 배정되므로 ④이 정답임

13 원/달러 환율에 대한 통화선도 계약 매입 포지션은 리스크메트릭스 방법론에 의하면 몇 개의 위험요인에 노출되어 있는가?

① 1   ② 2   ③ 3   ④ 4

14 ABC전자 주식을 기초자산으로 하는 가상의 주식옵션을 고려해 보자. 기초자산의 가격은 200,000원이고 일별 변동성은 3%이다. 만기가 1년이고 행사 가격이 160,000원인 콜옵션의 가격은 70,000원이고 델타는 0.7이다. 콜옵션 1개의 일별 VaR를 99% 신뢰 수준에서 델타 – 노말방법으로 구하면?

① 3,425원   ② 4,893원
③ 9,786원   ④ 10,000원보다 크다.

15 옵션 매입 포지션의 VaR를 선형으로 계산하면 이 VaR는 실제의 위험은?

① 과대평가   ② 과소평가
③ 적절히 평가   ④ 과대평가 또는 과소평가

16 연 평균 1,000만 원을 외환에 투자해서 200만 원의 이익을 실현하였다. 외환의 일별 변동성을 2%라고 가정하면 RAROC은? (단, 세금은 무시하고 99% 신뢰 수준을 이용할 것. 그리고 1년에 250거래일이 존재함)

① 27%   ② 43%
③ 38%   ④ 30%

해설

13 ③ 통화선도 계약은 현물환율, 자국의 이자율, 외국의 이자율에 노출되어 있으므로 위험요인이 3개임
14 ③ $2.33 \times 200,000 \times 0.03 \times 0.7 = 9,786$원
15 ① 과대평가하므로 ①이 정답임
16 ① $200/(2.33 \times 1,000 \times 0.02 \times \sqrt{250}) = 27\%$

17 다음 중 대표적인 비선형 자산은?

① 주식　　　　　　　　　　　② 옵션
③ 선물　　　　　　　　　　　④ 스왑

18 다음 중 VaR 모형의 단점을 보완하고 극단적 시장 상황을 반영한 손실위험에 대한 설명으로 옳은 것은?

① 한도관리　　　　　　　　　② 유동성 관리
③ 사후검증　　　　　　　　　④ 위기상황 분석

19 다음 중 가장 정확성이 떨어지는 채권 VaR의 계산방법은?

① 원금 매핑　　　　　　　　　② 듀레이션 매핑
③ 현금흐름 매핑　　　　　　　④ 기준만기 매핑

20 철수는 A주식과 B주식으로 동일가중으로 포트폴리오를 구성하였다. A주식의 일별 변동성은 2%이고 B주식의 일별 변동성은 3%이다. 두 주식 간의 상관계수는 0이다. A주식의 공헌 비율은?

① 25.84%　　② 30.77%　　③ 55.47%　　④ 40.00%

21 일별 VaR가 10억 원이다. 일별 수익률 간의 상관계수가 0.1이면 이틀 VaR는?

① 14.14억 원　　　　　　　　② 14.83억 원
③ 20.00억 원　　　　　　　　④ 정답 없음

해설

17 ② 옵션이 비선형 자산이므로 ②이 정답임

18 ③ 위기상황 분석(stress testing)에 대한 설명임

19 ① 원금 매핑은 원금의 지급 시점만을 고려하므로 가장 정확성이 떨어지는 매핑 방법이다.

20 ② $\dfrac{0.5^2 0.02^2}{0.5^2 0.02^2 + 0.5^2 0.03^2} = 30.77\%$

21 ② 상관계수가 0으로 $\sqrt{T}$ 공식의 기본가정이 성립하면 ①이 정답이지만 상관계수가 0.1이므로 개별 VaR로부터 포트폴리오의 VaR를 계산하는 공식을 사용하여 계산해야 한다. 이틀 VaR $= \sqrt{10^2 + 10^2 + 2 \times 0.1 \times 10 \times 10}$ $= 14.83$

22 수익률 변동성(yield volatility)이 5%이면 수정 듀레이션이 5인 채권의 가격 변동성(price volatility)은? (단, 현재 수익률은 10%에서 수평이고, 수익률 변동성은 수익률의 변화율에 대한 표준편차를 말함)

① 25%   ② 2.5%

③ 5.0%   ④ 주어진 자료로는 계산이 불가능하다.

23 어제 추정한 자산1의 표준편차가 0.01%, 자산2의 표준편차가 0.04%, 상관계수가 0.4이었다. 오늘 자산1의 수익률이 0.5%, 자산2의 수익률이 0.4%이면 EWMA모형(람다는 0.9 이용)으로 새로 갱신한 공분산은?

① 0.000146   ② 0.00008

③ 0.000074   ④ 정답 없음

24 다음 중 포트폴리오의 VaR와 동일한 것은? (단, 모두 매입 포지션을 가정하며 상관계수는 1보다 작은 양수)

① 개별 VaR의 합   ② 공헌 VaR의 합

③ 한계 VaR의 합   ④ 정답 없음

25 2년 기본만기의 VaR(%)가 1%이고 3년 기본만기의 VaR(%)가 2%이다. 두 기본만기에 매핑한 금액이 현가기준으로 각각 50억 원과 150억 원이고 상관계수가 0.9이면 채권 포트폴리오의 VaR는?

① 3.50억 원   ② 3.40억 원   ③ 3.46억 원   ④ 3.25억 원

해설

22 ② 주어진 수익률 변동성은 $\sigma\left(\dfrac{\Delta y}{y}\right)$이므로 가격 변동성은 수익률 변동성, 수익률, 수정 듀레이션의 곱이다. 가격 변동성 = $0.05 \times 0.1 \times 5 = 0.025$

23 ③ 어제의 공분산은 $0.4 \times 0.01 \times 0.02 = 0.00008$이므로 공분산은 $0.9 \times 0.00008 + 0.1 \times 0.005 \times 0.004 = 0.000074$

24 ② 공헌 VaR의 합이 포트폴리오의 VaR이므로 ②이 정답임

25 ③ 2년 기본만기의 VaR는 0.5억 원이고 3년 기본만기의 VaR는 3억 원이다. 따라서 포트폴리오의 VaR는 $\sqrt{0.5^2 + 3^2 + 2 \times 0.9 \times 0.5 \times 3} = 3.46$억 원임

정답 01 ③ | 02 ④ | 03 ① | 04 ① | 05 ② | 06 ① | 07 ④ | 08 ④ | 09 ④ | 10 ① | 11 ① | 12 ④ | 13 ③ | 14 ③ | 15 ① | 16 ① | 17 ② | 18 ③ | 19 ① | 20 ② | 21 ② | 22 ② | 23 ③ | 24 ② | 25 ③

26 VaR(1일 기준, 95% 신뢰 수준)가 1억 원이면 24시간 이내에 발생 가능한 손실이 1억 원보다 더 클 확률은?

27 어제의 가격이 10,000원이고 오늘이 가격이 10,500원이다. 이산 복리수익률과 연속 복리수익률은?

28 위험자산과 무위험자산 간의 공분산은?

29 정규분포의 경우 95% 신뢰 구간은 평균을 중심으로 몇 표준편차 이내인가(양측 검증 이용)? 그리고 이는 몇 % VaR와 연관되어 있는가?

30 1개월 기준의 기대수익률이 1%이면 1년 기준의 기대수익률은?

31 연간 변동성이 40%이면 일별 변동성은? (단, 250거래일 가정)

32 일별 수익률의 분산이 0.0004이면 월별 수익률의 분산은? (단, 20거래일 가정)

정답

26 5%

27 5%, 4.88%

28 0

29 정확하게 1.96 표준편차, 97.5% VaR

30 12%

31 $40\%/\sqrt{250} = 2.53\%$

32 0.008

33 2일 기준의 변동성이 2%이면 20일 기준의 변동성은 몇 %인가?

34 확률변수 X의 분산이 σ^2이다. $3X-2$의 분산은?

35 A주식의 VaR가 30억 원이고 B주식의 VaR가 40억 원이다. 상관계수가 1, 0, −1인 경우의 포트폴리오 VaR는?

36 A의 VaR가 4.95억 원이고 B의 VaR가 1.65억 원이다. 상관계수가 0.5인 경우의 포트폴리오 VaR, 분산 효과로 인한 VaR의 감소금액, A의 MVaR와 IVaR, 공헌 비율은?

37 95% 신뢰 수준에서 일별 VaR가 10억 원이면 99% 신뢰 수준에서 주별 VaR는?

38 람다가 0.9이고 어제 계산한 변동성이 1.5%이며, 오늘의 수익률이 2%이면 새로 갱신된 변동성은?

39 38번의 문제에서 오늘의 수익률이 1%이면 변동성은 얼마로 추정되는가?

정답

33 $2\% \times \sqrt{10} = 6.32\%$

34 $9\sigma^2$

35 순서대로 70, 50, 10억 원

36 포트폴리오 $\text{VaR} = \sqrt{4.95^2 + 1.65^2 + 2 \times 0.5 \times 4.95 \times 1.65} = 5.95$억 원, VaR의 감소금액 $= 4.95 + 1.65 - 5.95 = 0.65$억 원, $\text{MVaR} = 5.95 - 1.65 = 4.30$억 원, $\text{IVaR} = 5.95 \times 0.808 = 4.81$억 원, 공헌 비율 $= \dfrac{4.95^2 + 0.5 \times 4.95 \times 1.65}{5.95^2} = 80.8\%$

37 $10 \times \sqrt{5} \times \dfrac{2.33}{1.65} = 31.58$억 원

38 $\sqrt{0.9(0.015)^2 + 0.1(0.02)^2} = 1.56\%$

39 $\sqrt{0.9(0.015)^2 + 0.1(0.01)^2} = 1.46\%$

40 람다가 0.97이고 오늘의 수익률이 3% 가중치를 가지면 2일전 수익률은 어떤 가중치를 갖는가?

41 어제 계산한 상관계수가 0.5이고 두 자산의 표준편차가 각각 2%와 3%이다. 람다가 0.97이고 오늘의 수익률이 각각 4%와 3%이면 새로 추정된 공분산은?

42 250일 검증기간에서 95% 1일 VaR를 검증하면 VaR보다 더 큰 손실이 발생할 것으로 추정되는 예상 초과 일수는?

43 BIS방법에 의하면 3보다 큰 안정 승수가 적용되는 예외 발생 횟수는?

44 베타가 1.20이고 지수의 일별 변동성이 2%이다. 현재가치가 100억 원인 주식 포트폴리오의 VaR(일별, 95%)는?

45 100개 주식의 경우 완전 공분산 모형을 이용하면 계산해야 할 공분산의 수는?

정답

40 2.82%

41 어제의 공분산 $= 0.5 \times 0.02 \times 0.03 = 0.0003$이므로 새로운 공분산은 $(0.97)(0.0003) + (0.03)(0.04)(0.03) = 0.000336$

42 12.5회

43 5부터

44 $1.65 \times 100 \times 1.2 \times 0.02 = 3.96$억 원

45 4,950개 $= 99 \times 100 / 2$

46 채권 포지션의 가치는 현재 100억 원이고 매콜레이 듀레이션은 5년이다. 현재 수익률 곡선은 10%에서 수평이고 일별 수익률의 변동성 $\sigma\left(\frac{\Delta y}{y}\right)$은 2%이다. 채권 포트폴리오의 월별 VaR는? (단, 99% 신뢰 수준에서 21거래일을 가정)

47 A채권의 매콜레이 듀레이션은 2년이고 B채권의 매콜레이 듀레이션은 3년이다. A채권에 40억 원을 투자하고 B채권에 60억 원을 투자한 포트폴리오의 매콜레이 듀레이션은?

48 원금이 10,000원이고 액면이자율이 6%이고 만기가 3년인 채권을 고려해 보자. 이자는 연 1회 지급하며 만기수익률은 10%이다. 이 채권의 가격, 금액 듀레이션, DV01, 수정 듀레이션, 매콜레이 듀레이션, 그리고 컨벡시티는?

49 기초자산의 가격이 현재 200,000원이고 월별 변동성이 10%이다. 이 기초자산에 대한 콜옵션의 가격이 현재 10,000원이고 델타는 0.5이다. 99% 신뢰 수준에서 연간 기준으로 옵션의 VaR는?

50 A거래자는 1,000억 원을 주식에 투자하여 100억 원의 이익을 얻었다. 주식의 평균 변동성이 연 40%였다고 가정하면 RAROC은?

part 02

신용 리스크 관리

certified financial risk manager

chapter 01

신용위험 기초

section 01 ## 신용위험의 정의

신용위험(credit risk)은 금융시장에서 가장 오래된 형태의 위험으로 정해진 시간 내에 일정 금액을 회수하지 못할 가능성에 의해 발생하는 손실을 의미한다. 신용위험은 차입자가 대출금을 상환하지 못할 수도 있는 불확실성으로부터 발생하므로, 그것을 평가하고 관리하는 것이 금융기관의 가장 중요한 업무 중의 하나라고 말할 수 있다. 신용위험과 채무불이행 위험(default risk)은 거의 동일한 의미로 사용된다. 보다 자세하게 말하면, 신용위험은 갚아야 할 금액을 재무적으로(financially) 갚지 못하는 것을 의미하고, 채무불이행 위험 또는 상대방 위험(counterparty risk)은 계약상의 조건을 충족시키지 못하는 경우를 의미한다. 그리고 신용위험을 측정한다는 것은 상대방의 채무불이행으로 인해 발생할 수 있는 손실에 대한 위험을 수량화하는 것을 의미한다.

신용위험의 분포는 다음 3가지 변수가 복합적으로 작용한 것으로 이해된다.

❶ 채무불이행률(Probability of Default : PD)
❷ 신용위험 노출 금액(Exposure At Default : EAD) : 채무불이행 시 위험 노출 금액으로 $\max(V, 0)$으로 계산된다(V는 자산의 시장가치). 이는 채무불이행 시 회수율이 0%라는 가정 하에서의 최대 손실금액이다.

❸ 채무불이행 시의 손실률(loss given default : LGD) : 채무불이행으로 인해 회수하지 못하는 손실을 비율로 표시한 것으로 1에서 회수율(recovery rate)을 차감하여 구한다.

신용위험의 특성

1 신용위험 대 시장위험

신용위험은 상대방이 계약상의 의무를 이행하지 않으려고 하거나 이행할 수 없을 때 발생한다. 따라서 신용위험은 채무불이행 위험, 시장위험, 회수율 위험, 신용등급 하락 위험 등을 모두 포함한다. 채무불이행 위험은 상대방이 채무를 이행하지 않을 가능성을 객관적으로 평가하는 것이고, 시장위험은 채무불이행 시에 기대되는 재무적 손실을 측정하는 것이다. 그리고 회수율 위험은 회수율의 불확실성을 의미하고 신용등급 하락 위험은 신용등급이 하락하여 채무불이행 위험이 증가할 가능성을 의미한다. 신용위험을 관리하는 것은 시장위험을 관리하는 것과 다음 측면에서 상이하다.

시장위험을 측정하는 경우, 리스크메트릭스의 방법인 델타-노말방법에 의해 추정된 VaR는 비선형 자산인 옵션을 제외하고는 정확성이 크게 떨어지지 않는다고 설명하였다. 이는 선형자

표 1-1 **시장위험과 신용위험의 비교**

구분	시장위험	신용위험
위험 원천	시장위험	채무불이행 위험 회수율 위험 신용등급 하락 위험 시장위험
목표기간	짧다(며칠)	길다(보통 1년)
위험한도 적용대상	거래조직 계층(level)	거래상대방
수익률 분포	정규분포(비선형 상품 제외)	정규분포가 아님
법적 위험	없음	법적 위험이 크다

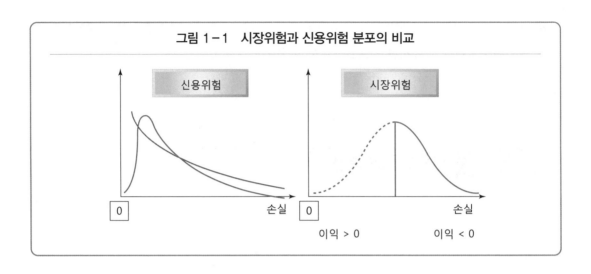

그림 1-1 시장위험과 신용위험 분포의 비교

산의 경우 실제 수익률이 정규분포를 따르지 않는다고 하더라도, 수익률이 정규분포를 따른다는 가정에 큰 무리가 없음을 의미한다. 그러나 대출자산의 경우 수익률 분포는 매우 비대칭적이므로 신용위험을 측정하기 위해서는 정규분포를 가정하지 않는 것이 바람직하다.

2   신용위험 측정기법의 역사적 변천

신용위험 측정기법은 다음과 같은 순서로 발전되어 왔다.

(1) 액면금액(notional amounts) 기준

가장 단순한 방법으로 포지션의 액면금액을 기준으로 한다.

(2) 위험가중금액(risk-weighted amounts) 기준

위험가중금액을 위험에 따라 계산하고 이 금액의 8%를 모든 위험자산에 적용하여 신용위험에 대한 준비금 또는 충당금(reserve)으로 적립하도록 하는 방법이다. 그러나 모든 자산에 동일한 위험가중치를 적용하는 것은 적절하지 않으므로 1988년에 바젤위원회는 '위험등급(risk-class)'을 정하여 위험 수준에 따라 가중치를 달리 적용하도록 하여 금융기관이 부담하는 위험에 적절한 충당금을 적립하도록 조치하였다(예를 들어, 회사채는 100%, OECD 은행 부채는 20% 등). 그러나 이 방법은 너무나 단순하여 금융기관으로 하여금 주주 수익률(바젤위원회가 요구한 자본에 대한 수익률)을 극대화하기 위하여 포트폴리오를 변경시키도록 하는 유인을 제공하며, 또한 포트폴리오의 변경이 실제적으로 금융기관의 위험을 증가시키기도 하였다. 예를 들어, 모든 회사채는 동일한 등급에 속하므로 은행은 AAA등급 대출보다 CCC등급 대출을 선호할 수도 있다.

(3) 내부 또는 외부의 신용등급(external/internal credit ratings) 기준

이런 부정적인 면에 대처하기 위하여 바젤위원회는 2004년 6월 신용등급에 따라 위험가중치를 달리 적용하며 내부 또는 외부의 신용등급의 이용을 허용하는 바젤Ⅱ를 발표하였다. 그러나 여전히 포트폴리오 신용위험 모형은 허용하고 있지 않다. Basel Ⅱ에서의 위험가중치는 S&P 등급을 기준으로 다음 〈표 1-2〉와 같다.

표 1-2   Basel Ⅱ 위험가중치

구분 (채무 주체)	신용등급						
	AAA to AA-	A+ to A-	BBB+ to BBB-	BB+ to B-	B+ to B-	Below B-	등급 없음
국가	0%	20%	50%	100%	100%	150%	100%
금융기관	20%	50%	100%	100%	100%	150%	100%
기업	20%	50%	100%	100%	150%	150%	100%

(4) 내부 포트폴리오 신용모형(internal portfolio credit models)

일부 금융기관들은 포트폴리오 측면에서 신용위험을 관리하고 있으나 바젤위원회에서는 정교한 이런 모형들의 사용을 허용하지 않는다. 따라서 위험관리의 가장 기본이 되는 분산 효과(diversification effect)는 아직 효과적으로 고려되지 않고 있다.

section 03 신용위험 분산 효과

신용위험을 평가하는 데 있어 궁극적인 측정치는 포트폴리오 전체의 위험이다. 포트폴리오의 위험은 개별 자산위험의 합계보다 상당히 작아지는데, 이는 포트폴리오의 분산 효과 때문이다. 포트폴리오 관리의 목적은 전체 위험을 결정하는 것뿐만 아니라 부담한 위험에 대하여 최대의 수익률을 달성할 수 있는 방법을 결정하는 것이다.

분산 효과를 달성하는 가장 간단한 포트폴리오 접근방법은 포트폴리오가 한 분야에 집중 (concentration)되지 않도록 한도(limit)를 설정하는 것이다. 또한 신용파생상품시장의 발달, 대출 자산의 유통시장 활성화, 부동산 담보부채권(mortgage backed securities)의 활용 등도 이런 집중화 현상을 탈피하기 위한 금융기관의 노력에 따른 결과이다.

1   결합 확률과 채무불이행 상관계수

만일 두 채권의 채무불이행이 서로 독립적이라고 가정하면 두 채권이 동시에 채무불이행할 확률인 결합 확률(joint probability)은 식 (1.1)과 같이 계산된다.

$$p(A \cap B) = p(A)p(B) \tag{1.1}$$

왜냐하면 $p(A \cap B) = p(B|A)p(A)$인데 두 사건이 서로 독립적이므로 $p(B|A)$는 $p(B)$와 동일하기 때문이다. 여기서 $p(A)$는 A의 한계 확률(marginal probability)이고 $p(B)$는 B의 한계 확률이다.

만일 두 채권의 채무불이행이 서로 독립적이지 않으면 결합 확률은 식 (1.2)와 같다.

$$p(A \cap B) = p(A)p(B) + \rho(A, B) \times \sqrt{p(A)(1 - p(A))} \times \sqrt{p(B)(1 - p(B))} \tag{1.2}$$

여기서 $\rho(A, B)$는 A와 B 간의 채무불이행 상관계수(default correlation)이다. 상관계수가 1이고 한계 확률이 p로 동일하면, $p(A \cap B)$은 p와 동일하다. 상관계수가 1보다 작은 양수인 경우 $p(A \cap B)$는 $p(A)p(B)$보다 크다.

식 (1.2)를 채무불이행 상관계수에 대하여 전개하면 식 (1.3)과 같다.

$$\rho(A, B) = \frac{p(A \cap B) - p(A)p(B)}{\sqrt{p(A)(1 - p(A))} \times \sqrt{p(B)(1 - p(B))}} \tag{1.3}$$

(1) 첫 번째 예시

　신용위험의 분산 효과를 살펴보기 위하여 100억 원의 대출 포트폴리오(loan portfolio)가 1개, 10개, 100개, 1,000개의 대출로 구성되었다고 가정해 보자. 채무불이행 확률(p)이 1%로 모두 동일하다고 가정하면, 각 경우의 기대손실은 1억 원으로 동일하나 손실의 표준편차는 9.95억, 3.15억, 0.99억, 0.31억 원으로 감소한다(N은 대출의 수이고 X는 채무불이행하는 대출의 수임).

$$\text{기대손실} : E[X] \times \frac{100}{N} = pN \times \frac{100}{N} = p \times 100 \tag{1.4}$$

$$\text{손실의 분산} : V[X] \times \left(\frac{100}{N}\right)^2 = p(1-p)N \times \left(\frac{100}{N}\right)^2 \tag{1.5}$$

$$\text{손실의 표준편차} : \sqrt{p(1-p)} \times \frac{100}{\sqrt{N}} \tag{1.6}$$

여기서 기대손실은 포트폴리오를 구성하는 대출의 수와 무관하나 손실의 표준편차는 대출

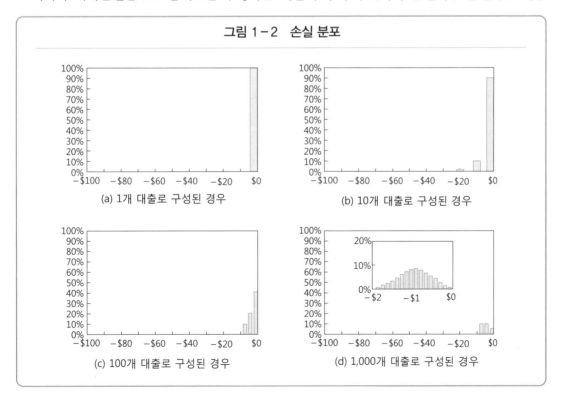

그림 1-2　손실 분포

(a) 1개 대출로 구성된 경우

(b) 10개 대출로 구성된 경우

(c) 100개 대출로 구성된 경우

(d) 1,000개 대출로 구성된 경우

의 수에 의해 크게 영향을 받는다. 표준편차는 대출의 수가 증가함에 따라 0에 접근하게 된다.

〈그림 1-2〉는 위에서 고려한 네 가지 경우의 분포이다. 서로 독립적인 변수의 합에 대한 분포는 처음에는 대단히 치우친 분포에서 출발하더라도 결국은 정규분포에 접근함을 알 수 있다 (중심 극한 정리(central limit theorem)에 의함). 결국 대출자산을 분산시킴으로써 신용위험을 크게 감소시킬 수 있음을 확인할 수 있다. 이는 수많은 가계대출로 구성된 포트폴리오의 신용위험이 대규모 대출로 구성된 기업대출 포트폴리오의 신용위험보다 작음을 의미한다.

물론 채무불이행이 서로 독립적이지 않으면 분포는 정규분포로 보다 천천히 접근하게 되며, 포트폴리오가 대단히 많은 수의 대출로 구성되더라도 공통의 위험요인(common risk factor)으로 인해 표준편차는 0에 접근하지 않을 것이다. 금융기관은 단순한 한도 설정(concentration limit)(예를 들어, 지역별, 산업별 등)을 이용하여 분산 효과를 어느 정도 달성할 수 있으며 집중위험 (concentration risk)을 효과적으로 피할 수 있다.

(2) 두 번째 예시

포트폴리오(가치는 100억 원)가 다음과 같이 구성되어 있다고 하자 : A채권 25억 원, B채권 30억 원, C채권 45억 원. 그리고 각 채권의 채무불이행 확률은 각각 5%, 10%, 20%이다. 각 채권의 채무불이행은 서로 독립적이며 회수율은 0으로 가정한다.

〈표 1-3〉에 계산되어 있듯이, 채권 포트폴리오의 기대손실은 13.25억 원이고 손실의 표준편차는 $\sqrt{434.7} = 20.9$억 원이다.

분산 효과로 인해 포트폴리오 손실의 표준편차 20.9억 원은 개별 채권 손실의 표준편차 합인

표 1-3 평균과 표준편차의 계산

채무불이행	손실	확률	누적확률	기대손실	분산
0	0	0.6840	0.6840	0.000	120.08
A	25	0.0360	0.7200	0.900	4.97
B	30	0.0760	0.7960	2.280	21.32
C	45	0.1710	0.9670	7.695	172.38
A, B	55	0.0040	0.9710	0.220	6.97
A, C	70	0.0090	0.9800	0.630	28.99
B, C	75	0.0190	0.9990	1.425	72.45
A, B, C	100	0.0010	1.0000	0.100	7.53
합계				13.250	434.7

표 1-4　개별 채권의 기대손실과 표준편차

채권	금액(EAD)	채무불이행 확률(p)	기대손실	표준편차
A	25	5%	1.25	5.45
B	30	10%	3.00	9.00
C	45	20%	9.00	18.00
합계	100		13.25	32.45

참고 : 기대손실 : $EAD \times p$; 표준편차 : $EAD \times \sqrt{p(1-p)}$

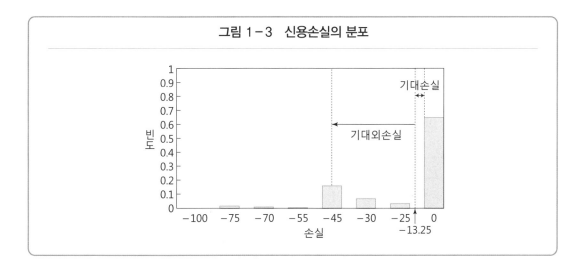

그림 1-3　신용손실의 분포

32.45억 원보다 작다. 그러나 포트폴리오의 기대손실은 개별 채권 기대손실의 단순 합이다 : 13.25 = 1.25 + 3.00 + 9.00. 〈표 1-4〉에 개별 채권의 기대손실과 표준편차가 계산되어 있다.

이 포트폴리오의 95% 신뢰 수준에서의 기대 외손실은 비모수적 방법으로 45 - 13.2 = 31.8억이다(〈그림 1-3〉 참조). 한편, 정규분포를 가정하고 모수적 방법으로 계산하면 기대 외손실(또는 신용 VaR)은 손실 표준편차의 1.65배이므로 1.65 × 20.9 = 34.5억 원이다.

3 　채무불이행 상관계수의 계산 예시

A기업은 대규모 자동차 제조기업이고 채무불이행 확률은 10%이다. B기업은 A기업에 납품하는 소규모 부품회사로서 채무불이행 확률은 20%이다. 그리고 두 기업이 동시에 채무불이행할 확률이 10%라고 가정하자. 즉, $p(A) = 10\%$, $p(B) = 20\%$, $p(A \cap B) = 10\%$. 총 4가지 상황이 가

표 1-5	결합 확률($\rho = 0.67$인 경우)		
		A기업	
		정상(90%)	채무불이행(10%)
B기업	정상(80%)	80%	0%
	채무불이행(20%)	10%	10%

능하며 이는 아래 표에서처럼 2×2의 셀을 구성하게 된다. 채무불이행 결합 확률이 10%로 주어지고 각 줄 또는 열에 있는 셀의 합은 한계 확률과 동일해야 하므로 우리는 남은 3개 셀을 〈표 1-5〉와 같이 채울 수 있다.

이 경우 A기업이 채무불이행하면 B기업은 반드시 채무불이행한다. 그러나 B기업이 채무불이행하더라도 A기업이 반드시 채무불이행하는 것은 아니다.

$$p(B \mid A) = \frac{p(A \cap B)}{p(A)} = \frac{p(A)}{p(A)} = \frac{0.1}{0.1} = 100\%$$

$$p(A \mid B) = \frac{p(A \cap B)}{p(B)} = \frac{p(A)}{p(B)} = \frac{0.1}{0.2} = 50\%$$

따라서 채무불이행 상관계수는 0.67이다.

$$\rho(A, B) = \frac{0.1 - 0.1 \times 0.2}{\sqrt{0.1 \times 0.9} \times \sqrt{0.2 \times 0.8}} = 0.67 \tag{1.7}$$

이 예시를 통하여 우리는 완전한 종속관계(perfect dependency)가 완전한 상관성(perfect correlation)을 의미하지 않음을 알 수 있다.

이번에는 A기업이 채무불이행하더라도 B기업이 반드시 생존한다고 가정하자. 즉, 두 기업이 동시에 채무불이행할 확률이 0이므로 결합 확률은 〈표 1-6〉과 같이 계산된다.

$p(B \mid A) = 0$이므로 채무불이행 상관계수는 −0.17이다.

$$\rho(A, B) = \frac{0 - 0.1 \times 0.2}{\sqrt{0.1 \times 0.9} \times \sqrt{0.2 \times 0.8}} = -0.17 \tag{1.8}$$

가정을 바꾸어 두 기업의 채무불이행이 완전히 독립적이라고 하자(즉, $\rho(A, B) = 0$). 즉, 두 기업이 동시에 채무불이행할 확률은 각 개별 기업 채무불이행 확률의 곱인 2%이므로 결합 확률은 〈표 1-7〉과 같이 계산된다.

표 1-6 결합 확률(ρ=0.17인 경우)

		A기업	
		정상(90%)	채무불이행(10%)
B기업	정상(80%)	70%	10%
	채무불이행(20%)	20%	0%

표 1-7 결합 확률(ρ=0인 경우)

		A기업	
		정상(90%)	채무불이행(10%)
B기업	정상(80%)	72%	8%
	채무불이행(20%)	18%	2%

표 1-8 기대손실의 계산

채무불이행 하는 기업	손실	확률			손실×확률		
		ρ=0.67	ρ=0	ρ=-0.17	ρ=0.67	ρ=0	ρ=-0.17
A, B	1,050	0.10	0.02	0.00	105	21	0
A	1,000	0.00	0.08	0.10	0	80	100
B	50	0.10	0.18	0.20	5	9	10
없음	0	0.80	0.72	0.70	0	0	0
합계		1.00	1.00	1.00	110	110	110

지금부터는 두 기업으로 구성된 포트폴리오의 기대손실과 기대 외손실(95% 신뢰 수준 이용)을 계산해 보자. A기업이 채무불이행하면 손실은 1,000억 원이고 B기업이 채무불이행하면 손실은 50억 원으로 가정한다. 포트폴리오의 기대손실은 개별 기업 기대손실의 합인 110억 원으로 채무불이행 상관계수와는 무관하다.

$$기대손실 = 1,000 \times 0.1 + 50 \times 0.2 = 110억 \ 원 \tag{1.9}$$

기대손실은 발생 가능한 모든 상황에서의 손실과 확률의 곱을 구한 후 이를 합산하여 구할 수도 있다(〈표 1-8〉 참조).

그러나 기대 외손실은 채무불이행 상관계수에 의해 결정된다.

기대 외손실$(\rho=0.67)=1.65\times\sigma=518$억 원[1]

기대 외손실$(\rho=0)=1.65\times\sigma=496$억 원

기대 외손실$(\rho=-0.17)=1.65\times\sigma=491$억 원

4 포트폴리오 모형의 적용

(1) 적용상의 문제점

전통적인 포트폴리오 모형을 대출자산 포트폴리오에 적용하는 데는 실질적으로 다음과 같은 여러 가지 문제점이 있다.

❶ 추정해야 할 변수가 자료의 수보다 많을 수 있다. N개 자산의 경우, 계산해야 할 상관계수의 수는 $\dfrac{N(N-1)}{2}$이다. 30개 자산의 경우 12분기의 자료를 이용한다고 가정하면 360개의 자료로부터 $\dfrac{30\times29}{2}=435$개의 변수를 추정해야 하는 문제가 발생한다.

❷ 대출 포트폴리오의 경우 어떤 변수 간의 상관계수가 적절한가가 명확하지 않다. 즉, 수익률, 채무불이행, 신용등급, 스프레드 중에서 어떤 변수가 적절한가? 또한 상관계수는 두 확률변수 간의 선형관계만을 반영하는데 두 변수간의 관계가 비선형이면 어떻게 할 것인가?

❸ 포트폴리오의 수익률과 분산에 적용되는 수식들은 개별 자산의 수익률 분포가 비대칭적이면 더 이상 성립되지 않는다. 차입증권의 수익률 분포는 비대칭적이며 두꺼운 꼬리를 갖는다.

❹ 좋은 자료의 부재 : 대출자산의 경우 시장 가격 자료가 거의 존재하지 않으며 또한 채무불이행과 회수율 자료도 정확도가 많이 떨어지거나 아예 존재하지 않을 수 있다.

(2) 포트폴리오 이론의 적용 예시

❶ 대출금액에 기초한 포트폴리오 모형(Loan volume-based model) : 금융기관은 자신의 대출 포트폴리오 산업별 대출비율과 모든 금융기관의 그것을 비교함으로써 상대적인 대출비율편차를 분석할 수 있다. 예를 들어, 4개의 산업에 대하여 모든 금융기관, A은행, B은행의 대출분포가 〈표 1-9〉와 같다고 가정하자. 이 표에 의하면 A은행은 산업 II 에, 그

---

1   $\sigma=\sqrt{0.1(1050-110)^2+0.1(50-110)^2+0.8(0-110)^2}=313.688$

리고 B은행은 산업 III에 가장 많이 노출되어 있다.

대출비율의 편차는 식 (1.10)과 같이 측정한다.

$$\sigma_j = \sqrt{\frac{\sum_{i=1}^{i=4}(X_{ij} - X_i)^2}{N}} \tag{1.10}$$

여기서 N은 산업의 수, X_{ij}는 j은행의 대출 배분비율, X_i는 모든 금융기관의 대출 배분비율이다. 이 식을 적용하면 A은행의 표준편차는 10.61%이고 B은행의 표준편차는 26.69%이다. 만일 금융기관의 산업별 대출 배분비율이 시장 전체의 그것과 정확히 동일하면 표준편차는 0이 된다.

$$\sqrt{\frac{(0.15 - 0.1)^2 + (0.75 - 0.6)^2 + (0.05 - 0.15)^2 + (0.05 - 0.15)^2}{4}} = 0.1061$$

❷ 대출 손실률에 기초한 포트폴리오 모형(Loan loss ratio-based model) : 포트폴리오 이론의 두 번째 적용 예시는 역사적 대출 손실률(historical loan loss rate)을 이용한다. 이 방법은 은행의 전체 대출 포트폴리오의 손실 위험에 비하여 상대적으로 특정 산업의 체계적인 대출 손실 위험(systematic loan loss risk)을 측정하는 것이다. 이는 식 (1.11)과 같은 시계열 회귀식을 이용하여 추정한다.

$$\left(\frac{\text{특정 산업 대출 손실}}{\text{특정 산업 대출금액}}\right) = \alpha + \beta_i \left(\frac{\text{총대출 손실}}{\text{총대출}}\right) \tag{1.11}$$

예를 들어, A산업의 베타가 0.2이고 B산업의 베타가 1.4이면 B산업의 대출 손실이 금융기관 전체의 대출 손실보다 체계적 위험이 크다는 것을 알 수 있다(전체 대출 포트폴리오의

표 1-9 금융기관의 산업별 대출비율 예시

구분	모든 은행	A은행	B은행
산업 I	10%	15%	10%
산업 II	60%	75%	25%
산업 III	15%	5%	55%
산업 IV	15%	5%	10%

베타는 1임). 베타가 낮으면 그 산업의 집중도가 조금 증가해도 큰 걱정이 되지 않는다. 그러나 베타가 높은 산업의 경우 침체기에 접어들면 대출 손실이 크게 증가할 수 있으므로 이를 낮추거나 또는 특별히 관리할 필요가 있다.

chapter 02

채무불이행 확률과 회수율의 추정

위험중립 가치평가의 기본 원리

1 이항 분포 모형과 위험중립 가치평가 원칙

이항 모형에 기초한 주식옵션 가치평가의 예시를 이용하여 위험중립 가치평가의 원칙을 설명하기로 한다. 주식의 현재가치를 S로, 주식옵션의 현재가치를 f로 하자. 기초자산은 배당을 지급하지 않으며, 옵션의 만기는 1년이고, 무위험이자율은 연 r%이다. 옵션의 잔존기간 동안 주가는 S에서 Su(즉, $S \times u$)로 상승하거나 또는 Sd(즉, $S \times d$)로 하락한다고 가정하자($u > 1$, $d < 1$). 주가가 상승할 때 주가의 상승률은 $u-1$이고, 주가가 하락할 때 주가의 하락률은 $1-d$이다. 만일 주가가 Su로 상승하면 옵션의 이득은 f_u이고, 주가가 Sd로 하락하면 옵션의 이득은 f_d이다. 즉, $f_u = \max(Su\text{-}X, 0)$이고, $f_d = \max(Sd\text{-}X, 0)$이다. 1기간 이항 과정은 〈그림 2-1〉과 같다.

콜옵션 1개를 매도하고 주식 $\varDelta$주를 매입한 포트폴리오를 고려해 보자. 이 포트폴리오가 위험이 없도록 하는(즉, 주가가 상승하든 하락하든 포트폴리오가 일정한 가치를 갖도록 하는) $\varDelta$값을 계산할 수 있다. 주가가 상승하는 경우에 만기일의 포트폴리오의 가치는 $Su\varDelta - f_u$이고, 주가가 하락하는

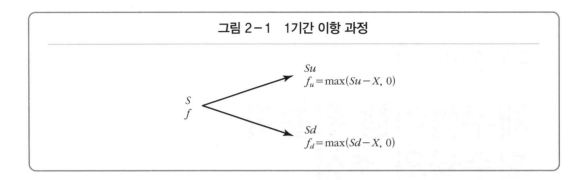

그림 2-1 1기간 이항 과정

$$Su$$
$$f_u = \max(Su - X, 0)$$

$$S$$
$$f$$

$$Sd$$
$$f_d = \max(Sd - X, 0)$$

경우에 만기일의 포트폴리오의 가치는 $Sd\varDelta - f_d$이다. 따라서, 포트폴리오의 가치를 일정하게 하는 $\varDelta$는 다음과 같다.

$$Su\varDelta - f_u = Sd\varDelta - f_d$$

$$\varDelta = \frac{f_u - f_d}{Su - Sd} \tag{2.1}$$

여기서 $\varDelta$는 주가의 변화에 대한 옵션 가치의 변화를 의미한다.

이 포트폴리오는 위험이 없으므로 무위험이자율의 수익률을 얻어야 한다. 무위험 포트폴리오 또는 헤지 포트폴리오(hedge portfolio)의 현재가치는 $\frac{Su\varDelta - f_u}{(1+r)}$ 또는 $\frac{Sd\varDelta - f_d}{(1+r)}$이고, 이 현재가치는 포트폴리오를 구성하는 비용 또는 투자금액인 $S\varDelta - f$와 동일해야 한다.

$$S\varDelta - f = \frac{Su\varDelta - f_u}{(1+r)}$$

이로부터 옵션 가격 f는 다음과 같다.

$$f = S\varDelta - \frac{Su\varDelta - f_u}{(1+r)} \tag{2.2}$$

옵션 가격이 기초자산과 옵션 간의 차익거래를 배제하는 논리에 기초하여 결정된다는 의미로 이상의 논리를 무차익거래 논리(no arbitrage argument)라 한다.

식 (2.1)을 이용하여 식 (2.2)를 단순화하면,

$$f = \frac{pf_u + (1-p)f_d}{1+r} \tag{2.3}$$

단,

$$p = \frac{(1+r)-d}{u-d} \tag{2.4}$$

$(1+r)$은 항상 u보다 작고 d보다 크므로 p는 항상 0보다 크고 1보다 작다. 따라서 p를 이항 모형에서 기초자산의 가격이 상승할 확률로 해석하면 $p \times f_u + (1-p) \times f_d$는 옵션의 기대이득으로 해석된다. 즉, 옵션의 가치는 옵션의 기대이득을 무위험이자율로 할인한 현재가치로 이해된다. 여기서 p는 실제로 주가가 상승할 확률이 아니므로 위험중립 확률(risk-neutral probability) 또는 헤지 확률(hedge probability)이라 부른다.

주가가 상승할 확률이 p라는 가정하에서 주식의 기대수익률을 계산해 보자.

만기일에서의 기대주가는 $E(S_1) = p \times Su + (1-p) \times Sd$이고 $p = \frac{(1+r)-d}{u-d}$이므로 $E(S_1) = S(1+r)$이다. 즉, 1년 후의 기대 가격은 현재의 가격이 무위험이자율로 성장한 가격이다. 이는 주가가 상승할 확률을 p로 해석하는 것이 위험자산인 주식의 요구수익률을 무위험이자율로 가정하는 것과 동등함을 의미한다.

위험중립 세상을 가정하면 모든 증권의 기대수익률은 무위험이자율이므로 $p \times Su + (1-p) \times Sd = S(1+r)$의 조건을 만족시키는 위험중립 확률 p를 구할 수 있다. 계산한 p를 이용하여 옵션 만기일에서의 기대값을 계산하고 이를 무위험이자율로 할인하면 현재 시점에서의 옵션의 가치가 계산된다. 이 논리가 위험중립 가치평가(risk neutral valuation)의 원칙이다.

위험자산의 요구수익률이 무위험이자율과 같다 라는 가정은 자산의 위험보다는 기대수익률만을 고려하는 투자자의 위험중립성을 전제로 한다. 물론 투자자가 위험중립적이라는 가정, 즉 투자자가 위험을 무시하고 오직 기대수익률만을 고려하여 의사결정을 한다는 가정은 비현실적일 수 있다. 이 가정은 전통적인 재무관리이론과 모순되는 가정이지만 두 견해가 모두 성립할 수 있는 것은 상승확률 p가 실제의 확률이 아니라는 데 있다. 이 확률은 투자자가 위험중립형이라는 가정하에서의 상승확률이므로 이를 위험중립 확률이라고 부른다.

이상의 논의로부터 옵션의 가격을 구하는 방법이 두 가지라는 것을 알 수 있다. 하나는 투자자가 위험회피형이라는 가정에서 실제의 확률을 이용하여 미래 기대값을 구하고 이를 옵션의 적정 요구수익률로 할인하는 방법이고, 다른 하나는 위험중립형이라는 가정에서 위험중립 확률을 이용하여 미래 기대값을 구하고 이를 무위험이자율로 할인하는 방법이다.

옵션의 위험은 기초자산의 가격 변화에 따라 항상 변하므로 옵션의 요구수익률을 모두 구하여 옵션을 가치를 평가하는 것은 거의 불가능하다. 따라서 실질적으로 첫 번째 방법 대신에 두 번째 방법을 선호하게 된다.

옵션에 적용한 위험중립 가치평가의 원칙은 주식과 채권과 같은 자산의 경우에도 적용할 수 있다. 위험중립 가치평가의 과정을 정리하면 다음과 같다.

단계 1 : 위험중립 확률을 이용하여 미래 기초자산의 확률분포를 추정한다.
단계 2 : 이 확률분포에 기초하여 기초자산의 기대값을 구한다.
단계 3 : 2단계에서 구한 기대값을 무위험이자율로 할인한다.

2   계산 예시

현재 주가는 20,000원이고 1년 후에 22,000원으로 상승하거나 또는 18,000원으로 하락할 것으로 가정하자. 무위험이자율은 연 5%이다. 콜옵션의 만기는 1년이고 행사 가격은 21,000원이다. 위험중립 확률은 0.75이고 콜옵션의 가격은 714.29원이다.

$$p = \frac{1.05 - 0.9}{1.1 - 0.9} = 0.75$$

$$f = \frac{0.75 \times 1,000 + 0.25 \times 0}{1.05} = 714.2857$$

위험중립 확률은 주가를 이용해서도 구할 수 있다. 기대주가는 현재의 가격이 무위험이자율로 성장한 가격이므로 $22,000 \times p + 18,000 \times (1-p) = 20,000 \times 1.05$가 성립한다. 이렇게 구한 p도 0.75이다.

복제 포트폴리오를 구성하여 콜옵션의 가치를 평가하기 위하여 옵션과 동일한 가치를 갖는 포지션을 기초자산과 무위험 무이표채를 이용하여 만들어 보자. 기초자산 Δ주 매입 포지션과 무이표채(액면 F) 매도 포지션으로 구성된 포트폴리오는 1년 후에 콜옵션과 동일한 가치를 가져야 하므로 다음의 두 식이 성립한다.

$$22,000 \Delta - F = 1,000$$

$$18,000 \Delta - F = 0$$

두 식을 만족시키는 값은 $\Delta = 0.25$와 $F = 4,500$이다. 즉, 콜옵션 복제 포트폴리오는 주식 0.25주를 매입함과 동시에 만기가 1년이고 액면이 4,500원인 무위험 무이표채(현재가치는

표 2-1 콜옵션 복제 포트폴리오 구성 방법

현재 시점의 거래		1년 후의 가치 또는 현금흐름	
		$S_1 = 22{,}000$	$S_1 = 18{,}000$
콜옵션 1개 매입		1,000	0
복제 포트폴리오	0.25주 매입	5,500	4,500
	채권 매도(채권 가격 : 4,285.714원)*	−4,500	−4,500
	합계	1,000	0

* $4{,}285.714 \times 1.05 = 4{,}500$.

4,285.714원임)를 매도하는 것이다.[1] 이 복제 포트폴리오는 당연히 만기일에 콜옵션과 동일한 가치를 갖는다(〈표 2-1〉 참조).

즉, 주식 0.25주를 매입하기 위하여 $20{,}000 \times 0.25 = 5{,}000$원이 필요하고 채권을 매도하면 $4{,}500/1.05 = 4{,}285.714$원이 유입되므로 복제 포트폴리오를 구성하는 데 소요되는 비용은 714.286원이고 이 금액이 옵션의 현재 가치이다.

그렇다면 현재 가격 20,000원에 내재된 주가 상승확률은 얼마인가? 기초자산의 기대수익률을 8%로 가정하면 $22{,}000 \times p + 18{,}000 \times (1-p) = 20{,}000 \times 1.08$이므로 현재 주가에 내재된 확률, 즉 실제로 주가가 상승할 확률은 0.9이다. 이는 위험중립 가정하에서 주가가 상승할 확률인 0.75보다 높다.

위험중립 가정 (a)하에서, 그리고 위험회피 가정 (b)하에서 현재 주가를 계산해 보자(〈그림 2-2〉 참조). 위험중립 가정하에서 상승확률은 0.75이고 무위험이자율은 5%이므로 현재의 적정 주가는 다음과 같이 20,000원으로 계산된다.

$$\frac{22{,}000 \times 0.75 + 18{,}000 \times 0.25}{1.05} = 20{,}000$$

위험회피형 투자자를 가정하면 실제의 상승확률은 0.90이고 적정 요구수익률은 8%이다. 이 경우에도 적정 주가는 20,000원으로 변함이 없다.

$$\frac{22{,}000 \times 0.90 + 18{,}000 \times 0.10}{1.08} = 20{,}000$$

또한 옵션 가격과 실제의 상승확률을 알고 있으므로 다음의 식을 이용하여 옵션의 적정 할

---

1 복제 포트폴리오를 주식 0.25주 매입과 4,285.714원 차입으로 표현하기도 한다.

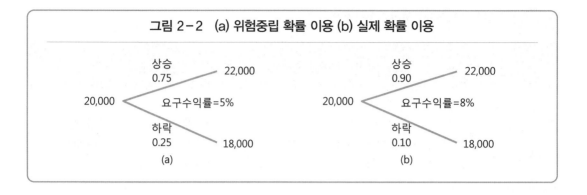

그림 2-2 (a) 위험중립 확률 이용 (b) 실제 확률 이용

(a)

상승
0.75   22,000

20,000   요구수익률=5%

하락
0.25   18,000

(a)

(b)

상승
0.90   22,000

20,000   요구수익률=8%

하락
0.10   18,000

(b)

인율을 구할 수 있다.

이 경우 적정 할인율(k)은 26%이다.

$$714.2857 = \frac{0.9 \times 1,000 + 0.1 \times 0}{1 + k}$$

section 02 **위험채권의 가치평가**

앞에서 설명한 위험중립 가치평가의 원칙을 채권에 적용하여 위험채권의 가치를 평가해 보자.

다음 예시를 이용하여 위험중립 확률을 안다는 가정하에서 위험채권의 가치를 평가하기로 하자. 고려하는 채권은 원금이 100원이고 만기가 1년인 무이표채이다. 회수율은 δ (단, $0 \leq \delta \leq 1$), 연간 무위험이자율이 r, 위험중립 채무불이행 확률이 π라고 가정하면 채권의 이항 과정은 다음과 같다.

위험중립 가치평가의 원칙에 의하여, 채권의 현재가치 P_0는 위험중립 확률을 이용하여 계산한 기대가치를 무위험이자율로 할인하여 구한 값이다. 즉,

$$P_0 = \frac{100 \times (1 - \pi) + 100 \times \delta \times \pi}{1 + r} \tag{2.5}$$

1에서 회수율을 차감하면 채무불이행 시의 손실률(Loss Given Default : LGD)이 계산된다. $100 \times (1-\pi) + 100 \times \delta \times \pi$는 $100 - 100\pi(1-\delta)$이고 $1-\delta$=LGD이므로 위험채권의 가치는 다음과

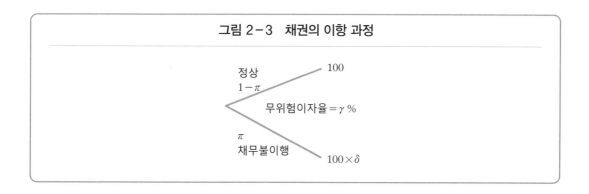

그림 2-3 채권의 이항 과정

정상
$1-\pi$
100

무위험이자율 $=\gamma$ %

π
채무불이행
$100 \times \delta$

같이 다시 쓸 수 있다.

$$P_0 = \frac{100 \times (1 - \pi \times LGD)}{1 + r} \tag{2.6}$$

원금 100을 $1+r$로 나누면 만기가 1년이고 액면금액이 100원인 무위험 무이표채의 현재 가치가 계산되므로 이를 P_0^*로 표기하면 $P_0^* = \dfrac{100}{1+r}$이고 P_0는 P_0^*와 다음의 관계를 갖는다.

$$P_0 = P_0^* \times (1 - \pi \times LGD) \tag{2.7}$$

위험채권은 〈그림 2-4〉와 같이 무위험부분(risk-free component)과 위험부분(risky component)의 합으로 간주된다.

무위험부분의 현금흐름은 상황에 관계없이 일정한 가치를 갖는 부분이므로 $100 \times \delta$로 정의된다. 그리고 위험채권의 현금흐름에서 무위험부분의 현금흐름을 차감하면 위험부분의 현금흐름이 계산된다. 이는 정상적인 경우에는 $100 \times (1-\delta)$ 또는 $100 \times LGD$이고 채무불이행하는 경

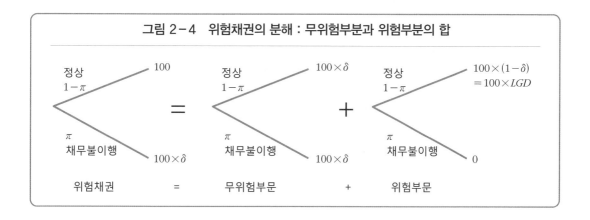

그림 2-4 위험채권의 분해 : 무위험부분과 위험부분의 합

정상
$1-\pi$
100

π
채무불이행
$100 \times \delta$

위험채권

=

정상
$1-\pi$
$100 \times \delta$

π
채무불이행
$100 \times \delta$

무위험부문

+

정상
$1-\pi$
$100 \times (1-\delta)$
$= 100 \times LGD$

π
채무불이행
0

위험부문

우에는 0이다. 각 부분의 기대현금흐름을 계산하고 이를 무위험이자율로 할인하여 현재가치를 구한 후 이를 합산하면 위험채권의 가치가 평가된다. 위험중립 채무불이행 확률을 이용하였으므로 위험부분의 가치를 구할 때에도 무위험이자율을 이용한다.

$$현재가치(무위험부분) = \frac{100}{1+r}[\delta \cdot (1-\pi) + \delta \cdot \pi] = P_0^* \times \delta \tag{2.8}$$

$$현재가치(위험부분) = \frac{100}{1+r}[(1-\delta) \cdot (1-\pi)] = P_0^* \times LGD \times (1-\pi) \tag{2.9}$$

위험채권의 가치는 채권이 지급하기로 약정한 현금흐름을 채권의 요구수익률로 할인하여 계산할 수 있다. 위험채권의 요구수익률 y는 무위험이자율 r과 신용스프레드 s의 합으로 간주되므로 다음 식이 성립한다.

$$\frac{100 \times (1 - \pi \times LGD)}{1+r} = \frac{100}{1+r+s} \tag{2.10}$$

이 식을 s에 대하여 전개하면

$$s = \frac{(1-\delta) \cdot \pi \cdot (1+r)}{1 - (1-\delta) \cdot \pi}$$

또는

$$s = \frac{1+r}{1 - \pi + \pi\delta} - (1+r)$$

$1-\delta = LGD$이므로 s는 다음과 같이 표현된다.

$$s = \frac{LGD \cdot \pi \cdot (1+r)}{1 - LGD \cdot \pi} \tag{2.11}$$

만기가 1년이고 원금이 1,000원인 무이표채의 예시를 이용하여 위험채권의 가치를 평가해 보자. 이 채권이 1년 이내에 채무불이행할 확률은 10%이고(위험중립 가정) 채무불이행 시의 회수율은 40%로 기대된다. 1년 만기 무위험이자율은 연 5%이다. 이 채권의 현재 가격은 다음과 같이 895.24원이다.

$$P_0^* = \frac{0.9 \times 1,000 + 0.1 \times 1,000 \times 0.4}{1.05} = 895.24$$

이 채권의 신용위험이 없다고 가정하면 무위험채권의 가치 P_0^*는 1,000/1.05=952.38원으로 계산된다. $\pi \times LGD$가 $0.1 \times 0.6 = 0.06$이므로 952.38에 0.94를 곱하면 위험채권의 가치 895.24가 계산된다. 무위험부분의 현금흐름 400원을 5%로 할인하거나 또는 무위험채권의 가치 952.38에 회수율 0.4를 곱하면 무위험부분의 현재가치 380.95원이 계산된다. 위험부분의 현재가치는 952.38, 0.6, 0.9의 곱인 514.29원이다.

$$무위험부분의\ 현재가치 = 952.38 \times 0.4 = 380.95원$$
$$위험부분의\ 현재가치 = 952.38 \times 0.6 \times 0.9 = 514.29원$$
$$위험채권의\ 가치 = 380.95 + 514.29 = 895.24원$$

$s = \dfrac{1+r}{1-\pi+\pi\delta} - (1+r)$이므로 이 예시에서 신용스프레드는 6.702%이다.

즉, 위험채권의 요구수익률은 11.702%이며 이 요구수익률을 이용하는 경우 약정한 현금흐름 1,000원을 할인해야 한다.

$$\frac{1,000}{1.11702} = 895.24$$

식 (2.7)의 $P_0 = P_0^* \times (1 - \pi \times LGD)$와 $1 - \delta = LGD$를 이용하면 $P_0^* - P_0$는 다음과 같이 표현된다.

$$P_0^* - P_0 = P_0^* \times LGD \times \pi \qquad\qquad (2.12)$$

$P_0^* - P_0$는 무위험채권의 가치에서 위험채권의 가치를 차감한 값이므로 채무불이행이 발생하면 채권자가 입게 될 손실금액, 즉 기대손실(현가 기준)이라고 부를 수 있다. 즉, 기대손실의 현재가치는 채무불이행 위험이 없는 경우의 채권가치(P_0^*), 채무불이행 시의 손실률(LGD), 그리고 만기일 전에 채무불이행할 확률(π) 등 3개의 곱으로 표현된다. 앞의 예시에서 기대손실은 현가 기준으로 952.38원에서 895.24원을 차감한 57.14원이다.

일반적으로, 특정 시점에서의 기대손실(expected loss)은 특정 시점에서의 신용위험노출금액 (Exposure At Default : EAD), 채무불이행 확률(default probability), 채무불이행 시의 손실률(loss given default)의 곱으로 표현된다.

$$기대손실 = 채무불이행\ 확률 \times 채무불이행\ 시\ 손실률 \times 신용위험\ 노출\ 금액 \qquad (2.13)$$

어떤 변수가 π의 확률로 1의 값을 $1-\pi$의 확률로 0의 값을 갖는다고 가정하면 이 분포의 기대값은 π이고 분산은 $\pi(1-\pi)$이다. 따라서 분포의 표준편차는 다음과 같다.

$$\sigma = \sqrt{\pi(1-\pi)} \tag{2.14}$$

회수율이 일정하다는 가정하에서 기대 외손실(unexpected loss)은 다음과 같이 계산된다.

기대 외손실＝신뢰 수준에 상응하는 $\alpha \times$ 표준편차 $\times$

채무불이행 시 손실률 $\times$ 신용위험 노출 금액 $\tag{2.15}$

위험노출금액이 1억 원이고 채무불이행 확률이 16bp라고 하자. LGD가 45%라는 가정하에서 기대손실과 기대 외손실(99% 신뢰 수준 이용)은 다음과 같이 계산된다.

기대손실 : $\pi \times LGD \times EAD = 0.0016 \times 0.45 \times 100{,}000{,}000 = 72{,}000$원

기대 외손실 : $\alpha \times \sqrt{\pi(1-\pi)} \times LGD \times EAD$

$\quad = 2.33 \times \sqrt{0.0016(1-0.0016)} \times 0.45 \times 100{,}000{,}000$

$\quad = 4{,}190{,}643$원

식 (2.8)과 (2.9)의 무위험부분과 위험부분의 현재가치에서 100을 C로 대체하고 합산한 후 이를 일반화시키면 현금흐름이 여러 개(즉, C1, C2, …, Cn)인 경우의 위험채권의 가격이 다음과 같이 도출된다.

$$P_0 = (1-LGD)\sum_{t=1}^{n}\frac{C_t}{(1+r_t)^t} + LGD\sum_{t=1}^{n}\frac{(1-\pi_t)C_t}{(1+r_t)^t} \tag{2.16}$$

여기서 π_t는 t년 동안의 누적 채무불이행 확률(위험중립)이고 r_t는 만기가 t년인 무위험이자율이다.

다음의 예시를 이용하여 원금이 100원이고 액면이자율이 6.25%인 5년 만기 채권의 가치를 평가해 보자. 무위험이자율은 5%로 일정하고 LGD는 50%이다. 1년, 2년, 3년, 4년, 5년 위험중립 누적 채무불이행 확률은 각각 1.89%, 4.32%, 6.96%, 9.69%, 12.47%이다.

1년 후의 현금흐름은 6.25원이다. 무위험부분의 현금흐름은 $6.25 \times 0.5 = 3.125$원이고 위험부분의 기대현금흐름은 $0.5 \times (1-0.0189) \times 6.25 = 3.066$원이다. 두 현금흐름의 현재가치는 각각 2.9762원과 2.92원이다. 5년 후의 현금흐름은 106.25원이다. 무위험부분의 현금흐름은 $106.25 \times 0.5 = 53.125$원이고 위험부분의 기대현금흐름은 $0.5 \times (1-0.1247) \times 106.25 = 46.500$원이다. 두 현금흐름의 현재가치는 각각 41.6248원과 36.4340원이다.

〈표 2-2〉에 계산되어 있듯이, 2년, 3년, 4년 후의 현금흐름에 대해서도 동일한 계산을 반복한 후 합산하면 무위험부분의 현재가치 52.7018원과 위험부분의 현재가치 46.8997원이 구해

표 2-2 위험채권의 가치

시점	누적 채무불이행 확률	현금흐름	무위험부분 현금흐름	위험부분 기대현금흐름	현재가치	
					무위험부분	위험부분
1	1.89%	6.25	3.125	3.066	2.9762	2.9200
2	4.32%	6.25	3.125	2.990	2.8345	2.7120
3	6.96%	6.25	3.125	2.908	2.6995	2.5120
4	9.69%	6.25	3.125	2.822	2.5668	2.3217
5	12.47%	106.25	53.125	46.500	41.6248	36.4340
합계					52.7018	46.8997

진다. 최종적으로, 위험채권의 가치는 $52.7018 + 46.8997 = 99.6015$원이다.

2년 후 발생하는 현금흐름의 현재가치는 $2.8345 + 2.7120 = 5.5465$이다. 식 (2.5)를 이용하면 이 금액을 직접 구할 수 있다(단, 2년 후 현금흐름이므로 2번 할인해야 함).

$$\frac{6.25 \times (1 - 0.0432) + 6.25 \times 0.5 \times 0.0432}{1.05^2} = 5.5465$$

section 03 채무불이행의 정의

American Heritage 사전에 default는 'Failure to perform a task or fulfill an obligation, especially failure to meet a financial obligation'으로 정의되어 있다.

신용평가기관인 Moody's는 채권의 채무불이행을 다음과 같이 3가지 유형으로 정의하고 있다.

❶ *There is a missed or delayed disbursement of interest and/or principal, including delayed payments made within a grace period;*

❷ *An issuers files for bankruptcy(Chapter 11, or less frequently Chapter 7) or legal receivership occurs; or*

❸ *A distressed exchange occurs where (i) the issuer offers bondholders a new security or package of securities that amount to a diminished financial obligation (such as preferred or common stock, or debt with a lower coupon or par amount) or (ii) the exchange had the apparent purpose of helping the borrower avoid default.*

외국의 신용평가기관들이 자체적으로 Default를 정의한 것과는 달리, 우리나라의 신용평가기관은 금융감독당국의 부도 정의에 따라 실무적으로 부도가 발생하는 경우 D등급을 부여하여 처리한다. 해당 규정은 금융투자업감독규정 제8-19조의9(신용평가 방법등) 제3항에 다음과 같이 명시되어 있다.

'~부도등(원리금의 적기상환이 이루어지지 않거나 기업회생절차, 파산절차의 개시가 있는 경우를 포함한다. …'

실무적으로, 국내의 신용평가기관들은 법정관리를 포함한 회사정리절차, 화의, 당좌거래 정지 등을 모두 포함하여 포괄적으로 부도를 정의한다. 채무불이행한 상태가 부도이다.

section 04   역사적 채무불이행률

〈표 2-4〉에 S&P, Moody's, 앨트만(Altman)의 등급별·기간별 누적 채무불이행률이 제시되어 있다.

S&P와 Moody's의 데이터는 크게 상이하지 않지만, 이들 신용평가기관의 자료와 앨트만의 자료 간에는 큰 차이가 있다. 〈표 2-3〉에 구별되어 있듯이, 앨트만은 경과연수(age)를 고려한다는 측면에서 그리고 발행기업을 기준으로 하지 않고 금액을 기준으로 한다는 측면에서 신용평

표 2-3   **채무불이행률 추정방법 간의 차이**

구분	앨트만-키쇼아 방법	신용평가기관의 방법
평가기준	액면가중	발행기업 기준
경과연수 고려 여부	발행 시의 실제 등급을 이용하여 10년까지 추적함	동질적 그룹(cohort group ; Moody's)과 정적 그룹(static pool ; S&P)으로부터 추정한 상위 무담보채권을 기준으로 20년까지 추적함(경과연수와 무관)

표 2-4 누적 채무불이행률 간의 비교

	1	2	3	4	5	6	7	8	9	10
AAA/ Aaa										
Altman	0.00	0.00	0.00	0.00	0.06	0.06	0.06	0.06	0.06	0.06
Moody's	0.00	0.00	0.00	0.04	0.13	0.22	0.45	0.59	0.59	0.74
S&P	0.00	0.00	0.06	0.13	0.21	0.39	0.92	1.05	1.05	1.21
AA/Aa										
Altman	0.00	0.00	0.47	0.74	0.74	0.74	0.74	0.74	0.78	0.82
Moody's	0.03	0.05	0.10	0.25	0.40	0.57	0.73	0.91	1.04	1.13
S&P	0.00	0.02	0.11	0.22	0.38	0.59	0.78	0.03	1.02	1.12
A/A										
Altman	0.00	0.00	0.05	0.19	0.27	0.43	0.50	0.67	0.79	0.79
Moody's	0.01	0.07	0.22	0.39	0.57	0.76	0.96	1.18	1.44	1.73
S&P	0.05	0.14	0.24	0.40	0.60	0.79	1.02	1.31	1.61	1.92
BBB/ Baa										
Altman	0.03	0.42	0.82	1.49	1.88	2.41	2.62	2.72	2.81	3.27
Moody's	0.12	0.39	0.76	1.27	1.71	2.21	2.79	3.36	3.99	4.61
S&P	0.17	0.42	0.68	1.22	1.72	2.28	2.81	3.27	3.64	3.97
BB/Ba										
Altman	0.44	1.41	4.77	6.47	9.09	10.0	12.76	13.01	14.49	18.09
Moody's	1.36	3.77	6.29	8.88	11.57	13.87	15.69	17.55	19.23	20.94
S&P	0.98	3.19	5.54	7.86	9.94	11.99	13.10	14.18	15.14	15.89
B/B										
Altman	1.41	5.65	12.51	18.58	24.33	29.05	31.72	33.06	33.90	34.99
Moody's	7.27	13.87	19.94	25.03	29.45	33.26	36.34	39.01	41.45	44.31
S&P	4.92	10.32	14.98	18.22	20.49	22.03	23.33	24.55	25.50	26.53
CCC/ Caa										
Altman	2.46	18.62	33.02	41.17	43.82	51.11	51.91	54.65	54.65	56.65
Moody's	—	—	—	—	—	—	—	—	—	—
S&P	19.29	28.58	31.63	35.94	40.06	41.04	41.93	42.28	43.14	43.72

자료 : Altman, *Market value weights, by numbered years from original Standard & Poor's issuances, 1971~ 1996, based on actual* ratings(Altman and Kisnore 1997, Exhibit 10).

Moody's Issuer weighted, cohort analysis, 1971~1996, based on actual or implied senior unsecured ratings(Moody's Investors Service 1997).

S&P, Issuer weighted, static-pool analysis, 1981~1995, based on actual or implied senior unsecured ratings(Standard & Poor's 1996, 1997a)

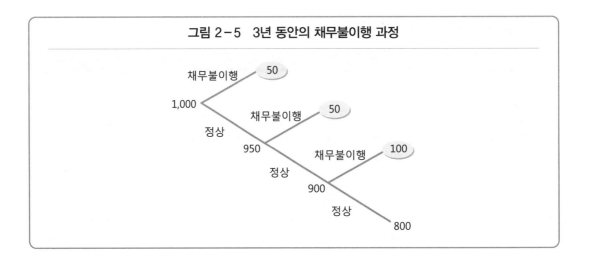

그림 2-5 3년 동안의 채무불이행 과정

가기관의 방법과 상이하다.

예를 들어 CCC등급의 경우, S&P 자료에 의하면 1년 채무불이행률은 19.29%이지만, 앨트만의 자료에 의하면 단 2.46%에 지나지 않는다. 채무불이행이 낮은 이유는 신용등급이 CCC로 매우 낮지만 채권 발행 직후이므로 그 기업이 충분한 현금을 보유하게 되기 때문이다.

t년의 한계 채무불이행률(marginal default rate)(즉, d_1, d_2, …)은 t년 중에 채무불이행한 기업의 수를 t년 초 기준으로 채무불이행하지 않은 기업의 수로 나누어 구한다.

$$d_t = \frac{t년에\ 채무불이행한\ 기업의\ 수}{t년\ 초\ 기준으로\ 채무불이행\ 하지\ 않은\ 기업의\ 수} \tag{2.17}$$

예를 들어, 1,000개의 기업 중에서 50개가 1차연도에, 50개가 2차연도에 그리고 100개가 3차연도에 채무불이행하였다고 가정하자. 이는 〈그림 2-5〉와 같이 도식화된다. 이 경우에 연도별 한계 채무불이행률은 각각 50/1,000=5%, 50/950=5.2632%, 100/900=11.111%이다. 한계 채무불이행 확률을 선도 채무불이행률(forward default rate) 또는 조건부 채무불이행률(conditional default rate)로 부르기도 한다. 2차연도의 한계 채무불이행률 5.2632%는 1차연도에 채무불이행하지 않았다는 조건하에서 2차연도에 채무불이행한 확률이므로 조건부 채무불이행률이다.

앨트만은 채무불이행률 대신에 사망률(mortality rate)이라는 용어를 사용한다. 신용평가기관이 발행기업의 수를 기준으로 채무불이행률을 계산하는 것과는 달리, 앨트만은 채권의 가치를 기준으로 사망률을 계산한다. t년의 한계 사망률(marginal mortality rate : MMR)은 다음과 같이 정의되는데, 수 대신에 가치를 기준으로 한다는 점을 제외하고는 앞에서 정의한 한계 채무불이행률

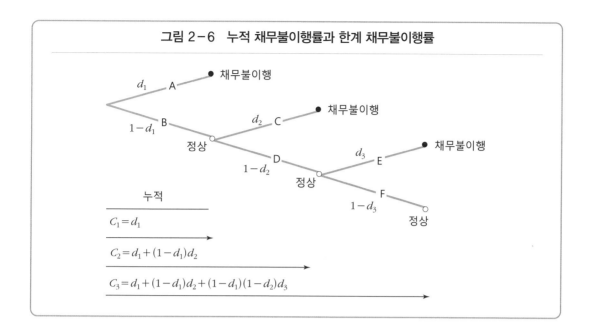

그림 2-6 누적 채무불이행률과 한계 채무불이행률

누적

$C_1 = d_1$

$C_2 = d_1 + (1-d_1)d_2$

$C_3 = d_1 + (1-d_1)d_2 + (1-d_1)(1-d_2)d_3$

과 동일하다.

$$MMR_t = \frac{t년에\ 채무불이행한\ 채권의\ 가치}{t년\ 초\ 기준으로\ 미상환된\ 모든\ 채권의\ 총가치} \qquad (2.18)$$

t년 생존률(Survival Rate : SR_t)은 t년 말까지 채무불이행하지 않을 확률로 그 시점까지의 한계 생존률을 곱하여 구한다. 여기서 한계 생존률은 1에서 한계 채무불이행률(또는 한계 사망률)을 차감한 값이다.

$$SR_t = \prod_{i=1}^{t}(1 - d_i) \qquad (2.19)$$

따라서 1년, 2년, 3년 생존률은 각각 95%, 90%, 80%로 계산된다.

$SR_1 = 1 - 0.05 = 95\%$

$SR_2 = (1-0.05)(1-0.052632) = 90\%$

$SR_3 = (1-0.05)(1-0.052632)(1-0.11111) = 80\%$

t년의 누적 채무불이행률 C_t는 1에서 t년의 생존률을 차감한 값이다.

$$C_t = 1 - SR_t = 1 - \prod_{i=1}^{t}(1 - d_i) \tag{2.20}$$

1년, 2년, 3년 누적 채무불이행률은 5%, 10%, 20%로 계산되는데 이들은 채무불이행한 기업의 수를 이용하여 다음과 같이 직접 구할 수도 있다.

$$C_1 = 50/1{,}000 = 5\%$$
$$C_2 = 100/1{,}000 = 10\%$$
$$C_3 = 200/1{,}000 = 20\%$$

3년 누적 채무불이행률은 1에서 3년 생존률을 차감한 값으로, 1차연도에 채무불이행할 확률, 1차연도에 생존하지만 2차연도에 채무불이행할 확률, 그리고 처음 2년 동안에는 생존하지만 3차연도에 채무불이행할 확률을 모두 포함한다(괄호 안의 영문 대문자는 〈그림 2-6〉에 표시된 경로임).

1차연도에 채무불이행할 확률(A) : 0.05
2차연도에 채무불이행할 확률(B → C) : $(1-0.05)(0.052632) = 0.05\%$
3차연도에 채무불이행할 확률(B → D → E) :
$$(1-0.05)(1-0.052632)(0.11111) = 0.1\%$$

따라서 3년 누적 채무불이행률은 5%＋5%＋10%＝20%로 계산되기도 한다.

누적 채무불이행률로부터 한계 채무불이행률을 구할 수도 있다. $C_2 = d_1 + (1-d_1)$ $d_2 = C_1 + (1-d_1)d_2$이므로 d_2는 다음과 같이 계산된다($d_1 = c_1$임).

$$d_2 = \frac{C_2 - C_1}{1 - d_1} \tag{2.21}$$

같은 논리로, $C_3 = d_1 + (1-d_1)d_2 + (1-d_1)(1-d_2)d_3$이고 $C_2 = d_1 + (1-d_1)d_2$이므로 d_3는 다음과 같이 계산된다.

$$d_3 = \frac{C_3 - C_2}{(1-d_1)(1-d_2)} \tag{2.22}$$

그렇다면 누적 채무불이행률 간의 차이는 무엇인가? 예를 들어, 2년 누적 채무불이행률 10%와 1년 누적 채무불이행률 5%와의 차이인 5%는 1차연도에 생존하지만 2차연도에 채무불이행할 확률인데 이를 무조건부 채무불이행률(unconditional default rate)이라고 한다.[2]

t년의 무조건부 채무불이행률 z_t는 누적 채무불이행률 간의 차이로 또는 전년도의 생존률에 t년의 한계 채무불이행률을 곱하여 구한다.

$$z_t = C_t - C_{t-1} = SR_{t-1} \times d_t \qquad (2.23)$$

앞의 공식을 이용하여 월별 채무불이행률로부터 연간 채무불이행률을, 반대로 연간 채무불이행률로부터 월별 채무불이행률을 계산할 수 있다. 예를 들어, 1년 동안의 채무불이행 확률이 2%이면 1개월 동안의 채무불이행 확률 p는 아래의 식을 만족시키는 0.168%이다.

$$1 - (1-p)^{12} = 0.02$$

또한 연간 채무불이행률이 2%이면 5년 동안 누적 채무불이행률은 9.61%이다.

$$1 - (1-0.02)^5 = 9.61\%$$

〈표 2-4〉에 제시된 앨트만의 누적 채무불이행률로부터 연도별 한계 채무불이행률(또는 한계 사망률)을 추정할 수 있는데 이들 값들이 〈표 2-5〉에 제시되어 있다.

〈표 2-5〉로부터 우리는 한 가지 흥미로운 사실을 관찰할 수 있다. 즉, 한계 사망률이 처음 3년 동안은 증가하나 3년 후부터는 안정화되는 경향이다. 이런 현상은 특히 BBB, BB, B등급의 경우 더욱 확실히 나타난다. 이 현상을 경과연수 효과(aging effect)라고 한다.

채권 발행 직후에 기업은 많은 현금을 보유하게 되므로 채무불이행 확률이 매우 낮다. 그러나 시간이 지남에 따라 현금이 고갈되므로 이로 인해 일정기간이 지나면 채무불이행 가능성은 증가하게 된다.

---

2 조건부 채무불이행률과 무조건부 채무불이행률은 책에 따라 상의하게 정의되기도 한다. 본 서에서도 본 개정판 전에는 z_t가 조건부 채무불이행률로 정의되었었다.

표 2-5	한계 사망률과 누적 사망률										(단위 : %)
등급	발행 후 경과연수	1	2	3	4	5	6	7	8	9	10
AAA	한계	0.00	0.00	0.00	0.00	0.06	0.00	0.00	0.00	0.00	0.00
	누적	0.00	0.00	0.00	0.00	0.06	0.06	0.06	0.06	0.06	0.06
AA	한계	0.00	0.00	0.47	0.27	0.00	0.00	0.01	0.00	0.04	0.04
	누적	0.00	0.00	0.47	0.74	0.74	0.74	0.74	0.74	0.78	0.82
A	한계	0.00	0.00	0.05	0.15	0.08	0.16	0.06	0.17	0.12	0.00
	누적	0.00	0.00	0.05	0.19	0.27	0.43	0.50	0.67	0.79	0.79
BBB	한계	0.03	0.39	0.41	0.67	0.40	0.54	0.21	0.10	0.10	0.46
	누적	0.03	0.42	0.82	1.49	1.88	2.41	2.62	2.72	2.81	3.27
BB	한계	0.44	0.98	3.41	1.78	2.80	1.33	2.75	0.29	1.69	4.22
	누적	0.44	1.41	4.77	6.47	9.09	10.30	12.76	13.01	14.49	18.09
B	한계	1.41	4.31	7.27	6.93	7.06	6.24	3.76	1.96	1.26	1.64
	누적	1.41	5.65	12.51	18.58	24.33	29.05	31.72	33.06	33.90	34.99
CCC	한계	2.46	16.57	17.69	12.17	4.50	12.98	1.63	5.71	0.00	4.41
	누적	2.46	18.62	33.02	41.17	43.82	51.11	51.91	54.65	54.65	56.65

자료 : Altman, 1971~1996

section 05 신용등급 변화

1 신용등급 변화과정

신용등급 변화(credit rating transition) 또는 등급 전이(migration)는 기간별 등급으로 구성된 이산적 과정(discrete process)을 의미한다. 등급 변화는 S&P, Moody's, 앨트만이 분석하였으며, 앨트만은 최초 등급으로부터의 변화를 10년에 걸쳐 분석한데 반하여 신용평가기관은 채권의 경과연수(age)와 관계없이 일정 시점을 기준으로 모든 채권(새로 발행된 채권과 이미 거래되고 있는 채권)의 등급 변화를 추적하였다.

또한 앨트만의 자료는 RW등급(rating withdrawn)을 포함하지 않는다는 점에서 다른 자료와 상이하다. 이 등급은 발행기업이 채권을 콜(call)하거나 다른 이유로 인해 상환되는 경우에 사용된다.

등급 변화는 마코브과정(Markov process)을 따르는 것으로 가정한다. 마코브과정은 미래 사건의 조건부 확률이 과거 사건과는 독립적이며, 오직 과정의 현재 상태에만 의존하는 확률과

| 표 2-6 | 신용등급 변화 확률 |

	Aaa AAA	Aa AA	A A	Baa BBB	Ba BB	B B	Caa CCC	Def. C/D	RW
AAA(AK)	94.3	5.5	0.1	0.0	0.0	0.0	0.0	0.0	—
Aaa(M)	88.3	6.2	1.0	0.2	0.0	0.0	0.0	0.0	4.3
AAA(S&P)	88.5	8.1	0.7	0.1	0.1	0.0	0.0	0.0	2.6
AA(A/K)	0.7	92.6	6.4	0.2	0.1	0.1	0.0	0.0	—
Aa(M)	1.2	86.8	5.8	0.7	0.2	0.0	0.0	0.0	5.4
AA(S&P)	0.6	88.5	7.6	0.6	0.1	0.1	0.0	0.0	2.4
A(A/K)	0.0	2.6	92.1	4.7	0.3	0.2	0.0	0.0	—
A(M)	0.7	2.3	86.1	4.7	0.6	0.1	0.0	0.0	6.0
A(S&P)	0.1	2.3	87.6	5.0	0.7	0.2	0.0	0.4	3.6
BBB(A/K)	0.0	0.0	5.5	90.0	2.8	1.0	0.0	0.3	—
Baa(M)	0.0	0.3	3.9	82.5	4.7	0.6	0.0	0.3	7.7
BBB(S&P)	0.0	0.3	5.5	82.5	4.7	1.0	0.1	0.2	5.7
BB(A/K)	0.0	0.0	0.0	6.8	86.1	6.3	0.9	0.0	—
Ba(M)	0.0	0.1	0.4	4.6	79.0	5.0	0.4	1.1	9.4
BB(S&P)	0.0	0.1	0.6	7.0	73.8	7.6	0.9	1.0	8.9
B(A/K)	0.0	0.0	0.2	1.6	1.7	93.7	1.7	1.1	—
B(M)	0.0	0.0	0.1	0.6	5.8	56.3	3.1	3.5	10.5
B(S&P)	0.0	0.1	0.2	0.4	6.0	72.8	3.4	4.9	12.2
CCC(A/K)	0.0	0.0	0.0	0.0	0.0	2.8	92.5	4.6	—
Caa(M)	0.0	0.0	0.0	0.3	1.3	5.3	71.9	12.4	8.8
CCC(S&P)	0.2	0.0	0.3	1.0	2.2	9.6	53.1	19.3	14.2

Source and Kcy

A/K = Altman and Kao(1971~1989) from Altman and Kao(1992a)-newly issued bonds

M = Moody's(1935~1996) from Carty(1998)-cohort groups of bonds

S&P = Standard & Poor's(1981~196) from Standard & Poor's(1997a)-static pools of bonds

RW = Rating withdrawn.

표 2-7 가상의 신용등급 변화 확률

기초	기말				합계
	A	B	C	D	
A	0.97	0.03	0.00	0.00	1.00
B	0.02	0.93	0.02	0.03	1.00
C	0.01	0.12	0.64	0.23	1.00

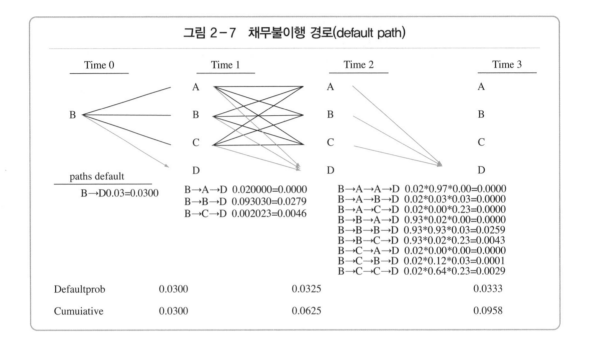

그림 2-7 채무불이행 경로(default path)

정이다.

앨트만의 결과는 두 신용평가기관의 결과와 매우 대조적인데 이유는 경과연수 효과, RW등급, 분석기간, 등급평가과정 등이 미친 영향 때문이다.[3] 특히, 앨트만의 결과에서 등급 변화 확률이 낮다(즉, 기초의 등급을 유지할 확률이 높음).

다음 예를 이용하여 신용등급 변화과정을 살펴보기로 하자. A, B, C, D(default) 등 4등급만이 존재하며 등급 변화 확률은 〈표 2-7〉과 같다.

현재 B등급 기업이 1년, 2년, 3년 동안에 채무불이행할 확률은 〈그림 2-7〉과 같이 각각 3%,

---

3 새로 발행되었거나 발행된 지 얼마 되지 않은 채권의 경우 앨트만의 결과가 보다 적절하고, 반면에 이미 거래되고 있는 채권(seasoned bond)의 경우 신용평가기관의 결과가 보다 적절하다.

6.25%, 9.58%이다. 여기서 3%, 3.25%, 3.33%는 누적 채무불이행률 간의 차이로 무조건부 채무불이행률(unconditional default rate)이다(앞의 제2절 설명 참조).

1년 기준 신용등급 변화 행렬 또는 전이 행렬을 이용하면 n년 기준 전이 행렬을 구할 수 있다. 이를 설명하기 위하여 〈표 2-7〉을 다음과 같은 매트릭스로 전환시켜 보자.[4]

$$\begin{bmatrix} 0.97 & 0.03 & 0.00 & 0.00 \\ 0.02 & 0.93 & 0.02 & 0.03 \\ 0.01 & 0.12 & 0.64 & 0.23 \\ 0.00 & 0.00 & 0.00 & 1.00 \end{bmatrix}$$

그리고 1년 기준 전이 행렬 매트릭스를 제곱하면 2년 기준 전이 행렬이 다음과 같이 계산된다.

$$\begin{bmatrix} 0.97 & 0.03 & 0.00 & 0.00 \\ 0.02 & 0.93 & 0.02 & 0.03 \\ 0.01 & 0.12 & 0.64 & 0.23 \\ 0.00 & 0.00 & 0.00 & 1.00 \end{bmatrix} \begin{bmatrix} 0.97 & 0.03 & 0.00 & 0.00 \\ 0.02 & 0.93 & 0.02 & 0.03 \\ 0.01 & 0.12 & 0.64 & 0.23 \\ 0.00 & 0.00 & 0.00 & 1.00 \end{bmatrix} =$$

$$\begin{bmatrix} 0.9415 & 0.0570 & 0.0006 & 0.0009 \\ 0.0382 & 0.8679 & 0.0314 & 0.0625 \\ 0.0185 & 0.1887 & 0.4120 & 0.3808 \\ 0.0000 & 0.0000 & 0.0000 & 1.0000 \end{bmatrix}$$

예를 들어, A등급 채권이 2년 내에 B등급으로 1단계 하락할 확률은 5.7%이고 2년 내에 채무불이행할 확률은 0.09%이다. 우리가 앞에서 계산한 B등급 채권이 2년 내에 채무불이행할 확률 6.25%는 두 번째 줄 네 번째 열의 값이다(이는 첫 번째 매트릭스의 두 번째 줄과 두 번째 매트릭스의 네 번째 열을 곱하여 구함).

2 신용등급 변화가 채권 가치에 미치는 영향의 측정

신용등급 변화가 채권 가치에 미치는 영향을 측정하는 방법에는 다음과 같은 세 가지 방법이 있다. 첫 번째 방법은 최초 등급의 수익률 스프레드와 새로운 등급의 수익률 스프레드 간의 차이에 채권의 수정 듀레이션(modified duration)을 곱하는 방법이다. 이유는 채권 가격(P)의 변화율이 수익률 변화(Δy)와 수정 듀레이션(MD)의 곱으로 추정되기 때문이다.

---

4 매트릭스의 넷째 행은 금년에 D 등급인 채권은 다음 년에도 항상 D 등급임을 의미한다.

$$\frac{\Delta P}{P} \sim - MD \times \Delta y$$

예를 들어, 수정 듀레이션이 6.2인 BBB등급의 채권이 A등급으로 상향조정되는 경우에 미치는 영향을 추정해 보자. 〈표 2-8〉에 제시되어 있듯이, BBB등급 채권의 스프레드는 139.8bp이고 A등급 채권의 스프레드는 85.3bp이다. 등급이 상향조정되면 스프레드가 54.5bp 감소하므로 채권 가격은 338bp 상승하게 된다. 338bp에 A등급으로 상향조정될 확률 19.6%를 곱하면 최종적으로 등급 변화가 채권 가격에 미치는 기대 변화율 66bp가 추정된다.

표 2-8 등급 변화가 가격에 미치는 영향(BBB등급이 A등급으로 상향조정되는 경우)

	AAA	AA	A	BBB	BB	B	CCC
평균 스프레드(bp)	54.8	60.4	85.3	139.8	326.1	538.7	1027.9

참고 : BBB등급 채권의 수정 듀레이션 : 6.2년
     A등급으로 상향조정되는 경우의 가격 변화율 : 6.2×(139.8−85.3)=338bp
     BBB등급에서 A등급으로 상향조정될 확률 : 19.6%
     A등급으로 상향조정되는 경우의 기대 가격 변화율 : 0.196×338bp=66bp

두 번째 방법은 일정 기간 후(예를 들어, 1년)를 기준으로 가능한 등급 변화를 추정하고 그 시점부터 만기일까지의 현금흐름을 새로운 등급별 선도 무이표채 수익률 곡선(forward zero coupon curve)으로 할인하는 것이다. 이 방법은 크레딧 메트릭스에 의해 제안된 방법이다.

등급 변화가 미치는 영향을 측정하는 세 번째 방법은 여러 만기의 채권으로 구성된 큰 표본의 가격 변화를 직접 관찰하는 것이다. 이 기법의 주요 문제점은 가격 변화가 일어나는 정확한 일자를 어떻게 결정할 것인가의 문제이다. 등급이 변화하는 시점에서 가격 변화를 측정하는 것은 너무 늦다. 왜냐하면 전부는 아닐지라도 대부분의 변화가 그전에 발생할 것이기 때문이다. 또 다른 가능성은 신용평가기관이 처음 채권을 주의 리스트(watch list)에 올려놓고 이를 발표하는 일자(예를 들어, S&P의 Credit Week가 발표되는 일자)를 기준으로 하는 것이다. 시장 상황이 항상 변하므로 가격 변화가 발생하는 패턴은 항상 동일하지 않다. 따라서 이런 경우에 사건 연구(event study)를 이용하여 영향을 정확히 측정하기는 어렵다.

회수율의 추정

회수율에 관한 연구는 크게 두 가지 유형으로 구별된다.

첫 번째 연구는 채무불이행한 기업이 최종적으로 청산되거나 또는 구조조정에 성공하여 법정관리에서 벗어나는 시점을 기준으로 실제의 회수율을 측정하는 방법이다. S&P의 Portfolio Management Data(PMD)와 Fitch Risk Management Loan Loss Database는 이런 실제의 회수율을 분석하고 있다.

두 번째 연구는 채무불이행 후 30일 내지 60일이 지난 시점에서 채무불이행한 증권의 시장가격을 분석하는 것이다. 앨트만─키쇼아(Altman-Kishore)의 연구, S&P의 채권 회수율 자료, Moody's의 채권 회수율 자료 등이 두 번째 유형에 속한다.

1 실제의 회수율 자료

S&P PMD Database는 1987년부터 채무불이행한 미국 기업이 발행한 1,600개 이상의 차입증권의 회수율 자료를 포함하고 있다.

자료는 법원과 SEC에 제출된 부도기업에 대한 자료로부터 입수되었으며 채무의 우선순위, 담보, 자세한 대차대조표 자료 등이 모두 포함되어 있다. 〈표 2-9〉는 은행대출과 여러 채권들의 회수율의 평균과 표준편차를 보여준다.

S&P는 2000년에 S&P PMD 자료를 분석하여 회수율의 결정요인을 살펴 보았다. 분석 결과,

표 2-9 | S&P PMD 회수율 자료

구분	표본 수	평균 회수율	표준편차
은행대출	529	83.5	27.2
상위 담보부 채권	205	68.6	31.8
상위 무담보부 채권	245	48.6	36.1
상위 후순위 채권	276	34.5	32.6
후순위 채권	323	31.6	35.0
하위 후순위 채권	40	18.7	29.9

참고 : 상위 : senior, 후순위 : subordinated, 하위 : junior.

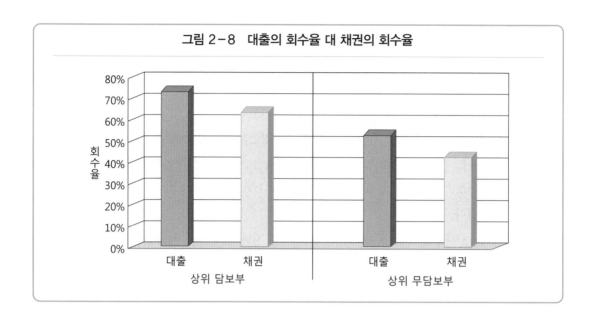

그림 2-8 대출의 회수율 대 채권의 회수율

확인된 네 가지 주요 요인은 우선순위(seniority), 담보 규모(amount of collateral), 채무불이행한 기간(time in default), 부채쿠숀의 규모(size of debt cushion)이다(R²은 48%임).

여기서 채무불이행한 기간은 채무불이행한 시점부터 채무불이행을 벗어나는 시점(즉, 최종적으로 청산되거나 또는 구조조정에 성공하여 법정관리에서 벗어나는 시점)까지의 기간을 의미한다. 그리고 부채쿠숀은 분석하는 부채보다 우선 순위가 낮은 부채를 총부채로 나눈 비율을 의미한다.

Fitch RM Loan Loss Database는 원래는 Loan Pricing Corporation에서 개발된 데이터베이스였으나 2001년에 Fitch에 의해 인수되었다. 유동성이 비교적 낮은 유통시장의 가격 자료보다는 채무불이행 후 실제 회수율이 상업대출 회수율보다 적절한 자료가 된다는 측면에서 이 자료의 가치가 있다.

실제 회수율은 채무불이행 후 채권자에게 지급된 금액의 현재가치를 채무불이행 시점 기준으로 미상환된 대출금액으로 나누어 구한다. 〈그림 2-8〉이 보여 주듯이, 일반적으로 대출의 회수율은 상응하는 채권의 회수율보다 높다.

또한 〈그림 2-9〉로부터 회수율이 쌍봉분포(bimodal distribution)를 따른다는 것을 확인할 수 있다. 따라서 시뮬레이션 분석 시 회수율의 평균을 그대로 이용하기 보다는 회수율이 따르는 확률분포를 명시적으로 고려하여 기대손실과 기대 외손실을 추정하는 것이 보다 바람직하다.

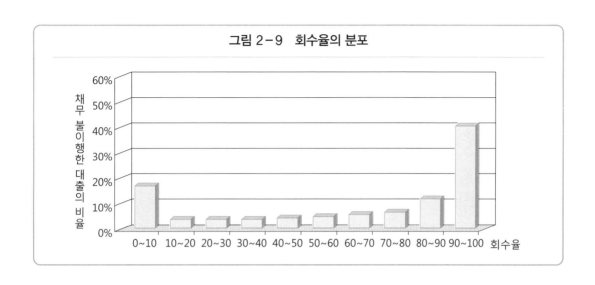

그림 2-9 회수율의 분포

2   **유통시장의 자료에 기초한 회수율**

1996년 앨트만과 키쇼아는 1981년부터 1996년까지 채무불이행한 채권의 표본을 대상으로 회수율의 결정요인을 분석하였다. 그들은 우선순위에 따라(〈그림 2-10〉 참조) 그리고 소속 산업에 따라(〈표 2-10〉 참조) 회수율이 크게 차이가 남을 확인하였다. 산업에 따라 차이가 난다는 것은 결국 자산의 유형이 회수율에 영향을 미친다는 것을 의미한다. 일반적으로 유형자산이 많을수록 그리고 자산의 유동성이 높을수록 청산가치가 크므로 회수율이 증가하는 경향이 있다.

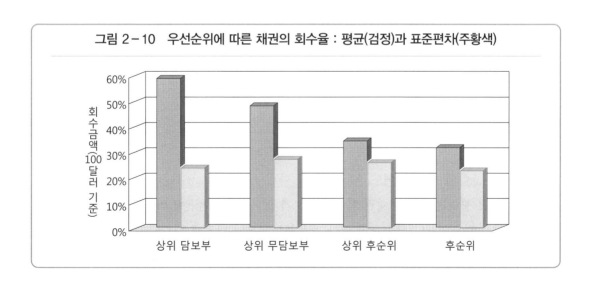

그림 2-10   우선순위에 따른 채권의 회수율 : 평균(검정)과 표준편차(주황색)

표 2-10 산업별 평균 회수율

산업	평균 회수율(%)	표준편차(%)
공익사업	70.47	19.46
화학	62.73	27.10
기계	48.74	20.13
서비스	46.23	25.03
식료	45.28	21.67
도소매업	44.00	22.14
카지노, 호텔	40.15	25.66
건축자재	38.76	22.86
운송	38.42	27.98
통신	37.08	20.79
금융기관	35.69	25.72
광업, 정유	33.02	18.01
병원, 숙박업	26.49	22.65

참고 : 공익사업(public utilities).

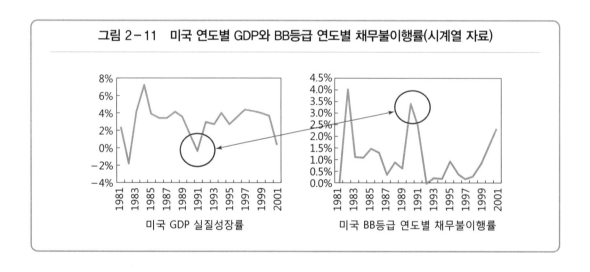

그림 2-11 미국 연도별 GDP와 BB등급 연도별 채무불이행률(시계열 자료)

미국 GDP 실질성장률

미국 BB등급 연도별 채무불이행률

앨트만-키쇼아의 연구 외에도, Moody's의 카디-리버맨(Carty-Liberman)의 1997년의 연구와 CreditPro로 불리는 S&P의 채권 회수율 자료가 있다. 이들 연구에 의하면, 회수율은 경기사이클의 영향을 받으며 경기사이클에 따라 채무불이행률이 다르게 나타나기 때문에(〈그림 2-11〉 참조) 결국은 회수율이 채무불이행률과 부(-)의 관계를 갖게 된다고 한다. 경기가 나쁘면 채무

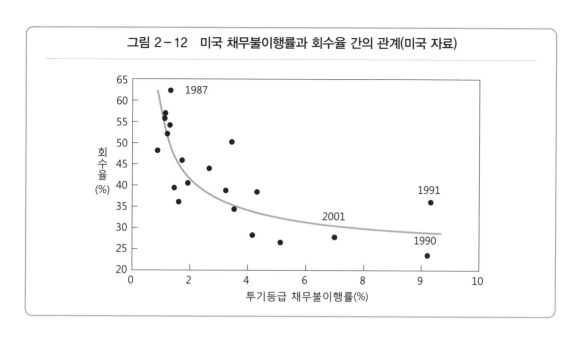

그림 2-12   미국 채무불이행률과 회수율 간의 관계(미국 자료)

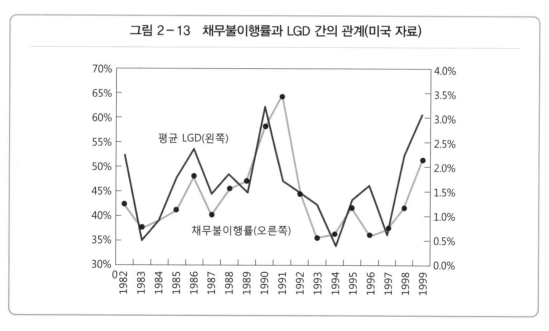

그림 2-13   채무불이행률과 LGD 간의 관계(미국 자료)

불이행률은 증가하고 회수율은 감소하는 경향이 있다. 〈그림 2-12〉는 미국 채무불이행률과 회수율 간의 관계를 보여준다. 이는 LGD와 채무불이행률이 정(+)의 관계를 갖는다는 것을 의미한다(〈그림 2-13〉 참조).

한국신용평가가 1998년부터 2020년까지를 대상으로 구한 등급별 누적 채무불이행률은 〈표 2-11〉과 같다.[5]

1998년을 기점으로 분석한 이유는 외환위기 이후 채권시장이 보증채에서 무보증채 위주로 패턴이 전환되었기 때문이다. 추이를 보면, 대체로 등급과 부도율이 높은 상관관계를 보이고 있다. 즉, 등급이 낮을수록 부도율이 높아지고, 투자등급과 투기등급의 평균누적부도율 간에는 명확한 차이가 있음을 알 수 있다.

투자적격 등급의 경우 0~1%대를 유지하고 있으나 투기등급의 경우 6~14%대를 유지하여 투자적격과 투기 등급 간에 명확한 신용위험 차이가 있음을 보여 준다.

동일 기간을 대상으로 구한 신용등급 변화 확률은 〈표 2-12〉와 같다.

AAA등급의 등급 유지비율은 97%, AA등급 90%, A등급 81%, BBB등급 70%, BB등급 57%, B등급 57%로 나타나 전체적으로 등급 유지비율이 상위등급에서 하위등급으로 갈수록 낮아지는 것으로 나타났다. 이는 미국 자료에서도 관찰되었던 현상이다.

우리나라의 경우 회수율 관련 자료를 축적하는 기관이나 제도가 없어 회수율 또는 LGD에 관해 발표된 자료가 전무한 실정이다.

표 2-11 **등급별 누적 채무불이행률(국내, 한신평, 1998~2020년)**

(단위: %)

등급	1년차	2년차	3년차	4년차	5년차	6년차	7년차	8년차	9년차	10년차
AAA	0.00	0.00	0.00	0.00	0.00	0.00	0.00	0.00	0.00	0.00
AA	0.00	0.00	0.00	0.00	0.00	0.00	0.00	0.00	0.00	0.00
A	0.05	0.16	0.33	0.52	0.79	1.00	1.24	1.33	1.43	1.53
BBB	0.35	1.05	1.77	2.32	2.78	3.07	3.36	3.66	3.97	4.41
BB	4.64	7.68	9.62	10.66	11.27	11.90	12.55	13.56	13.91	14.08
B 이하	8.08	10.77	12.22	12.42	12.85	13.30	13.53	13.53	13.77	14.03
투자	0.09	0.27	0.49	0.68	0.89	1.04	1.20	1.32	1.45	1.63
투기	6.07	8.96	10.69	11.39	11.92	12.47	12.95	13.55	13.85	14.06
전체	1.06	1.72	2.22	2.52	2.79	3.02	3.26	3.49	3.66	3.85

---

5 한국신용평가에서 2021년 3월 발행한 부도율 분석에서 인용함.

표 2-12 신용등급 변화 확률표(국내, 한신평, 1998~2020년)

(단위: %)

1998~2020		연말 등급							
		AAA	AA	A	BBB	BB	B 이하	D	소멸
연초등급	AAA	96.84	0.23						2.93
	AA	0.58	89.33	2.09	0.12				7.89
	A		4.81	81.29	3.22	0.10	0.31	0.05	10.22
	BBB			6.75	70.33	3.72	1.90	0.35	16.96
	BB			0.15	4.02	56.81	6.97	4.64	27.40
	B 이하				0.22	3.49	56.99	8.08	31.22

우리의 경우 채권 유통시장이 활발하지 않을 뿐만 아니라 벌처시장(vulture market)인 부도채권 유통시장이 거의 존재하고 있지 않아 채무불이행한 채권의 객관적 시장 유통 가격을 합리적으로 산출하는 것은 거의 불가능하다.

또한 채무불이행한 채권을 보유하고 있는 기관도 회수율을 외부로 전혀 노출하고 있지 않아 관련 자료의 입수가 불가능한 실정이다.

section 08 채무불이행률과 회수율 간의 상관성

앞에서 설명했듯이 채무불이행률과 회수율은 유의적인 부(−)의 관계를 갖는다. 이는 채무불이행률과 손실률이 정(+)의 관계를 갖는다는 것을 의미한다. 채무불이행률이 높을 때 손실률도 높게 되므로 이는 신용손실의 변동성을 증가시키게 된다.

무디스는 1982년부터 2007년까지의 투기등급 회사채의 자료를 분석하여 회수율과 채무불이행률 간의 관계를 다음과 같이 추정하였다.

$$회수율(\%) = 59.33\% - 3.06 \times 채무불이행률$$

예를 들어 채무불이행률이 2%이면 회수율은 53.21%이고 채무불이행률이 10%이면 회수율은 28.73%이다.

채무불이행률과 손실률이 유의적인 관계를 갖는 이유는 다음과 같다.

① 경기가 침체되어 채무불이행률이 상승하면 채무불이행한 기업의 자산은 다른 기업에게는 부채가 되므로 손실률이 증가한다.

② 담보가 금융자산인 경우 이자율 상승으로 금융자산의 가치가 하락하고 채무불이행률이 증가하면 손실률은 증가한다.

③ 담보가 부동산인 경우 경기침체가 오면 채무불이행률은 증가하고 부동산 가치가 하락하여 손실률이 증가한다.

④ 특정 산업에서 매출 감소로 인해 채무불이행률이 증가하면 재고자산의 가치가 하락하므로 손실률은 증가한다.

채무불이행률과 손실률 간의 유의적인 정의 관계는 기대손실과 기대 외손실(신용 VaR)에 크게 영향을 미친다. Altman, Resti, Sironi의 연구에 의하면 다음 세 가정 하에서 계산된 기대손실과 신용 VaR는 다음과 같다.

① 회수율이 일정함
② 회수율이 확률변수이지만 채무불이행률과 독립적임
③ 회수율이 확률변수이고 채무불이행률과 부의 관계를 가짐

결과에 의하면 첫 번째 가정과 두 번째 가정 하에서 계산된 값은 크게 차이가 없는 반면에 세 번째 가정 하에서 계산된 값과는 큰 차이를 보인다.

| | 회수율에 대한 가정 | | | (③-①)/① | (③-②)/② |
	①	②	③		
기대손실	46.26	45.81	59.85	29.4%	30.6%
95% VaR	189.91	187.96	244.86	28.9%	30.3%
99% VaR	435.41	437.08	564.46	29.6%	29.1%

chapter 03

전통적인 신용위험 평가모형

신용분석

신용분석(credit analysis)은 차입자의 채무상환능력을 분석하여 대출 여부를 결정하는 일련의 과정을 말하며, 숙달된 전문가의 주관적인 판단에 의존하는 일종의 전문가 시스템(expert system) 이다. 전문가 시스템에서 신용평가결정은 전문가의 전문지식, 주관적인 판단, 그리고 주요 변수의 가중치에 의해 결정된다. 전문가 시스템의 종류는 무수히 많지만 대표적인 전문가 시스템 중의 하나는 다음 5개의 C(five Cs)를 이용하는 것이다.

① character : 기업의 명성(reputation)을 측정함
② capital : 부채비율을 이용하여 채무불이행 가능성을 측정함
③ capacity : 부채상환능력을 의미하며 순이익의 변동성으로 측정함
④ collateral : 담보를 의미하며 변제 우선순위가 높을수록 그리고 담보의 시장가치가 클수록 위험이 감소함
⑤ cycle : 경기 사이클을 의미함

재무비율분석(financial ratio analysis)은 대차대조표, 손익계산서 등의 재무제표를 토대로 재무제표상의 개별 항목 간의 비율을 산출하여 기업의 재무상태와 경영성과를 분석 판단하는 기법

표 3-1 주요 재무비율

분야	비율	
영업성과 (operating performance)	• EBITDA/매출 • 순이익/자기자본 • 매출/고정자산	• 순이익/매출 • 순이익/총자산
부채부담률 (debt service coverage)	• EBITDA/이자금액 • (잉여현금흐름−자본적 지출)/이자금액 • (잉여현금흐름−자본적 지출−배당금)/이자금액	
재무레버리지 (financial leverage)	• 장기부채/총자산 • 총부채/자기자본	• 장기부채/자기자본 • 유동부채/자기자본
유동성 (liquidity)	• 유동자산/유동부채 • 재고자산/순매출 • 유동부채/재고자산	• (유동자산−재고자산)/유동부채 • 재고자산/순 운전자본

이다. 재무비율분석은 금융기관이 자금대출 시 차입자의 채무변제능력을 측정하기 위한 신용분석의 수단으로 사용한 데서 비롯되었다. 신용분석에 많이 사용되는 주요 비율은 다음 〈표 3-1〉과 같다.

신용평가기관들은 때로는 기업이 제공하는 사적인 정보에 의존하여 등급을 결정하기도 하지만 대체로 공개정보에 기초하여 등급을 결정한다. 채권의 등급은 대체로 원리금 지급능력과 현금흐름의 안정성 및 예측 가능성을 측정하는 재무비율들을 기초하여 결정된다. 등급평가절차는 〈그림 3-1〉과 같다.

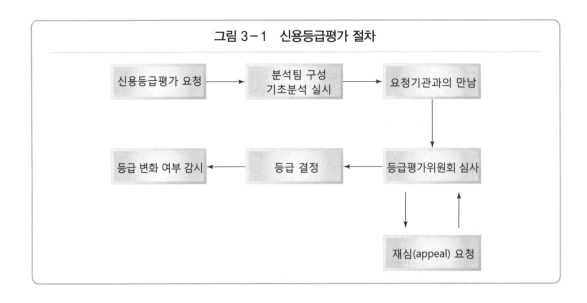

그림 3-1 신용등급평가 절차

표 3-2 회사채 신용등급 평가기준

	Standard & Poor's		Moody's
AAA	최고의 회사채 등급. 차입자의 원금상환능력이 극히 우수함	Aaa	약간의 위험은 있으나 최고의 질을 갖는 것으로 판정된 등급
AA	원금상환능력이 우수하나 AAA보다 약간 떨어짐	Aa	안정성이 충분히 높지 않고 장기적으로는 위험의 요소를 갖기 때문에 높은 수준의 질을 가지면서도 Aaa보다는 낮게 판정된 등급
A	원금상환능력이 우수함. 환경과 경제적 조건이 불리하게 변하면 차입자가 곤경에 빠질 가능성이 있음	A	채권은 긍정적인 투자조건을 가지고 있으나 미래에 위험에 처할 가능성이 있음
BBB	원금상환능력이 적절하나 좋지 못한 경제조건과 환경이 위험에 이르게 할 가능성이 높음	Baa	안정성이 아주 높지도 않고 그렇다고 아주 떨어지지도 않음. 적절한 원금상환능력을 보유하고 있음
BB B CCC	현저하게 투기적인 등급으로, BB등급은 투기성이 가장 적고, CCC등급은 투기성이 가장 많음	Ba	어느 정도의 투기적 위험을 갖고 있음
		B	일반적으로 바람직한 투자조건이 부족함 지급 가능 확률이 낮음
		Caa	상태가 악화되고 채무불이행 확률도 높음
		Ca	매우 투기적임 종종 채무불이행으로 이어짐
D	채무불이행 상태 또는 지급지연 상태	C	극단적으로 투기적임. 채무불이행 상태임

자료 : Damodaran, *Investment Valuation*, 1996, p. 42.

신용평가기관으로는 Standard & Poor's, Moody's 등이 있다. 이들 기관들의 평가기준은 대체로 유사하지만 약간의 차이는 존재하는데, 〈표 3-2〉는 두 기관의 등급평가기준을 보여 준다. 여기서 BBB등급 이상을 투자적격 등급이라고 한다.

수없이 많은 비율들이 존재하지만 신용평가기관들이 주로 이용하는 재무비율은 다음과 같다.

① 세전 이자보상비율 = (세전 영업이익 + 이자비용)/이자비용

② EBITDA 보상비율 = EBITDA/이자비용

③ 영업현금흐름/총부채 = (영업이익 + 감가상각비)/총부채

④ 기업잉여현금흐름/총부채 = (영업현금흐름 - 자본적 지출 - 추가 운전자본)/총부채

⑤ 세전 총자산영업이익률 = (세전 영업이익 + 이자비용)/총자산

⑥ 매출액영업이익률 = (매출액 - 감가상각비 제외 매출원가 - 판매비와 관리비 - R&D비용)/매출액

⑦ 장기부채/장기자본＝장기부채/(장기부채＋자기자본)

⑧ 총부채/총자산＝총부채/(총부채＋자기자본)

표 3-3 S&P의 신용등급별 재무비율 중간값(1990~1992년)

	AAA	AA	A	BBB	BB	B	CCC
세전 이자보상비율	17.65	7.62	4.14	2.49	1.50	0.92	0.68
EBITDA 보상비율	21.03	10.52	6.17	4.24	2.60	1.87	1.16
영업현금흐름/총부채	120.10	65.30	37.00	26.30	15.50	9.80	5.50
기업잉여현금흐름/총부채	42.30	28.00	13.60	6.10	3.20	1.60	0.80
세전 총자산영업이익률	31.90	20.60	15.60	10.90	10.90	6.90	4.60
매출액영업이익률	22.20	16.30	15.10	12.60	12.70	11.90	12.10
장기부채/장기자본	12.50	23.30	34.70	43.80	59.30	59.90	69.30
총부채/총자산	21.90	32.70	40.30	48.80	66.20	71.50	71.20

참고 : 보상비율을 제외한 모든 비율의 중간값은 %로 표시됨

자료 : Damodaran, *Investment Valuation*, 1996, p. 43.

〈표 3-3〉은 1990년부터 1992년까지 제조기업들을 대상으로 Standard & Poor's의 등급별 재무비율의 중간값(median)을 요약한 것이다.

section 02 신용평점 모형

신용평점 모형(credit scoring model)은 '채무불이행 확률에 영향을 미치는 요인들을 사전에 확인하고 이들 요인들에 적정 가중치를 부여하여 기업별로 점수를 계산하고 이 점수에 근거하여 채무불이행 확률을 해석하는 방법'이다.

1 Z-score 모형

가장 유명한 모형이 앨트만(1968)의 Z-score 모형이다. 앨트만은 1946년부터 1965년까지의

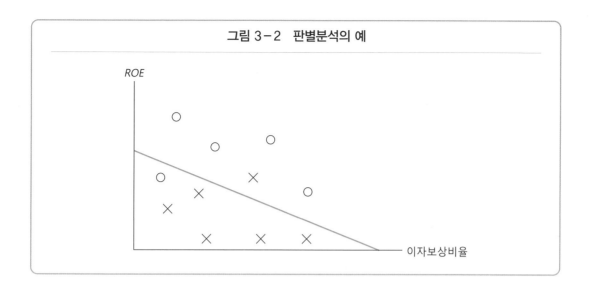

그림 3-2 판별분석의 예

기간 동안에 파산한 기업 33개와 연도, 규모 그리고 업종별로 통제한 건전기업 33개를 표본으로 선정하여 부도예측모형(bankruptcy prediction model)을 개발하였다. Z-score 모형은 다변량 판별분석(multivariate discriminant analysis)을 이용하여 개발되었는데, 이 분석방법은 그룹 간의 분산(between-group variance)을 최대화하면서 동시에 그룹 내의 분산(within-group variance)을 최소화하는 기법이다.

판별분석의 개념을 이해하기 위하여 표본기업들의 ROE와 이자보상비율(interest coverage ratio)의 자료를 입수한 후에 어떤 기업들이 파산하는지를 관찰해 보자. 〈그림 3-2〉에 파산한 기업은 X로 표시되어 있고, 건전기업은 O로 표시되어 있다.

그림에서 알 수 있듯이 파산기업은 *ROE*와 이자보상비율이 모두 낮다는 특성을 가진다. 여기서 두 그룹(파산기업과 건전기업)을 가장 잘 구별하는 직선이 예를 들어 '0.75＝0.9×*ROE*＋0.4×이자보상비율'이라고 가정하자. 표본기업별로 각각 (0.9×*ROE*＋0.4×이자보상비율)의 값을 계산하고, 이 값이 0.75를 초과하면 건전기업으로, 0.75보다 작으면 파산 가능 기업으로 구분한다.

앨트만의 Z-score 모형 식은 다음과 같다.

$$Z = 1.2X_1 + 1.2X_2 + 3.3X_3 + 0.6X_4 + 1.0X_5 \tag{3.1}$$

여기서 $X_1 =$ 순 운전자본/총자산, $X_2 =$ 이익잉여금(retained earnings)/총자산, $X_3 =$ EBIT(Earnings Before Interest and Tax)/총자산, $X_4 =$ 자기자본의 시장가치/총부채의 장부가치, $X_5 =$ 매출액/총자산이다.

표 3-4 Z-score 모형 변수의 그룹별 평균

변수	파산기업 평균	건전기업 평균	F 값
X_1	-6.1%	41.4%	32.60
X_2	-62.6%	35.5%	58.86
X_3	-31.8%	15.4%	26.56
X_4	40.1%	247.7%	33.26
X_5	1.5배	1.9배	2.84

참고 : *F*값은 마지막 변수를 제외하고 모두 0.1%에서 유의하다.
자료 : Caouette-Altman-Narayanan, *Managing Credit Risk*, 1998.

모형에 사용된 5개 변수의 파산기업과 건전기업에 대한 평균비율은 〈표 3-4〉와 같다. 5개의 변수 중에서 통계적으로 유의하지 않은 변수는 매출액/총자산 비율이다.

분석에 최종적으로 이용된 5개 비율의 정의 및 용도는 각각 다음과 같이 요약된다.

(1) 순 운전자본/총자산비율

순 운전자본을 총자산으로 나눈 비율은 기업의 단기채무상환능력인 유동성을 측정하는 비율이다. 순 운전자본은 유동자산에서 유동부채를 차감하여 구한다. 대체로 영업손실이 계속적으로 발생하면 총자산에 대한 순 운전자본비율이 감소한다.

(2) 이익잉여금/총자산

이익잉여금은 기업이 설립된 이후 지금까지 얻은 이익/손실을 모두 합한 수치이다. 기업의 설립 경과연수는 묵시적으로(implicitly) 이 비율에 반영된다. 갓 설립된 기업은 대체로 이 비율이 낮을 것으로 추정되므로 이 변수를 고려하는 분석이 편의(bias)를 갖는다고 생각할 수 있다. 그러나 설립년수가 짧은 기업의 파산 가능성이 높다는 것을 고려하면 이것은 편의라기보다는 합당한 논리적 근거를 갖는다고 볼 수 있다. Dun & Bradstreet사의 조사에 의하면 1996년에 미국에서 파산한 기업의 45%가 설립년도가 5년 미만인 기업이라고 한다.

(3) 영업이익/총자산

영업이익을 총자산으로 나눈 비율은 세금과 레버리지 효과를 반영하기 전 기준으로 기업자산의 생산성을 측정하는 비율이다. 기업의 설립목적이 결국 자산의 순이익 창출 능력을 향상시키는 데 있으므로 기업의 파산 여부를 다루는 연구에는 특히 중요한 비율이다. 특히 기업의 지급불능(insolvency)은 기업의 총부채가 자산의 순이익 창출 능력으로 추정되는 자산의 적정가치를 초과할 때 발생한다.

(4) 자기자본의 시장가치/총부채의 장부가치

자기자본의 시장가치를 총부채의 장부가치로 나눈 비율은 총부채가 총자산을 초과하여 기업이 지급불능 상태가 되기까지 기업의 자산가치가 얼마나 하락할 수 있는가를 측정하는 비율이다.

예를 들어, 자기자본의 시장가치가 1000억 원이고 부채의 장부가치가 500억 원인 기업이 있다 하자. 이 기업은 자산가치가 $\frac{2}{3}$~66% 이상(즉, $1,000+500=1,500$의 $\frac{2}{3}$는 $1,000$억 원임) 하락해야 지급불능에 도달한다. 66% 여유가 있는 셈이다. 다른 예로 자기자본의 시장가치가 250억 원이고 부채의 장부가치가 500억 원인 기업의 경우, 이 기업은 $250/(250+500)=\frac{1}{3}$~33% 밖에 여유가 없다. 따라서 이 비율은 다른 비율들이 전혀 고려하지 못하는 시장 가격 개념을 반영하는 비율이다. 한편 앨트만은 리스금액을 총부채에 포함시킬 것을 1976년에 권유하였다.

(5) 매출액/총자산

매출액을 총자산으로 나눈 총자산회전율은 기업자산의 매출 창출 능력을 측정하는 비율이다. 〈표 3-4〉에서 확인할 수 있는 바와 같이 이 비율은 단일 변량 분석에서 통계적으로 유의적이지 않은 변수이다. 그러나 다변량 판별분석에 사용된 이유는 다른 변수와의 관계 때문이며, 이 비율은 모형의 전체 판별 능력에서 두 번째로 중요한 변수이다. 대체로 산업별로 총자산회전율은 크게 차이가 난다.

2 모형 검증

선형 판별분석을 실시한 후 모형의 정확성을 검증한다고 하자. 먼저 〈표 3-5〉와 같은 분할표를 만들고 다음 네 가지 지표를 계산한다.

❶ 제1종 정확성(type I accuracy) : 파산기업을 파산기업으로 정확히 분류함 : $\dfrac{N_1}{N_1+N_2}$

❷ 제2종 정확성(type II accuracy) : 건전기업을 건전기업으로 정확히 분류함 : $\dfrac{N_4}{N_3+N_4}$

❸ 제1종 오류(type I error) : 파산기업을 건전기업으로 잘못 분류함 : $\dfrac{N_2}{N_1+N_2}$

④ 제2종 오류$_{(\text{type II error})}$: 건전기업을 파산기업으로 잘못 분류함: $\dfrac{N_3}{N_3 + N_4}$

제1종 오류비용은 파산기업에 대출을 해 손해를 입는 것이고 제2종 오류비용은 대출을 하지 못함으로 인한 이익 기회의 상실이므로 당연히 제1종 오류비용이 제2종 오류비용보다 크다. 앨트만은 71년부터 75년까지 대형 상업은행의 대출자료를 이용하여 제1종과 제2종 오류비용을 각각 70%와 2%로 추정하였다.

표 3-5 **분할표**

그룹 구별	표본수	분류 결과	
		파산기업으로 분류	건전기업으로 분류
파산그룹	$N_1 + N_2$	N_1	N_2
건전그룹	$N_3 + N_4$	N_3	N_4

선형 판별분석 모형의 질을 검증하는 가장 보편적인 방법이 CAP곡선(cumulative accuracy profile curve)이다. CAP곡선은 판별 모형에 의해 생성된 z값을 x축에 가장 낮은 점수부터 높은 점수로 배열하고, 파산기업의 수를 y축의 값으로 한다. 만약 선형 판별 모형이 완벽하면 실제 파산은 z값이 낮은 기업에서만 순차적으로 발생해야 한다.

그러나 모형이 전혀 판별 능력을 가지지 못하면 파산은 z값이 낮은 기업과 z값이 높은 기업

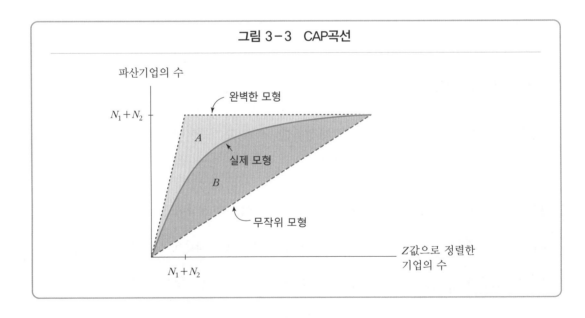

그림 3-3 CAP곡선

에서 균등하게 발생하게 되므로 이런 무작위 모형의 CAP곡선은 우상향 직선으로 표시될 것이다. 물론 실제의 모형은 완벽한 모형(perfect model)과 판별 능력이 전혀 없는 무작위 모형(random model)과의 사이에 위치하게 될 것이다.

CAP곡선의 정확성은 다음과 같이 계산되는 지니비율(Gini ratio: G)에 의해 계산된다.

$$G = \frac{B}{A + B}$$

A는 완벽한 모형의 CAP곡선과 실제 모형 CAP곡선 사이의 면적이고, B는 실제 모형 CAP곡선과 무작위 모형의 CAP곡선 사이의 면적이다.

chapter 04

개별 신용위험 측정기법

section 01 KMV 모형

1989년에 설립된 미국 샌프란시스코 소재 KMV는 블랙-숄즈-머튼(Black-Scholes-Merton : BSM)의 옵션 가격결정 모형에 근거한 채무불이행 예측모형(default prediction model) 또는 신용감시모형(credit monitor model)을 개발하였다(KMV는 2002년 4월에 Moody's에 2억 달러에 인수되었다.). 1974년 머튼은 옵션 가격결정 모형을 이용하여 위험채권(risky bond) 또는 위험대출(risky loan)의 가치를 평가하였는데, KMV의 채무불이행 예측모형은 머튼의 아이디어에 바탕을 두고 있다.

KMV 모형에서 채무불이행 확률은 기업의 자본구조(capital structure), 자산 수익률의 변동성, 그리고 현재 자산가치에 의해 결정된다. 따라서 채무불이행 확률은 기업별로 계산이 가능하므로(firm specific) 신용등급을 도출하는 것도 가능하다.

등급 변화는 채무불이행 확률에 반영되므로 KMV는 크레디트 메트릭스와는 달리 등급 변화 확률을 명시적으로 고려하지 않는다. 크레디트 메트릭스와 KMV 모형은 차입기업 자산가치의 역동성(dynamics)에 기반을 두는 모형이다.

만일 부채가 거래되어 시장가치를 계산할 수 있다면 부채의 가치에 자기자본의 가치를 합하여 기업의 가치를 계산하고 나아가 가치의 변동성도 계산할 수 있다. 그러나 부채의 시장가치를 구할 수 없다면 다른 방법으로 기업 자산가치와 변동성을 구해야 한다.

1년 만기로 0B금액(1년 이자 포함한 금액)을 대출해 준 금융기관을 고려해 보자. 만기에 자산가치가 0C이면 차입자는 부채를 상환할 유인을 갖는다. 즉, 차입자는 부채(0B)를 상환하고 잔여재산 (0C−0B)를 소유한다. 그러나 반대로 자산의 시장가치가 0B보다 작은 0A이면, 차입자는 대출금을 상환할 수 없으므로 채무불이행하게 되고 결국 모든 자산을 대출제공자(즉, 금융기관)에게 양도해야 한다.

만기일에 시장가치가 0B를 초과하면 금융기관은 대출 시에 약정한 수익(즉, 이자와 원금을 의미함)을 얻게 된다. 그러나 시장가치가 0B보다 작으면 금융기관은 손해를 보게 되고, 자산가치의 크기가 작을수록 손실은 증가하게 된다. 극단적으로 시장가치가 0이면 금융기관은 원금과 이자를 전혀 회수하지 못하므로 금융기관의 이득은 0이 된다. 이러한 이득 패턴이 〈그림 4-1〉에 묘사되어 있다.

차입자가 정상적으로 부채를 상환하는 경우에는 고정된 수익을 얻으나 차입자가 채무불이행하는 경우에는 심각한 손실을 입을 수 있는 금융기관의 이득 패턴은 〈그림 4-2〉에 묘사된 풋옵션 발행 포지션의 이득 패턴과 유사하다. 즉, 기초자산의 가치(S)가 행사 가격(X)을 초과하면 옵션이 행사되지 않으므로 발행자는 옵션 프리미엄만큼의 이익을 얻는다. 그러나 반대로 기초자산의 가치가 행사 가격보다 낮으면 발행자의 이득은 $S-X$이므로 손실이 발생하며, 최악의 경우는 기초자산의 가치가 0인 경우로, 최대 손실은 [$X-$옵션 프리미엄]이다.

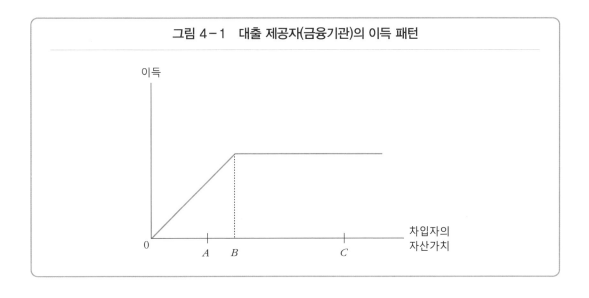

그림 4−1 대출 제공자(금융기관)의 이득 패턴

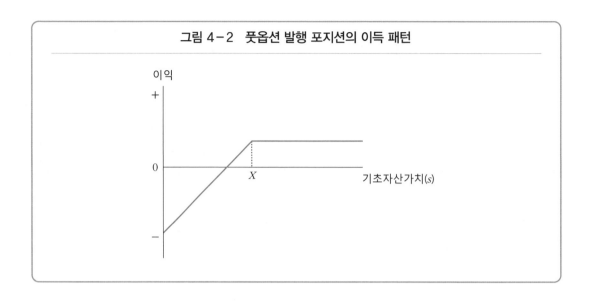

그림 4-2 **풋옵션 발행 포지션의 이득 패턴**

이익

+

0

X

기초자산가치(s)

−

두 패턴이 유사하므로, 대출을 제공한 금융기관의 포지션은 차입기업의 자산을 기초자산으로 하는 풋옵션을 발행한 포지션으로 간주될 수 있다.[1] 즉, 차입자는 채무불이행할 수 있는 권리인 채무불이행 옵션(default option)을 소유한 셈이다. 블랙-숄즈-머튼의 모형(BSM 모형)에서 옵션의 가치를 결정하는 요인은 5개이므로, 채무불이행 옵션 또는 위험대출의 가치도 동일한 5개 요인에 의해 결정된다.

$$\text{풋옵션의 가치} = f(\overline{S}, \overline{X}, \overline{r}, \overline{\sigma_s}, \overline{\tau}) \tag{4.1}$$

$$\text{위험대출에 포함된 채무불이행 옵션의 가치} = f(A, \overline{B}, \overline{r}, \sigma_A, \overline{\tau}) \tag{4.2}$$

여기서 r은 무위험이자율, τ는 풋옵션의 만기, S는 기초자산의 가치, X는 행사 가격, σ_s는 기초자산 수익률의 변동성, A는 기업자산의 시장가치, B는 부채의 장부가치(행사 가격에 해당됨)이다. 그리고 σ_A는 기업자산 시장가치 변화율(또는 수익률)의 변동성이다. 변수 위에 줄(bar)이 있는 경우는 직접 관찰이 가능한(observable) 변수를 의미한다.

풋옵션의 가치를 결정하는 데 필요한 모든 변수들은 시장에서 직접 관찰이 가능하다.[2] 그러나 채무불이행 옵션의 가치를 평가하는 데 필요한 변수의 경우, 기업자산의 시장가치(A)와 이

---

1 실제로는 파산비용이 발생하므로 〈그림 4-1〉에서 자산가치가 0이면 금융기관의 이득은 0보다 작게 된다. 이로 인해 〈그림 4-1〉의 이득 패턴은 〈그림 4-2〉에 묘사된 풋옵션 발행 포지션의 이득 패턴과 더욱 유사해진다.
2 풋옵션의 경우 변동성은 미래 기간에 대한 변동성을 의미하므로 시장에서 직접적인 관찰이 불가능하다. 그러나 여기서 관찰이 가능하다고 한 이유는 일반적인 주식옵션 등에서 변동성은 역사적 변동성, 내재변동성 등으로 추정할 수 있고, 이를 미래 변동성의 대용치로 사용할 수 있기 때문이다.

가치의 변동성(σ_A)은 시장에서 관찰이 불가능하다.[3]

2　KMV 모형

KMV 모형의 기본 논리는 기업의 시장가치가 일정 수준 이하로 하락하면 채무불이행하게 된다는 것이다. KMV 모형은 관찰이 불가능한 변수인 A와 σ_A를 추정하기 위하여 다음 두 가지 관계를 이용한다.

❶ 자산의 시장가치와 자기자본의 시장가치 간의 구조적 관계
❷ 자산가치 변동성과 자기자본가치 변동성 간의 관계

일단 두 변수가 추정되면 KMV 모형은 차입자의 기대 채무불이행 확률(Expected Default Frequency : EDF)을 계산한다.

(1) 자산의 시장가치와 자기자본 시장가치 간의 관계

차입기업의 주주 입장에서 대출상환의 문제를 접근해 보자. 기업은 0B를 상환해야 하고, 만기일에 자산의 가치가 0C이다. 이 경우에 기업은 대출을 상환하고 주주들은 [0C − 0B]를 차지한다. 대출 상환 시점에서의 자산가치가 클수록 주주들이 차지하는 부의 크기도 증가한다. 그러나 만일 자산의 가치가 0A로 0B보다 작으면 주주들은 대출을 상환할 수 없으므로 채무불이행하게 되고, 모든 자산을 금융기관에 양도하면 주주들은 더 이상의 책임을 지지 않는다. 따라서 자산의 가치가 아무리 작더라도 주주들은 유한책임(limited liability)을 지므로 주주들은 일정 금액(0L로 주주들의 지분에 해당되는 금액임) 이상의 손해를 보지 않는다. 상향이익은 무제한적이고 하향 손실은 제한되어 있는 주주의 이익 패턴은 〈그림 4-3〉에 묘사되어 있다.

〈그림 4-3〉에 묘사되어 있는 패턴은 부채를 사용하는 기업(levered firm)의 주식에 대한 콜옵션을 매입한 포지션의 이득 패턴과 유사하다. 따라서 차입기업 주주들의 포지션은 기업자산에 대한 콜옵션 매입 포지션의 가치와 동등(equivalent)하다.

$$\text{자기자본의 가치 } \overline{E} = h(A,\ B,\ r,\ \sigma_A,\ \tau) \tag{4.3}$$

3　σ_A는 정확히는 자산가치(시장가치 기준) 변화율의 변동성이다.

그림 4-3 차입기업 주주의 이익 패턴

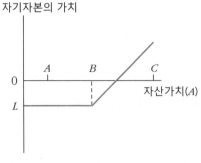

BSM(1973) 모형에 따르면, 이러한 콜옵션의 가치공식은 아래와 같다.

$$\overline{E} = AN(d_1) - Be^{-r\tau}N(d_2) \tag{4.4}$$

단, $\overline{E}$ = 자기자본의 시장가치

　　B = 부채의 장부가치(행사 가격에 해당됨)

　　A = 자산의 시장가치

　　τ = 분석기간(horizon)

　　r = 무위험이자율

　　σ_A = 자산가치의 변동성

　　N = 누적 정규분포(d_1과 d_2는 다음과 같이 계산함)

$$d_1 = \frac{\ln\left(\frac{A}{B}\right) + \left(r + \frac{1}{2}\sigma_A^2\right)\tau}{\sigma_A\sqrt{\tau}}$$

$$d_2 = d_1 - \sigma_A\sqrt{\tau}$$

(2) 자산가치 변동성과 자기자본가치 변동성 간의 관계

KMV 모형이 이용하는 또 하나의 관계는 자기자본가치의 변동성(관찰 가능함) σ_E와 자산가치의 변동성(관찰이 불가능함) σ_A 간의 이론적인 관계이다.

$$\overline{\sigma_E} = g(\sigma_A) \tag{4.5}$$

예를 들어,

$$\overline{\sigma_E}^2 = V\left(\frac{\Delta\overline{E}}{E}\right) \tag{4.6}$$

BSM 모형에 의하여 $\Delta\overline{E} = N(d_1)\Delta A$ 이므로,

$$\overline{\sigma_E}^2 = V\left(\frac{N(d_1)\Delta A}{\overline{E}}\right) = V\left(N(d_1)\frac{\Delta A}{A}\cdot\frac{A}{\overline{E}}\right) = \left(N(d_1)\frac{A}{\overline{E}}\right)^2\sigma_A^2 \tag{4.7}$$

따라서,

$$\overline{\sigma_E} = N(d_1)\cdot\frac{A}{\overline{E}}\cdot\sigma_A \tag{4.8}$$

모르는 변수가 두 개이고 수식도 (4.4) 및 (4.8) 두 개이므로 연속 치환법으로 A와 σ_A를 추정할 수 있다. 식 (4.3)에서의 B는 채무불이행 옵션을 행사하는 점으로 이론적으로는 모든 부채를 의미하나 KMV는 만기가 1년 미만인 모든 단기부채에 장기부채 장부 가격의 50%를 더하여 구한다. 이렇게 정한 이유는, KMV가 과거 채무불이행 자료를 분석한 결과, 기업가치가 단기부채에 장기부채의 50%를 더한 값과 같아질 때 가장 많은 채무불이행이 발생한 것을 발견하였기 때문이다. τ는 분석자의 위험분석기간을 의미하는데, 신용위험의 경우 대체로 1년을 사용한다. KMV는 배당을 고려할 수 있는 BSM 옵션 가격결정 모형을 이용하나 다른 모형을 이용할 수도 있다.

(3) 기대 채무불이행 확률

KMV 모형의 기본 개념을 이해하기 위하여 다음의 예를 고려해 보자. 식 (4.3)과 식 (4.8)에 의해 계산된 A는 100만 달러, σ_A는 10%라고 가정하자. 그리고 B는 80만 달러이다. A, σ_A, B로부터 이 기업이 1년 내에 채무불이행할 확률, 즉 이론적 EDF(theoretical EDF)를 계산할 수 있다.

〈그림 4-4〉에 의하면 채무불이행 확률은 $t=1$시점에서 자산가치가 B 이하로 하락할 확률이다. 자산가치가 정규분포를 따른다고 가정하면 80만 달러는 100만 달러로부터 $2\times$표준편차(2σ) 아래에 해당된다. 즉, 오늘 시점의 기업가치(100만 달러)가 1년 후에 채무불이행하게 되는 기업가치(80만 달러)로부터 떨어진 거리를 표준화하여 측정하는 방법은 100만 달러에서 80만 달러를 차감한 후 이를 표준편차로 나누는 것이다. 이 채무불이행하는 가치로부터의 거리(Distance

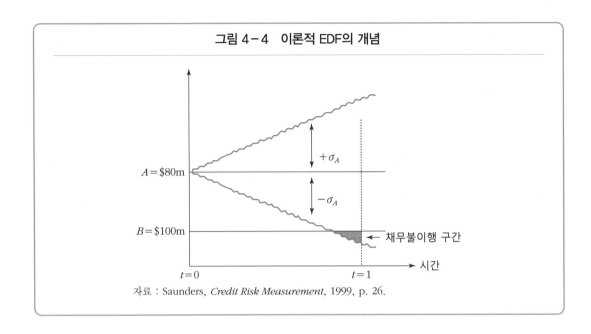

그림 4 - 4   이론적 EDF의 개념

자료 : Saunders, *Credit Risk Measurement*, 1999, p. 26.

From Default : DFD)를 식으로 표현하면 다음과 같다.[4]

$$DFD = \frac{A - B}{A\sigma_A} = \frac{100 - 80}{100 \times 0.1} = 2 \tag{4.9}$$

80만 달러는 100만 달러로부터 2표준편차 아래에 해당되므로, 자산가치가 80만 달러보다 작을 확률은 2.5%이다(자산가치가 성장하지 않는다고 가정하였음). 즉, *EDF*는 2.5%이다.

앞의 예에서 우리는 자산가치의 성장률이 0이라고 가정하였다. 만일 성장률이 10%라고 가정하면 80만 달러는 100(1.1)=110만 달러보다 3×표준편차 아래에 해당되므로 *EDF*는 0.5%이다(정규분포에서 평균을 중심으로 ±3σ 안에 99%가 포함됨).

우리는 이론적으로 *EDF*를 계산하였으나 대출에 대한 데이터베이스가 방대하면 이를 이용하여 실증적 *EDF*(Empirical Expected Default Frequency)를 계산할 수 있는데, 이 방법이 KMV가 접근하는 방법이다. 이론적 *EDF*는 정규분포를 가정한다. 그러나 실제의 분포는 정규분포가 아니므로 데이터베이스에서 추정된 실증적 *EDF*를 이용하는 것이 적절하다.

앞의 예에서, 채무불이행이 발생하려면 자산가치가 이론적으로 2σ 하락해야 한다. 따라서 적절한 질문은 다음과 같다. 만일 자산가치가 1년 후 기준으로, 분석 시점에서의 가치로부터

---

4 σ_A를 수익률 변동성이 아닌 달러 변동성으로 환산하여 사용한다면 공식을 $DFD=(A-B)/\sigma_A$로 사용하여도 무방하다. <그림 4-4>는 σ_A를 달러 환산 변동성으로 사용하여 나타낸 것이다. 단, 이 경우 수식 (4.4) ~ (4.8)의 σ_A도 달러 변동성에 맞게 모두 수정해 주어야 한다.

2σ 하락한다면, 데이터베이스에 포함된 기업들이 실제로 채무불이행할 확률은 얼마인가? 실증적 EDF는 다음과 같이 계산된다.

$$\text{실증적 } EDF = \frac{\begin{array}{c}\text{기간 초의 가치가 } B\text{보다 } 2\sigma \text{ 큰 기업 중에서} \\ \text{실제로 채무불이행한 기업의 수}\end{array}}{\text{기간 초의 가치가 } B\text{보다 } 2\sigma \text{ 큰 기업의 수}} \qquad (4.10)$$

예를 들어, 분석기간 초의 가치가 B로부터 2σ 떨어진 기업의 수가 1,000개이고 이 중에서 실제로 50개가 채무불이행하였다면 실증적 EDF는 50/1,000＝5%이다.

이론적 EDF와 실증적 EDF는 크게 차이가 날 수 있다. KMV 모형의 장점은 방대한 데이터베이스를 유지하고 있어 실증적 EDF를 계산할 수 있다는 점이다.

KMV 모형의 우수성을 살펴보기 위하여, KMV 모형이 계산한 실증적 EDF와 신용등급 변화 간의 관계를 IBM과 Krung Thai 은행의 관계에서 살펴보자(〈그림 4-5〉와 〈그림 4-6〉 참조). 두 기업의 경우 모두, 신용등급이 변하기 상당기간 전에 EDF가 크게 증가하였음을 확인할 수 있다.

신용평가기관은 시장 가격 자료를 이용하기도 하지만 이들 기관들은 근본적으로 회계자료를 이용하여 신용등급을 평가한다.

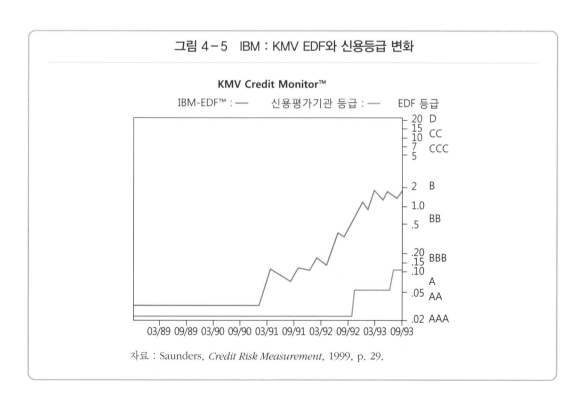

그림 4-5   IBM : KMV EDF와 신용등급 변화

자료 : Saunders, *Credit Risk Measurement*, 1999, p. 29.

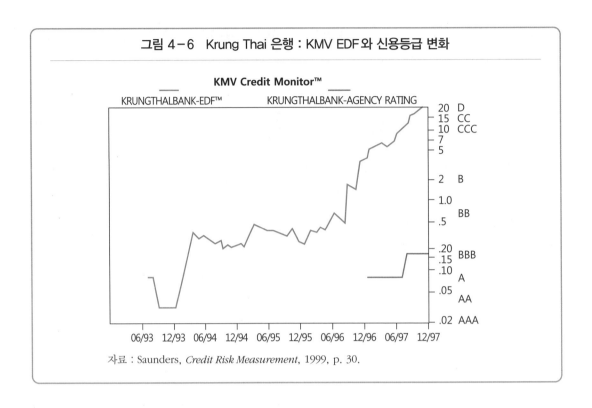

그림 4-6 Krung Thai 은행 : KMV EDF와 신용등급 변화

자료 : Saunders, *Credit Risk Measurement*, 1999, p. 30.

반면에 KMV가 계산하는 EDF 점수는 시장 가격과 직접적으로 연결되어 있다. 즉, 시장에 불리한 정보가 전달되면 주가는 하락하고 변동성은 증가하게 된다. 이로 인해 A와 σ_A가 변하고 최종적으로 EDF가 영향을 받게 된다. 이론적으로 EDF를 몇 분 간격으로 계산하는 것이 가능하나, KMV는 월별로 EDF를 재추정한다.

KMV 모형의 장점과 단점은 〈표 4-1〉과 같이 요약된다.

비상장기업의 경우 주가 자료가 없기 때문에 앞에서 설명한 모형을 직접 적용할 수 없다.

KMV는 비상장기업에 적용할 수 있는 모형을 개발하였는데 이 모형은 영업가치와 청산가치를 이용하여 기업의 시장가치를 추정하고 매출액 규모, 산업, 그리고 자산규모를 이용하여 자산의 변동성을 추정한다.

기업의 영업가치는 EBITDA(earnings before interest, tax, depreciation and amortization)의 배수로 표현되는데 적정 배수는 동일 산업에 속한 상장기업의 기업가치/EBITDA 비율의 평균치를 대용한다. 기업의 성과가 좋으면 기업가치는 영업가치로 계산되고 기업의 성과가 좋지 않으면 기업가치는 청산가치에 의해 계산되게 된다. 기업자산의 변동성은 상장기업의 자산가치 변동성을 매출액, 자산, 그리고 산업 구분 변수에 대하여 회귀분석하여 얻은 식을 이용하여 추정된다.

| 표 4-1 | KMV 모형의 장점과 단점 |

KMV 모형의 장점	KMV 모형의 단점
① 모든 상장기업에 적용이 가능하다.	① 이론적 EDF를 추정하기 위하여 정규분포를 가정
② 장부가치에 근거하지 않고 시장가치를 이용하므	해야 한다.
로 미래지향적이다.	② 주가 자료를 이용하므로 사기업(private company)
③ 이론적인 근거가 확립되어 있다(즉, 채권은 기업	의 경우 수정 없이 적용할 수가 없다.
가치에 대한 풋옵션 발행 포지션으로 인식된다).	③ 대출 또는 채권의 만기, 변제 우선순위(seniority),
	담보여부, 제약조건(covenant)의 내용, 전환 여
	부(convertibility) 등을 고려할 수 없다.

자산가치와 자산의 변동성이 계산되면 상장기업에 적용했던 것처럼 DFD와 EDF를 계산한다. 기본적인 논리는 동일하나 실제 적용하는 방법에는 약간의 차이가 있는 것으로 알려져 있다.

section 02 | 크레디트 메트릭스

1 | 크레디트 메트릭스의 구조

크레디트 메트릭스(겁튼-핑거-바티아(Gupton-Finger-Bhatia))는 1997년 4월에 J. P. Morgan사가 개발한 것으로 포트폴리오의 가치와 위험을 측정하는 일련의 분석적인 방법(analytical method)과 데이터베이스(database)를 말한다. 크레디트 메트릭스(Credit-Metrics)의 목적은 신용등급 (채무불이행 포함) 변화의 영향을 받는 자산 포트폴리오의 가치분포(value distribution)를 추정하는 과정을 제공하는 것이다. 가치 분포는 평균, 표준편차, 퍼센타일(percentile) 그리고 한계 위험 (marginal risk)에 의하여 요약된다.

크레디트 메트릭스의 핵심은 자산 또는 포트폴리오의 가치는 채무불이행 확률(default probability)뿐만 아니라 시간에 따른 신용등급의 변화를 모두 고려하여 평가되어야 한다는 것이다. 여기서 채무불이행은 신용등급 변화 중 하나의 특수한 경우에 지나지 않는다. 앨트만-카오(1991)와 앨트만(1997)은 시간에 따른 신용등급 변화를 분석하였으므로 크레디트 메트릭스 방

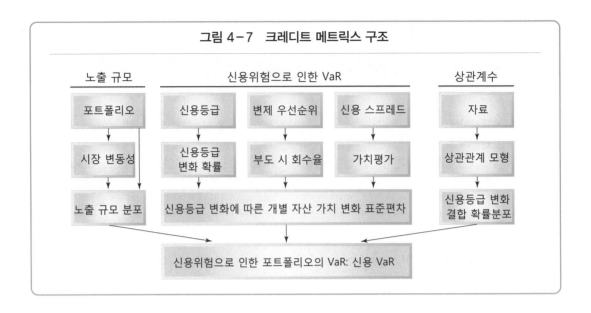

그림 4-7 크레디트 메트릭스 구조

노출 규모	신용위험으로 인한 VaR			상관계수
포트폴리오	신용등급	변제 우선순위	신용 스프레드	자료
시장 변동성	신용등급 변화 확률	부도 시 회수율	가치평가	상관관계 모형
노출 규모 분포	신용등급 변화에 따른 개별 자산 가치 변화 표준편차			신용등급 변화 결합 확률분포

신용위험으로 인한 포트폴리오의 VaR: 신용 VaR

법은 새로운 것은 아니다. 그러나 크레디트 메트릭스는 일관성 있고 종합적인 방법으로 신용등급 변화, 채무불이행, 회수율, 채무불이행/신용등급 간의 상관계수를 모두 고려한 최초의 시도였다는 점이다. 나중에 설명하겠지만 특히 중요한 것은 크레디트 메트릭스에서 신용등급 간의 상관계수를 추정하는 방법이다.

크레디트 메트릭스의 계산과정 구조가 〈그림 4-7〉에 나타나 있다.

그림의 왼쪽에는 채무불이행 시 위험에 노출된 금액(exposure)을 측정하는 과정이 표시되어 있다. 노출크기를 측정하는 문제는 부외자산(off-balance-sheet asset)의 경우 복잡할 수 있다. 중간에는 노출된 금액의 개별 위험(stand-alone risk)을 결정하는 과정이 표시되어 있고 오른쪽에는 상관계수를 결정하는 과정이 표시되어 있다. 그리고 그림의 하단에는 이미 설명한 세 과정에서 결정된 노출 크기, 개별 위험, 상관계수를 결합하여 포트폴리오 전체의 위험을 계산하는 과정이 표시되어 있다. 여기서는 개별 위험을 측정하는 방법을 소개하기로 한다. 그리고 포트폴리오의 신용위험을 측정하는 방법은 추후에 설명하기로 한다.

크레디트 메트릭스는 VaR 개념으로 신용위험을 측정한다. VaR는 이미 앞에서 설명했듯이, 주어진 신뢰 수준에서 일정기간 동안에 발생할 수 있는 최대 손실금액이다. VaR의 개념을 그래프로 설명하면 〈그림 4-8〉과 같다.

현재의 시장가치가 80달러이고 가치의 일별 표준편차가 10달러라고 가정하자. 일별 자산가치 수익률이 정규분포를 따른다면 수익률 관찰치의 68%는 평균을 중심으로 1표준편차 안에 포함되고, 98%는 2.33표준편차 안에 포함된다. 즉, 자산가치가 80달러를 중심으로 2.33표준편

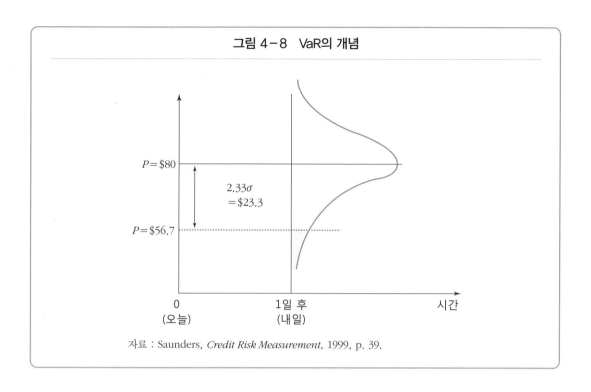

그림 4-8 **VaR의 개념**

P=$80

2.33σ
=$23.3

P=$56.7

0
(오늘)

1일 후
(내일)

시간

자료 : Saunders, *Credit Risk Measurement*, 1999, p. 39.

차 안에 위치할 가능성이 98%이므로, 내일의 자산가치가 $80-2.33 \times 10 = 56.7$달러보다 작을 가능성은 1%이다.

다시 말해서 투자자가 $80-56.7=23.3$달러 이상 손해보지 않을 것을 99% 신뢰 수준에서 확신할 수 있고, 이는 23.3달러 이상의 손실이 발생할 가능성(〈그림 4-8〉에서 음영처리된 부분)이 1%임을 의미한다. 여기서 23.3달러가 99% 신뢰 수준에서의 일별 VaR이다. VaR를 계산하는 데 필요한 주요 변수는 자산의 시장가치와 가치의 표준편차(또는 변동성)이다.

그러나 이러한 VaR의 방법론을 대출 포트폴리오에 직접 적용하기에는 다음과 같은 여러 가지 문제점이 있다.

❶ 대출자산은 거래되지 않으므로 시장 가격을 관찰할 수 없다.
❷ 거래되지 않으므로 변동성을 계산할 수 있는 시계열 자료가 존재하지 않는다.
❸ 거래되는 자산의 수익률이 정규분포를 따른다는 가정은 대출자산의 경우에는 성립되지 않는다. 대출자산의 경우 상향 수익(upside potential)과 하향 손실(downside risk)이 비대칭적인 분포를 이루므로 이를 고려해야 한다.

무담보 대출의 경우 신용위험에 노출된 금액은 액면금액 전체이다. 그러나 대출의 경우에도 담보가 설정되어 있으면 신용위험에 노출된 금액은 액면금액이 아니라 액면금액에서 담보의 가치를 차감한 금액이다.

예를 들어, 금융기관이 90,000달러를 대출하고 100,000달러의 주택을 담보로 설정하였다고 가정하자. 차입자는 매년 향후 18년 동안 매년 5,000달러씩 원금을 상환할 예정이다. 부동산의 가격 변화의 표준편차는 10%이다. 이 경우에 금융기관이 신용위험에 노출된 금액은 95% 신뢰 수준에서 다음과 같이 계산된다.

1년 후에 주택 가격은 95% 신뢰 수준에서 $1.96 \times 10\% = 19.6\%$까지 하락할 수 있으므로 주택 가격은 $100,000 \times (1 - 0.196) = 80,400$달러가 되고 위험에 노출된 금액은 4,600달러이다.[5] 2년 후에 주택 가격은 $19.6\% \times \sqrt{2} = 27.72\%$까지 하락할 수 있고, 주택 가격은 $100,000 \times (1 - 0.2772) = 72,281$달러가 되고 위험에 노출된 금액은 7,719달러가 된다. 이렇게 계산한 신용위험 노출 금액은 처음에는 증가한다. 왜냐하면 주택 가격의 하락폭이 차입자가 매년 상환하는 5,000달러보다 크기 때문이다. 그러나 시간이 지남에 따라 주택가치의 하락폭은 감소하므로 신용위험 노출 금액은 감소하게 된다. 그리고 대출잔액이 담보주택의 가치보다 작게 되면 신용위험 노출 금액은 0이 된다. 이는 〈그림 4-9〉와 같다. 그림에서 점선은 95% 신뢰 수준에서 계산한 것이고, 실선은 97% 신뢰 수준에서 계산한 것이다. 파생상품의 신용위험 노출 금액을 계산하는 방법은 나중에 설명하기로 한다.

---

5   95% 신뢰 수준이면서 1.96을 이용한 이유는 양쪽 꼬리(two tail)를 이용하기 때문이다. 즉, 95% 신뢰구간은 평균을 중심으로 $\pm 1.96\sigma$이다.

표 4-2　주택담보대출의 신용위험 노출 금액(95% 신뢰 수준)

연	대출 잔액	주택 가격의 변화(누적, %)	담보주택의 가치	위험 노출 금액
0	90,000	0.00	100,000	0
1	85,000	19.60	80,400	4,600
2	80,000	27.72	72,281	7,719
3	75,000	33.95	66,052	8,948
4	70,000	39.20	60,800	9,200
5	65,000	43.83	56,173	8,827
6	60,000	48.01	51,990	8,010
7	55,000	51.86	48,143	6,857
8	50,000	55.44	44,563	5,437
9	45,000	58.80	41,200	3,800
10	40,000	61.98	38,019	1,981
11	35,000	65.01	34,994	6
12	30,000	67.90	32,104	0
13	25,000	70.67	29,331	0
14	20,000	73.34	26,664	0
15	15,000	75.91	24,090	0
16	10,000	78.40	21,600	0
17	5,000	80.81	19,187	0
18	0	83.16	16,844	0

자료 : Matten, *Managing Bank Capital*, 1996, p. 67.

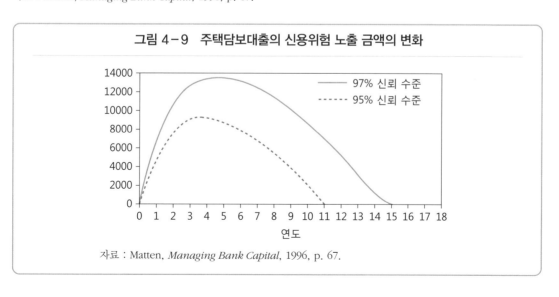

그림 4-9　주택담보대출의 신용위험 노출 금액의 변화

자료 : Matten, *Managing Bank Capital*, 1996, p. 67.

대출 포트폴리오에 포함된 개별 대출들로부터 계약에 의한 미래 현금흐름(future contractual cash flows), 예를 들어, 대출잔액(loan balance), 상각 스케줄(amortization schedule), 액면이자율(coupon rate) 등을 파악한다. 채권 등급은 개별 자산별로 매겨진다. 만일 등급이 결정되어 있지 않으면 다른 방법으로 그룹을 지어야 하는데, 중요한 것은 채무불이행 확률과 다른 등급으로 변할 확률을 결정할 수 있는 자료가 있어야 한다는 점이다. 신용등급으로 평가되었다는 가정하에서 설명하기로 한다.

(1) 1단계 : 신용등급 변화 확률표

최초의 등급에서 시작하여 개별 자산은 분석기간 말에 8개 신용등급 중의 한 등급으로 변하게 된다. 등급 변화가 일어나는 상태는 변화 확률에 의해 규정된다. 7개 등급의 신용등급 변화 행렬(credit rating transition matrix)은 〈표 4-3〉과 같다.

이 표에 의하면 BBB등급의 채권이 AAA등급, AA등급, A등급으로 상향될 확률은 각각 0.02%, 0.33%, 5.95%이다. BBB등급을 계속 유지할 확률은 86.93%이며, BB등급, B등급, CCC등급으로 하향조정될 확률은 각각 5.30%, 1.17%, 0.12%이다. 그리고 BBB등급이 채무불이행할 확률은 0.18%이다.

표 4-3 **1년 기준 신용등급 변화 행렬** (단위 : %)

최초 등급	1년 후 기준의 신용등급							
	AAA	AA	A	BBB	BB	B	CCC	채무불이행
AAA	90.81	8.33	0.68	0.06	0.12	0.00	0.00	0.00
AA	0.70	90.65	7.79	0.64	0.06	0.14	0.02	0.00
A	0.09	2.27	91.05	5.52	0.74	0.26	0.01	0.06
BBB	0.02	0.33	5.95	86.93	5.30	1.17	0.12	0.18
BB	0.03	0.14	0.67	7.73	80.53	8.84	1.00	1.06
B	0.00	0.11	0.24	0.43	6.48	83.46	4.07	5.00
CCC	0.22	0.00	0.22	1.30	2.38	11.24	64.86	19.79

자료 : J. P. Morgan, *CreditMetricsTM Technical Document*, 1997년 4월, p. 25.

(2) 2단계 : 가치평가

❶ 채무불이행 시의 가치평가 : 만일 채권이 채무불이행하면, 약정된 현금흐름은 더 이상 존재하지 않고, 자산의 변제 우선순위(seniority)에 의해 일부를 회수할 수 있을 뿐이다. 회수율은 하나의 숫자라기보다는 범위로 표시되는데, 자산가치의 표준편차에 영향을 미친다. 자산의 기대가치는 회수율이 무작위라는 사실에 의해 영향을 받지 않는다. 채무불이행 시 받을 수 있을 것으로 예상되는 현금흐름을 의미하는 회수율(recovery rate) 추정치는 〈표 4-4〉와 같다.

　〈표 4-4〉는 회수율의 평균치뿐만 아니라 표준편차도 보여 준다. 만일 우리가 평가하는 채권이 BBB 상위 무담보채권이면 채무불이행 시 기대되는 회수율은 액면금액의 51.13%이고, 회수율의 표준편차는 25.45%이다. 〈표 4-5〉에서 알 수 있듯이, 변제 우선순위가 높을수록 회수율은 높다. 즉, 상위 담보의 경우 평균 회수율은 53.80%인데 반하여, 하위 후순위의 경우 평균 회수율은 17.09%에 지나지 않는다. 그리고 이 자료에 의하면 회수율이 높을수록 표준편차도 크다는 것을 알 수 있다.

❷ 신용등급의 변화에 따른 가치평가 : 채무불이행하지 않고 채권의 신용등급이 상향 또는 하향조정되는 경우 채권의 가치를 평가해야 한다. 미래 7개의 등급은 무이표채 수익률 곡선에 각각 상이한 신용 스프레드(credit spread)를 갖는데, 이는 미래 약정된 현금흐름을 할인하여 현재가치를 계산하는 데 이용된다. 신용등급별 채권 가치는 현금흐름을 적정 무이표채 이자율로 할인하여 결정된다. 〈표 4-5〉는 신용등급별 무이표채 선도 수익률 곡선(zero coupon forward yield curve, 즉 1년 후 기준의 무이표채 수익률 곡선으로 forward zero curve를 의미함)을 보여 준다.

　예를 들어, 채권의 액면이자율이 6%이고 만기가 5년인 BBB등급 채권을 고려해 보자(이자는 1년에 1번 지급하고 액면가는 100달러임). 이 채권은 향후 4년 동안 매년 6달러를 액면이

표 4-4　변제 우선순위별 회수율(액면금액의 %임)

우선순위에 의한 분류	평균 회수율(%)	표준편차(%)
상위 담보(senior secured)	53.80	26.86
상위 무담보(senior unsecured)	51.13	25.45
상위 후순위(senior subordinated)	38.52	23.81
후순위(subordinated)	32.74	20.18
하위 후순위(junior subordinated)	17.09	10.90

자료 : J. P. Morgan, *CreditMetricsTM Technical Document*, 1997년 4월, p. 26.

표 4-5 신용등급별 무이표채 선도 수익률 곡선(%)

신용등급 \\ 기간	1년	2년	3년	4년
AAA	3.60	4.17	4.73	5.12
AA	3.65	4.22	4.78	5.17
A	3.72	4.32	4.93	5.32
BBB	4.10	4.67	5.25	5.63
BB	5.55	6.02	6.78	7.27
B	6.05	7.02	8.03	8.52
CCC	15.05	15.02	14.03	13.52

자료 : J. P. Morgan, *CreditMetricsTM Technical Document*, 1997년 4월, p. 27.

표 4-6 BBB등급의 1년 후 등급별 가치 V(채권 가치와 액면이자의 합)   (단위 : 달러)

1년 후 등급	가치(V)
AAA	109.37
AA	109.19
A	108.66
BBB	107.55
BB	102.02
B	98.10
CCC	83.64
채무불이행	51.13

자료 : J. P. Morgan, *CreditMetricsTM Technical Document*, 1997년 4월, p. 28.

자로 지급하고, 5년 후에는 액면이자와 원금의 합인 106달러를 지급할 예정이다. 이 채권이 1년 후에 A등급으로 상향 조정되는 경우의 가치 V는 다음과 같이 108.66달러이다 (여기서 V는 1년 후 시점에서의 채권 가치와 1년 후 지급되는 액면이자의 합임).

$$V = 6 + \frac{6}{(1.0372)} + \frac{6}{(1.0432)^2} + \frac{6}{(1.0493)^3} + \frac{106}{(1.0532)^4} = 108.66 \tag{4.11}$$

그리고 다른 등급으로 변하는 경우의 가치를 위와 같은 방법을 반복적으로 적용하여 구하면 〈표 4-6〉과 같다.

(3) 3단계 : 개별 신용위험 추정

미래 상황(1년 후 새로운 등급을 의미함)에서의 자산의 가치와 각 상황으로 변화할 확률이 결정되면, 크레디트 메트릭스는 자산의 기대가치를 계산한다.

〈표 4-7〉은 BBB등급 채권의 미래가치 확률분포로부터 표준편차를 계산하는 방법을 보여준다. 〈표 4-7〉의 두 번째 열과 세 번째 열에 나열된 등급 변화 확률과 1년 후 가치는 앞의 〈표 4-3〉과 〈표 4-6〉에서 인용하였다. 네 번째 열은 두 번째 열과 세 번째 열의 곱으로 확률가중가치를 의미한다. 채권의 기대가치는 확률 가중 가치를 합산한 107.09달러이다. 〈표 4-7〉의 마지막 두 열은 채권 가치의 표준편차를 계산하기 위한 절차로 표준편차는 2.99달러이다.

$$
평균(\mu_T) = \sum_{i=1}^{s} p_i \mu_i =
\begin{bmatrix}
0.02\% \cdot 109.37 \\
+ 0.33\% \cdot 109.19 \\
+ 5.95\% \cdot 108.66 \\
+ 86.93\% \cdot 107.55 \\
+ 5.30\% \cdot 102.02 \\
+ 1.17\% \cdot 98.10 \\
+ 0.12\% \cdot 83.64 \\
+ 0.18\% \cdot 51.13
\end{bmatrix}
= 107.09 \tag{4.12}
$$

표 4-7 신용등급 변화로 인한 가치 변화로부터 변동성을 계산하는 방법

구분 1년 후 신용등급	확률(%) p_i	1년 후 가치 μ_i	확률가중 가치	평균과의 차이	확률×차이²
AAA	0.02	109.37	0.02	2.28	0.0010
AA	0.33	109.19	0.36	2.10	0.0146
A	5.95	108.66	6.47	1.57	0.1467
BBB	86.93	107.55	93.49	0.46	0.1839
BB	5.30	102.02	5.41	−5.07	1.3624
B	1.17	98.10	1.15	−8.99	0.9456
CCC	0.12	83.64	0.10	−23.45	0.6599
채무불이행	0.18	51.13	0.09	−55.96	5.6367
			평균=107.09	분산	8.9508
				표준편차	2.99

자료 : J. P. Morgan, *CreditMetricsTM Technical Document*, 1997년 4월, p. 28.

$$\text{표준편차} = \sqrt{\sum_{i=1}^{s} p_i \mu_i^2 - \mu_T^2} = \sqrt{\begin{bmatrix} 0.02\% \cdot 109.37^2 \\ + 0.33\% \cdot 109.19^2 \\ + 5.95\% \cdot 108.66^2 \\ + 86.93\% \cdot 107.55^2 \\ + 5.30\% \cdot 102.02^2 \\ + 1.17\% \cdot 98.10^2 \\ + 0.12\% \cdot 83.64^2 \\ + 0.18\% \cdot 51.13^2 \end{bmatrix} - 107.09^2} = 2.99 \qquad (4.13)$$

이 계산에서 우리는 오직 평균값만을 고려하였다. 그러나 채무불이행 시의 회수율에 대한 불확실성이 매우 높으므로 회수율의 표준편차를 고려하여 식 (4.15)와 같이 계산할 수도 있다.

앞의 계산과 다른 점은 채무불이행 시 회수율의 표준편차가 고려되었다는 점으로, 이로 인해 1년 후 가치의 표준편차는 2.99달러에서 3.18달러로 6.32% 증가하게 된다. 앞의 계산과 달라진 점은 표준편차를 계산할 때 채무불이행 시 μ_i^2 대신에 $(\mu_i^2 + \sigma_i^2)$를 이용한다는 점이다.

신용위험을 측정하기 위해 크레디트 메트릭스는 표준편차와 퍼센타일(percentile)이라는 2개의 측정치를 이용한다.

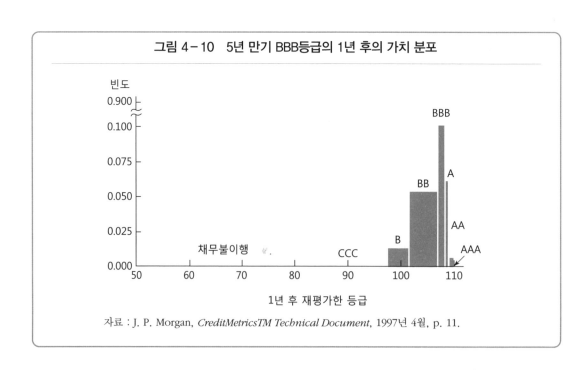

그림 4 – 10   5년 만기 BBB등급의 1년 후의 가치 분포

자료 : J. P. Morgan, *CreditMetricsTM Technical Document*, 1997년 4월, p. 11.

$$\text{평균}(\mu_T) = \sum_{i=1}^{s} p_i \mu_i = \begin{bmatrix} 0.02\% \cdot 109.37 \\ +\,0.33\% \cdot 109.19 \\ +\,5.95\% \cdot 108.66 \\ +\,86.93\% \cdot 107.55 \\ +\,5.30\% \cdot 102.02 \\ +\,1.17\% \cdot 98.10 \\ +\,0.12\% \cdot 83.64 \\ +\,0.18\% \cdot 51.13 \end{bmatrix} = 107.09 \tag{4.14}$$

$$\text{표준편차} = \sqrt{\sum_{i=1}^{s} p_i \mu_i^2 - \mu_T^2} = \sqrt{\begin{bmatrix} 0.02\% \cdot 109.37^2 \\ +\,0.33\% \cdot 109.19^2 \\ +\,5.95\% \cdot 108.66^2 \\ +\,86.93\% \cdot 107.55^2 \\ +\,5.30\% \cdot 102.02^2 \\ +\,1.17\% \cdot 98.10^2 \\ +\,0.12\% \cdot 83.64^2 \\ +\,0.18\% \cdot (51.13^2 + 25.45^2) \end{bmatrix} - 107.09^2} = 3.18 \tag{4.15}$$

❶ 정규분포 가정하에 이용되는 표준편차(standard deviation)는 차입증권(debt securities)의 수익률처럼 변수가 비대칭적(asymmetrical)인 분포를 따르는 경우 만족스러운 위험 측정치가 되지 못한다. 이를 모수적(parametric) 방법이라고 한다.

❷ 두 번째 측정치는 실제의 분포로부터 하위 1퍼센트에 해당되는 값(1 percent value), 즉 1퍼센타일이다(99% 신뢰 수준 가정). 이는 비모수적(nonparametric) 방법이다.

퍼센타일을 이용한 99% 신용 VaR가 8.99달러로 계산된 과정을 살펴보자.

〈표 4-7〉에서 BBB등급이 1년 후에 채무불이행할 확률은 0.18%로 1%보다 작다. 따라서 한 등급 위를 고려하여 CCC등급 또는 채무불이행할 확률은 0.18%+0.12%=0.30%인데 이는 여전히 1%보다 작다. 또, 한 등급 위를 고려하여 B등급이나, CCC등급 또는 채무불이행할 확률은 0.18%+0.12%+1.17%=1.47%로 1%를 초과하므로 1퍼센타일은 B등급에 해당하는 98.10

표 4-8   모수적 방법과 비모수적 방법에 의한 신용 VaR

모수적 방법(정규분포를 가정하고 표준편차 이용)
95% 신뢰 수준 신용 VaR=1.65×2.99=4.93달러
99% 신뢰 수준 신용 VaR=2.33×2.99=6.97달러
비모수적 방법(실제 분포에서 퍼센타일 이용)
95% 신뢰 수준 신용 VaR=$107.09−$102.02=5.07달러
99% 신뢰 수준 신용 VaR=$107.09−$98.10=8.99달러

달러이고, 99% VaR는 기대값에서 98.10달러를 차감한 8.99달러이다.

그러나 정확하게 얘기하면, 8.99달러는 99% VaR가 아니고 98.53% VaR이다. 따라서 정확하게 99% VaR를 계산하려면 0.30(= 100−99.70) 퍼센타일인 83.64달러와 1.47(= 100−98.53) 퍼센타일인 98.10달러를 이용하여 1퍼센타일을 선형보간법으로 추정해야 한다. 즉,

$$1퍼센타일 = 83.64 + (98.10 - 83.64)\frac{(99.70 - 99.00)}{(99.70 - 98.53)} = 92.29$$

1퍼센타일은 92.29달러이므로 정확한 99% VaR는 $107.09 − $92.29 = 14.80달러이다. 같은 논리로 102.02달러는 5퍼센타일이 아니고 6.77퍼센타일이다. 따라서 선형보간법(linear interpolation method)으로 구한 5퍼센타일은 100.71달러이고, 정확한 95% VaR는 $107.09 − $100.71 = 6.38달러이다.

개별 위험을 측정하는 방법을 요약하면, 크레디트 메트릭스는 약정된 현금흐름, 회수율, 변제 우선순위, 신용등급 변화 확률, 등급별 수익률 곡선(미래 시점 기준)을 기초로 미래가치의 확률분포를 도출한다.

신용등급 변화로 인해 자산가치는 변화 확률로 가중한 기대값과 표준편차(또는 1퍼센타일)로 측정되는 위험에 의해 표현된다. 현재까지 신용등급 간의 상관관계에 대해서는 어떠한 가정도 하지 않았는데 그 이유는 개별 자산의 위험을 독립적으로 평가하기 때문이다.

4 신용등급 변화 확률표의 문제점

크레디트 메트릭스에서 신용위험을 측정하는 데 매우 중요한 역할을 하는 신용등급 변화 행렬(credit rating migration matrix)의 작성과 연관하여 다음과 같은 문제점이 있다.

❶ 신용등급 변화 행렬을 구성할 때 우리는 변화 확률이 마코브과정(Markov process)을 따른다고 가정했다. 마코브과정은 미래를 예측하는 데 현재 상태만이 중요한 특수한 확률과정(stochastic process)이다. 다시 말해서 특정 채권이 1년 후에 다른 등급으로 변할 확률은 과거에 이 채권의 등급이 어떻게 변화했는지와는 관련이 없다는(즉, 독립적인) 것을 의미한다. 그러나 닉켈−페라우딘−배로토(Nickell- Perraudin-Varotto, 1998)의 연구에 의하면, 과거에 등급이 하향조정된 채권은 현재 기간 동안에 등급이 상향조정될 가능성보다는 하향조정될 가능성이 훨씬 큰 것으로 확인되었다.

❷ 신용등급 변화 확률이 차입자 유형별로(예를 들어 미국 기업인지 아니면 독일기업인지, 또는 제조기

업인지 아니면 금융기관인지 등의 구별) 또는 시간별(예를 들어 경기 확장기 아니면 경기 쇠퇴기)로 차이가 없다고 가정하였다. 그러나 실증결과에 의하면, 국가별, 시간별, 산업별로 신용등급 변화 확률이 상이한 것으로 확인되었다.

③ 신용등급 변화 확률이 채권 또는 대출의 경과연수(age)와 무관하다고 가정하였으나, 앨트만—키쇼(Altman-Kishore, 1997)의 연구에 의하면 채권의 경과연수는 채무불이행 확률에 중요한 영향을 미치는 변수임이 확인되었다(경과연수효과).

④ 신용등급 변화 행렬은 채권의 특성, 예를 들어 담보 여부와 제약조건(covenant) 등의 차이를 반영하지 못하고 있으므로 가치평가에 있어 편의(bias)를 야기시킬 수 있다.

5 기대 외손실과 신용 VaR

앞의 〈표 4-7〉에 의하면 BBB등급이 1년 후에 채무불이행할 확률(p)은 0.18%이다. 그리고 일단 채무불이행하면 회수율은 51.13%이므로 채무불이행 시 손실률(Loss Given Default : LGD)은 1에서 회수율을 차감한 48.87%이다. 채권의 액면금액이 100만 달러라고 가정하면 기대손실(expected loss)은 다음과 같이 880달러이다.

$$
\begin{aligned}
기대손실 &= 채무불이행\ 확률 \times 채무불이행\ 시\ 손실률 \times 위험\ 노출\ 금액 \\
&= p \times LGD \times 1{,}000{,}000 = 0.0018 \times 0.4887 \times 1{,}000{,}000 \\
&= 880달러
\end{aligned}
\tag{4.16}
$$

채무불이행 확률이 이항 분포를 따른다고 가정하면 분포의 표준편차는 식 (4.17)과 같다.

$$
\sigma = \sqrt{p(1-p)}
\tag{4.17}
$$

회수율이 일정하다고 가정하면 기대 외손실(unexpected loss)은 다음과 같이 48,266달러이다 (99% 신뢰 수준 가정).

$$
\begin{aligned}
기대\ 외손실 &= 신뢰\ 수준에\ 상응하는\ \alpha \times 표준편차 \\
&\quad \times 채무불이행\ 시\ 손실률 \times 위험\ 노출\ 금액 \\
&= \alpha \times \sqrt{p(1-p)} \times LGD \times 1{,}000{,}000 \\
&= 2.33 \times \sqrt{0.0018(1-0.0018)} \times 0.4887 \times 1{,}000{,}000 \\
&= 48{,}266달러
\end{aligned}
\tag{4.18}
$$

〈표 4-8〉에 의하면 99% 신뢰 수준에서의 VaR는 모수적인 방법으로는 69,700달러이고, 비모수적인 방법으로는 89,900달러이다.[6] 크레디트 메트릭스가 채무불이행 확률뿐만 아니라 신용등급이 상향 또는 하향조정되는 경우도 고려하는 반면에, 여기서 계산한 기대 외손실은 오직 채무불이행 확률만을 고려하였다. 따라서 크레디트 메트릭스의 VaR가 기대 외손실보다 훨씬 크게 나온 것은 전혀 무리가 아니다.

---

section 03 | CreditPortfolioView

앞에서 설명한 크레디트 메트릭스는 신용등급 변화 행렬이 차입자 유형 및 경기변동과 관계없이 안정적이라고 가정하였다. 그러나 최근의 실증연구에 의하면 등급 변화 확률은 경기변동(business cycle)에 민감하게 변한다. 또한 채무불이행 또는 신용등급 하락 가능성은 경기 상승기보다는 경기 침체기에 훨씬 높다고 한다. 따라서 이러한 경기순환적 요인들이 미치는 영향을 고려하는 것이 바람직하다. 이를 고려하는 방법에는 크게 다음과 같이 2가지 접근방법이 있다.

❶ 표본기간을 상승기와 침체기로 구분하여 등급 변화 확률 행렬을 각각 작성하는 방법
❷ 거시경제적인 요인과 등급 변화 확률 간의 관계를 직접 모형화(modeling)하고, 모형에 거시경제적인 변동을 생성시킴으로써 시간적으로 변하는 등급 변화 확률 행렬을 작성하는 방법

맥킨지(McKinsey)의 CreditPortfolioView의 접근방법은 두 번째 방법을 취하는데, 이런 접근방법을 매크로 시뮬레이션 접근방법(Macro simulation approach)이라고 한다. 여기서는 윌슨(Wilson, 1997)의 모형과 유사한 모형을 이용하여 기본 개념을 간단히 설명하기로 한다.[7]

매크로 시뮬레이션 접근방법의 기본 개념을 〈그림 4-11〉의 신용등급 변화 확률 행렬(transition matrix) 오른쪽 아래 셀(즉, $P_{CCC, D}$)을 중심으로 설명하기로 한다. $P_{CCC, D}$는 분석기간 초의 등

---

6 앞의 표에 있는 VaR는 포지션 가치 100달러를 중심으로 계산한 값이다. 따라서 포지션의 가치가 100만 달러인 경우의 VaR를 구하려면 〈표 4-8〉의 VaR에 10,000을 곱해야 한다.

7 기본 설명은 Saunders, Credit Risk Measurement, 1999, 제5장을 참조하였음

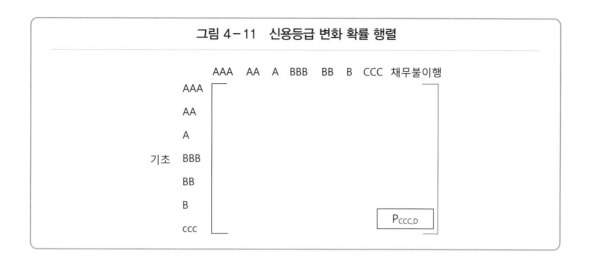

그림 4-11 신용등급 변화 확률 행렬

급은 CCC이나 기간 말에 채무불이행할 확률이다. 이 확률은 경기 확장기보다 경기 침체기에 높을 것으로 기대된다. 확률 행렬에서 각 줄의 합은 1이어야 하므로 $P_{CCC, D}$가 증가하면 $P_{CCC, D}$가 속한 행에서의 다른 확률이 반드시 감소해야 한다.

$P_{CCC, D}$는 일련의 거시경제적 상황 y에 의해 변하게 된다. 간략하게 표현하기 위하여 하첨자 (즉, CCC, D)를 생략하고 소문자로 사용하기로 한다. t시점에서의 확률 p_t는 거시경제상황 y_t에 의해 영향을 받는다. 즉,

$$p_t = f(y_t) \tag{4.19}$$

여기서 $f' < 0$이다. 즉, 경기 상황과 채무불이행 확률은 부(−)의 관계를 갖는다. 거시경제상황인 y_t는 n개의 거시경제변수인 X_{it}와 경제시스템에 무작위로 주어진 충격(shock) V_t에 의해 발생한다. 즉,

$$y_t = g(X_{1t}, X_{2t}, \cdots, X_{nt}, V_t) \tag{4.20}$$

여기서 $V_t \sim (0, \sigma)$이다. 국내총생산(GDP) 성장률, 실업률과 같은 변수인 X_{it}는 변수의 과거값과 무작위 충격(ε_{it})에 의해 결정된다. 즉,

$$X_{it} = b(X_{it-1}, X_{it-2}, \cdots, \varepsilon_{it}) \tag{4.21}$$

식 (4.20)과 식 (4.21)에서는 다양한 거시경제모형을 이용할 수 있다. 식 (4.21)을 식 (4.20)에 대입하고 이를 다시 식 (4.19)에 대입하면 CCC등급이 1년 후에 채무불이행할 확률 $P_{CCC, D}$는 식 (4.22)와 같이 결정된다.

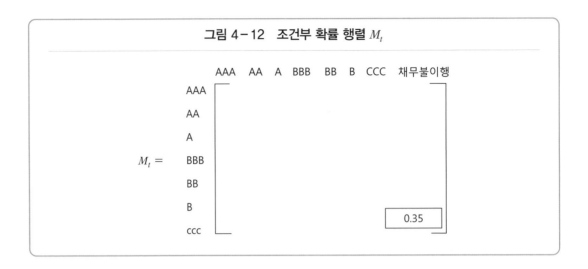

그림 4-12 조건부 확률 행렬 M_t

$$p_t = f(X_{it-j} ; V_t, \varepsilon_{it}) \tag{4.22}$$

몬테카를로 시뮬레이션 접근방법을 이용하여 V_t와 ε_{it}의 값을 생성하고 이 값들과 거시경제 모형을 이용하여 t, $t+1$, $t+2$, $\cdots$, $t+n$기의 $P_{CCC,D}$를 생성할 수 있다. 그리고 이 과정을 행렬의 다른 셀(cell)에도 적용하면 신용등급 변화 확률 행렬을 기간별로 생성할 수 있다.

현재의 거시경제상황에 기초하여 시뮬레이션된 $P_{CCC,\,D}$의 값을 p^*라고 정의하자. 과거 등급 변화 자료로부터 추정된 $P_{CCC,\,D}$가 0.30이고 p^*가 0.35라고 가정하자.

무조건부(unconditional) 확률이 경제상황에 기초한 조건부(conditional) 확률보다 낮으므로 경제상황을 무시하면 우리는 대출 포트폴리오의 VaR를 과소평가하게 된다. 따라서 정확하게 평가하기 위해서는 다음의 조정비율 r_t를 곱해야 한다.

$$r_t = \frac{p_t^*}{p_t} = \frac{0.35}{0.3} = 1.17$$

즉, 매크로 시뮬레이션 모형에 의하면 CCC등급 차입자가 1년 후에 채무불이행할 확률은 과거의 평균 채무불이행 확률(무조건부 확률임)보다 약 17% 높다. 이런 방법으로 우리는 $t+1$기, $t+2$기, $\cdots$, $t+n$기의 조정비율을 구할 수 있다. 예를 들어 p_{t+1}^*이 0.38이면 r_{t+1}은 1.267이다.

$$r_{t+1} = \frac{p_{t+1}^*}{p_{t+1}} = \frac{0.38}{0.3} = 1.267$$

맥킨지의 CreditPortfolioView 모형에서 무조건부 확률(p_t)에 해당되는 조정 확률(r_t)을 곱하

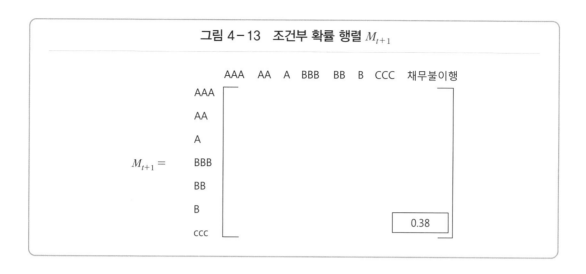

그림 4 – 13　조건부 확률 행렬 M_{t+1}

$$M_{t+1} = \begin{array}{c|cccccccc} & \text{AAA} & \text{AA} & \text{A} & \text{BBB} & \text{BB} & \text{B} & \text{CCC} & \text{채무불이행} \\ \hline \text{AAA} & & & & & & & & \\ \text{AA} & & & & & & & & \\ \text{A} & & & & & & & & \\ \text{BBB} & & & & & & & & \\ \text{BB} & & & & & & & & \\ \text{B} & & & & & & & 0.38 & \\ \text{CCC} & & & & & & & & \end{array}$$

면 조건부 확률이 구해진다(즉, p*t=pt×rt). 따라서 t기의 확률 행렬 M_t는 〈그림 4-12〉와 같이 표현된다.

그리고 $t+1$기의 경우에도 t기에서와 동일한 조정을 하여 다음과 같은 확률 행렬 M_{t+1}를 구한다.

경제상황에 따라 확률 행렬이 상이하게 되고 우리는 이 행렬에 CreditMetrics의 접근방법을 적용하여 포트폴리오의 VaR를 계산할 수 있다.

---

section 04 **CreditRisk$^+$와 축약 모형**

1　CreditRisk$^+$

CSFP(Credit Suisse Financial Products)가 개발한 CreditRisk$^+$는 스프레드 위험(spread risk)을 신용위험이 아닌 시장위험의 일부로 인식한다. 즉, 이 방법은 채무불이행하는 경우와 하지 않는 경우만을 고려하여 기대손실(expected loss) 및 기대 외손실(unexpected loss)을 측정한다. CreditRisk$^+$는 다음과 같은 측면에서 크레디트 메트릭스와 상이하다.

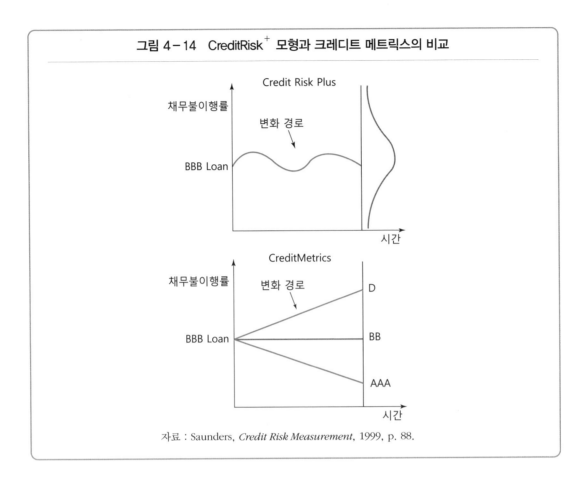

그림 4-14 CreditRisk$^+$ 모형과 크레디트 메트릭스의 비교

자료 : Saunders, *Credit Risk Measurement*, 1999, p. 88.

  첫째, 크레디트 메트릭스는 신용등급의 변화, 스프레드의 변화 등을 이용하여 기대가치와 VaR를 추정하는 데 비하여 CreditRisk$^+$는 두 가지의 상황, 즉 채무불이행하는 경우와 하지 않는 경우만을 고려하여 기대손실과 기대 외손실을 추정한다. 따라서 크레디트 메트릭스는 MTM(Mark-to-Market) 모형이고 CSFP는 DM(Default Mode) 모형이다. MTM은 크레디트 메트릭스처럼 가치의 감소로 인한 신용위험을 고려하는 데 반하여, DM은 채무불이행하는 경우와 채무불이행하지 않는 경우만을 고려하는 방법이다.

  둘째, 크레디트 메트릭스에서 채무불이행 확률이 이산적인 데 반해, CreditRisk$^+$는 연속적이다. 이를 그림으로 나타내면 〈그림 4-14〉와 같다.

  KMV 모형과 크레디트 메트릭스에서 채무불이행은 자산가치가 일정 수준 이하로 하락하는 경우에 발생하였으나 CreditRisk$^+$에서 채무불이행은 외생변수이다. 이처럼 채무불이행이 모형 내부에서 야기되지 않고 외부에서 주어짐으로써 채무불이행 과정을 생략하는 모형을 축약 모형(reduced form approach)이라고 한다.

CreditRisk$^+$에서 고려하는 불확실성은 다음 3가지이다.

❶ 채무불이행 확률 : 대출 포트폴리오에 포함된 개별 대출은 낮은 수준의 채무불이행 확률을 갖고 있으며, 개별 대출의 채무불이행은 서로 독립적이라고 가정한다. 이런 가정으로 인해 대출 포트폴리오의 채무불이행 확률 분포는 포아송 분포(Poisson distribution)를 따르게 된다.

❷ 손실의 심각성(severity of loss) 또는 손실 정도 : 손실의 심각성 정도가 불확실하다는 사실을 고려하나 개별 대출의 손실 정도를 추정하기가 어려우므로 손실규모별로 여러 간격으로 나누어 일련의 밴드(band)를 형성한 후에 밴드별로 분석한다. 분석 시 밴드를 마치 하나의 작은 포트폴리오로 간주한다.

❸ 평균 채무불이행 확률 자체의 불확실성 : 평균 채무불이행 확률은 시간에 따라 변한다. 예를 들어, 경기가 확장하는 시기에 채무불이행 확률은 낮고, 경기가 축소되는 시기에 채무불이행 확률은 높게 된다.

CreditRisk$^+$ 모형 적용사례로서 ABC은행은 노출 금액 20,000달러 단위로 밴드(v_i)를 구성하였다. 과거 자료를 분석한 결과 손실규모가 20,000달러 정도로 추정되는 대출(대출의 액면금액은 대출별로 상이하며 20,000달러보다 큼)의 경우 평균 3%가 채무불이행한 것을 발견하였다. 첫 번째 밴드에 포함된 개별 대출의 수가 100개라고 가정하면 이 밴드에서 채무불이행할 것으로 기대되는 대출의 수는 3개이다. 실제의 채무불이행 확률은 불확실하고 포아송 분포를 따른다고 가정하면 이 분포하에서 n개의 대출이 채무불이행할 확률은 다음과 같다.

$$n\text{개의 대출이 채무불이행할 확률} = \frac{e^{-\mu}\mu^n}{n!} \tag{4.23}$$

식 (4.23)에서 μ은 채무불이행할 것으로 기대되는 대출의 수(여기서는 3임), n은 확률을 구하고자 하는 채무불이행 대출의 수이다. 예를 들어, $n=3$의 확률과 $n=8$의 확률은 각각 22.4%와 0.8%이다.

$$\text{확률}(n=3) = \frac{(2.71828)^{-3} \times 3^3}{3!} = 0.224$$

$$\text{확률}(n=8) = \frac{(2.71828)^{-3} \times 3^8}{8!} = 0.008$$

〈표 4-9〉로부터 〈그림 4-15〉의 채무불이행 분포가 그려진다.

표 4-9 채무불이행 확률과 누적확률

n	채무불이행 확률	누적확률
0	0.049787	0.049787
1	0.149361	0.199148
2	0.224042	0.423190
3	0.224042	0.647232
4	0.168031	0.815263
5	0.100819	0.916082
6	0.050409	0.966491
7	0.021604	0.988095
8	0.008102	0.996197
9	0.002701	0.998898
10	0.000810	0.999708

자료 : Saunders, *Credit Risk Measurement*, 1999, p. 95.(일부 별도 추가함)

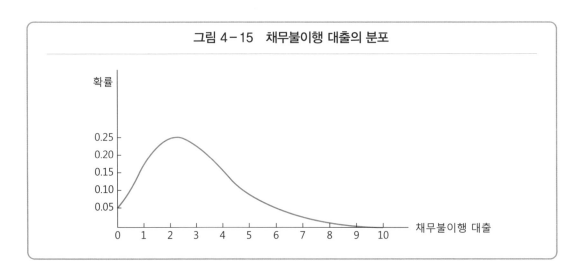

그림 4-15 채무불이행 대출의 분포

이 그림을 손실금액을 기준으로 전환하면 〈그림 4-16〉과 같다. 〈그림 4-16〉에서 기대손실은 60,000달러이고 기대 외손실 또는 경제자본(economic capital)은 100,000달러이다.

이번에는 손실규모가 40,000달러로 추정되는 두 번째 밴드의 손실 분포를 추정해 보자. 첫 번째 밴드와 마찬가지로 두 번째 밴드도 100개의 대출을 포함하고 있으며 과거의 평균 채무불이행 확률이 3%라고 가정하자. 위에서 첫 번째 밴드에 적용했던 동일한 분석을 두 번째 밴드에 적용한 결과 추정된 손실 분포는 〈그림 4-17〉과 같다.

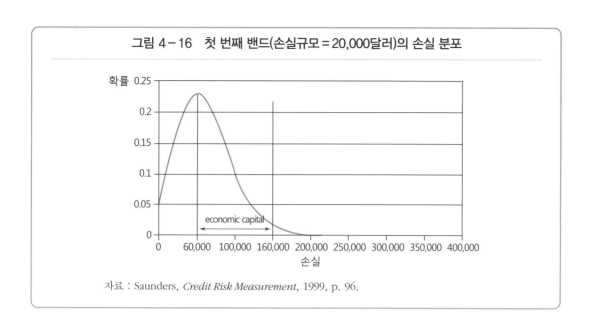

그림 4 − 16   첫 번째 밴드(손실규모＝20,000달러)의 손실 분포

자료 : Saunders, *Credit Risk Measurement*, 1999, p. 96.

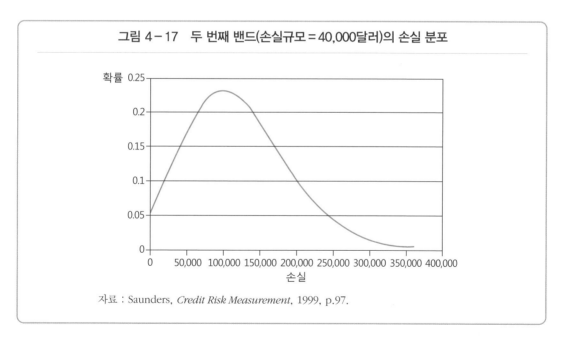

그림 4 − 17   두 번째 밴드(손실규모＝40,000달러)의 손실 분포

자료 : Saunders, *Credit Risk Measurement*, 1999, p.97.

이번에는 두 밴드의 손실 분포를 결합하여 보자. 결합하는 방법은 〈표 4-10〉과 같으며, 분포의 모양은 〈그림 4-18〉과 같다. 결합 포트폴리오의 분포는 개별 밴드의 분포보다 훨씬 정규분포에 가깝다.

표 4-10 결합 포트폴리오 손실 분포의 구성

결합 포트폴리오 손실	($v=1$의 손실, $v=2$의 손실)	확률
0	(0, 0)	(0.0497×0.0497)
20,000	(1, 0)	(0.1493×0.0497)
40,000	(2, 0)(0, 1)	$(0.224 \times 0.0497) + (0.0497 \times 0.1493)$
60,000	(3, 0)(1, 1)	$(0.224 \times 0.0497) + (0.1493)2$
80,000	(4, 0)(2, 1)(0, 2)	$(0.168 \times 0.0497) + (0.224 \times 0.1493) + (0.0497 \times 0.224)$
⋮	⋮	⋮

참고 : $v=1$의 손실은 20,000달러, $v=2$의 손실은 40,000달러를 의미한다.

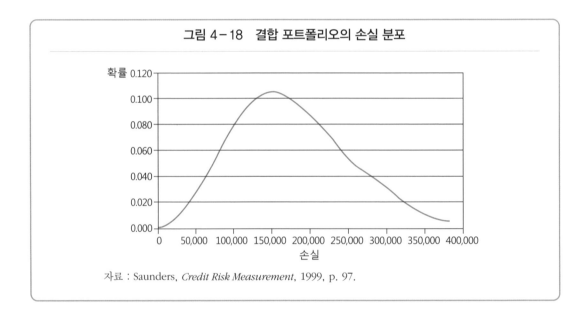

그림 4-18　결합 포트폴리오의 손실 분포

자료 : Saunders, *Credit Risk Measurement*, 1999, p. 97.

2　신용위험 평가모형 간의 비교

지금까지 설명한 크레디트 메트릭스, CreditPortfolioView, CreditRisk[+], KMV 모형을 비교하면 다음 〈표 4-11〉과 같이 요약된다.

표 4-11 신용위험 평가모형 간의 비교

비교 측면 \ 종류	크레디트 메트릭스	CreditPortfolioView	CreditRisk$^+$	KMV
위험의 정의	MTM	MTM 또는 DM	DM	MTM 또는 DM
위험요인	자산가치	거시경제적 요인	기대 채무불이행률	자산가치
신용사건	신용등급 변화 (자산가치 변화)	등급 변화 (거시경제변수에 기초함)	채무불이행	DFD변화 (자산가치 변화)
신용사건의 변동성	일정(constant)	변동(variable)	변동	변동
회수율	무작위 (random)	무작위	밴드 내에서 일정 (constant)	일정 또는 무작위
수치적 접근방법	시뮬레이션 또는 분석적	시뮬레이션	분석적(analytic)	분석적 또는 시뮬 레이션

자료 : Saunders, *Credit Risk Measurement*, 1999, p. 101.

(1) 위험의 정의

신용위험 측정모형에는 크게 2가지 접근방법이 있다. MTM 모형(mark-to-market model)은 자산의 시장가치 변화에 기초하는 모형인 반면에 DM 모형(default mode model)은 채무불이행시의 손실에 초점을 맞춘 모형이다. MTM 모형은 자산가치의 증가와 감소 또는 신용등급의 상향 및 하향조정을 모두 고려한다. 반면에 DM 모형은 이원적 상황(즉, 채무불이행과 정상인 경우)만을 고려한다.

이미 설명했듯이, MTM 모형과 DM 모형 간의 차이점은 신용 전이 위험(credit migration risk)이 포함되느냐의 여부이다. 이 위험은 스프레드 위험(spread risk)이라고도 불린다. 가치의 변화는 채무불이행, 신용등급 변화, 신용 스프레드의 변화(신용등급 변화 이외의 원인에 의해 발생함)에 의해 야기된다. MTM 모형은 처음 2가지 위험요인을 고려하는 반면에 DM 모형은 첫 번째 요인만을 고려한다. 크레디트 메트릭스는 대표적인 MTM 모형이고 CreditRisk$^+$는 대표적인 DM 모형이다.

(2) 위험요인

크레디트 메트릭스와 KMV는 머튼의 모형에 기초한 모형으로 자산가치와 자산가치의 변동성이 채무불이행 위험의 주위험요인이다. 반면에 CreditPortfolioView에서는 거시경제변수(예를 들어, 실업률, GDP성장률)가 위험요인이고 CreditRisk$^+$에서는 채무불이행 위험의 평균과 변동성이 주위험요인이다.

(3) 신용사건

특정 채무의 신용도에 중요한 변화가 발생하면 신용사건(credit event)이 발생한 것으로 간주된다. 크레디트 메트릭스와 CreditPortfolioView에서 신용사건은 신용등급의 변화이다. 특히 CreditPortfolioView에서 신용등급 변화는 거시경제변수에 의해 영향을 받는 것으로 모형화된다. KMV 모형에서 신용사건은 DFD의 변화이다. DFD가 변하면 EDF도 변하므로 KMV 모형에서의 신용사건 발생 빈도는 크레디트 메트릭스와 CreditPortfolioView에서 훨씬 높다.

(4) 신용사건의 변동성

KMV 모형에서 새로운 정보가 주가에 반영될 때마다 EDF는 변한다. 마찬가지로, CreditPortfolioView에서 채무불이행 확률은 거시경제요인과 무작위 충격(정규분포를 따른다고 가정함)의 함수로 표시되므로 경제요인이 변함에 따라 등급 변화 행렬도 변하게 된다. CreditRisk$^+$에서 채무불이행 확률은 포아송 분포를 따르지만 평균 채무불이행률은 감마 분포를 따르는 것으로 모형화된다. 그러나 크레디트 메트릭스에서는 등급 변화 행렬은 역사적 자료에 근거하여 이산적으로 변한다고 가정한다.

(5) 회수율

크레디트 메트릭스와 KMV 모형의 경우 분석적 모형은 일정한 회수율을 가정하지만, 확장된 모형 또는 시뮬레이션 모형에서는 회수율이 베타 분포를 따른다고 가정한다. CreditPortfolioView에서도 회수율은 시뮬레이션 기법을 통하여 베타 분포를 따르는 것으로 가정된다. 반면에 CreditRisk$^+$에서 손실의 정도는 밴드별로 일정한 것으로 가정된다.

(6) 수치적 접근방법

KMV 모형과 크레디트 메트릭스는 기본적으로 분석적(analytic) 방법에 기반을 두고 있지만 대형 포트폴리오의 손실 분포를 효과적으로 도출하기 위하여 시뮬레이션기법을 함께 사용한다. 반면에 CreditRisk$^+$는 완전히 분석적인 모형으로 수치적(numerical) 접근이 불가능하고, CreditPortfolioView는 거시적 충격과 손실 분포를 만들기 위하여 시뮬레이션을 이용하는 모형이다.

chapter 05

포트폴리오 신용위험 관리기법

포트폴리오 분산 효과

신용위험을 평가하는 데 있어 궁극적인 측정치는 포트폴리오 전체의 위험이다. 포트폴리오의 위험은 개별 자산 위험의 합계보다 상당히 작아지는데, 이는 포트폴리오의 분산 효과 때문이다. 포트폴리오 관리의 목적은 전체 위험을 결정하는 것뿐만 아니라 부담한 위험에 대하여 최대의 수익률을 달성할 수 있는 방법을 결정하는 것이다. 포트폴리오 분석에서 알려진 3가지 주요 사항은 다음과 같다.

❶ 포트폴리오가 달성할 수 있는 분산 효과의 크기는 포트폴리오에 포함된 자산들의 채무불이행 위험(default risk) 간의 상관관계에 의해 영향을 받는다.

❷ 개별 자산이 포트폴리오의 분산 효과에 공헌하는 정도는 포트폴리오에서 차지하는 개별 자산의 비중에 의해 크게 영향을 받는다.

❸ 포트폴리오의 성과를 향상시키려면 많은 수의 자산을 포함해야 한다. 그리고 개별 자산이 포트폴리오의 위험에 공헌하는 정도와 개별 자산이 포트폴리오의 수익률에 공헌하는 정도를 일치시키도록 개별 자산의 보유비중을 변화시켜야 한다.

가장 간단한 포트폴리오 접근방법은 포트폴리오가 한 분야에 집중(concentration)되지 않도록 하는 방법이다. 신용파생상품시장의 발달, 대출자산의 유통시장, 부동산 담보부증권(mortgage backed securities) 등은 모두 금융기관이 이런 집중화 현상을 탈피하기 위한 조치로 이해된다.

집중화를 피하는 가장 간단한 방법은 차입자별로 대출한도를 설정하는 것이다. 또는 산업별, 국가별, 지역별, 담보별로 대출한도를 설정하는 것도 집중화를 피하는 방법이 된다. 그러나 이 경우에는 한도를 이론적으로 설정하는 것이 어렵고 포트폴리오 문제를 체계적으로 접근하는 것이 불가능하다. 집중화를 피하는 이유는 당연히 포트폴리오의 분산 효과 때문이다.

포트폴리오의 분산 효과가 위험에 미치는 영향을 이해하기 위하여 다음과 같은 상황을 고려해 보자. 배 한 척을 소유한 선주가 있는데, 배가 무사히 귀환하면 그는 100,000달러의 이익을 얻는다. 배가 무사히 귀환하지 못할 가능성은 20%이고, 이 경우에 이익은 0이라고 가정하자. 선주의 기대이익과 이익의 표준편차는 각각 80,000달러와 40,000달러이다.

$$100,000 \times 0.8 + 0 \times 0.2 = 80,000$$

$$\sqrt{(0.2)(0 - 80,000)^2 + (0.8)(100,000 - 80,000)^2} = 40,000$$

이 선주의 배가 침몰할 가능성과 다른 선주의 배가 침몰할 가능성이 완전히 독립적이며, 2명의 선주가 이익을 공유한다고 가정하자. 이 약속하에서는 세 경우 즉, 모두 침몰하는 경우(4%), 모두 귀환하는 경우(64%), 그리고 한 배는 침몰하고 다른 한 배는 귀환하는 경우(32%)가 가능하므로 선주 1인당 기대이익은 여전히 80,000달러이나 표준편차는 28,284달러로 감소한다.

$$(200,000 \times 0.64 + 100,000 \times 0.32 + 0 \times 0.04)/2 = 80,000$$

$$\sqrt{(0.04)(0 - 80,000)^2 + (0.64)(100,000 - 80,000)^2 + (0.32)(50,000 - 80,000)^2} = 28,284$$

만일 N명의 선주가 위와 같이 이익을 서로 공유하기로 하면 표준편차는 $\dfrac{40,000}{\sqrt{N}}$으로 감소한다. 예를 들어, 100명의 선주가 이 전략에 참여하면, 표준편차는 4,000달러에 지나지 않는다. 물론 이 계산은 모든 배들의 침몰위험이 서로 독립적이라는 가정하에서만 성립된다. 여러 배들이 동일한 항로를 이용하는 경우 여러 배들이 동시에 침몰할 가능성은 크게 증가할 것이다.

2 다각화 점수

Moody's사는 포트폴리오의 분산 정도를 측정할 수 있는 다각화 점수(diversity score)를 개발하였다. 다각화 점수는 동일산업에 속한 기업 간에 상관계수가 높고 다른 산업에 속한 기업 간에 상관계수가 낮다는 가정에 기초한다.

〈표 5-1〉에 의하면, 포트폴리오에 포함된 3개의 기업이 모두 다른 산업에 속해 있으면 다각화 점수는 3점이다. 그러나 3개의 기업이 동일산업에 속해 있으면 다각화 점수는 2점으로 감소한다. 이 계산은 동일산업에 속해 있는 기업 간의 채무불이행 상관계수를 0.3으로 가정하고 있다.

〈표 5-2〉를 이용하여 다각화 점수를 계산하는 절차를 설명하기로 하자. 풀(pool)은 20개의 대출로 구성되어 있으며 차입기업은 9개의 산업에 소속되어 있다(세 번째 열 참조). 대출금액의 평균은 14억 원이다. 개별 대출금액이 평균과 같거나 또는 이 보다 크면 인정비율은 1이고 평균보다 작으면 대출금액을 평균으로 나누어 인정비율을 계산한다. 예를 들어, C대출 7.3억 원의 인정비율은 0.5이고 G대출 1.4억 원의 인정비율은 0.1이다. 다섯 번째 열에 산업별 인정비율의 합이 계산되어 있다.

표 5-1 다각화 점수 계산표

포트폴리오에 포함된 기업의 수	다각화 점수	
	기업들이 동일산업에 속함	개별 기업이 서로 다른 산업에 속함
1	1.00	1
2	1.50	2
3	2.00	3
4	2.33	4
5	2.67	5
6	3.00	6
7	3.25	7
8	3.50	8
9	3.75	9
10	4.00	10

참고 : 기업의 수가 10을 초과하면 사례별로 분석해야 한다.
자료 : *Moody's Investors Service*, 1991.

산업별 인정비율은 각각 1.0, 1.0, 3.6, 2.0, 1.1, 1.0, 1.1, 3.5, 2.0으로 계산된다. 예를 들어, 5개의 대출이 산업6에 소속되어 있지만 C와 G의 규모가 작음으로 인해 대출이 3.6개 있는 것으로(또는 산업6에 기업이 5개가 아니라 3.6개 있는 것으로) 간주되는 셈이다.

산업별 비율이 계산되면 〈표 5-1〉을 이용하여 산업별로 다각화 점수를 부여한다. 특정 산업에 속한 기업의 수(또는 인정비율)가 3이면 다각화 점수는 2.0점이고 기업의 수가 4이면 2.33점이다. 기업의 수가 3.6으로 계산되면 2.0과 2.33을 이용하여 선형보간법으로 다각화 점수 2.2점을 계산한다. 최종적으로 산업별 다각화 점수를 합산하면 풀의 전체적인 다각화 점수 12.4점이 계산된다.

이 예시에서 S와 T대출이 산업27에 소속되었다고 가정해 보자. 산업27에 소속된 기업의 수

표 5-2 다각화 점수 계산

대출구분	금액(억 원)	산업구분	인정비율	산업별 비율	다각화 점수
A	20.2	2	1.0	1.0	1.0
B	22.2	3	1.0	1.0	1.0
C	7.3	6	0.5	3.6	2.2
D	15.9	6	1.0		
E	14.8	6	1.0		
F	27.2	6	1.0		
G	1.4	6	0.1		
H	14.2	11	1.0	2.0	1.5
I	16.5	11	1.0		
J	1.6	14	0.1	1.1	1.0
K	20.2	14	1.0		
L	18.6	18	1.0	1.0	1.0
M	5.7	21	0.4	1.1	1.0
N	9.8	21	0.7		
O	10.4	27	0.7	3.5	2.2
P	22.8	27	1.0		
Q	11.5	27	0.8		
R	17.5	27	1.0		
S	21.1	31	1.0	2.0	1.5
T	21.1	31	1.0		
합계	14.0				12.4

는 5.5로 계산되고 이 경우 다각화 점수가 2.8점이므로 풀 전체의 다각화 점수는 12.4점에서 11.5점으로 감소하게 된다. 반대로 D와 E대출이 새로운 산업7에 소속되었다고 가정하면, 산업 6과 산업7에 소속된 기업의 수가 각각 1.6과 2.0으로 계산되어 다각화 점수는 각각 1.3점과 2.0점이다. 따라서 풀 전체의 다각화 점수는 13.5점으로 증가한다.

---

section 02 | KMV의 Portfolio Manager

최근에 도입된 포트폴리오 신용위험 관리기법들은 크게 2가지의 접근방법으로 나눌 수 있다. 첫 번째 방법은 포트폴리오의 기대수익률—위험의 최적 구조를 명시적으로 찾는 방법으로 KMV의 Portfolio Manager와 앨트만의 방법 등이 여기에 속한다. 두 번째 방법은 위험에 초점을 맞추어 포트폴리오를 관리하는 기법으로 J. P. Morgan사의 크레디트 메트릭스가 택한 방법이다.

KMV의 Portfolio Manager 방법은 수익률, 위험, 상관계수를 모두 고려하는 포트폴리오 최적화 이론에 기초한다. 수익률, 위험, 상관계수를 추정하는 방법과 이들 변수들을 이용한 포트폴리오의 최적화(portfolio optimization) 방법을 간단히 소개하기로 한다.

1 수익률

Portfolio Manager는 다음과 같이 수익률을 계산한다.

$$R_{it} = (\text{스프레드} + \text{수수료}) - (\text{기대손실률}) \tag{5.1}$$

식 (5.1)에서 스프레드는 대출이자율과 기준금리(예를 들어 LIBOR금리) 간의 차이를 말하고 수수료(fee)는 대출로부터 직접 발생하였거나 또는 미래 일정기간 동안 예상되는 현금유입을 의미한다. 그리고 기대손실(Expected Loss : EL)은 KMV의 신용감시모형(Credit Monitor Model)에서 추정된 EDF에 위험 노출 금액과 채무불이행 시의 손실률(Loss Given Default : LGD)을 곱하여 계산된다. 기대손실률은 EDF와 LGD의 곱으로 계산된다. 수익률을 계산할 때 기대손실률을 차감하는 이유는 이 비용이 금융기관의 영업활동에서 발생하는 정상적인 비용(normal cost)으로 간주되기 때문이다.

2 위험

위험은 손실률의 변동성을 의미한다. 이를 추정하는 방법에는 신용등급 변화 확률, LGD의 변동성, LGD와 EDF 간의 상관계수 등에 대한 가정에 따라 여러 가지 방법이 있다. 가장 단순한 상황을 고려하기 위하여 차입자가 채무불이행하거나 또는 하지 않을 2가지 상황만이 가능하다고 가정하면 위험은 다음과 같이 추정된다.

$$\sigma_{EL} = \sqrt{(EDF)(1 - EDF)} \times LGD \tag{5.2}$$

식 (5.2)에서 $\sqrt{(EDF)(1 - EDF)}$는 이항 분포(binomial distribution)를 따르는 채무불이행 변수의 변동성이고, LGD는 고정(fixed)되어 있다. 좀 더 세련된 모형은 LGD가 차입자에 따라 변하도록 허용하는 것으로 킬호퍼(Kealhofer, 1995)는 다음과 같은 변동성을 이용하였다.

$$\sigma_{EL} = \sqrt{EDF \times \sigma_{LGD}^2 + LGD^2 \times \sigma_{EDF}^2} \tag{5.3}$$

단, σ_{LGD}^2는 LGD의 분산이고, σ_{EDF}^2는 $(EDF)(1 - EDF)$이다. 식 (5.3)에서 σ_{LGD}^2가 0이면 식 (5.3)이 식 (5.2)가 된다. 만일 신용등급이 조정되는 모든 경우를 포함하여 위험을 계산하려면 앞에서 설명한 크레디트 메트릭스의 방법을 이용할 수 있다.

3 채무불이행 상관계수

KMV 모형에서 채무불이행 상관계수는 대체로 낮다. 채무불이행 상관계수는 두 기업(예를 들어, Ford와 GM)의 자산가치가 부채보다 동시에 작을 가능성을 반영한다. *Ford*의 가치가 *Bx*보다 작고 동시에 *GM*의 가치도 *By*보다 작을 가능성은 〈그림 5-1〉에 매우 작게 표시되어 있다(음영처리된 부분임).

채무불이행 여부만을 고려하는 간단한 모형의 경우, *Ford*(*F*)와 *GM*(*G*) 간의 채무불이행 상관계수는 다음과 같이 계산된다.

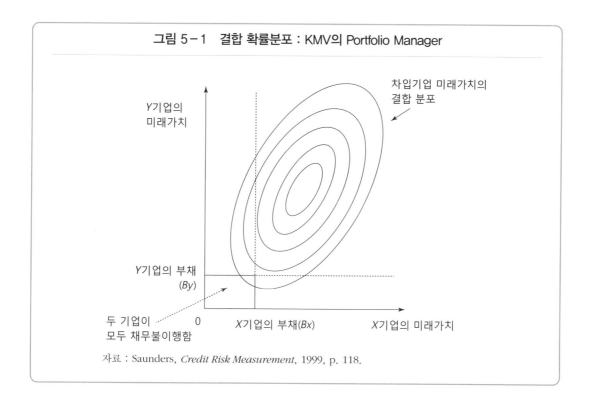

그림 5-1 결합 확률분포 : KMV의 Portfolio Manager

차입기업 미래가치의
결합 분포

Y기업의
미래가치

Y기업의 부채
(By)

두 기업이
모두 채무불이행함

0

X기업의 부채(Bx)

X기업의 미래가치

자료 : Saunders, *Credit Risk Measurement*, 1999, p. 118.

$$\rho_{GF} = \frac{\text{co} v_{GF}}{\sigma_F \times \sigma_G} \tag{5.4}$$

또는

$$\rho_{GF} = \frac{JDF_{GF} - (EDF_G \times EDF_F)}{\sqrt{EDF_G(1 - EDF_G)} \cdot \sqrt{EDF_F(1 - EDF_F)}} \tag{5.5}$$

식 (5.4)에서 cov_{GF}는 두 기업자산 간의 공분산(covariance)이다. 공분산은 두 자산가치가 결합 확률분포를 따르는 경우(JDF_{GF})와 서로 독립적인 경우($EDF_G \times EDF_F$)의 차이를 반영한다.

예를 들어, A의 채무불이행 확률이 10%이고 B의 채무불이행 확률이 20%이다. A와 B가 동시에 채무불이행할 확률이 3%라고 가정하면 채무불이행 상관계수는 다음과 같이 0.083이다.

$$\frac{0.03 - 0.1 \times 0.2}{\sqrt{0.1 \times 0.9} \cdot \sqrt{0.2 \times 0.8}} = 0.083$$

만일 A와 B가 동시에 채무불이행할 확률이 1%라고 가정하면 채무불이행 상관계수는 -0.0833으로 감소한다.

$$\frac{0.01 - 0.1 \times 0.2}{\sqrt{0.1 \times 0.9} \cdot \sqrt{0.2 \times 0.8}} = -0.083$$

그러나 KMV는 위의 식을 직접 이용하여 상관계수를 추정하지 않는다. 대신에 크레디트 메트릭스처럼 다요인 모형(multifactor model)을 이용하여 상관계수를 추정한다.

다요인 모형에 의한 상관계수 추정은 나중에 크레디트 메트릭스에서 설명하기로 한다.

KMV가 사용하는 상관계수는 앞에서 설명했듯이 대체로 낮은데, 대부분이 0.002와 0.15 범위에 속한다. 채무불이행 상관계수(default correlation)는 자산가치 간의 상관계수(asset correla- tion)보다 훨씬 낮다.

4 계산 예시

예를 들어 보자. 첫 번째 자산은 만기가 1년이고, 위험은 3등급인 무담보대출로 위험에 노출된 금액은 8,250,000달러이다. $EDF=0.15\%$, $LGD=50\%$, $\sigma_{EDF}=3.87\%$, $\sigma_{LGD}=25\%$이면 기대손실(Expected Loss : EL)은 6,188달러이고, 식 (5.4)로 계산한 손실의 변동성은 178,508달러이다. 따라서 99% 신뢰 수준에서의 기대 외손실(Unexpected Loss : UL)은 415,924달러이다.

두 번째 자산은 만기가 3년이고 위험은 5등급인 담보대출로, 위험에 노출된 금액은 1,740,000달러이다. $EDF=4.85\%$, $LGD=35\%$, $\sigma_{EDF}=21.48\%$, $\sigma_{LGD}=24\%$이면 기대손실은 29,537달러이고, 식 (5.3)으로 계산한 손실의 변동성은 159,906달러이다. 따라서 99% 신뢰 수준에서의 기

표 5-3 자산 1의 EL과 UL계산

자산 1	만기 1년, 위험유형 3등급, 무담보대출	
노출 금액		$8,250,000
EDF_1	1년 동안의 채무불이행 확률(3등급)	0.15%
σ_{EDF_1}	EDF의 표준편차	3.87%
LGD_1	무담보자산의 채무불이행 시 손실률	50%
σ_{LGD_1}	LGD의 표준편차	25%
EL_1	기대손실 : $8,250,000 \times 0.0015 \times 0.5$	$6,188
σ_{EL_1}	손실의 표준편차 : $8,250,000 \times \sqrt{0.0015 \times 0.25^2 + 0.5^2 \times 0.0387^2}$	$178,508
UL_1	기대 외손실(99% 신뢰 수준) : $2.33 \times 178,508$	$415,924

표 5-4   자산 2의 EL과 UL계산

자산 2	만기 3년, 위험유형 5등급, 담보 대출	
노출 금액		$1,740,000
EDF_2	1년 동안의 채무불이행 확률(5등급)	4.85%
σ_{EDF_2}	EDF의 표준편차	21.48%
LGD_2	담보자산의 채무불이행 시 손실률	35%
σ_{LGD_2}	LGD의 표준편차	24%
EL_2	기대손실 : $1,740,000 \times 0.0485 \times 0.35$	$29,537
σ_{EL_2}	손실의 표준편차 : $1,740,000 \times \sqrt{0.0485 \times 0.24^2 + 0.35^2 \times 0.2148^2}$	$159,906
UL_2	기대 외손실(99% 신뢰 수준) : $2.33 \times 159,906$	$372,581

표 5-5   포트폴리오의 EL과 UL 계산

포트폴리오	채무불이행 상관계수는 0.03임	
EL_p	$EL_1 + EL_2 = 6,188 + 29,537$	$35,725
σ_p	포트폴리오 손실의 표준편차 : $\sqrt{178,508^2 + 159,906^2 + 2 \times 0.03 \times 178,508 \times 159,906}$	$243,203
공헌 위험1	$RC_1 = (178,508^2 + 178,508 \times 159,906 \times 0.03)/243,203$	$134,544
공헌 위험2	$RC_2 = (159,906^2 + 159,906 \times 178,508 \times 0.03)/243,203$	$108,659
UL_p	기대 외손실 : $2.33 \times 243,203$ 또는 $\sqrt{415,924^2 + 372,581^2 + 2 \times 0.03 \times 415,924 \times 372,581}$	$566,663

대 외손실은 372,581달러이다.

이번에는 두 개의 자산으로 포트폴리오를 구성하자. 채무불이행 상관계수는 0.03이다. 포트폴리오의 기대손실은 개별 기대손실을 단순히 합산하여 구한다. 포트폴리오 손실의 표준편차는 개별 표준편차와 상관계수를 이용하여 추정하며, 이 값에 2.33를 곱하면 99% 신뢰 수준에서의 기대 외손실이 계산된다.

포트폴리오의 기대 외손실은 개별 기대 외손실의 합보다 작다. 이유는 포트폴리오의 분산 효과로 인하여 위험이 감소하였기 때문이다. 즉, 분산 효과로 인한 위험 감소는 415,924달러 + 372,581달러 - 566,663달러 = 221,842달러이다. 포트폴리오 손실의 표준편차인 243,203달러 중에서 두 자산이 공헌하는 정도는 각각 134,544달러와 108,659달러이다(또는 기대 외손실인

566,663달러 중에서 두 자산이 공헌하는 정도는 각각 313,488달러와 253,175달러이다).[1]

각 개별 자산이 포트폴리오의 표준편차에 공헌하는 정도인 RC(Risk Contribution)는 다음과 같이 계산된다.

$$RC_i = \frac{\sigma_i \sum_j \sigma_j \rho_{ij}}{\sigma_p} \tag{5.6}$$

여기서 σ_i는 i자산의 σ_{EL}를 의미하고, σ_p는 포트폴리오의 σ_{EL}를 의미한다.

section 03 크레디트 메트릭스

앞에서 우리는 크레디트 메트릭스의 방법론을 적용하여 대출자산 또는 채권의 개별 위험을 측정하는 기법을 소개하였다. 이번에는 2개의 대출을 이용하여 포트폴리오의 신용위험을 측정하는 기법의 기본 아이디어를 살펴보기로 한다.

이를 위해 다음 2개의 개별 채권을 고려해 보자.

채권 1 : BBB등급, 상위 무담보, 액면이자율 6%, 5년 만기
채권 2 : A등급, 상위 무담보, 액면이자율 5%, 3년 만기

포트폴리오의 경우 중요한 것은 분산 효과를 반영하는 것이다. 만일 두 채권 간에 상관관계가 높으면 두 채권의 신용등급이 함께 하향조정될 확률이 높다. 심지어 함께 채무불이행할 확률이 높으므로 포트폴리오의 분산 효과는 작게 된다.

1   결합 확률

크레디트 메트릭스는 AAA부터 CCC까지 7개의 신용등급과 채무불이행 상태를 고려하므로

---

1   $566,663 \times \left(\dfrac{415,924^2 + 415,924 \times 372,581 \times 0.03}{566,663^2} \right) = 313,488$

표 5-6 신용등급 변화 결합 확률(상관계수＝0 가정)

BBB등급 채권		A등급 채권							
		AAA	AA	A	BBB	BB	B	CCC	채무불이행
		0.09	2.27	91.05	5.52	0.74	0.26	0.01	0.06
AAA	0.02	0.00	0.00	0.02	0.00	0.00	0.00	0.00	0.00
AA	0.33	0.00	0.01	0.30	0.02	0.00	0.00	0.00	0.00
A	5.95	0.01	0.14	5.42	0.33	0.04	0.02	0.00	0.00
BBB	86.93	0.08	1.98	79.15	4.80	0.64	0.23	0.01	0.05
BB	5.30	0.00	0.12	4.83	0.29	0.04	0.01	0.00	0.00
B	1.17	0.00	0.03	1.06	0.06	0.01	0.00	0.00	0.00
CCC	0.12	0.00	0.00	0.11	0.01	0.00	0.00	0.00	0.00
채무불이행	0.18	0.00	0.00	0.16	0.01	0.00	0.00	0.00	0.00

자료 : J. P. Morgan, *CreditMetricsTM Technical Document*, 1997년 4월, p. 36.

총 8개의 등급 변화가 가능하다. 한 채권이 1년 후에 8개의 등급으로 변화가 가능하다면(최초의 등급이 변하지 않는 경우도 포함됨) 두 채권이 포함된 포트폴리오의 경우 고려해야 할 경우의 수는 8×8＝64이다.

먼저 상관계수가 0이라고 가정하면, 즉 두 채권의 신용등급 변화가 완전히 독립적이면, 결합 확률은 단순히 각 채권의 등급 변화 확률을 곱하여 구한다. 예를 들어 BBB등급이 현재의 등급을 유지할 확률이 86.93%이고, A등급이 현재의 등급을 유지할 확률이 91.05%이면, 두 채권이 모두 현재의 등급을 유지할 확률은 79.15%이다.

$$86.93\% \times 91.05\% = 79.15\%$$

그리고 이 계산을 64회 반복하면 두 채권의 등급 변화 결합 확률(joint probability of credit rating changes)이 모두 계산된다. 여기서 64개 상황의 발생 확률의 합은 100%이다.

2 신용등급 변화와 자산가치

자산가치 변화와 신용등급 변화 간의 관계는 머튼(Merton, 1974)의 모형에 근거한다(앞서 설명한 KMV도 머튼의 모형에 기초함). 머튼에 의하면, 부채가 갖는 신용위험은 기업의 자산가치를 기초자산으로 하는 풋옵션과 동일하게 평가될 수 있다. 머튼의 모형에서 기업가치가 확률변수이다.

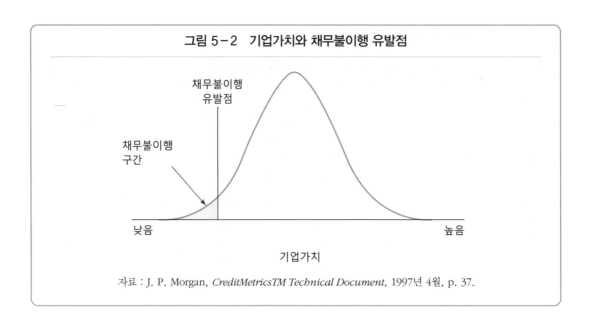

그림 5-2 기업가치와 채무불이행 유발점

채무불이행
유발점

채무불이행
구간

낮음   높음

기업가치

자료 : J. P. Morgan, *CreditMetricsTM Technical Document*, 1997년 4월, p. 37.

〈그림 5-2〉에서 만일 기업가치가 많이 감소하여 부채금액보다 작으면 기업은 채무불이행하게 된다. 이 때의 부채금액을 채무불이행 유발점(default threshold)이라고 한다.

이 개념을 모든 등급 변화에 확장하여 적용하면 신용등급 변화 유발점(credit quality threshold)을 계산할 수 있다. 이렇게 함으로써 우리는 자산가치와 신용등급 변화 간의 관계를 규정할 수 있다. 〈그림 5-3〉에서 자산가치가 거의 변하지 않으면 BBB등급 채권은 현재의 등급을 유지한다. 자산가치가 상승할수록 신용등급도 상승하고, 반대로 자산가치가 감소할수록 신용등급도 하락한다. 자산가치가 아주 많이 감소하여 채무불이행 유발점 이하로 하락하면 채무불이행하는 것으로 간주한다.

현재의 시장가치를 중심으로 분포가 형성된다고 가정하면(그리고 분포의 표준편차를 안다고 가정함) 채무불이행이 발생하는 점(즉, 채무불이행 유발점)은 신용등급 변화표로부터 추정한 채무불이행 확률로부터 추론될 수 있다. 사실, 모든 등급 변화의 확률을 알고 있으므로, 우리는 채무불이행이 유발되는 값뿐만 아니라 모든 신용등급 변화를 유발시키는 값들을 결정할 수 있다. 따라서 우리는 자산가치 분포를 여러 지역으로 나누고 지역별로 확률을 부여할 수 있다. A등급 채권의 등급 변화 확률에 기초한 등급 변화 유발점은 〈표 5-7〉에 제시되어 있다.

현재의 A등급이 8개 등급 중의 하나로 변할 확률은 과거 자료로부터 직접 추정하였다. 자산 가치 모형에 의한 등급 변화 유발점은 네 번째 열에 제시되어 있다. 표의 숫자는 다음과 같이 해석된다.

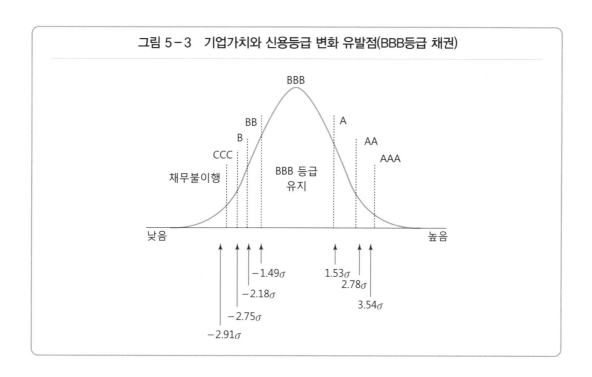

그림 5-3   기업가치와 신용등급 변화 유발점(BBB등급 채권)

표 5-7   신용등급 변화 확률과 신용등급 변화 유발점(A등급의 경우)

신용등급	확률	누적확률	유발점	값
AAA	0.09%	100.00%		
AA	2.27%	99.91%	ZAA	3.12σ
A	91.05%	97.64%	ZA	1.98σ
BBB	5.52%	6.59%	ZBBB	-1.51σ
BB	0.74%	1.07%	ZBB	-2.30σ
B	0.26%	0.33%	ZB	-2.72σ
CCC	0.01%	0.07%	ZCCC	-3.19σ
채무불이행	0.06%	0.06%	Zdef	-3.24σ

자료 : J. P. Morgan, *CreditMetricsTM Technical Document*, 1997년 4월, p. 89.

A등급 채권의 수익률 분포에 기초하여, 표준화된 미래 자산가치가 1.98σ보다 크고 3.12σ보다 작으면 등급을 A에서 AA로 상향조정한다. 그리고 표준화된 미래 자산가치 변화가 -1.51σ와 -2.30σ 사이이면 등급을 A에서 BBB로 하향조정한다. A등급 채권이 채무불이행하려면 자산가치가 3.24 표준편차 이상 하락해야 하며, -1.51σ보다 크고 1.98σ 보다 작으면 현재의 등

표 5-8 신용등급 변화 결합 확률(상관계수＝0.3 가정)

BBB등급 채권		A등급 채권							
		AAA	AA	A	BBB	BB	B	CCC	채무불이행
		0.09	2.27	91.05	5.52	0.74	0.26	0.00	0.06
AAA	0.02	0.00	0.00	0.02	0.00	0.00	0.00	0.00	0.00
AA	0.33	0.00	0.04	0.29	0.00	0.00	0.00	0.00	0.00
A	5.95	0.02	0.39	5.44	0.08	0.01	0.00	0.00	0.00
BBB	86.93	0.07	1.81	79.69	4.55	0.57	0.19	0.01	0.04
BB	5.30	0.00	0.02	4.47	0.64	0.11	0.04	0.00	0.01
B	1.17	0.00	0.00	0.92	0.18	0.04	0.02	0.00	0.00
CCC	0.12	0.00	0.00	0.09	0.02	0.00	0.00	0.00	0.00
채무불이행	0.18	0.00	0.00	0.13	0.04	0.01	0.00	0.00	0.00

자료 : J. P. Morgan, *CreditMetricsTM Technical Document*, 1997년 4월, p. 38.

급을 변화시키지 않는다.

자산 수익률 간의 상관계수가 0.3이라고 가정하면 두 채권이 현재의 등급을 유지할 확률은 다음과 같은 이변량 정규 밀도 함수(bivariate normal density function)를 적분하여 구할 수 있다.

$$확률(Z_{BB} < 채권 1의 수익률 < Z_{BBB}, Z_{BBB} < 채권 2의 수익률 < Z_A)$$

$$= \int_{-1.49}^{1.53} \int_{-1.51}^{1.98} f(r_1, r_2 ; \rho) \, dr_2 dr_1 = 0.7969 \tag{5.7}$$

여기서 r_1과 r_2는 두 자산의 수익률이고, $f(r_1, r_2 ; \rho)$는 이변량 정규 밀도 함수이다.

$$f(r_1, r_2 ; \rho) = \frac{1}{2\pi\sqrt{1-\rho^2}} \exp\left\{ \frac{-1}{2(1-\rho^2)}[r_1^2 - 2\rho r_1 r_2 + r_2^2] \right\}$$

〈표 5-8〉에서 우리는 다음과 같은 분포의 특성을 살펴볼 수 있다.

❶ 64개 상황의 발생 확률을 모두 합하면 100% 또는 1이다.

❷ 가장 확률이 높은 상황은 두 채권의 등급이 모두 변하지 않는 경우이다. 그리고 현재의 등급으로부터 멀어질수록 결합 확률은 급격히 작아진다.

❸ 상관계수가 증가하면, 현재의 등급(BBB와 A)을 기준으로 대각선상에 있는 상황에서 결합 확률이 증가한다. 예를 들어 상관계수가 0인 경우와 비교하여 확률이 증가한 경우는 색깔처리된 경우이다.

④ 각 열(column)과 줄(row)의 합은 개별 채권의 등급 변화 확률과 같아야 한다. 예를 들어 마지막 줄의 합은 0.18%이어야 하고, 세 번째 열의 합은 91.05%이어야 한다.

3 포트폴리오의 가치

64개의 상황이 발생할 확률이 계산되면 다음 과정은 각 상황에서의 포트폴리오의 가치이다. 포트폴리오의 가치는 두 채권의 가치를 구하여 단순히 합산한 값으로 결과는 〈표 5-9〉와 같다 (각 등급에서의 채권 가치는 앞에서의 설명을 참조할 것).

포트폴리오 가치의 평균과 분산은 〈표 5-8〉과 〈표 5-9〉를 이용하여 다음과 같이 구한다.

$$평균(\mu) = \sum p_i V_i = p_1 V_1 + p_2 V_2 + \cdots + p_{64} V_{64}$$
$$= 213.63달러$$
$$분산(\sigma^2) = \sum p_i (V_i - \mu)^2$$
$$= p_1 \cdot (V_1 - \mu)^2 + \cdots + p_{64} \cdot (V_{64} - \mu)^2$$
$$= 11.22달러$$
$$표준편차(\sigma) = \sqrt{11.22} = 3.35달러$$

따라서 99% VaR는 2.33×3.35=7.81달러이다. 앞에서 BBB등급의 99% VaR(표준편차를 이용

표 5-9 **포트폴리오의 가치**

BBB등급 채권		A등급 채권							
		AAA	AA	A	BBB	BB	B	CCC	채무불이행
		106.59	106.49	106.30	105.64	103.15	101.39	88.71	51.13
AAA	109.37	215.96	215.86	215.67	215.01	212.52	210.76	198.08	160.50
AA	109.19	215.78	215.68	215.49	214.83	212.34	210.58	197.90	160.32
A	108.66	215.25	215.15	214.96	214.30	211.81	210.05	197.37	159.79
BBB	107.55	214.14	214.04	213.85	213.19	210.70	208.94	196.26	158.68
BB	102.02	208.61	208.51	208.33	207.66	205.17	203.41	190.73	153.15
B	98.10	204.69	204.59	204.40	203.74	210.25	199.49	186.81	149.23
CCC	83.64	190.23	190.13	189.94	189.28	186.79	185.03	172.35	134.77
채무불이행	51.13	157.72	157.62	157.43	156.77	154.28	152.52	139.84	102.26

자료 : J. P. Morgan, *CreditMetricsTM Technical Document*, 1997년 4월, p. 12.

함)는 6.97달러였다. 액면금액이 200달러로 2배 증가하였음에도 불구하고 VaR는 6.97달러에서 7.81달러로 0.84달러 또는 12% 증가하였다. 그 이유는 포트폴리오의 분산 효과로 위험이 감소하였기 때문이다.

실제의 분포가 정규분포를 따르지 않는 경우, 정규분포를 가정하고 계산한 VaR는 실제의 위험을 과소평가하게 된다. 1퍼센타일은 204.40달러이므로 실제의 분포를 이용한 99% VaR는 213.63 − 204.40 = 9.23달러이다.[2] 그리고 BBB등급 채권의 경우 비모수적 방법으로 계산한 VaR는 8.99달러였다.

4 상관계수 추정

포트폴리오의 신용위험을 측정하기 위해 필요한 변수는 자산가치 간의 상관계수이다. 가장 간단한 방법은 상관계수가 0이라고 가정하거나 또는 일정한 상관계수를 모든 자산 간에 적용하는 방법이다. 하나의 값을 모든 자산 간에 적용하면 많은 상관계수를 일일이 추정할 필요가 없다는 장점이 있으나, 반면에 특정 산업에 대한 집중현상으로 인해 발생하는 위험을 적절히 통제할 수 없다는 문제점이 발생한다.

또 다른 방법은 주식 수익률을 이용하여 계산된 상관계수를 자산가치 간 상관계수의 대용치(proxy)로 이용하는 것이다. 물론 자산가치 간의 상관계수와 주식 수익률 간의 상관계수는 동일하지 않다는 문제점이 발생하나 이 방법은 일정한 상관계수를 모든 자산들에 적용하는 방법보다는 우수한 방법이다. 그러나 이 방법도 많은 수의 대출자산에 적용하기에는 문제가 많다. 특히 차입기업의 주식이 거래되지 않는 경우 주식 수익률 자료는 존재하지 않기 때문이다.

따라서 크레디트 메트릭스는 일련의 지수들 간의 상관계수를 구하고 이 값들로부터 차입기업 자산가치 간의 상관계수를 추정하는 매핑 방법(mapping scheme)을 사용한다. 크레디트 메트릭스가 사용하는 205개의 지수는 다음과 같이 4그룹으로 분류된다.[3]

① 152개의 국가별 산업지수(country-industry indices)
② 28개의 국가지수(country indices)[4]

---

2 1퍼센타일은 64개의 포트폴리오 가치를 작은 순서대로 배열한 후 누적확률이 1%가 되는 포트폴리오 가치이다.
3 크레디트 메트릭스는 190주(week)의 자료를 이용하여 지수 간의 상관계수를 구한다.
4 크레디트 메트릭스가 사용하는 국가지수에 포함된 국가는 Australia, Austria, Belgium, Canada, Finland, France, Germany, Greece, Hong Kong, Indonesia, Italy, Japan, Korea, Malaysia, Mexico, New Zealand, Norway, Philippines,

③ 19개의 세계 산업지수(worldwide industry indices)

④ 6개의 지역지수(regional indices)

크레디트 메트릭스의 방법은 다음과 같이 3단계로 구성된다.

(1) 1단계

국가별 그리고 산업별로 각 차입기업의 참여도(participation)를 결정한다. 그리고 차입기업의 주식가치 움직임이 해당되는 지수들에 의해 설명되는 비율을 결정한다. 이 비율은 특정 기업의 총위험 중에서 시장위험(systematic risk)이 차지하는 비율이다. 기업의 규모가 크면(작으면), 시장위험이 차지하는 비율이 클(작을) 것으로, 다시 말하면 특수위험이 차지하는 비율이 작을(클) 것으로 예상된다.

특수위험의 비율은 다음의 식으로 계산한다.

$$특수위험 \ 비율 = \frac{1}{2(1 + TA^{\gamma}e^{\lambda})} \tag{5.8}$$

여기서 TA는 총자산이고(단위는 백만 달러임), γ는 0.4884이며 λ는 -12.4739이다.

예를 들어, ABC기업은 미국 기업으로 화학산업에 속해 있다. ABC주식 수익률의 90%는 미국 화학산업지수에 의해 설명되는 것으로 가정한다. 그리고 XYZ기업은 독일기업으로 보험산업에 소속되어 있으며 XYZ 주식 수익률의 80%가 보험산업지수에 의해 설명된다고 하자.

ABC 기업가치와 XYZ 기업가치 간의 상관계수를 추정하기 위해서는 지수들의 변동성과 지수 간의 상관계수가 추가적으로 필요하다.

표 5-10 국가별 산업지수의 변동성과 상관계수

지수	변동성	상관계수		
		미국 화학산업	독일 보험산업	독일 금융산업
미국 화학산업(USCm)	2.03%	1.00	0.16	0.08
독일 보험산업(DeIn)	2.09%	0.16	1.00	0.34
독일 금융산업(DeBa)	1.25%	0.08	0.34	1.00

Poland, Portugal, Singapore, South Africa, Spain, Sweden, Switzerland, Thailand, United Kingdom, United States.

(2) 2단계

차입기업의 표준화된 수익률을 지수 수익률과 특수위험 수익률로 표현한다.[5] ABC기업의 경우 미국화학지수에 의해 설명되는 변동성이 기업 전체 변동성의 90%이므로 ABC의 표준화된 수익률 $r^{(ABC)}$는 미국 산업지수의 표준화된 수익률 $r^{(USCm)}$과 ABC기업 고유의 표준화된 수익률 $\hat{r}^{(ABC)}$에 의해 다음과 같이 표현된다.

$$r^{(ABC)} = w_1 r^{(USCm)} + w_2 \hat{r}^{(ABC)} \tag{5.9}$$

ABC 변동성의 90%는 지수에 의해 설명되므로 $w_1 = 0.9$이다. 수익률이 표준화되었으므로 $r^{(ABC)}$의 분산은 1이어야 한다. $r^{(ABC)}$의 분산은 $w_1^2 \times (r^{(USCm)}$의 분산$) + w_2^2 \times (\hat{r}^{(ABC)}$의 분산$) + 2w_1 w_2 \times (\hat{r}^{(ABC)}$와 $\hat{r}^{(ABC)}$ 간의 공분산$)$으로 계산된다. 공분산이 0이고 분산은 1이므로 $w_1^2 + w_2^2 = 1$이 성립한다. 즉, $w_2 = \sqrt{1 - w_1^2} = 0.44$이다.

$$r^{(ABC)} = 0.90 r^{(USCm)} + 0.44 \hat{r}^{(ABC)} \tag{5.10}$$

XYZ의 수익률도 동일한 방식으로 다음과 같이 표현된다.

$$r^{(XYZ)} = 0.8 r^{(DeIn)} + 0.6 \hat{r}^{(XYZ)} \tag{5.11}$$

(3) 3단계

지수 간의 상관계수를 이용하여 차입기업 간의 상관계수를 추정한다. 식 (5.10)과 (5.11)을 이용하여 두 기업 가치 간의 상관계수를 추정한다. 비체계적 위험은 모든 지수와 독립적이므로, ABC와 XYZ 간의 상관계수는 0.115이다.

$$\rho(ABC, XYZ) = 0.90 \times 0.8 \times \rho(US_{Cm}, De_{In}) = 0.90 \times 0.8 \times 0.16 = 0.115 \tag{5.12}$$

---

5 **분석적 방법(3개 자산의 경우)**

앞에서 설명한 방법을 적용하여 다음 3개 채권으로 구성된 포트폴리오의 신용위험을 측정해보자.

---

5 기업이 여러 산업에 소속되어 있으면 상관계수 계산이 다소 복잡하다. 보다 자세한 내용은 크레디트메트릭스 매뉴얼을 참조할 것.

표 5 - 11　등급 변화 확률

구분 등급	기업 1	기업 2	기업 3
AAA	0.02	0.09	0.22
AA	0.33	2.27	0.00
A	5.95	91.05	0.22
BBB	86.93	5.52	1.30
BB	5.30	0.74	2.38
B	1.17	0.26	11.24
CCC	0.12	0.01	64.86
채무불이행	0.18	0.06	19.79

자료 : J. P. Morgan, *CreditMetricsTM Technical Document*, 1997년 4월, p. 107.

① 채권 1 : BBB등급, 상위 무담보, 액면이자율 6%, 5년 만기
② 채권 2 : A등급, 상위 무담보, 액면이자율 5%, 3년 만기
③ 채권 3 : CCC등급, 상위 무담보, 액면이자율 10%, 2년 만기

3개 채권의 액면금액은 각각 4억, 2억, 1억 원으로 V_1, V_3, V_3으로 표시하기로 한다. 그리고 3개 채권을 발행한 기업을 각각 기업 1, 기업 2, 기업 3이라고 하자. 3개 기업의 등급 변화 확률은 〈표 5-11〉과 같다.

4장 〈표 4-6〉에 제시된 신용등급별 무이표채 선도 수익률 곡선을 이용하여 구한 각 신용등급에서의 채권 가치는 〈표 5-12〉와 같다.

〈표 5-11〉과 〈표 5-12〉로부터 계산한 각 채권 가치의 평균과 분산은 다음과 같다.

$\mu_1=4.28$억 원, $\mu_2=2.12$억 원, $\mu_3=0.97$억 원
$\sigma_1^2=0.014$억 원^2, $\sigma_2^2=0.001$억 원^2, $\sigma_3^2=0.044$억 원^2

포트폴리오 가치의 평균은 각 채권 가치의 평균을 단순히 합산하여 구한다.

$4.28+2.12+0.97=7.38$억 원

포트폴리오 가치의 분산은 다음과 같이 표현된다(여기서 $cov(V_1, V_2)$는 V_1와 V_2 간의 공분산임).

$$\sigma_p^2=\sigma^2(V_1)+\sigma^2(V_2)+\sigma^2(V_3)+2cov(V_1, V_2)$$

표 5 - 12 **등급별 채권 가치**   (단위 : 억 원)

구분 1년 후 등급	기업 1	기업 2	기업 3
AAA	4.375	2.132	1.162
AA	4.368	2.130	1.161
A	4.346	2.126	1.161
BBB	4.302	2.113	1.157
BB	4.081	2.063	1.142
B	3.924	2.028	1.137
CCC	3.346	1.774	1.056
채무불이행	2.125	1.023	0.551

자료 : J. P. Morgan, *CreditMetricsTM Technical Document*, 1997년 4월, p. 108.
참고 : 채권의 액면금액은 각각 4억, 2억, 1억 원임.

$$+ 2cov(V_1, V_3) + 2cov(V_2, V_3) \tag{5.13}$$

$$\sigma^2(V_1 + V_2) = \sigma^2(V_1) + \sigma^2(V_2) + 2cov(V_1, V_2) \tag{5.14}$$

$$\therefore \ \sigma_p^2 = \sigma^2(V_1 + V_2) + \sigma^2(V_1 + V_3) + \sigma^2(V_2 + V_3)$$
$$- \sigma^2(V_1) + \sigma^2(V_2) - \sigma^2(V_3) \tag{5.15}$$

이 식의 특성은 포트폴리오의 분산이 개별 자산의 분산과 2개 자산으로 구성된 하위 포트폴리오(two-asset subportfolio)의 분산으로 표현된다는 점이다. 따라서 포트폴리오가 몇 개의 자산으로 구성됐든, 모든 하위 포트폴리오의 분산이 계산되면 이를 이용하여 전체 포트폴리오의 분산을 구할 수 있다. 이를 식으로 다음과 같이 표현한다.

$$\sigma_p^2 = \sum_{i=1}^{n-1} \sum_{j=i+1}^{n} \sigma^2(V_i + V_j) - (n-2) \sum_{i=1}^{n} \sigma^2(V_i) \tag{5.16}$$

각 자산 간의 상관계수가 0.3이라고 가정하고 구한 하위 포트폴리오의 분산은 각각 다음과 같다.

$$\sigma^2(V_1 + V_2) = 0.018, \ \sigma^2(V_1 + V_3) = 0.083, \ \sigma^2(V_2 + V_3) = 0.051$$

따라서 포트폴리오 가치의 표준편차는 0.305억 원이다.

$$\sigma_p = \sqrt{0.018 + 0.083 + 0.051 - 0.014 - 0.001 - 0.044} = 0.305$$

이렇게 구한 0.305억 원은 포트폴리오 가치의 절대 위험 측정치(absolute risk measure)이다. 절대 위험 측정치를 포트폴리오 가치의 평균으로 나누어 %로 표현할 수 있는데 이를 표준편차 비율(percent standard deviation)이라고 한다.

$$\frac{\sigma}{\mu} = 0.305억 원/7.38억 원 = 4.1\%$$

포트폴리오의 관리 측면에서 중요한 것은 포트폴리오에 포함된 개별 자산의 위험이 아니라 포트폴리오의 위험에 각 자산이 공헌하는 정도를 측정하는 한계 위험(marginal risk)이다. 특정 자산의 한계 위험은 특정 자산이 포함된 포트폴리오의 표준편차에서 특정 자산이 제외된 포트폴리오의 표준편차를 차감하여 구한다. 예를 들어, 채권1의 한계 위험은 다음과 같이 0.08억 원이다.

$$\sigma(V_1 + V_2 + V_3) - \sigma(V_2 + V_3) = 0.305 - \sqrt{0.051} = 0.305 - 0.225$$
$$= 0.08$$

결국 각 채권의 개별 위험과 한계 위험은 다음 〈표 5-13〉과 같이 정리된다.

표 5-13 채권의 개별 위험 및 한계 위험

위험 채권	개별 위험		한계 위험	
	절대치(억 원)	%(σ/μ)	절대치(억 원)	%(σ/μ)
채권1	0.118	2.8%	0.080	1.9%
채권2	0.032	1.5%	0.017	0.8%
채권3	0.210	21.6%	0.171	17.6%

참고 : 절대치는 절대 위험을 의미하고, %는 표준편차 비율을 의미한다.

6 시뮬레이션

위에서 적용한 방법은 분석적인 방법으로 크레디트 메트릭스가 어떤 방식으로 포트폴리오의 신용위험을 측정하는지 자세히 보여 준다. 그러나 포트폴리오에 포함된 개별 자산의 수가 증가하면, 앞에서 설명한 분석적인 방법을 적용하기에는 너무 많은 시간이 소요되므로 현실성이 없다. 따라서 대규모 포트폴리오의 경우, 몬테카를로 시뮬레이션(Monte Carlo simulation) 기법으로 포트폴리오

가치 분포를 추정하고 이로부터 신용위험을 계산해야 한다.

몬테카를로 시뮬레이션 방법은 다음과 같이 진행된다.

① 시나리오(scenario) 생성
② 포트폴리오의 가치 추정
③ 가치 분포로부터 신용위험 계산

(1) 1단계 : 시나리오 생성

시나리오 생성 단계는 다음과 같이 3단계로 구성된다.

첫째, 개별 자산별로 신용등급 변화 유발점을 결정한다.

둘째, 표준 정규분포를 따르는 변수(자산 수익률)를 생성한다.

셋째, 자산 수익률과 신용등급 변화 유발점을 연결하여 새로운 등급을 추정한다.

① 먼저 분석에 이용되는 등급 변화 확률과 등급 변화 유발점, 그리고 자산 간의 상관계수는 각각 〈표 5-14〉, 〈표 5-15〉, 〈표 5-16〉과 같다. 개별 채권별로 등급 변화 유발점을 계산하는 과정은 이미 앞에서 설명하였다.

② 다음은 표에 제시된 상관계수를 유지하면서 무작위로 변수를 생성하는 것이다. 이 방법에는 여러 가지가 있으나 촐레스키 분해(Cholesky factorization) 방법이 많이 사용된다. 여기서 생성된 값은 자산의 수익률로 표준 정규분포를 따른다.

③ 변수 생성의 마지막 절차는 생성된 변수와 등급 변화 유발점을 연결하여 새로운 등급을

표 5-14 등급 변화 확률 (단위 : %)

구분 / 등급	기업 1	기업 2	기업 3
AAA	0.02	0.09	0.22
AA	0.33	2.27	0.00
A	5.95	91.05	0.22
BBB	86.93	5.52	1.30
BB	5.30	0.74	2.38
B	1.17	0.26	11.24
CCC	0.12	0.01	64.86
채무불이행	0.18	0.06	19.79

자료 : J. P. Morgan, *CreditMetricsTM Technical Document*, 1997년 4월, p. 114.

표 5 - 15 채권별 등급 변화 유발점

구분 변화 유발점	기업 1	기업 2	기업 3
Z_{AA}	3.54	3.12	2.86
Z_A	2.78	1.98	2.86
Z_{BBB}	1.53	−1.51	2.86
Z_{BB}	−1.49	−2.30	2.11
Z_B	−2.18	−2.72	1.74
Z_{CCC}	−2.75	−3.19	1.02
$Z_{(채무불이행)}$	−2.91	−3.24	−0.85

자료 : J. P. Morgan, *CreditMetricsTM Technical Document*, 1997년 4월, p. 114.

표 5 - 16 자산별 상관계수

	기업 1	기업 2	기업 3
기업 1	1.0	0.3	0.1
기업 2	0.3	1.0	0.2
기업 3	0.1	0.2	1.0

자료 : J. P. Morgan, *CreditMetricsTM Technical Document*, 1997년 4월, p. 115.

표 5 - 17 시나리오별 표준화된 자산 수익률

구분 시나리오	기업 1	기업 2	기업 3
1	−0.7769	−0.8750	−0.6874
2	−2.1060	−2.0646	0.2996
3	−0.9276	0.0606	2.7068
4	0.6454	−0.1532	−1.1510
5	0.4690	−0.5639	0.2832
6	−0.1252	−0.5570	−1.9479
7	0.6994	1.5191	−1.6503
8	1.1778	−0.6342	−1.7759
9	1.8480	2.1202	1.1631
10	0.0249	−0.4642	0.3533

자료 : J. P. Morgan, *CreditMetricsTM Technical Document*, 1997년 4월, p. 115.

표 5-18　수익률 시나리오로부터 새로운 등급 추정

구분 / 시나리오	자산 수익률			새로운 등급		
	기업 1	기업 2	기업 3	기업 1	기업 2	기업 3
1	−0.7769	−0.8750	−0.6874	BBB	A	CCC
2	−2.1060	−2.0646	0.2996	BB	BBB	CCC
3	−0.9276	0.0606	2.7068	BBB	A	A
4	0.6454	−0.1532	−1.1510	BBB	A	채무불이행
5	0.4690	−0.5639	0.2832	BBB	A	CCC
6	−0.1252	−0.5570	−1.9479	BBB	A	채무불이행
7	0.6994	1.5191	−1.6503	BBB	A	채무불이행
8	1.1778	−0.6342	−1.7759	BBB	A	채무불이행
9	1.8480	2.1202	1.1631	A	AA	B
10	0.0249	−0.4642	0.3533	BBB	A	CCC

자료 : J. P. Morgan, *CreditMetricsTM Technical Document*, 1997년 4월, p. 116.

추정하는 것이다. 예를 들어, 〈표 5-17〉의 2번째 시나리오에서 기업 1에 해당되는 값은 −2.1060이다. 이 값은 〈표 5-15〉의 첫 번째 열에서 Z_{BB}와 Z_B 사이에 해당되므로 새로운 등급은 BB등급이다. 기업 2에 해당되는 값은 −2.0646이다. 이 값은 〈표 5-15〉의 두 번째 열에서 Z_{BBB}와 Z_{BB} 사이에 해당되므로 새로운 등급은 BBB등급이다. 이 과정을 모두 시나리오에 대하여 반복하면 〈표 5-18〉이 완성된다.

(2) 2단계 : 포트폴리오 가치평가

채무불이행의 경우가 아니면 개별 자산의 가치계산은 앞에서의 절차와 동일하다. 그러나 채무불이행의 경우에는 앞에서의 계산 절차가 그대로 적용되지 않는다. 4장 〈표 4-5〉에서 설명했듯이 채무불이행 시의 회수율은 고정된 비율이 아니고 그 자체가 분포를 가진다. 회수율이 변한다는 것은 위험의 중요한 원천이 되므로 이 불확실성을 가치평가에서 고려해야 한다.

예를 들어, BBB등급 상위 무담보의 경우 회수율의 평균은 53%이고, 표준편차는 33%이다. 따라서 새로운 등급이 채무불이행되는 경우 크레디트 메트릭스는 베타 분포(beta distribution)를 이용하여 무작위로 회수율을 생성시키고 이 값으로 자산의 가치를 추정한다.

〈표 5-19〉는 시나리오별 개별 자산의 가치와 포트폴리오의 가치를 보여 준다. 세 번째 채권의 채무불이행 시나리오는 4, 6, 7, 8인데, 이 경우에 가치는 0.657, 0.754, 0.269, 0.151로 상이하다. 이유는 회수율이 베타 분포로부터 무작위로 생성되기 때문이다. 크레디트 메트릭스가

시나리오	새로운 등급			가치			
	기업 1	기업 2	기업 3	기업 1	기업 2	기업 3	포트폴리오
1	BBB	A	CCC	4.302	2.126	1.056	7.484
2	BB	BBB	CCC	4.081	2.063	1.056	7.200
3	BBB	A	A	4.302	2.126	1.161	7.589
4	BBB	A	채무불이행	4.302	2.126	0.657	7.085
5	BBB	A	CCC	4.302	2.126	1.056	7.484
6	BBB	A	채무불이행	4.302	2.126	0.754	7.182
7	BBB	A	채무불이행	4.302	2.126	0.269	6.697
8	BBB	A	채무불이행	4.302	2.126	0.151	6.579
9	A	AA	B	4.346	2.130	1.137	7.613
10	BBB	A	CCC	4.302	2.126	1.056	7.484

표 5-19 시나리오별 포트폴리오의 가치

자료 : J. P. Morgan, *CreditMetricsTM Technical Document*, 1997년 4월, p. 117.

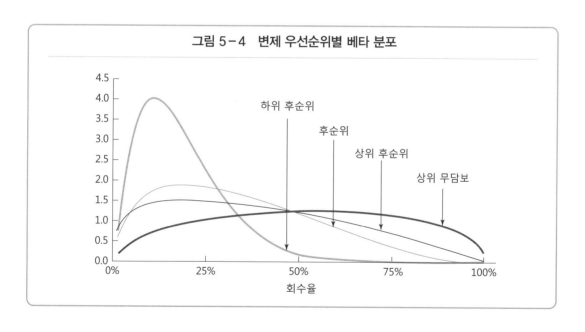

그림 5-4 변제 우선순위별 베타 분포

이용하는 변제 우선순위(seniority)별 베타 분포는 〈그림 5-4〉와 같다.

(3) 3단계 : 신용위험 측정

마지막 단계는 위에서 계산된 여러 포트폴리오의 가치를 이용하여 의미 있는 위험 통계치를 추정하는 것이다. $V^{(i)}$를 i번째 시나리오에서 포트폴리오의 가치로 정의하자. 평균과 표준편차는 각각 7.24억 원과 0.37억 원이다(N은 시나리오의 수임).

$$\mu_p = \frac{1}{N}\sum_{i=1}^{N} V^{(i)} = 7.24$$

$$\sigma_p = \sqrt{\frac{1}{N-1}\sum_{i=1}^{N} (V^{(i)} - \mu)^2} = 0.37$$

정규분포를 가정하고 계산한 99% 신뢰 수준에서의 신용 VaR는 0.8621억 원이다.

$$2.33 \times 0.37 = 0.8621$$

7 포트폴리오 관리

앞에서 제시한 시뮬레이션 방법을 20개의 대출자산으로 구성된 포트폴리오에 적용해 보자 (포트폴리오의 시장가치는 대략 68백만 달러임). 먼저 20개 대출의 신용등급, 액면금액, 만기와 현재의 시장가치는 〈표 5-20〉과 같고 각 대출 간의 상관계수는 〈표 5-21〉과 같다.

각 대출별로 여러 번(예를 들어, 20,000번) 시뮬레이션하여 분석기간 말 기준의 시장가치를 추정한다. 그리고 이 과정을 20개의 대출에 반복 적용하면 결국 20,000개의 포트폴리오 가치(또는 가치 변화)가 추정되고 이로부터 신용 VaR를 계산할 수 있다. 분석기간 말 포트폴리오 가치 분포는 〈그림 5-5〉, 〈그림 5-6〉과 같다.

시뮬레이션된 포트폴리오 가치로부터 구한 평균과 표준편차는 각각 67.284백만 달러와 1.136백만 달러이다.

평균 포트폴리오 가치(μ) = 67,284,888달러
포트폴리오 가치의 표준편차(σ) = 1,136,077달러

앞에서 설명했듯이 손실 분포가 정규분포가 아니므로 평균과 표준편차는 위험의 적절한 측정치가 되지 못한다. 〈표 5-22〉는 실제 분포와 정규분포에 기초한 여러 퍼센타일 값이 계산되어 있다. 실제 분포에 의하면 2.5퍼센타일은 63.97백만 달러이다. 즉, 포트폴리오 가치가 63.97

표 5-20　포트폴리오 구성

순서＼구분	신용등급	액면금액	만기	시장가치
1	AAA	7,000,000	3	7,821,049
2	AA	1,000,000	4	1,177,268
3	A	1,000,000	3	1,120,831
4	BBB	1,000,000	4	1,189,432
5	BB	1,000,000	3	1,154,641
6	B	1,000,000	4	1,263,523
7	CCC	1,000,000	2	1,127,628
8	A	10,000,000	8	14,229,071
9	BB	5,000,000	2	5,386,603
10	A	3,000,000	2	3,181,246
11	A	1,000,000	4	1,181,246
12	A	2,000,000	5	2,483,322
13	B	600,000	3	705,409
14	B	1,000,000	2	1,087,841
15	B	3,000,000	2	3,263,523
16	B	2,000,000	4	2,527,046
17	BBB	1,000,000	6	1,315,720
18	BBB	8,000,000	5	10,020,611
19	BBB	1,000,000	3	1,118,178
20	AA	5,000,000	5	6,181,784
총계				68,000,000

자료 : J. P. Morgan, *CreditMetricsTM Technical Document*, 1997년 4월, p. 121.

표 5-21　상관계수 행렬

	1	2	3	4	5	6	7	8	9	10	11	12	13	14	15	16	17	18	19	20
1	1	0.45	0.45	0.45	0.15	0.15	0.15	0.15	0.15	0.15	0.1	0.1	0.1	0.1	0.1	0.1	0.1	0.1	0.1	0.1
2	0.45	1	0.45	0.45	0.15	0.15	0.15	0.15	0.15	0.15	0.1	0.1	0.1	0.1	0.1	0.1	0.1	0.1	0.1	0.1
3	0.45	0.45	1	0.45	0.15	0.15	0.15	0.15	0.15	0.15	0.1	0.1	0.1	0.1	0.1	0.1	0.1	0.1	0.1	0.1
4	0.45	0.45	0.45	1	0.15	0.15	0.15	0.15	0.15	0.15	0.1	0.1	0.1	0.1	0.1	0.1	0.1	0.1	0.1	0.1
5	0.15	0.15	0.15	0.15	1	0.35	0.35	0.35	0.35	0.35	0.2	0.2	0.2	0.2	0.2	0.15	0.15	0.15	0.1	0.1

	1	2	3	4	5	6	7	8	9	10	11	12	13	14	15	16	17	18	19	20
6	0.15	0.15	0.15	0.15	0.35	1	0.35	0.35	0.35	0.35	0.2	0.2	0.2	0.2	0.2	0.15	0.15	0.15	0.1	0.1
7	0.15	0.15	0.15	0.15	0.35	0.35	1	0.35	0.35	0.35	0.2	0.2	0.2	0.2	0.2	0.15	0.15	0.15	0.1	0.1
8	0.15	0.15	0.15	0.15	0.35	0.35	0.35	1	0.35	0.35	0.2	0.2	0.2	0.2	0.2	0.15	0.15	0.15	0.1	0.1
9	0.15	0.15	0.15	0.15	0.35	0.35	0.35	0.35	1	0.35	0.2	0.2	0.2	0.2	0.2	0.15	0.15	0.15	0.1	0.1
10	0.15	0.15	0.15	0.15	0.35	0.35	0.35	0.35	0.35	1	0.2	0.2	0.2	0.2	0.2	0.15	0.15	0.15	0.1	0.1
11	0.1	0.1	0.1	0.1	0.2	0.2	0.2	0.2	0.2	0.2	1	0.45	0.45	0.45	0.45	0.2	0.2	0.2	0.1	0.1
12	0.1	0.1	0.1	0.1	0.2	0.2	0.2	0.2	0.2	0.2	0.45	1	0.45	0.45	0.45	0.2	0.2	0.2	0.1	0.1
13	0.1	0.1	0.1	0.1	0.2	0.2	0.2	0.2	0.2	0.2	0.45	0.45	1	0.45	0.45	0.2	0.2	0.2	0.1	0.1
14	0.1	0.1	0.1	0.1	0.2	0.2	0.2	0.2	0.2	0.2	0.45	0.45	0.45	1	0.45	0.2	0.2	0.2	0.1	0.1
15	0.1	0.1	0.1	0.1	0.2	0.2	0.2	0.2	0.2	0.2	0.45	0.45	0.45	0.45	1	0.2	0.2	0.2	0.1	0.1
16	0.1	0.1	0.1	0.1	0.15	0.15	0.15	0.15	0.15	0.15	0.2	0.2	0.2	0.2	0.2	1	0.55	0.55	0.25	0.25
17	0.1	0.1	0.1	0.1	0.15	0.15	0.15	0.15	0.15	0.15	0.2	0.2	0.2	0.2	0.2	0.55	1	0.55	0.25	0.25
18	0.1	0.1	0.1	0.1	0.15	0.15	0.15	0.15	0.15	0.15	0.2	0.2	0.2	0.2	0.2	0.55	0.55	1	0.25	0.25
19	0.1	0.1	0.1	0.1	0.1	0.1	0.1	0.1	0.1	0.1	0.1	0.1	0.1	0.1	0.1	0.25	0.25	0.25	1	0.65
20	0.1	0.1	0.1	0.1	0.1	0.1	0.1	0.1	0.1	0.1	0.1	0.1	0.1	0.1	0.1	0.25	0.25	0.25	0.65	1

자료 : J. P. Morgan, *CreditMetricsTM Technical Document*, 1997년 4월, p. 122.

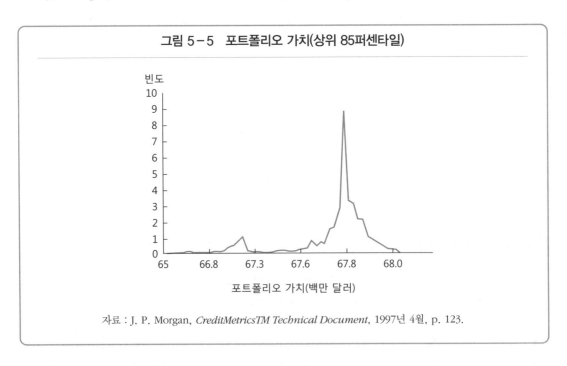

그림 5−5 포트폴리오 가치(상위 85퍼센타일)

자료 : J. P. Morgan, *CreditMetricsTM Technical Document*, 1997년 4월, p. 123.

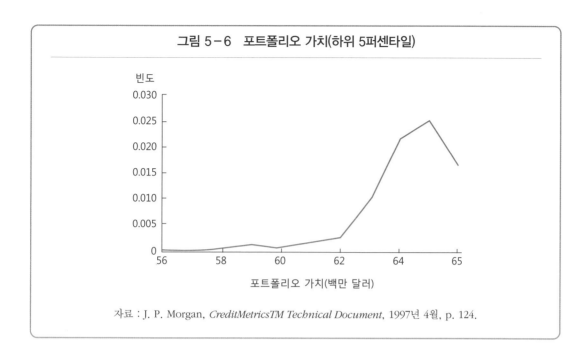

그림 5-6 포트폴리오 가치(하위 5퍼센타일)

자료 : J. P. Morgan, *CreditMetricsTM Technical Document*, 1997년 4월, p. 124.

표 5-22 포트폴리오 가치의 퍼센타일 (단위 : 백만 달러)

퍼센타일	실제 분포	정규분포	
	포트폴리오 가치	위치	포트폴리오 가치
95.0%	67.93	$\mu+1.65\sigma$	69.15
50.0%	67.80	μ	67.28
5.0%	64.98	$\mu-1.65\sigma$	65.42
2.5%	63.97	$\mu-1.96\sigma$	65.06
1.0%	62.85	$\mu-2.33\sigma$	64.64
0.5%	61.84	$\mu-2.58\sigma$	64.36
0.1%	57.97	$\mu-3.09\sigma$	63.77

백만 달러 이하로 하락할 확률이 2.5%이다. 그러나 정규분포를 이용하면 2.5퍼센타일은 평균으로부터 1.96표준편차 아래에 해당되므로 $67.284-1.96\times1.136\approx65.06$백만 달러가 된다.

　포트폴리오 관리에서 중요한 것은 개별 위험이 아니라 한계 위험이다. 한계 위험은 남은 19개 대출에 특정 대출을 포함함으로써 포트포리오의 위험이 얼마나 증가하는가를 측정한다. 즉, 첫 번째 대출의 한계 위험은 20개 대출로 구성된 포트폴리오 위험에서 19개 대출(2번째 대출부터 20번째 대출까지)로 구성된 포트폴리오 위험을 차감하여 구한다. 〈표 5-23〉은 이렇게 구한 개별 위험과 한계 위험을 보여 준다. 여기서 퍼센트(%)로 표시된 개념의 표준편차 비율은 절대적인 수치인 표준편차를 대출자산의 시장가치로 나누어 구한다.

〈표 5-23〉으로부터 우리는 흥미로운 사실을 발견할 수 있다. 개별 위험의 경우 대출 7이 대출 15보다 위험하지만 한계 위험 측면에서는 대출 15가 대출 7보다 위험하다는 것이다.

포트폴리오 측면에서 개별 자산의 위험은 2가지 요소로 구성된다. ① 한계 위험 표준편차 비율(〈표 5-23〉의 마지막 열)과 ② 노출 금액(대출의 시장가치를 의미함)이다.

$$\text{대출자산의 한계 위험} = \text{한계 위험 표준편차 비율(\%)} \times \text{노출 금액} \tag{5.17}$$

표 5-23 개별 위험과 한계 위험

대출 \ 구분		개별 위험		한계 위험	
		표준편차(σ)	%(σ/시장가치)	표준편차(σ)	%(σ/시장가치)
1	AAA	4,905	0.06	239	0.00
2	AA	2,007	0.17	114	0.01
3	A	17,523	1.56	693	0.06
4	BBB	40,043	3.37	2,934	0.25
5	BB	99,607	8.63	16,046	1.39
6	B	162,251	12.84	37,664	2.98
7	CCC	255,680	22.67	73,079	6.48
8	A	197,152	1.39	35,104	0.25
9	BB	380,141	7.06	105,949	1.97
10	A	63,207	1.99	5,068	0.16
11	A	15,360	1.30	1,232	0.10
12	A	43,085	1.73	4,531	0.18
13	B	107,314	15.21	25,684	3.64
14	B	167,511	15.40	44,827	4.12
15	B	610,900	18.72	270,000	8.27
16	B	322,720	12.77	89,190	3.53
17	BBB	28,051	2.13	2,775	0.21
18	BBB	306,892	3.06	69,624	0.69
19	BBB	1,837	0.16	120	0.01
20	AA	9,916	0.16	389	0.01

자료 : J. P. Morgan, *CreditMetricsTM Technical Document*, 1997년 4월, p. 130.

예를 들어, 15번째 대출자산의 위험은 $8.27\% \times 3,263,523 \approx 270,000$달러이고, 7번째 대출자산의 위험은 $6.48\% \times 1,127,628 = 73,070$달러이다. 〈그림 5-7〉은 20개 대출자산의 위험을 그래프에 표시한 것이다.

〈그림 5-7〉에서 자산 7과 자산 18은 서로 연결되어 있는데, 이유는 이들 자산들의 한계 위험이 대략적으로 70,000달러로 동일하기 때문이다. 이 그림에서 자산 15는 매우 높은 위험을 안고 있고, 자산 9와 자산 16의 위험은 70,000달러를 약간 상회하고 있다. 따라서 금융기관은 대출 15를 다른 은행에 매각하거나 또는 다른 방법을 강구해야 한다.

금융기관은 〈그림 5-7〉과 같은 분석을 통하여 대출한도를 설정하는 것이 가능하다. 예를 들어, 금융기관은 노출 금액 한도를 8백만 달러로 한계 위험 표준편차 비율을 6%로 설정할 수 있다(이들 한계는 〈그림 5-7〉에 표시되어 있음). 이 경우에 자산 7, 자산 15, 자산 18은 이 한도를 벗어나므로 금융기관은 특별한 조치를 단행해야 한다.

요약하면 금융기관이 신용한도를 설정하는 기준은 크게 다음과 같이 3가지이다.

❶ 표준편차 비율을 기준으로 하는 한도 설정
❷ 노출 금액을 기준으로 하는 한도 설정
❸ 표준편차 비율과 노출 금액의 곱인 위험을 기준으로 하는 한도 설정

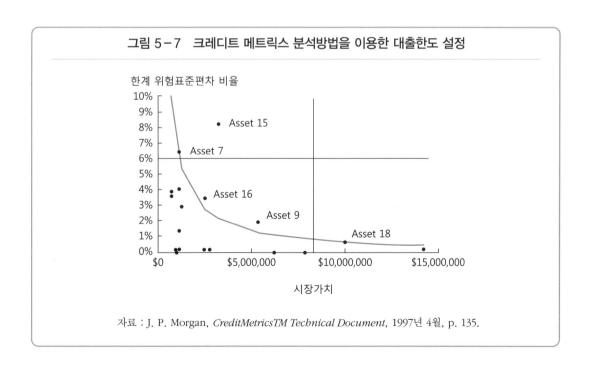

그림 5-7 크레디트 메트릭스 분석방법을 이용한 대출한도 설정

자료 : J. P. Morgan, *CreditMetricsTM Technical Document*, 1997년 4월, p. 135.

〈그림 5-8〉은 수많은 대출자산의 노출 금액(시장가치)과 표준편차 비율을 표시한 것이다. 앞에서 설명했듯이 자산의 위험은 노출 금액과 표준편차 비율의 곱으로 정의된다. 이 그림에서 3개의 그룹은 위험관리 측면에서 재평가되어야 한다.

먼저 그룹 1은 노출 금액은 크고 표준편차 비율은 작은(위험이 낮은) 자산으로 구성된다. 이런 자산의 경우 한 개만이 채무불이행해도 금융기관에 미치는 영향은 크다.

그리고 그룹 2는 노출 금액은 작으나 표준편차 비율은 높은(위험이 큰) 자산으로 구성된다. 이런 자산은 채무불이행 가능성이 매우 높다.

마지막으로 그룹 3은 노출 금액과 위험이 모두 큰 자산으로 구성된다. 이런 자산들은 포트폴리오의 위험에 공헌하는 정도가 매우 크다.

3개의 그룹 중에서 가장 중요한 것이 노출 금액도 크고 표준편차 비율도 높은 그룹 3이다. 이 그룹은 포트폴리오의 전체 위험에 공헌하는 정도가 가장 크다.

실제로 이 그룹에 속하는 경우는 신용등급이 급격히 하락한 추락 천사(fallen angel)로, 금융기관이 대출할 때에는 신용등급이 우수하여 많은 금액을 대출하였으나 현재는 신용등급이 투자 부적격으로 하락하여 위험이 매우 큰 상태이다.

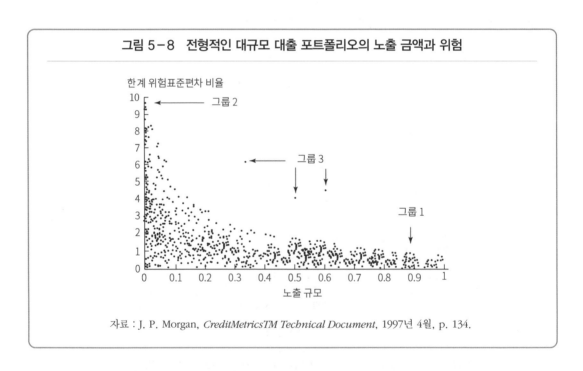

그림 5-8　전형적인 대규모 대출 포트폴리오의 노출 금액과 위험

자료 : J. P. Morgan, *CreditMetricsTM Technical Document*, 1997년 4월, p. 134.

chapter 06

장외파생상품의 신용위험 측정

section 01 **장외파생상품의 신용위험**

최근 들어 장외시장에서 거래되는 스왑, 선도계약 및 이색옵션(exotic option)의 거래량이 폭발적으로 증가함에 따라 금융기관들도 이런 계약들의 신용위험을 보다 정확하게 측정해야 할 필요성을 느끼게 되었다. 이들 계약들은 대차대조표상에 기록되지 않는 부외항목(off-balance-sheet item)이다.

앞에서 설명한 모형들은 채무불이행 확률을 예측하여 계약 상대방의 채무불이행 가능성을 측정하기에는 적절하지만 부외항목의 신용위험과 이에 따른 신용 VaR를 추정하기에는 적절하지 않다. 본 장에서는 부외항목(특히 금리스왑)의 신용 VaR의 측정 방법에 대하여 설명하기로 한다.

파생상품의 신용위험은 다음의 2가지 특성을 갖는다.

첫째, 위험에 노출된 금액은 액면금액이 아니므로 이를 수량화(quantify)해야 한다. 전통적인 대출 또는 채권의 경우 신용위험에 노출된 금액은 원금에 발생이자를 더한 금액이다. 그러나 금리스왑의 경우 신용위험에 노출된 금액은 이보다 훨씬 작다. 파생상품의 경우 노출금액은 계약이 현재 양(+) 또는 음(−)의 시장가치를 갖는가와 계약가치의 향후 변화에 의해 결정된다.

둘째, 여러 상대방(counterparty)과 거래하는 경우에도 여러 증권에 투자하는 경우에 적용되는 분산 효과(diversification effect)가 발생한다는 점이다. 만일 위험이 서로 상쇄되는 경향이 있으면 포트폴리오의 신용위험은 개별 신용위험의 합보다 훨씬 작다.

1 스왑의 신용위험

거래소(exchange) 파생상품의 경우 상대방의 채무불이행이 발생할 경우 증거금을 통해 그 리스크가 해소되므로 신용위험은 거의 없다고 할 수 있다. 반면에 장외파생상품은 상대방 채무불이행 위험(counterparty default risk)에 노출된다. 스왑은 대표적인 장외파생상품이다.

채무불이행과 관련해서 대출과 금리스왑은 3가지 측면에서 서로 상이하다. 첫째, 대출의 경우 신용위험은 가장 중요한 부분인 원금의 상환 여부와 관련해서 발생하는 반면에, 금리스왑의 경우 원금은 실제 교환되지 않는 명목상의 금액이므로 원금이 위험에 노출되는 것은 아니다. 둘째, 금리스왑에서 교환되는 현금흐름은 고정금리와 변동금리의 차이에 의해 결정되는 데 반하여, 대출에서는 금리의 수준에 의해 현금흐름이 결정된다. 셋째, 대출의 경우 채무불이행은 차입자가 재무적 곤경에 처하여 계약을 이행할 수 없을 때에 발생한다. 그러나 스왑에서 상대방 채무불이행 위험에 실제로 노출되려면(즉, 상대방이 채무불이행하여 실제로 손실이 발생하려면) 다음 2가지 조건이 동시에 충족되어야 한다.

❶ 상대방 입장에서 계약의 가치는 음(−)이다. 즉, 계약자에게 계약의 순현가는 양(+)이다.
❷ 상대방이 채무불이행하여야 한다.

2 금리스왑의 가치평가

금리스왑은 고정금리와 변동금리를 교환하는 계약이므로 금리스왑의 가치는 받게 될 현금흐름의 가치에서 지급하게 될 현금흐름의 가치를 차감하여 구한다. 즉, 금리스왑에서 고정금리 지급 포지션의 가치는 변동금리 현금흐름의 현가 또는 변동금리 채권의 가치에서 고정금리 현금흐름의 현가 또는 고정금리 채권의 가치를 차감한 값이다.

$$V(\text{고정금리 지급 포지션}) = V(\text{변동금리 채권}) - V(\text{고정금리 채권})$$

계약을 체결할 때 스왑의 가치는 0이다. 그러나 계약이 체결된 이후 스왑의 가치는 이자율의 움직임에 따라 양(+) 또는 음(−)의 가치를 갖는다.

금리스왑의 가치를 계산하는 또 하나의 방법은 금리스왑의 변동금리부분을 일련의 선도금리 계약으로 인식하여 가치를 평가하는 방법이다. 선도금리 계약으로 변동금리부분을 헤징할 경우, 선도금리계약은 선도 이자율이 실현된다고 가정할 수 있으므로 스왑의 가치도 선도 이자율을 이용하여 평가한다.

A기업이 B금융기관과 다음과 같은 금리스왑을 체결하였다.

액면금액＝100달러, 만기＝2년, 고정금리＝9.9%,

변동금리＝1년 LIBOR, 이자지급 횟수＝연 1회

현재 현물 이자율은 1년 만기는 8%이고 2년 만기는 10%이다. B금융기관은 변동금리를 지급하고 고정금리를 수령하는 포지션을 취하였다. B금융기관 입장에서 금리스왑의 가치를 계산해 보면 다음과 같다.

금융기관 입장에서 스왑의 가치는 고정금리 채권의 가치에서 변동금리 채권의 가치를 차감하여 구한다. 고정금리 채권의 가치는 $\frac{9.9}{1.08} + \frac{109.9}{1.1^2} = 100$달러이다. 변동금리 채권은 만기일이 첫 번째 확정된 이자지급일이고 원금이 원래의 원금과 확정이자의 합인 무이표채와 동일하므로 변동금리 채권의 가치는 $\frac{108}{1.08} = 100$달러이다. 따라서 스왑의 가치는 0이다.

선도 이자율로 변동금리 채권의 현금흐름이 결정된다고 가정하여 스왑의 가치를 평가할 수 있다. 선도 이자율은 $\frac{1.1^2}{1.08} - 1 = 12.04\%$이므로 B금융기관의 현금흐름은 다음과 같이 표현된다. 여기서 수평선 위는 현금유입을, 아래는 현금유출을 의미한다.

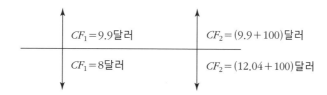

금리스왑의 가치는 다음과 같이 0이다.

$$\frac{1.9}{1.08} + \frac{-2.14}{1.1^2} = 0$$

이번에는 계약 체결 직후에 수익률 곡선이 상향 이동하여 1년과 2년 만기 수익률이 각각 9%와 11%가 되었다고 가정하자. 선도 이자율 $f_{1,2}$는 연 13.04%이므로 B금융기관 입장에서 금리스왑의 가치는 $\frac{1.9}{1.09} + \frac{-3.14}{1.11^2} = -0.81$달러이다.

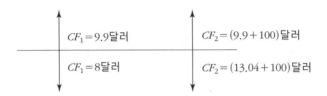

또는 고정금리 채권의 가치인 $\frac{9.9}{1.09} + \frac{109.9}{1.11^2}$에서 변동금리 채권의 가치인 $\frac{108}{1.09}$를 차감하여서도 -0.81달러를 구할 수 있다(정확히 -0.80달러로 계산되는데 1센트는 반올림 오차임). 이자율이 상승하면 고정금리 수령 포지션의 가치는 하락한다. 반대로 고정금리 지급 포지션을 취한 A기업 입장에서 금리스왑의 가치는 상승하여 0.81달러가 된다.

section 02 장외시장의 신용증대제도

스왑계약의 참여자들은 채무불이행 확률 또는 채무불이행 시의 손실을 감소시키기 위하여 여러 가지 보완제도를 가지고 있다. 다음은 장외시장 참여자들이 신용위험을 감소시키기 위한 주요 신용증대제도(credit enhancement mechanism)이다.

1 상계 협약

스왑 거래자들은 상계 협약(netting arrangement)을 이용하여 채무불이행 위험을 감소시킬 수 있다. 금융기관들은 기본 스왑 협약서(master swap agreement)를 이용하여 동일한 상대방과 스왑계약을 체결하는 것이 보편적이다. 기본 스왑 협약서는 모든 계약에 대해 지급금액의 상계가 가능하도록 하므로, 상계 협약의 적용을 받는 모든 계약의 위험 노출 금액은 순지급금액(net payment)으로 제한된다. 상계에는 다음과 같은 여러 유형의 상계가 있다.[1]

❶ 쌍방 상계 조항(bilateral netting provision) : 특정 상대방과의 양(+)의 시장가치를 갖는 계약과 동일한 상대방과의 음(−)의 시장가치를 갖는 계약은 서로 상쇄된다.

❷ 지급금액 상계(payment netting) : 동일한 날에 동일 화폐단위로 지급 또는 수령하기로 되어 있는 경우는 금액의 차이만이 교환되도록 하는 방법이다.

❸ 계약 종료 상계 또는 일괄 청산 상계(closeout netting) : 채무불이행 또는 계약에 명시된 신용 변화가 발생했을 때에 적용하는 상계방법으로 양(+)의 가치를 갖는 계약은 음(−)의 가치를 갖는 계약과 서로 상계된다. ISDA 기본협약서에 계약 종료 상계는 표준 조항으로 정해져 있다.

❹ 교차상품 상계(cross-product netting) : 예를 들어 양(+)의 가치를 갖는 금리스왑 포지션의 노출 금액을 동일한 상대방과의 음(−)의 가치를 갖는 외환 포지션으로 감소시킨다면 이를 교차상품 상계라고 한다. 쌍방 상계에서는 교차상품 상계를 인정하는 방향으로 진행되고 있다.

2 | 상대방별 포지션 한도

장외시장 파생상품에 포지션을 취하는 투자자들은 위험에 노출되는 금액의 한도를 상대방별로 설정한다. 여기서 중요한 점은 한도가 개별적으로 적절하게 설정되었다 하더라도 포트폴리오 측면에서 일부 분야에 지나치게 노출될 수 있으므로 포지션 한도는 포트폴리오 측면에서 최종적으로 검토되어야 한다.

---

1 Netting by novation : replacement of all agreements between two parties with a single agreement and a single net payment stream. Formal netting by novation is often a response to financial distress on the part of one counterparty.

  Novation : replacing one or a series of contracts with a new contract, often with a third party replacing one of the original parties. Novation may be used to cancel agreements that have already been offset with other agreements. It is usually reserved for situations where any risk associated with the creation of a new agreement is offset by the release of capital or credit lines tied up in an unnecessarily complex structure.

3 증거금과 담보 요구

만기가 긴 스왑의 경우 비교적 자주 시장가치를 반영하여(mark to market) 증거금을 조정하도록 요구한다. 요구되는 증거금은 상대방의 신용등급이 변함에 따라 또는 계약의 가치가 변함에 따라 변할 수 있다. 또한 적절한 규모의 담보(collateral)를 요구하기도 한다. 너무 높은 수준의 증거금과 담보를 요구하는 것은 결국 비용을 증가시키게 되고, 반대로 너무 낮은 수준을 요구하면 적절한 보호장치가 되지 못한다.

4 계약 종료 조항

대부분의 장기스왑은 신용 경보 조항(credit trigger)을 포함하고 있어 계약자 중 한쪽이 투자부적격으로 하락하면 다른 한쪽이 스왑계약의 현금결제를 요구할 수 있는 권리를 갖도록 규정한 계약 종료 조항(termination provision)을 포함한다. 아주 소수의 기업만이 투자적격 등급에서 직접 파산하기 때문에 이 조항은 기업의 신용등급이 천천히 나빠지는 상황에서 보호장치가 된다. 그러나 상대방의 신용도와 유동성이 하락할 때 이 조항은 유동성에 심각한 압박을 가할 수 있으므로 위기를 재촉할 수도 있다.

5 이자율 조정

상대방의 신용위험을 반영하여 스왑계약의 고정금리를 조정하기도 한다. 즉, 파생상품계약의 액면이자율을 현재의 시장이자율로 재조정함과 동시에 계약의 시장가치를 상대방에게 지불해야 한다. 예를 들어, 금리스왑에서 고정금리가 $X\%$에서 현재의 스왑금리(swap rate)로 조정된다. 만일 $X\%$가 현재의 스왑금리보다 낮으면(높으면) 고정금리 수령자(지급자)는 $X\%$ 스왑의 현재 시장가치에 해당되는 금액을 지불해야 한다.

306 part 2 신용 리스크관리

신용위험 측정 : BIS 접근방법

1   BIS 접근방법

국제결제은행의 자기자본비율 규정은 거래소 파생상품과 장외파생상품을 명확하게 구별하고 있다. 거래소에서 거래되는 파생상품의 경우 상대방의 채무불이행이 발생하여도 거래자의 증거금을 통해 계약의 이행이 보장되므로 신용위험은 없는 것으로 간주할 수 있다. 반면에 장외시장에서 거래되는 파생상품의 경우 이런 보장이 존재하지 않으므로 신용위험에 대한 자본금을 요구하고 있다. BIS 규정에 의하면 신용위험에 따른 자본금을 계산하는 절차는 다음과 같다.

❶ 신용위험 노출 금액을 계산한다. 이는 현재 노출과 잠재 노출의 합으로 계산된다. 현재 노출은 *max*(대체비용, 0)이고, 잠재 노출은 액면금액과 신용환산율의 곱으로 계산된다.
❷ 신용위험 노출 금액에 상대방별 위험가중치를 곱하여 위험조정 자산가치를 계산하고 여기에 다시 8%를 적용하여 요구되는 자본금을 계산한다.

신용위험 노출 금액은 잠재 노출과 현재 노출의 합으로 정의된다.

신용위험 노출 금액＝현재 노출＋잠재 노출   (6.1)

현재 노출(current exposure)은 만일 상대방이 지금 채무불이행하는 경우 계약을 대체하는 데 필요한 대체비용(replacement cost)으로 계약의 현재가치를 의미한다.[2] 만일 순현가(즉, 계약의 현재가치)가 0보다 크면 현재 노출은 대체비용으로 결정된다. 그러나 반대로 순현가가 0보다 작으면 현재 노출은 0으로 설정된다. 왜냐하면 외가격에 있는 스왑계약을 채무불이행함으로써 이익을 얻을 수는 없기 때문이다.

잠재 노출(potential exposure)은 상대방이 미래에 채무불이행하는 경우의 신용위험을 반영한다. Federal Reserve Bank of England의 시뮬레이션에 근거하여 BIS는 다음과 같은 신용환산율(Credit Conversion Factor : CCF)을 제시하였다. 계약의 만기가 길수록 그리고 기초증권의 변동성

---

2 파생상품의 현재 노출이 계약의 현재가치 또는 대체비용으로 정의되므로 파생상품의 신용위험은 시장위험과 밀접하게 연계되어 있어 두 위험을 분리하는 것은 매우 어렵다. 반면에 전통적인 신용상품의 경우 신용위험을 시장위험에서 분리하는 것은 비교적 간단하다.

이 클수록 신용환산율은 증가한다. 계약이 처음 체결될 때 스왑의 가치는 0이 되도록 결정된다. 그러나 시간이 흐름에 따라 스왑의 가치는 0으로부터 멀어지게 되므로 스왑의 잠재 노출을 고려해야 한다.

신용위험 노출 금액이 결정되면 이 금액에 상대방별 위험가중치를 곱하여 위험조정 자산가치를 산정한다. 상대방별 위험가중치는 〈표 6-2〉와 같다.

앞에서 설명한 BIS 방법에는 포트폴리오의 분산 효과가 고려되어 있지 않다. 그러나 1995년 10월부터 BIS는 기본협약서에 의해 동일한 상대방과 계약을 체결하는 경우 상계를 허용함으로써 분산 효과를 간접적으로 허용하였다. 새로운 규정에 의한 순현재 노출(net current exposure)은 모든 대체비용(대체비용이 양(+)인 경우와 음(−)인 경우를 모두 포함)의 합으로 정의된다. 그리고 순잠재 노출(net potential exposure : PEnet)은 앞에서 정의한 잠재 노출(지금부터는 총잠재 노출(gross potential exposure : PEgross)이라고 칭함)을 다음과 같이 조정하여 구한다.

$$PEnet = (0.4 \times PEgross) + (0.6 \times NGR \times PEgross) \tag{6.2}$$

여기서 PEnet는 순잠재 노출이고, PEgross는 총잠재 노출이다. 그리고 NGR은 순현재 노출(net replacement cost)을 총현재 노출(gross replacement cost)로 나누어 구한다.

표 6-1 잠재 노출을 계산하는 데 필요한 신용환산율(액면금액의 %임)

구분 / 기간	기초자산			
	이자율	환율 또는 금	주식	기타 상품
1년 미만	0.0%	1.0%	6.0%	10.0%
1~ 5년	0.5%	5.0%	8.0%	12.0%
5년 이상	1.5%	7.5%	10.0%	15.0%

표 6-2 부외자산 상대방별 위험가중치

위험가중치	상대방 유형
0%	OECD 정부
20%	OECD 은행과 공공기관
50%	기업 등

다음의 예시를 이용하여 신용위험 노출 금액을 계산해 보자.

금융기관이 4년 만기 금리스왑(액면금액은 100백만 달러)과 2년 만기 통화선도 계약(계약금액은 40백만 달러)에 포지션을 취하고 있다고 가정하자. 앞의 〈표 6-1〉에 의하여 잠재 노출은 각각 다음과 같이 계산된다.

잠재 노출(스왑) = 100백만 달러 × 0.005 = 0.5백만 달러

잠재 노출(통화선도 계약) = 40백만 달러 × 0.05 = 2백만 달러

대체비용은 남은 만기 동안에 현재의 조건으로 계약을 체결하는 데 수반되는 비용을 의미한다. 스왑과 통화선도 계약의 대체비용을 각각 3백만 달러와 −1백만 달러로 가정하자. 그러면 현재 노출은 각각 3백만 달러와 0이다. 최종적으로 신용위험 노출 금액은 잠재 노출과 현재 노출의 합으로 계산된다.

신용위험 노출 금액(스왑) = 0.5 + 3 = 3.5백만 달러

신용위험 노출 금액(통화선도 계약) = 2 + 0 = 2백만 달러

금융기관 전체의 신용위험 노출 금액은 3.5 + 2 = 5.5백만 달러이다. 위험조정 자산가치(risk-adjusted asset value)는 5.5백만 달러에 0.5를 곱한 2.75백만 달러이므로(위험가중치 50% 가정함), 요구되는 자본금은 2.75백만 달러 × 0.08 = 220,000달러가 된다.

이번에는 1995년 10월부터 허용된 상계가 미치는 영향을 분석하기로 하자. 이를 위해 금리스왑과 통화선도 계약이 동일한 상대방과 체결되었다고 가정하자.

순현재 노출 = 3백만 달러 − 1백만 달러 = 2백만 달러

순잠재 노출 = $(0.4 \times 2.5$백만 달러$) + (0.6 \times \frac{2}{3} \times 2.5$백만 달러$) = 2$백만 달러

단, NGR은 상계 허용 시의 순현재 노출을 상계가 허용되지 않는 경우의 현재 노출로 나누어 구하므로 2백만 달러/3백만 달러 $= \frac{2}{3}$이다.

신용위험 노출 금액은 순현재 노출과 순잠재 노출의 합인 4백만 달러이다. 위험조정 자산가치는 여기에 0.5를 곱한 2백만 달러이고 요구되는 자본금은 2백만 달러 × 0.08 = 160,000달러이다. 결국 상계가 허용됨으로 인해 요구되는 자본금은 220,000달러에서 160,000달러로 60,000달러 감소하게 된다.

section 04 | 자산별 신용위험 노출 금액

자산별 신용위험 노출 금액은 다음과 같이 계산된다.

1 채권과 대출 : 대차대조표 상의 자산으로 신용위험 노출 금액이 액면금액으로 정의된다. 정확히 얘기하면 현재 노출은 채권과 대출의 현재가치로 정의되지만 이 금액은 액면금액과 크게 차이나지 않으므로 노출 금액이 편의상 액면으로 정의한다. 채권의 가격 공식은 다음과 같다(원금은 100으로 가정함).

$$P = \frac{100c}{y}\left(1 - \frac{1}{(1+y)^n}\right) + \frac{100}{(1+y)^n} \tag{6.3}$$

여기서 c는 1기간의 액면이자율, y는 1기간의 수익률, n은 남은 액면이자 또는 기간의 수이다. 액면이자율이 수익률과 동일하면(즉, $c=y$) 채권은 액면가 채권이다. 그리고 액면이자율이 수익률보다 높으면(즉, $c>y$) 프리미엄 채권이고, 반대로 액면이자율이 수익률보다 낮으면(즉, $c<y$) 할인채권이다.

10년 만기 채권의 노출 금액은 다음과 같이 변한다.[3] 채권 가격은 2~3년 후에 87달러

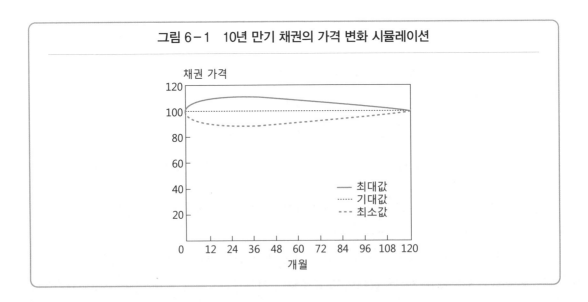

그림 6-1 10년 만기 채권의 가격 변화 시뮬레이션

---

3 수익률 y의 변화 시나리오를 가정한 후, 채권 가격이 최대/최소가 되는 경우를 구한 것이다. 기간이 경과할수록 수익률 y의 변화가 커지지만, 채권의 듀레이션은 감소하므로 <그림 6-1>과 같은 모양이 나타난다.

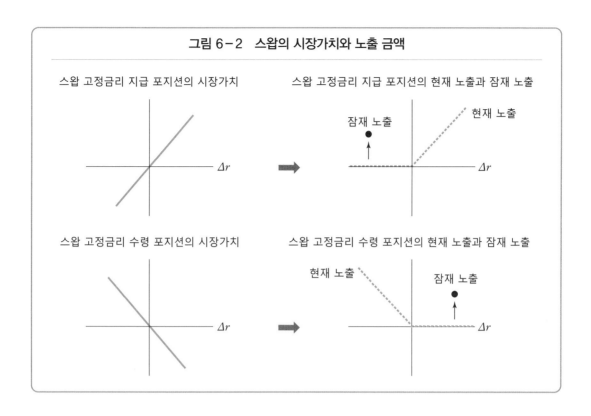

그림 6-2 스왑의 시장가치와 노출 금액

스왑 고정금리 지급 포지션의 시장가치

Δr

스왑 고정금리 지급 포지션의 현재 노출과 잠재 노출

현재 노출

잠재 노출

Δr

스왑 고정금리 수령 포지션의 시장가치

Δr

스왑 고정금리 수령 포지션의 현재 노출과 잠재 노출

현재 노출

잠재 노출

Δr

와 115달러로 액면가와 가장 차이가 많이 나게 된다. 이후에 차이는 감소하고 결국 액면가에 수렴하게 된다. 액면가에 대한 채권 가격의 변화는 상대적으로 크지 않으므로 신용위험을 측정할 때 노출 금액이 액면가와 같다고, 즉 노출 금액이 일정하다고 가정해도 큰 무리가 없다.

❷ 보증(guarantee) : 부외 계약(off-balance contract)으로 제3자가 채무불이행하는 경우 지급을 보증하므로 액면금액을 노출 금액으로 간주한다.

❸ 스왑과 선도계약 : 이 계약은 부외 계약으로 계약의 양 당사자는 기초자산을 매입 또는 매도할 의무를 갖는다. 현재 노출과 잠재 노출은 가치에 영향을 미치는 위험요인의 움직임에 따라 0부터 대단히 큰 값까지를 가질 수 있다.

스왑 고정금리 지급 포지션과 수령 포지션의 시장가치, 현재 노출, 잠재 노출은 〈그림 6-2〉와 같다. 고정금리 지급 포지션의 경우 이자율이 상승하면 스왑의 가치가 상승하고 이자율이 하락하면 스왑의 가치가 하락한다. 이 포지션의 현재 노출은 스왑의 가치가 0보다 큰 경우에만 존재하므로 현재 노출의 패턴은 콜옵션 매입 포지션과 유사하게 표현된다. 잠재 노출은 현재는 스왑계약에서 손해를 보고 있어 노출 금액이 0이지만 이자율이 미래에 유리하게 움직여 스왑의 가치가 0보다 클 수 있을 가능성을 고려하여 측정된 미래 노출 예상금액이다.

④ 옵션 매입 포지션 : 부외자산으로 현재 노출과 잠재 노출은 위험요인의 움직임에 의해 결정된다. 옵션은 음(−)의 가치를 결코 갖지 않으므로 현재가치가 0보다 작을 수 없다.

⑤ 옵션 매도 포지션 : 현재 노출과 잠재 노출이 전부 0이다. 왜냐하면 프리미엄을 이미 수령하였고 미래에 발생할 수 있는 것은 손실뿐이기 때문이다.

section 05 위험 노출 금액의 시간적 변화

1 노출 규모의 시간적 변화

다음 예를 이용하여 금리스왑의 노출 금액이 어떻게 변하는지 살펴보자. 은행이 기업과 5년 만기 스왑(명목원금은 100백만 달러)을 체결하였다고 가정하고 은행은 6개월 만기 LIBOR를 지급하고 10% 고정금리를 받는다고 가정하자. 계약을 체결하는 시점에서 노출 규모는 0이다. 이후에 스왑금리가 9%로 하락하였다고 가정하면, 1년 말 시점에서 고정금리를 수령하는 스왑계약의 시장가치는 1백만 달러의 4회 연금(annuity)의 현재가치와 동일한 금액만큼 상승한다. 이 금액이 1년 말 기준의 스왑의 대체비용이다. 2년 말 시점에서 금리가 다시 100bps 하락하였다고 가정하면, 2백만 달러의 3회 연금의 현재가치가 대체비용이 된다. 이런 식으로 계산하면 5년 말 시점에서는 대체비용이 0이다. 이런 금리변화 시나리오 하에서 노출 금액의 명목가치(할인하기 전의 가치)는 〈표 6-3〉과 같다. 노출 금액은 두 가지 효과의 영향을 받는다. 하나는 시간이 지남에 따라 발생하는 상각 효과(amortization effect)이고, 다른 하나는 이자율이 변함으로 인해 발생하는 변동성 효과(volatility effect)이다.

이 예에서 최대 노출은 6백만 달러이다. 스왑에서 신용위험 노출 규모(credit exposure)는 이자율의 변화에 따라 큰 폭으로 변할 수 있다. 노출 규모의 변화 양상은 컵을 뒤집은 모양(inverted cup)으로 나타나는데, 이는 위험에 노출된 상대방에게 불리한 금리 변화를 모형화하는 것과 연관되어 있다. 미래 기간에 노출된 금액도 현재의 이자율을 이용하여 할인함으로써 현재가치 기

표 6-3 스왑의 신용위험 노출 금액의 변화

연도	변동성 효과 (1년부터 증가함, bps)	상각 효과 (남은 연수)	노출 금액 (백만 달러)
1	0	5	0
2	100	4	4
3	200	3	6
4	300	2	6
5	400	1	4
6	*N/A*	0	0

준으로 표현할 수 있다.

2 금리 확산 효과와 만기 효과

고정금리와 변동금리를 교환하는 금리스왑에서 채무불이행 위험에 노출되는 금액에 영향을 미치는 요인은 2가지이다. 다음 2가지 이유로 파생상품의 위험 노출 금액은 일정하지 않고 따라서 포지션의 현재 대체비용은 총위험 노출 금액의 추정치로 적절하지 않게 된다.

(1) 금리 확산 효과(interest rate diffusion effect)

시간이 지남에 따라 변동금리가 고정금리로부터 멀어지는 경향을 말한다. 이 효과로 만기일에 접근할수록 위험 노출 금액은 증가한다.

(2) 만기 효과(maturity effect)

금리 확산 효과를 상쇄시키는 효과로 시간이 지남에 따라(즉, 만기일에 접근함에 따라) 남은 지급 횟수가 감소하므로 위험 노출 금액이 감소한다. 만기 효과를 상각 효과로 부르기도 한다.

2가지 효과가 금리스왑에 미치는 종합적인 영향은 〈그림 6-3〉과 같다. 처음에는 확산 효과가 만기 효과를 지배하여 위험 노출 금액이 증가한다. 그러나 만기일까지의 기간이 감소하고 교환해야 하는 현금흐름의 수가 감소함에 따라 만기 효과가 확산 효과를 지배하여 위험 노출 금액은 감소하게 된다. 금리스왑에서 만기가 T년이고 위험이 시간의 제곱근(square root)에 비례

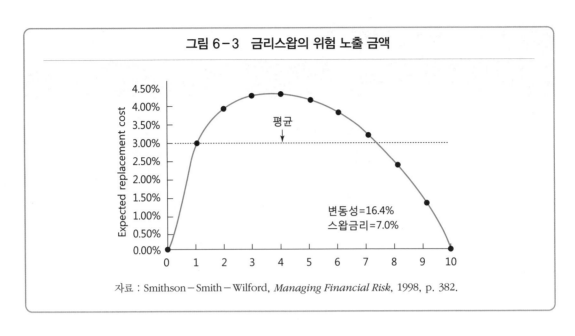

그림 6 – 3 금리스왑의 위험 노출 금액

평균

변동성=16.4%
스왑금리=7.0%

Expected replacement cost

자료 : Smithson – Smith – Wilford, *Managing Financial Risk*, 1998, p. 382.

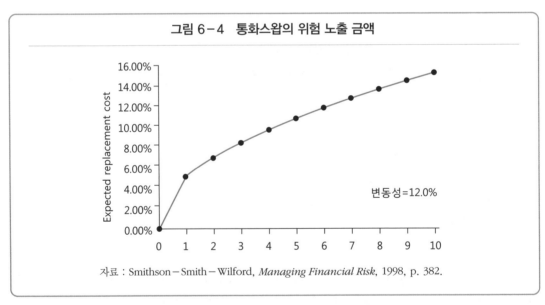

그림 6 – 4 통화스왑의 위험 노출 금액

변동성=12.0%

Expected replacement cost

자료 : Smithson – Smith – Wilford, *Managing Financial Risk*, 1998, p. 382.

하여 증가한다고 가정하고, 시장가치를 무시하면 위험 노출 금액은 대략적으로 $\frac{T}{3}$ 시점에서 극대화된다. 이는 〈그림 6-3〉에서 확인할 수 있다. 우리가 고려하는 예에서 평균 노출 금액(Average Exposure : AE)은 $t=2$와 $t=3$시점에서의 위험 노출 금액을 평균하여 구한다.

그러나 통화스왑의 경우 만기일에 원금을 교환해야 하므로 확산 효과가 만기 효과를 항상 지배하게 되어 〈그림 6-4〉에서 볼 수 있듯이 위험 노출 금액은 계속 증가한다.

  미국과 영국의 중앙은행은 파생상품 딜러들이 시뮬레이션을 이용하여 스왑의 노출 규모를 평가할 때에 최대 노출(maximum exposure)과 기대 노출(expected exposure)을 고려하도록 권고한다.[4]

  최대 노출은 (1−신뢰 수준) 확률에서 초과할 수 있는 노출 금액을 의미하고 기대 노출은 평균을 의미한다.

❶ 만일 상대방이 채무불이행하면 나의 최대 노출은 얼마인가? 최대 노출은 상대방이 채무불이행하는 경우 발생 가능한 최대 손실금액을 의미한다. 금융기관은 이 수치를 이용하여 위험을 통제한다(risk control).

❷ 이 계약을 체결함으로써 추가적으로 얼마만큼 노출 금액이 증가하는가? 즉, 이 계약에 의해 생성된 기대 노출은 얼마인가?

  기대 노출은 사전적(ex ante)으로 상대방이 채무불이행하는 경우 평균적으로 발생 가능한 손실금액을 의미한다. 금융기관은 이 수치를 이용하여 유지해야 할 자본 수준을 결정한다.

---

4 참고로 대출의 경우 액면금액이 최대 노출이면서 기대 노출이기도 하다.

chapter 07

국가위험평가모형

국가위험(country risk)은 차입자 소속 국가의 상황으로 인해 이자와 원금을 약속한 일자에 지급하지 못할 가능성을 말한다. 실제적으로 국가신용위험(country credit risk)을 평가하기 위해서는 정치위험, 법적위험, 사회위험, 경제위험, 환경위험, 규제위험(관세와 세금에 관한 위험), 환위험 등을 종합적으로 고려해야 하고, 또한 한 국가의 위험이 인접국으로 전파되는 위험인 파급위험(contagion risk)도 함께 고려해야 한다. 국가신용위험에 포함되는 여러 종류의 위험들은 다음과 같이 간략하게 설명된다. 물론 여기 정의된 위험들은 사용자에 따라 약간 달리 정의할 수 있으며 중복되거나 애매한 경우도 많다.

예를 들어 주권위험(sovereign risk)을 국가위험과 동일한 개념으로 사용하기도 한다.

❶ 정치위험(political risk) : 정치적 불안, 혁명, 전쟁의 발발 등과 연관되어 있는 위험이다.

❷ 법적위험(legal risk) : 법적인 배상능력의 감소로 인해 발생하는 위험으로, 예를 들어 담보를 획득 또는 청산하기가 어려운 경우이다.

❸ 사회위험(social risk) : 대규모 스트라이크와 사회적 불안에서 연유되는 위험이다.

❹ 경제위험(economic risk) : 경제성장의 둔화, 가격 상승, 수출 감소, 정부의 불합리한 경제정책 등으로 인해 야기되는 위험이다.

⑤ 주권위험(sovereign risk) : 국가가 차입한 부채의 상환을 취소할 수 있는 권리로부터 발생하는 위험이다.

⑥ 이전위험(transfer risk) : 국가가 송금을 규제하여 발생하는 위험이다.

우리가 기업의 신용상태를 분석하기 위하여 여러 비율들을 이용하듯이, 국가위험을 평가하는 경우에도 국가의 주요 비율을 이용하는 계량적 분석이 많이 적용된다. 여러 비율 중에서 가장 중요한 비율이 외채상환 부담률(Debt Service Ratio : DSR)이다. *DSR*은 재화 및 용역 수출로 인한 경상수입과 일방적 이전(unilateral transfer)의 합에 대한 만기 1년 이상의 차입금 원금과 이자의 비율이다.[1]

*DSR*이 10%보다 낮으면 매우 건전한 비율로, 반대로 30%를 초과하면 문제가 있을 수 있는 비율로 간주되나, 차입금의 만기구조(maturity structure), 국제금융시장에의 접근 용이성 등에 의해 많은 영향을 받는다. *DSR*의 분모는 경상수입과 일방적 이전의 합이므로 분자에 비하여 변동성이 크게 된다. 또한 *DSR*이 현재는 적정 수준이라고 할지라도 경상수지 적자폭(current account deficit)이 크면 미래에 문제를 일으킬 소지가 크다. 따라서 *DSR* 이외의 비율을 사용하기도 하는데, 주로 이용되는 비율은 차입금 원금과 이자에 대한 경상수지(current account balance)의 비율이나 국민총생산(Gross National Product : GNP)에 대한 외채(정부와 기업이 외국에서 차입한 금액에서 만기 1년 이내의 단기차입금과 유동성 높은 외국투자자산을 차감한 금액임)의 비율이다. 〈표 7-1〉은 국가위

표 7-1   국가위험을 측정하는 주요 비율

비율	정의	적정 범위
이자부담비율 (interest service ratio)	지급기일이 도래한 이자금액/동일기간 동안의 수출금액	유동성 비율로서 4%는 매우 좋은 수준으로 인정되고, 20%는 경계선이다.
외환보유고/수입금액 (reserves/imports)	보유고/수입액	이 비율은 커버되는 개월 수로 표현되고 수입액을 지급할 수 있는 능력을 측정한다. 3개월 이상이 바람직하다.
유동성갭 비율 (liquidity gap ratio)	만기 1년 이내의 단기부채에서 경상수지를 차감하고 조달 가능한 금액을 합하여 구한다.	유동성을 측정하는 수치이다.
경상수지/GNP	경상수지를 GNP로 나누어 구한다.	중기(medium term)적 성과를 측정하는 수치로 양수(+)가 적절한 수준이다. −5는 잠재적인 문제가 있음을 알리는 수준이다.

---

1   일방적 이전은 증여, 이민, 송금, 배상금 및 무환 수출입 등 반대급부를 수반하지 않는 이전거래를 말한다.

험을 측정하는 데 사용되는 주요 비율들을 정리한 것이다. 비율 자체의 높고 낮음보다는 비율의 변화 추세(trend)와 다른 국가와 비교하여 비율이 높은지의 여부가 상대적으로 더 중요하다.

section 02 국가신용위험 평점 시스템

전문적으로 국가신용위험을 평가하는 독립적인 외부 기관들은 다음과 같다.

1 Bank of America World Information Services
2 Business Environmental Risk Intelligence
3 Control Risks Information Services
4 Economist Intelligence Unit
5 Euromoney
6 Institutional Investor
7 Standard and Poor's Rating Group
8 Political Risk Services : International Country Risk Guide
9 Political Risk Services : Coplin-O'Leary Rating System
10 Moody's Investor Services

여러 기준에서의 점수를 결합하여 국가신용위험 평점을 계산하는 시스템은 국가별로 위험을 상대적으로 평가해 준다. Credit Risk International은 〈표 7-2〉와 같은 기준에 의하여 국가신용위험을 평가한다. 한편 Euromoney가 이용하는 평가기준은 다음과 같다.

1 경제 지표(경제학자들로부터 설문조사함) : 25%
2 정치위험(설문조사 이용) : 25%
3 비율분석(세계은행이 발표하는 국가별 차입규모에 대한 자료 이용) : 10%
4 국가신용등급 : 10%
5 기타 : 30%

클라크-마로이스(Clark-Marois, 1996)는 추세를 분석하기 위하여 시간에 따라 신용평점 변화를 고려해야 한다고 주장한다. 〈표 7-3〉은 Institutional Investor지가 발표한 국가별 신용평점의 평균과 표준편차이다. 여기서 표준편차는 국가별 신용평점의 변동성을 말한다. 〈표 7-3〉에서 점수가 높을수록 신용도가 좋음을 의미한다.

벨크색(Belcsak, 1995)은 CAMEL 접근방법을 추천하였는데, CAMEL은 Current earnings, Asset quality, Management quality, Earnings potential, Liquidity의 약자이다.

① 현재 순이익(current earnings) : 현재의 경상수지를 의미한다. 만일 수입이 수출을 초과하면 그 차액은 해외차입이나 외환보유고 감소로 이어진다.

② 자산의 질(asset quality) : 국가의 천연, 인적·경제적 재원(resource)을 의미한다. *GDP*, 성장 추세, 저축률, 투자율, 생산성, 물가상승률 등이 고려되어야 하는 주요 변수이다.

③ 경영의 질(management quality) : 사회 및 정치적 불안에 대한 조치뿐만 아니라 재정목표와 수입에 대한 정부와 정부의 정책을 의미한다.

④ 수익성 잠재력(earnings potential) : 무역 조건, 기후, 세계 상품 가격과 같은 외적 요인, 수출시장에서의 경쟁, 기술적 변화 등을 고려해야 한다.

⑤ 유동성(liquidity)은 외환보유고뿐만 아니라, 다른 국가의 중앙은행, IMF 및 세계은행과 같은 국제기구에 대한 접근의 용이성을 의미한다.

표 7-2 Credit Risk International의 국가신용위험 평가시스템
분야 1 : 시장 전망 및 변화에 대처하는 유연성 　　기준1 : 경제 규모(가중치 30%) 　　기준2 : 경제 발전의 수준(가중치 40%) 　　기준3 : 생활 수준(가중치 30%)
분야 2 : 재무위험 　　기준4 : 재무적 취약성(가중치 30%) 　　기준5 : 외채(가중치 30%) 　　기준6 : 재무적 등급(가중치 40%)
분야 3 : 정치적 불안정 　　기준7 : 사회구조의 동질성(가중치 30%) 　　기준8 : 정부체제의 안정성(가중치 50%) 　　기준9 : 대외 관계(가중치 20%)
분야 4 : 경영환경 　　기준10 : 경제의 경영(가중치 40%) 　　기준11 : 외국투자(가중치 40%) 　　기준12 : 근무조건(가중치 20%)

자료 : Clark-Marois(1996).

| 표 7-3 | 국가별 신용평점의 평균과 표준편차 | | | | | |

연도 국가	1979~1991		1979	1986	1991	1997
	평균	표준편차				
전체 평균	42.73	5.70	55.7	40.5	37.9	41.0
알제리아	48.99	8.71	58.6	50.4	34.2	24.5
아르헨티나	32.67	17.26	62.4	24.9	20.2	41.3
볼리비아	13.78	7.49	31.6	8.0	15.0	26.2
브라질	37.92	12.54	64.9	35.2	26.5	39.5
카메룬	33.55	5.04	35.0	38.4	23.1	18.8
칠레	37.64	12.16	54.9	25.1	41.1	63.5
콜롬비아	45.50	9.93	60.7	39.2	36.6	47.2
코스타리카	22.05	10.44	44.7	17.0	22.5	36.0
에쿠아도르	31.10	13.50	53.2	26.7	19.6	26.3
이집트	30.03	5.92	33.9	29.5	23.4	39.7
그리스	52.66	6.26	62.6	47.6	47.2	53.0
인도	47.66	3.60	54.2	50.7	38.4	46.9
인도네시아	50.05	4.57	53.2	47.6	50.4	51.8
아이보리코스트	30.98	9.99	48.2	27.5	17.2	n/a
대한민국	61.55	5.52	71.2	58.4	68.1	69.7
말레이시아	64.60	6.76	70.3	59.9	62.0	66.7
멕시코	43.89	17.08	71.8	30.8	38.7	43.5
모로코	29.57	7.32	45.5	23.1	28.3	40.9
나이지리아	32.42	15.17	54.1	22.8	19.5	15.3
페루	22.86	11.99	30.7	14.9	12.2	33.7
필리핀	30.63	11.08	53.7	21.4	24.5	44.3
포르투갈	55.19	5.04	52.0	51.8	63.3	71.2
수단	8.43	3.81	18.5	7.3	6.1	9.1
태국	55.05	3.96	54.7	53.3	62.5	59.9
튀니지아	42.02	5.72	50.0	39.7	37.5	47.9
터키	30.78	11.43	14.8	38.6	42.7	38.6
우루과이	32.78	5.64	41.0	27.8	31.2	43.4
베네수엘라	45.99	15.07	72.4	38.1	37.2	35.4
유고슬라비아	34.87	10.68	57.5	31.4	24.5	10.2

자료 : Caouette-Altman-Narayanan, *Managing Credit Risk*, 1998, p. 353.

한편 페더-저스트(Feder-Just, 1977)는 아래에 제시된 변수에 대한 로짓분석(logit analysis)을 이용하여 국가채무불이행 확률 모형을 개발하였다.

① 외채상환 부담률(debt service ratio)
② 수입액/외환보유고(import/reserve)
③ 상각액/부채(amortization/debt)
④ 1인당 소득(income per capita)
⑤ 자본유입/외채(capital inflow/debt service)
⑥ GDP성장률(GDP growth)
⑦ 수출성장률(export growth)

딤(Dym, 1997)은 다음과 같은 거시경제변수를 이용하여 국가위험을 측정하였다.

① 외환보유고 부담률(reserve coverage) : 수입금액을 외환보유고를 이용하여 지급하는 경우 소요되는 기간(개월)
② 경상수지적자폭/GDP
③ 외국차입액/GDP
④ 예산적자금액/GDP
⑤ 실질GDP 성장률
⑥ 물가상승률

표 7-4　국가별 SRQ *EDF*

국가	SRQ *EDF*
대한민국	0.01%
인도네시아	0.01%
중국	0.02%
태국	0.11%
남아프리카 공화국	0.38%
터키	0.65%
러시아	0.81%
멕시코	0.91%
브라질	1.20%

자료 : Morris(1997).

모리스(Morris, 1997)는 KMV 모형과 유사한 방법으로 국가신용위험을 측정하고 SRQ (sovereign risk quantification)라고 명명하였다. 참고로 1997년 5월에 발표된 국가별 기대 채무불이행 확률(EDF)은 〈표 7-4〉와 같다.

section 03 국가신용위험관리

국가신용위험이 문제가 되면 금융기관이 취할 수 있는 방법에는 다음 네 가지가 있다 : 부채·자본 스왑(debt for equity swap), 구조조정협약(MYRAs : multiyear restructuring agreement), 대출 매각(loan sales), 부채 간 스왑(debt for debt swap). 여기서는 구조조정협약에 대하여 설명하기로 한다.

어떤 국가가 채무를 상환할 수 없는 경우에 금융기관은 대출을 매각하거나 스왑할 수 있지만 대차대조표에 대출을 계속 유지하기로 결정하면, MYRA협약 하에서 대출조건이 재조정되는 것이 보통이다. 예를 들어, 대한민국은 IMF 구제금융 신청 이후 1998년 1월에 240억 달러에 대하여 채무재조정 협약을 체결하였다. 대부분의 부채는 만기가 90일 이하인 단기채무로서 이자율은 높게는 20%에 이른 것도 있었다.

MYRA에서 가장 중요한 것은 채권자들이 재조정하는 과정에서 채무자에게 얼마만큼을 양보할 것인가이다. 재조정에서 고려되는 중요 사항은 다음과 같다.

❶ 수수료(fee) : 금융기관이 차입자에게 부과하는 수수료로 액면금액의 1% 정도를 차지하기도 한다.

❷ 이자율(interest rate) : 일반적으로 새로운 대출에 대하여 부과되는 이자율은 원래의 이자율보다 낮다. 대한민국의 경우 1년으로 연장되는 경우의 이자율은 LIBOR + 225bp, 2년의 경우 LIBOR + 250bp, 3년의 경우 LIBOR + 275bp로 결정되었다.

❸ 지급유예기간(grace period) : 이자와 원금상환이 유예되는 기간으로 대한민국과의 MYRA에서는 유예기간은 주어지지 않았다.

❹ 만기(maturity) : 대체로 만기는 연장되는데 대한민국의 경우 만기는 1년과 3년 사이로 연장되었다.

❺ 옵션과 보증(option and guarantee features) : 채권자가 이자와 원금상환의 기본통화를 정할 수 있는 권리, 채무불이행 시의 지급보증 같은 조항을 의미한다. 대한민국의 경우 대한민국 정부가 240억 달러의 상환을 보증하였다.

채권자가 양보(concessionality)한 정도 또는 순비용(net cost)은 다음과 같이 원대출(original loan)의 현재가치에서 새대출(new loan)의 현재가치를 차감하여 구한다.

$$\text{MYRA의 순비용} = \text{원대출의 현재가치} - \text{새대출의 현재가치}$$
$$= PV_0 - PV_R \tag{7.1}$$

새대출의 현재가치가 작을수록 금융기관이 차입자에게 양보한 금액이 큼을 의미하고 이는 대출의 구조조정(restructuring)의 비용이 큼을 의미한다.

다음의 예시를 고려해 보자. 원대출은 만기가 2년인 1억 달러 대출이다. 조건은 1년 후에 절반, 2년 후에 절반을 상환하는 것이다. 대출이자율은 10%이고 금융기관의 자금조달비용(funding cost)은 8%이다. 원대출의 현재가치는 다음과 같이 102.71백만 달러이다.

$$PV_O = \frac{(50 + 10)}{1.08} + \frac{(50 + 5)}{1.08^2} = 102.71 \tag{7.2}$$

차입국가는 1년 후에 60백만 달러, 2년 후에 55백만 달러를 지급할 수 없는 상황에 처하게 되었으며 그 결과 주요 금융기관과 다음과 같은 MYRA 협약을 체결하였다.

MYRA 협약 조건 : 만기 6년, 원금상환 4년(매년 25%씩), 유예기간 2년 이자율 9%, 은행의 자금조달비용 10%, 수수료 1%(선지급), 기타 옵션 없음

(MYRA 협약 이후에 금융기관의 채무불이행 가능성이 증가한다고 가정하여 자금조달 비용을 8%에서 10%로 증가시킴)

새로운 협약조건에 의한 새대출의 현재가치는 다음과 같이 97.55백만 달러이다.

$$PV_R = 1 + \frac{9}{1.1} + \frac{9}{1.1^2} + \frac{(25 + 9)}{1.1^3} + \frac{(25 + 6.75)}{1.1^4} + \frac{(25 + 4.5)}{1.1^5} + \frac{(25 + 2.25)}{1.1^6}$$
$$= 97.55\text{백만 달러} \tag{7.3}$$

따라서 MYRA의 순비용은 5.16백만 달러이다.

$$\text{순비용} = 102.71 - 97.55 = 5.16\text{백만 달러} \tag{7.4}$$

이 예시에서 채무조건 재조정된 후의 자금조달비용이 8%로 변하지 않는다고 가정하면 PV_R 은 104.63백만 달러이고 따라서 금융기관은 MYRA로 인해 실제로는 104.63 − 102.71 = 1.92백만 달러의 이익을 얻은 것으로 해석할 수 있다.

chapter 08

신용파생상품

신용파생상품 개요

신용파생상품(credit derivatives)은 장외시장에서 거래되는 장외파생상품(OTC derivatives)으로서 특정 자산의 신용상태를 기초자산으로 하여 현금흐름이 결정되는 계약이다. 최근에 신용파생상품시장은 폭발적으로 성장하였다.

신용파생상품은 신용위험을 분리하여 거래되도록 함으로써, 신용위험을 복제(replicate)하고 이전(transfer)시키며, 헤지하는 것을 가능하도록 한다. 또한 과거에는 신용위험에 대하여 매도 포지션(short position)을 취하는 것이 어려웠는데, 신용파생상품으로 인해 이런 포지션을 취하는 것이 매우 용이해졌다.

신용위험을 헤지하는 데 사용되는 신용파생상품에는 크게 신용스왑(credit swap 또는 credit default swap(CDS)), TRS(total return swap), CLN(credit linked note), 신용옵션(credit option) 등이 있다.

1   기본구조

거래 규모가 가장 큰 신용파생상품인 신용스왑(credit swap) 또는 CDS(credit default swap)는 일정한 수수료(fee)와 채무불이행 발생 시의 손실보전금액(contingent default payment)을 교환하는 계약이다. 신용스왑은 투자자가 시장위험을 부담하지 않고 오직 신용위험만을 부담한다는 점에서 TRS(total return swap)과 상이하다.

신용스왑에서 투자자는 위험 매도자(또는 보호 매입자)로부터 수수료를 수령한다. 그리고 채무불이행이 발생하지 않는 한 어떤 금액도 지급하지 않는다. 신용스왑에서 위험 매도자는 다기간 신용보험(multi-period credit insurance)을 매입한 것과 동일한 효과를 얻는다.[1] 신용스왑의 기본구조는 〈그림 8-1〉과 같다.

가장 단순한 형태의 신용스왑은 채무불이행이라는 상황만을 고려한다. 그러나 신용스왑은 포괄적인 여러 신용상황(credit event)을 포함하는 것으로 정의될 수 있다. 즉, 채무불이행 사건뿐만 아니라 신용등급의 하향조정으로 인한 가치 하락을 신용상황으로 정의하여 손실을 보전받을 수 있다. 어떻게 정의하든 중요한 것은 위험 매도자와 매입자가 서로 합의한 것으로 객관적으로 관찰이 가능하면 어떤 상황도 고려될 수 있다.

신용스왑에서 위험 매도자가 위험 매입자에게 지급하는 수수료(신용 스프레드 또는 스왑 프리미엄으로 불리기도 함)는 옵션 프리미엄(option premium)과 동일한 의미를 갖는다.

만일 기준 자산이 채무불이행하지 않으면 어떤 보상도 받지 않으나 기준 자산이 채무불이행하면 위험 매입자로부터 모든 손실을 보상받게 된다. 따라서 신용스왑은 옵션(option)과 유사한 것으로 이해할 수 있고, 뒤에서 설명하는 TRS는 선도계약(forward contract) 또는 선물계약(futures contract)과 유사한 것으로 이해할 수 있다.

채무불이행이 발생하지 않으면 위험 매입자는 위험 매도자에게 어떤 의무도 지지 않으며 프리미엄만큼의 이익을 얻는다. 그러나 기준 자산이 채무불이행하면 위험 매입자는 위험 매도자에게 모든 손실을 보전해 주어야 한다.

---

1   신용스왑을 보험의 한 형태로 설명하기도 한다. 하지만 보험은 수익을 내서는 안 되는 헤지 목적으로만 거래가 가능하고 신용스왑은 투기 목적으로 거래가 가능하다는 점에서 차이가 있다.

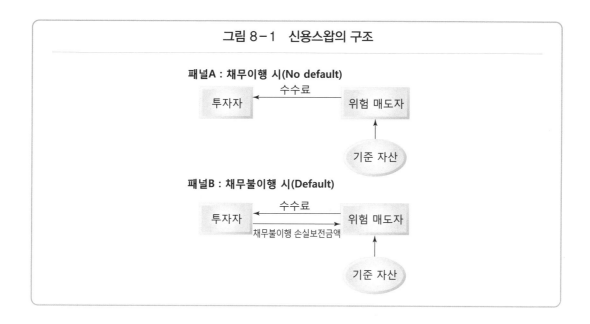

그림 8-1　신용스왑의 구조

패널A : 채무이행 시(No default)

투자자 ←─ 수수료 ─── 위험 매도자

기준 자산

패널B : 채무불이행 시(Default)

투자자 ←─ 수수료 ──→ 위험 매도자

채무불이행 손실보전금액

기준 자산

　결과적으로 위험 매입자는 프리미엄을 받고 위험 매도자에게 풋옵션을 매도한 셈이 된다. 위험 매도자는 채무불이행 시에 풋옵션을 행사하여 손실을 보전받게 되므로, 위험 매도자는 신용위험을 완벽하게 위험 매입자에게 이전시킨 셈이 된다.

　신용스왑에서 위험을 매도한 또는 보호를 매입한 포지션을 매입 포지션이라고 한다. 위험채권을 매입한 금융기관이 신용스왑에 매입 포지션을 취하면 신용위험을 전가시켜 결국 무위험채권을 소유하는 셈이 된다. 따라서 다음 식이 성립한다.

　　　　위험채권 매입 포지션＋신용스왑 매입 포지션＝무위험채권 매입 포지션　　　　(8.1)

　그런데 앞의 제4장에 소개된 머튼 모형에서 대출이 풋옵션 발행 포지션이고 금융기관은 풋옵션을 매입하여 위험대출을 무위험대출로 전환시킬 수 있다고 설명하였다. 즉,

　　　　위험대출＋풋옵션 매입 포지션＝무위험대출　　　　(8.2)

　대출을 채권으로 대체하면 두 식으로부터 신용스왑 매입 포지션이 풋옵션 매입 포지션과 동일함을 알 수 있다. 여기서 풋옵션은 디폴트풋(default put)을 의미하므로 신용스왑은 디폴트풋으로 불리기도 한다.

　헤지하고자 하는 자산과 기준 자산이 상이하면 보호 매입자는 베이시스 위험(basis risk)에 노출된다. 위험 매도자 입장에서는 가장 바람직한 위험 매입자 또는 보호 매도자는 최고의 신용

등급인 AAA등급을 유지하고 있으며, 또한 헤지하고자 하는 자산과 0의 상관관계를 갖는 경우이다. 그러나 이런 보호 매도자는 당연히 높은 가격을 요구한다.

채무불이행 상황이 발생하지 않으면 투자자는 갚아야 할 어떤 채무(obligation)도 갖지 않는다. 위험 매도자가 위험을 전가시키기 위하여 지급하는 수수료 또는 프리미엄(premium)은 기준 자산의 신용위험을 감수하면서 요구하는 신용 스프레드(credit spread)로 이해할 수 있다.

위험 매도자는 채권, 대출 또는 국가의 위험으로부터 보호받기 위하여 신용스왑에 포지션을 취하게 되며, 기준 자산은 1개의 자산 또는 여러 개의 자산으로 정의된다.

여러 개의 자산으로 설정되는 경우 어느 한 개의 자산이라도 채무불이행하면 신용상황이 발생한 것으로 간주되는데 이러한 신용스왑을 1차부도 종결조건 신용스왑(First-to-default swap)이라고 한다.

신용스왑과 다른 장외파생상품 간에는 중요한 차이점이 하나 있다. 다른 장외파생상품은 이자율, 환율, 주가지수, 상품 가격 등에 기초한다. 이 경우 어떤 시장참여자가 다른 참여자들에 비하여 이들 변수에 대하여 더 좋은 정보를 소유한다고 가정할 이유가 없다.

신용스왑의 스프레드는 특정 기업이 특정 기간 동안 채무불이행할 확률에 의해 결정된다. 이 경우 일부 시장참여자가 다른 참여자보다 이 확률에 대하여 보다 많은 정보를 보유할 수 있다.

경영자문을 하고 대출을 해 주고 기업이 새로 발행한 증권의 인수업무를 담당함으로써, 특정 기업과 밀접하게 일하는 금융기관은 그 기업과 연관이 없는 다른 금융기관들에 비하여 그 기업의 신용도에 대하여 보다 많은 정보를 보유할 가능성이 높다. 즉, 정보 비대칭(information asymmetry)의 위험이 내재되어 있다. 정보비대칭이 신용스왑의 성장에 어떤 영향을 미칠지는 훗날 밝혀질 것이다.

보호 매도자가 수령하는 수수료는 다음과 같은 요인들에 의해 영향을 받는다. 괄호 안의 부호는 수수료와의 관계를 말한다.

① 스왑계약의 만기(+)
② 기준 자산의 채무불이행 확률(+)
③ 보호 매도자의 신용등급(+)
④ 기준 자산과 보호 매도자 간의 상관관계(−)
⑤ 기준 자산의 기대 회수율(−)

기준 자산이 채권인 경우 신용스왑계약의 기본적인 조건은 다음 〈표 8-1〉과 같다.

표 8-1 신용스왑계약의 조건

채무불이행 위험 보호 매입자	XXXX
채무불이행 위험 보호 제공자	XXXX
기준 채무(reference obligation)	
발행자	RJR Nabisco사
액면이자율	8.625%
이자지급	반기별(semiannual)
만기일	2002년 12월 1일
Moody's / S&P 등급	Baa3/BBB−
Cusip number(기업코드)	74960LAX4
초기 가격(initial price)	추후에 결정될 예정임
기준금액(calculation amount)	US$ 50,000,000
거래일	추후에 결정될 예정임
효력개시일	거래일+2영업일
스왑 만기일	다음 중에서 선행하는 일자 1. 기준 채무의 만기일 2. 부정기 종료일(non-scheduled termination date)
보호 매입자	
지급일	각 기준 채무의 액면이자 지급일
지급금액(payment amount)	XX bp(연간)
일수계산 (day count convention)	Actual/360 기준으로 반기별로 미국 달러로 지급
지급금액 계산 (payment calculation)	기준금액×적용 이자율×일수계산
부정기 종료일	
일자	해당되는 경우 통보일로부터 2일 후

종료 정산금액 (termination payment)	보호 매입자는 다음 2가지 중에서 하나를 선택할 권리를 갖는다. 1. 보호 매입자는 기준 채무증권을 보호 매도자에게 인도한다. 보호 매도자는 보호 매입자에게 기준금액과 발생하였으나 지급되지 않은 이자금액(accrued but unpaid interest)을 함께 지급한다. 　보호 매입자는 가장 선행하는 신용사건 발생일(earliest credit event)까지 발생한 금액을 보호 매도자에게 지급한다. 신용사건 발생일 이후에 두 당사자는 어떤 의무도 서로 갖지 않는다. 2. 보호 매도자는 보호 매입자에게 다음의 현금을 지급한다. $$\text{기준금액} \times (\text{초기 가격} - \text{시장 가격})$$ 　보호 매입자는 가장 선행하는 신용사건 발생일(earliest credit event)까지 발생한 금액을 보호 매도자에게 지급한다. 신용사건 발생일 이후에 두 당사자는 어떤 의무도 서로 갖지 않는다.
고지일(notification date)	계약 기간 동안에 신용사건 또는 합병 상황이 발생하면 보호 매입자는 보호 매도자에게 그런 상황이 발생했음을 통지함으로써 부정기 종료일을 지정할 권리를 갖는다. 　이 경우 통지는 신용사건 또는 합병 상황이 발생한 사실을 적절하게 자세히(in reasonable detail) 서술해야 한다.
신용사건(credit event)	신용사건은 기준 채무의 발행자에 대하여 다음 사항 중의 하나가 만기일에 또는 그 전에 발생함과 동시에 중요성(materiality)이 존재하는 경우를 의미한다. 1. 파산(bankruptcy) 2. 합병사건에 따른 신용상황(credit event upon merger) 3. 교차 불이행 조항[2](cross-acceleration 또는 cross-default) 4. 신용등급 하향(downgrade) 5. 채무를 지급하지 못함(failure to pay) 6. 지불거절(repudiation) 7. 리스트럭처링 또는 재편성(restructuring)
합병사건(merger event)	실제의 또는 공적으로 선언한 신설합병(consolidation), 흡수합병(amalgamation 또는 merger) 또는 발행자(issuer)가 모든 또는 상당한 자산의 권리를 양도한 경우를 의미한다.
중요성 조항(materiality)	기준 채무의 가격에서 가격 조정(price adjustment)을 차감한 것이, 계산 집행자(calculating agent)가 합리적으로 산정하여, 초기 가격에 비하여 90% 또는 그 이하인 경우
가격 조정(price adjustment)	통보일(notification date)에서 기준 국채(미국 재무성 채권)의 가격에서 효력개시일(effective date)의 가격을 차감한다. 　기준 국채는 기준 채무의 특성과 만기를 가능한 일치시키는 증권으로 계산 담당기관이 선택한다.

---

2 차입자가 다른 채무에 대해 지급불능이 되는 경우 대출자에게 대출상환을 앞당길 수 있는 권리를 부여하는 조항이다.

시장 가격(market value)	기준 채무의 가격을 의미하는 비율은 5개 이하의 딜러로부터 입수한 미국 달러 기준 매입호가(bid price)의 단순 평균(unweighted arithmetic average)이다(발생하였으나 미지급된 이자는 제외되며 원금의 퍼센티지로 표현됨).
영업일(business day)	상업은행과 외환시장이 뉴욕과 런던에서 정산을 하는 날을 의미한다.
계산 집행자(calculating agent)	보호 매입자
문서(documentation)	이 계약은 현존하는 ISDA 기본협약서(master agreement)에 연계된 확인서(confirmation)로 보호 매입자와 보호 매도자 간에 문서화한다.

2 　중요성과 가격 조정 조항

위의 조건 중에서 중요성 조항과 가격 조정 조항을 살펴보자. 중요성 조항(materiality clause)은 '기준 채무의 가격에서 가격 조정을 차감한 것이 초기 가격에 비하여 90% 또는 그 이하인 경우'를 의미한다. 중요성 조항이 신용스왑 계약에 명시되는 이유는 계약서에 명시된 신용사건(credit event)이 기준 채권(reference bond)의 잠재적 채무불이행(potential default)과 정말로 연계되어 있다는 것을 확실히 하기 위해서이다.

단순한 이자율의 변화가 채권 가격에 미치는 영향을 배제하기 위하여 국채를 이용하여 가격을 조정한다. 가격 조정 이후에도 초기 가격에 비하여 10% 이상 하락하게 되면 중요성 조항이 성립하는 것으로 한다. 만일 기준 채권의 가격이 15% 하락하고 국채의 가격이 동일 기간 동안 8% 하락하였으면 기준 채권의 가격은 가격 조정 후 7% 하락한 것으로 간주된다.

보호 매도자는 계약서에 명시된 신용사건이 발생함과 동시에 중요성 조항이 성립할 때에만 계약서에 명시된 종료 정산금액을 지급하게 된다.

3 　종료 정산금액

신용사건이 발생하면 위험 매도자는 신용스왑계약에 명시된 종료 정산금액(termination payment) 또는 손실보전금액을 지급한다. 종료 정산금액을 계산하는 방법은 여러 가지가 있으나 다음 3가지 방법이 가장 많이 사용된다.

(1) 일정 비율 지급

이 방법은 명목원금(notional principal)의 고정된 비율에 근거하여 종료 정산금액을 산정하는 방법으로 디지털 현금지급방법(digital cash payment method)이라고 한다. 이 경우에 기준 자산은 인도되지 않고 신용사건이 발생하면 미리 약정된 금액이 지급된다. 디지털 현금지급방법은 원금 전체를 지급하는 방법(즉, 원금의 100%를 의미함)과 100% 미만의 일정 비율(예를 들어, 원금의 50%)을 지급하는 방법이 있다. 100% 미만의 일정 비율을 지급하는 경우, 비율은 회수율(recovery rate)과 연관되어 설정된다. 이처럼 이득이 고정된 신용스왑을 이원 신용스왑(binary credit swap)이라고 한다.

(2) 기준금액×(액면가 – 채무불이행 후 시장가치)

신용스왑에서 가장 보편적인 방법으로 기준금액은 명목원금을 의미한다. 채무불이행 후 시장가치(post-default market value)는 딜러 의견(dealer poll)에 의해 결정된다. 이 방법은 위험 매도자가 국가위험(country risk)과 특정 자산이 관련되어 있지 않은 일반적인 신용위험(general credit risk)을 헤지하고자 하는 경우에 그리고 기준 자산이 직접 인도되지 않는 경우에 적합하다.

기준 자산의 가격이 액면가와 크게 상이하면 액면가 대신에 기준 자산의 현재 가격을 이용하여 종료 정산금액을 산정하기도 한다.

(3) 기준 자산의 인도

위험 매도자는 초기 가격 또는 액면가를 위험 매입자로부터 수령하고 기준 자산을 위험 매입자에게 인도하는 것이다. 만일 위험 매도자가 기준 자산을 소유하지 않으면 채무불이행 후 시장 가격으로 매입하여 인도한다. 만일 채무불이행 후 매입해야 할 채권의 규모가 크면 매입 가격이 상승하게 되므로 위험 매도자가 보호받을 수 있는 수준은 하락하게 된다.

---

4 바스켓 신용스왑

바스켓 신용스왑(basket credit default swap)은 기준 기업(기준 자산)이 여러 개 존재하는 경우이다. 포괄적 바스켓 신용스왑(add-up basket credit default swap)은 기준 기업 중 어느 하나라도 채무불이행하면 이득을 지급한다. 이는 각각의 기준 기업에 대한 신용스왑의 포트폴리오와 동등하다.

1차부도 종결 조건 신용스왑(first-to-default credit default swap)은 첫 번째 채무불이행이 발생하는 경우에만 이득을 제공한다. 2차부도 종결 조건 신용스왑(second-to-default credit default swap)은 두 번째 채무불이행이 발생하는 경우에만 이득을 제공한다. 보다 일반적으로 n차부도 종결 조건 신용스왑(nth-to-default credit default swap)은 n번째 채무불이행이 발생하는 경우에만 이득을 제공한다. 이득은 표준 신용스왑과 동일한 방식으로 계산된다. 명시된 채무불이행 사건이 발생하면 정산이 이루어진 후 스왑은 종료되고 두 당사자는 더이상 지급 의무가 없다.

두 기업 간 채무불이행 상관계수(default correlation)는 채무불이행이 거의 동시에 발생하는 정도를 측정한다. n차부도 종결 조건 신용스왑은 표준 신용스왑보다 가치를 평가하기가 복잡하다. 왜냐하면 n차부도 종결 조건 신용스왑의 가치는 바스켓에 포함된 기준 기업 간의 채무불이행 상관계수에 의존하기 때문이다. 예를 들어, 채무불이행 상관계수가 높을수록 1차부도 종결 조건 신용스왑의 스프레드는 감소한다.[3]

5 CDS지수

2000년대에 들어 CDS지수(CDS index)의 점유율이 크게 증가하였으며 그 결과 2005년부터 CDS지수의 점유율이 개별 CDS의 점유율을 추월하였다. CDS지수는 기준 자산에 대한 신용위험의 헤지와 거래를 목적으로 구성된 지수로서 유동성이 풍부하고 매매호가 차이가 적다.

대표적인 CDS지수는 다음 두 가지이다.

❶ CDX NA IG: 북미의 125개 투자적격 등급 기업의 포트폴리오로 구성됨
❷ iTraxx Europe: 유럽의 125개 투자적격 등급 기업의 포트폴리오로 구성됨

CDS지수는 유동성이 높은 자산을 포함하고 유동성이 낮은 자산을 제외시키기 위하여 6개월마다 지수를 갱신(rolling)하고 새로운 시리즈(series)를 부여한다. 만기는 대체로 3, 5, 7, 10년이고 만기일은 6월 20일과 12월 20일이다. CDS지수는 지수 가격, 고정이표율(최초의 스프레드), 시장이표율(시장 스프레드), 시리즈, 버전, RED ID(코드번호)로 구성된다.

---

3 채무불이행 상관계수가 낮을수록(높을수록) 여러 기준 자산 중 적어도 1개는 부도가 날 가능성이 높아지므로(낮아지므로), 1차부도 종결 조건 신용스왑의 스프레드는 커진다(작아진다).

좀 더 포괄적으로 *2003 ISDA Credit Derivative Definitions*는 다음과 같은 6가지의 신용
사건(credit event)을 포함하고 있다.[4]

① *bankruptcy* is a situation involving :

　　ㄱ. the dissolution of the obligor(other than merger)

　　ㄴ. the insolvency or inability to pay its debt

　　ㄷ. the assignment of claims

　　ㄹ. the institution of bankruptcy proceeding

　　ㅁ. the appointment of receivership

　　ㅂ. the attachment of substantially all assets by a third party

② *failure to pay* means failure of the creditor to make due payment ; this is usually
triggered after an agreed-upon grace period and above a certain amount.

③ *obligation/cross default* means the occurrence of a default(other than failure to make a
payment) on any other similar obligation that results in that obligation becoming capable
of being accelerated.

④ *obligation/cross acceleration* means the occurrence of a default(other than failure to
make a payment) on any other similar obligation that results in that obligation becoming due
immediately.

⑤ *repudiation/moratorium* means that the reference entity refutes, disclaims,
repudiates, rejects or challenges the validity of, in whole or part, any of its outstanding
obligations.

⑥ *restructuring* means a waiver, deferral, rescheduling, standstill, moratorium,
exchange of obligations, or other adjustment with respect to any obligation of the

---

4　ISDA는 International Swap Dealers Association으로 출범하였으나 장외파생상품 일체를 포함하는 계약서를 만들고자
　　1993년에 International Swaps and Derivatives Association으로 명칭을 변경하였다.

reference entity such that the holders of those obligations are materially worse off from either an economic, credit, or risk perspective.

section 03	**TRS**

1	**기본구조**

TRS(total return swap) 또는 TROR스왑(total rate of return swap)은 총수익 지급자(total return payer)와 총수익 수령자(total return receiver) 간의 쌍방 계약(bilateral contract)이다(TRS는 TR 스왑, 총수익스왑으로 불리기도 함).

총수익 지급자는 기준 자산(reference asset)으로부터 발생하는 모든 수익, 즉 총수익(Total Return : TR) 또는 총수익률(Total Rate Of Return : TROR)을 지급하는 대신에 총수익 수령자로부터 미리 정한 금액을 지급받게 된다.

대부분의 경우, 지급자는 기준금리인 LIBOR금리에 일정한 스프레드(spread)를 더한 수익률을 지급받는다. 그리고 채권(bond), 대출(loan), 지수(index), 주식(equity), 상품(commodity) 등 다양한 자산이 기준 증권으로 사용된다.

예를 들어, A은행이 B제조기업에 10억 원을 고정금리로 일정기간 동안 대출해 주었거나 또는 B기업의 채권을 소유하고 있다고 가정하자. 만일 B기업의 신용위험(credit risk)이 기대 이상으로 증가하면(즉, 신용등급이 하락하면) 대출금 또는 채권의 시장가치는 감소하게 된다. 이 경우에 A은행은 다른 금융기관인 C은행과 TRS를 체결함으로써 신용위험의 증가로부터 발생하는 위험을 헤지할 수 있다.

TRS에서 A은행은 B기업으로부터 받는 모든 현금흐름을 C은행에 지급하는 대신에 C은행으로부터 변동금리(예를 들어, LIBOR금리+스프레드 a)를 받을 수 있다.

이를 그림으로 도식하면 〈그림 8-2〉와 같다.

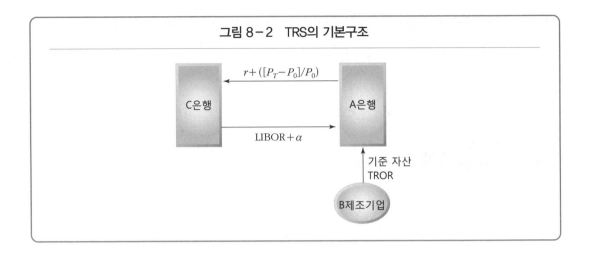

그림 8-2 TRS의 기본구조

$r+([P_T-P_0]/P_0)$

C은행 A은행

LIBOR$+\alpha$

기준 자산
TROR

B제조기업

〈그림 8-2〉에서 A은행이 C은행에 지급하는 총수익률(Total Rate Of Return : TROR)은 $r+\left(\dfrac{P_T-P_0}{P_0}\right)$이다.

〈그림 8-2〉을 다시 고려해 보자. A은행은 B기업으로부터 매 기간에 받은 모든 이자(연간 이자율은 r임)를 C은행에 지급한다(예를 들어 미국의 경우 채권의 이자는 매 6개월마다 지급됨). 그리고 A은행은 스왑기간 말에 초기 가격을 기준으로 발생한 자본이득 및 손실을 C은행에 지급한다.[5]

만일 스왑계약이 종료하는 시점에서의 기준 자산 가격 P_T가 P_0보다 크면, 즉 기준 자산의 가격이 스왑기간 동안 상승하였으면, 자본이득(capital gain)이 발생한다. 자본이득이 발생하면 A은행은 C은행에 P_T-P_0만큼 지급해야 한다.

반면에 기준 자산 가격 P_T가 P_0보다 작으면, 즉 기준 자산의 가격이 스왑기간 동안 하락하였으면, 자본손실(capital loss)이 발생한다. 자본손실이 발생하면 A은행이 C은행에게 지급해야 하는 금액 P_T-P_0은 음(-)이 되므로, 결국 C은행이 이 금액을 A은행에 지급해야 한다. 따라서 〈그림 8-2〉는 〈그림 8-3〉과 같이 재구성될 수 있다.

예를 들어, P_0가 100이고 P_T가 90이라고 가정하자. 그리고 r이 12%이고, (LIBOR$+\alpha$)가 11%라고 가정하자. 자본이득은 $\dfrac{90-100}{100}=-10\%$이다.

이 경우에 A은행은 2%를 지급(또는 12%를 지급하고 10%를 받음)하고 11%를 받게 된다. 따라서 A은행은 스왑계약의 액면금액에 9%를 곱한 금액을 받게 된다.

---

5 물론 자본이득 및 손실을 이자지급 기간 말 기준으로 지급하도록 계약을 체결할 수도 있다.

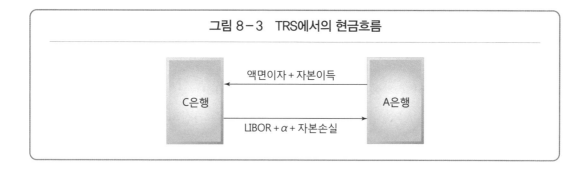

그림 8-3 TRS에서의 현금흐름

C은행 ← 액면이자 + 자본이득 — A은행
C은행 → LIBOR + α + 자본손실 → A은행

표 8-2 TRS에서의 현금흐름(수익률 기준)

A은행 기준 현금흐름	연간 현금흐름	자본이득 및 손실	총수익률(TROR)
현금유입	LIBOR + α	없음	LIBOR + α
현금유출	r	$\dfrac{P_T - P_0}{P_0}$	$r + \dfrac{P_T - P_0}{P_0}$

$$12\% + \frac{90 - 100}{100} = 2\%$$

$$순이익 = 11\% - 2\% = 9\%$$

TRS는 부외거래(off-balance sheet transaction)로서 TRS의 효시로는 1987년에 Salomon Brothers사가 제공한 부동산 담보스왑계약(Mortgage Swap Agreement : MSA)을 꼽는다. 그러나 현재 거래되는 TRS의 대부분은 MSA보다 훨씬 간단한 구조를 가지고 있다.

여기서 A은행은 위험 전가자, 위험 매도자(risk seller) 또는 보호 매입자(protection buyer)이다. 반면에 C은행은 위험 매입자(risk buyer), 보호 제공자 또는 보호 매도자(protection seller)이다. 대체로 TRS의 만기는 기준 증권의 만기보다 짧다.

C은행은 기준 자산을 법적으로 소유하지 않으면서도 기준 자산이 제공하는 모든 현금흐름상의 혜택을 누릴 수 있다. 즉, C은행은 기준 자산이 기간별로 제공하는 모든 현금흐름을 수령한다. 그리고 스왑기간 동안에 발생한 자본이득에 대한 권리도 갖는다. 그러나 스왑기간 동안에 자본손실이 발생하면 이를 A은행에 보상해 주어야 한다. C은행은 이런 혜택을 누린 대가로 A은행에게 정기적으로 일정한 공식(즉, LIBOR + α)에 의해 결정된 금액을 지급하게 된

다. 이때 지급하는 금액을 투자자(즉, C은행)의 자금조달비용(funding cost 또는 financing cost)이라고 한다. 현금흐름은 유입과 유출을 상계(netting)하여 순현금흐름(net cash flow) 기준으로 정산된다.

TRS에서 위험 매도자인 A은행은 기준 자산의 법적 소유자이므로, 기준 자산은 A은행 대차대조표에 기록되어 있다. A은행은 TRS를 체결함으로써 기준 자산의 신용위험과 시장위험을 모두 C은행에 전가시킬 수 있다. C은행은 기준 자산을 직접 소유하지 않으므로 C은행의 대차대조표상에 기록되지 않는다. 스왑기간 동안에 위험 매입자인 C은행은 기준 자산의 시장위험과 신용위험에 노출된다.

위험 매입자는 시장위험과 신용위험을 모두 부담하므로 TRS 위험 매입자 포지션은 신용위험만을 부담하는 신용스왑 매도 포지션에 무위험채권 매입 포지션이 결합된 포지션으로 간주될 수 있다. 즉,

$$\text{TRS 위험 매입자 포지션} = \text{신용스왑 매도 포지션} + \text{무위험채권 매입 포지션} \qquad (8.3)$$

한편, 신용위험을 헤지하고자 하는 자산과 TRS에 이용되는 기준 자산이 상이하면 보호 매입자는 베이시스 위험(basis risk)에 노출된다.

만일 TRS 만기 전에 채무불이행 상황이 발생하면 대부분의 경우 TRS는 종료하게 되는데, 이때 TR 수령자는 채무불이행 위험을 안게 된다. 즉, 기준 자산의 신용위험과 시장위험으로 인해 A은행이 얻게 되는 총수익률이 감소한다면 C은행은 이를 보전해 주어야 한다.

보전해 주는 방법에는 ① 기초가치(initial price)와 채무불이행 시점에서의 가치 간의 차이를 지급하거나 또는 ② 채무불이행한 기준 자산을 TR 수령자가 인수하고 TR 지급자에게 기초가치를 지급하는 방법이 있다.

미국 은행과 유럽 은행 간에 체결된 TRS계약(기준 증권은 채권임)의 기본적인 조건은 다음과 같다.

표 8 - 3 미국 은행과 유럽 은행 간 TR 스왑계약(요약)

TR 지급자(TR payer)	미국 은행
TR 수령자(TR receiver)	유럽 은행
기준 자산(reference asset)	기준 채권
발행자(issuer)	미국 기업
액면이자율(coupon)	7%
이자지급(interest payable)	반기(semiannual) 30 / 360 기준
만기(maturity)	5년
담보유형(collateral type)	상위 무담보(senior unsecured)
정산 가격(settlement price)	100
기준금액(calculation amount)	US$ 10,000,000
거래일(trade date)	금일(오늘 날짜를 이곳에 기록할 것)
효력 개시일(effective date)	오늘로부터 다섯 번째 영업일(business day)
종료일(termination date)	효력 개시일에 1년을 더한 날과 조기상환일(early redemption date) 중에서 선행하는 일자
미국 은행이 지급하는 금액	기준 채권의 현금흐름이 지급되는 당일에 기준 채권의 모든 현금흐름
유럽 은행이 지급하는 금액	기준 금액에 대하여 actual/360 기준으로 분기별로(3개월 LIBOR + 25베이시스 포인트) 적용하여 지급
종료 정산금액 (termination payment)	종료일(termination date) 기준으로 발생된 모든 금액은 지급되어야 한다. 그리고 추가적으로 다음과 같은 종료 정산금액이 지급되어야 한다. 기준금액 × (초기 가격 − 시장 가격) • 만일 종료 정산금액이 양(+)이면 TR 수령자는 이 금액을 TR 지급자에게 지급한다. • 만일 종료 정산금액이 음(−)이면 TR 지급자는 이 금액을 TR 수령자에게 지급한다.
초기 가격(initial price)	100%
시장 가격(market value)	종료일에서의 기준 채권의 시장 가격[발생이자(accrued interest) 포함]을 의미한다. 이 가격은 시장 매입호가(market bid price)를 이용하여 딜러들(dealer panel)로부터 파악한다.
조기 종료(early termination)	신용상황(credit event)을 통보(notice)한 지 이틀 내에 종료 정산금액을 지급함과 동시에 종료된다.

신용사건(credit event)	신용상태(credit condition)가 존재하는 것을 대중이 이용 가능한 정보(publicly available information)를 이용하여 계산집행자(calculation agent)가 확인할 때 신용사건이 발생한다. 신용상태는 발행자의 채무불이행(payment default) 또는 파산(bankruptcy)을 의미한다. 채무불이행은 기준 자산이 지급하기로 약정한 금액 또는 차입하거나 보증한 금액에 대하여 발행자가 현재 또는 미래에 상환하기로 한 금액을 발행자가 지급하지 못하는 것을 의미하며 발행자가 선의로 반론을 제기할 수 있다(subject to a dispute in good faith by the issuer). 파산은 발행자가 지급유예(moratorium)를 선언하거나 외부에서 차입한 금액에 대하여 지급을 재조정(rescheduling)하는 것을 의미한다. 공공정보는 국제적으로 인지되는 2개 이상의 발간된 또는 전자적으로 게시하는 금융뉴스에 게재된 정보를 의미한다.
계산 집행자(calculation agent)	TR 지급자
영업일(business day)	상업은행과 외환시장이 런던과 뉴욕에서 영업을 하는 날
문서(documentation)	ISDA의 기본협약서(standard master agreement)와 스왑확인서(swap confirmation)
규정(law)	ISDA기본협약서의 규정을 따른다.

2 위험 매입자가 TRS에 참여하는 이유

TR 수령자(또는 위험 매입자)인 투자자가 TRS에 참여하는 이유는 다음과 같이 여러 가지가 있다.

① 투자자는 레버리지(leverage)의 이점을 이용하여 높은 수익률을 얻을 수 있다.

② 투자자는 시장에서 현재 이용할 수 없는 특정 만기의 새로운 자산을 창조할 수 있다.

③ 어떤 이유로도 접근이 불가능했던 대출신디케이트(syndicated loan)와 정크본드와 같은 특정 유형의 자산을 직접 소유하지 않으면서도 혜택을 누릴 수 있다.

④ TR 스왑은 부외자산이며 파생상품이므로 높은 수익률을 얻을 수 있다.

⑤ 투자자는 소유하고 있는 포트폴리오에서의 신용등급상의 갭(credit gap)을 보충할 수 있다.

⑥ 투자자는 부외자산을 이용하므로 비용을 많이 줄일 수 있다.

위에 언급된 이유 중에서 가장 중요한 이유가 첫 번째인 레버리지의 이용이다. TRS에서 위험 매입자로서 가장 지배적인 그룹은 헤지펀드(hedge fund)인데, 헤지펀드들은 레버리지를 이용하여 높은 수익률을 실현하는 것을 가장 주요한 목적으로 삼는다.

현금흐름은 유입과 유출을 상계하여 순현금흐름(net cash flow) 기준으로 정산되므로 대부분의 경우 투자자는 포지션을 취할 때에 현금을 지급하지 않아도 된다. 왜냐하면 일반적으로 투자자의 자금조달비용(funding cost)이 기준 증권의 현금흐름이 제공하는 수익률보다 낮으므로, 투자자는 대부분의 경우 TR 지급자에게 어떤 금액도 지급하지 않고 TR 지급자로부터 현금을 지급받게 되기 때문이다. 물론 하향 수익률 곡선(inverted yield-curve)의 경우에는 투자자가 TR 지급자에게 순현금흐름을 지급해야 하는 상황이 발생할 수도 있다.

표 8-4　레버리지별 수익률

	A 헤지펀드	B 헤지펀드	현금 투자자
기준 자산 수익률(A)	8.30%	8.30%	8.30%
LIBOR 수익률(B)	5.80%	5.80%	
기준 자산 스프레드(A−B)	2.50%	2.50%	
스프레드(α)	1.00%	1.00%	
순스왑 스프레드(A−B−α)	1.50%	1.50%	
담보비율	5%	10%	
레버리지	20대 1	10대 1	1대 1
레버리지로 인한 스왑 수익률 ①	30%	15%	
담보자산에 대한 수익률 ②	5.80%	5.80%	
총수익률(=①＋②)	35.80%	20.80%	8.30%

참고 : ① 기준 자산 수익률＝기준 자산 스프레드＋LIBOR 수익률
　　　② 순스왑 스프레드＝기준 자산 스프레드−스프레드
　　　③ 레버리지로 인한 스왑 수익률＝순스왑 스프레드×레버리지

헤지펀드들이 TRS를 이용하여 높은 수익률을 얻을 수 있다는 개념을 다음의 예를 이용하여 설명하기로 한다.

기준 자산은 BB등급의 채권으로 액면이자율은(LIBOR＋250bp)로서 현재 LIBOR 기준으로 8.3%이다. A와 B헤지펀드는 모두 (LIBOR＋100bp)의 자금조달비용을 가지고 있다. 투자자가 TRS에서 얻게 되는 스프레드는 250bp−100bp＝150bp 또는 1.50%이다.

A헤지펀드가 B헤지펀드보다 신용등급이 좋다고 가정하자. 이 결과 A헤지펀드는 은행과 5%의 담보만을 제공하고, B헤지펀드는 10%의 담보를 제공하기로 약정하였다. 그리고 금융기관

은 헤지펀드가 제공한 담보에 대하여 LIBOR금리인 5.8%의 이자를 제공하기로 약속하였다.

이러한 계약 결과, A펀드는 20 : 1의 레버리지를 이용하게 되므로 35.8%라는 높은 수익률을 실현할 수 있다. 반면에 B펀드는 10 : 1의 레버리지를 이용하므로 이보다 낮은 20.8%의 수익률을 얻게 된다.

만일 펀드들이 레버리지를 이용하지 않고 현금으로 기준 자산을 매입한다면 투자금액의 자금조달비용을 무시하더라도 수익률은 단 8.3%에 지나지 않는다(물론 자금조달비용을 LIBOR금리라고 해도 순수한 수익률은 2.5%에 지나지 않음).

이 예는 TRS에서 투자자들의 대부분이 헤지펀드인 이유를 명확히 설명해 준다. 헤지펀드들은 레버리지를 이용하여 높은 수익률을 얻을 수 있다. 물론 기대와 다른 상황이 전개될 경우 레버리지를 이용한 투자의 수익률은 훨씬 큰 폭으로 하락하므로 그만큼 위험이 크다.

그렇다면 금융기관에는 어떤 이득이 있는가?

첫째, 금융기관은 헤지펀드로부터 비교적 높은 프리미엄(즉, 스프레드)을 받을 수 있다.

둘째, 금융기관은 기준 자산의 신용위험을 헤지할 수 있다.

3 위험 매도자가 TRS 계약을 체결하는 이유

바로 앞에서 투자자가 TRS에서 위험을 매입하는 포지션을 취하는 이유를 레버리지 측면에서 살펴보았다. 이번에는 TR 스왑 계약을 체결하여 위험을 전가시키고자 하는 금융기관의 입장을 고려해 보자.

TR를 체결함으로써 금융기관은 기준 자산의 법적 소유주이면서도 기준 자산이 안고 있는 시장위험과 신용위험을 헤지할 수 있다. 기준 자산이 갖고 있는 위험으로부터 보호받고자 한다면 이 자산을 매각하는 것이 하나의 방법이 되겠으나 여러 가지 이유로 이를 매각할 수 없다면, 금융기관은 TRS에서 지급자가 됨으로써 기준 자산이 안고 있는 위험으로부터 보호받을 수 있다.

포트폴리오에 포함되어 있는 어떤 기준 자산의 신용등급이 단기적으로 하락할 것이나 장기적으로는 다시 회복될 것으로 예상하는 경우 금융기관은 단기간에 대하여 TRS를 체결하여 높은 수익률을 얻을 수 있다. 신용등급이 하락하면 신용위험 스프레드가 상승하게 되고 채권의 가치는 하락하므로 TR 수령자로부터 자본손실에 대한 보상을 받을 수 있다. 또한 TR 수령자로부터 LIBOR+α를 받아 일정 수익률을 확보할 수 있다.

또 다른 경우로, 금융기관은 채권 포지션에서 미실현 손실이 많은 경우 TR 스왑계약을 체결함으로써 더 이상의 손실을 피하면서도 손실실현을 스왑계약의 만기까지 연기할 수 있다. 즉, 금융기관은 스왑의 기간 동안에는 총수익을 TR 수령자에게 지급하여 손실을 연기할 수 있다. 그리고 스왑의 만기일에 금융기관은 기준 자산을 매도하여 손실을 실현하게 된다.

같은 논리로 소유하고 있는 증권에서 미실현 이익이 많은 경우 금융기관은 TRS를 이용하여 기준 자산의 가치를 보호함과 동시에 이득 실현을 연기할 수도 있다.[6]

section 04 신용연계채권(CLN)

신용파생상품은 채권에 포함될 수 있는데 이를 신용연계채권(Credit Linked Note : CLN)이라고 한다. 신용연계채권은 채권의 수익률이 정의된 기준 자산의 신용사건과 연계된 채권을 의미한다. 앞에서 설명한 TRS, 신용스왑 등 모든 유형의 신용파생상품은 채권에 포함될 수 있다.

Bloomberg는 CLN을 다음과 같이 정의한다.

'A hybrid security that offers investors a synthetic credit exposure to a specified Reference Entity or basket of Reference Entities. This credit exposure can be gained through a variety of methods including(but not limited to) a credit default swap, a credit spread swap, a total return swap, or as a repackaged note where the issuer passes through the risk of an underlying credit to the noteholder in exchange for an enhanced return.'

신용파생상품은 부외자산으로 다양한 혜택을 제공하는데, 신용파생상품을 채권의 형식으로 매입하기를 원하는 주요 이유는 첫째, ISDA 기본협약서와 확인서를 작성할 필요가 없기 때문이다. CLN의 경우 필요한 서류는 MTN(medium-term note)의 경우처럼 간단하다. 둘째, 파생상품 또는 부외 계약을 체결할 권한이 없는 투자자는 CLN을 통하여 신용파생상품에 투자할 수 있기 때문이다.

---

6 회계처리방법에 따라 이런 전략이 적용되지 않을 수 있다. 예를 들어 미국의 경우 TR 스왑에서 지급자의 포지션을 취하면 기준 자산을 매각한 것처럼 평가된다.

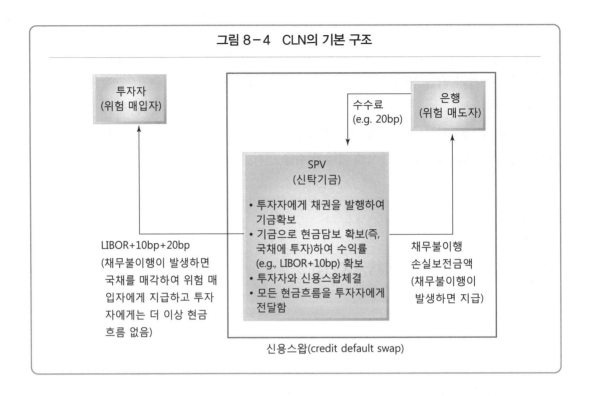

그림 8-4 CLN의 기본 구조

투자자
(위험 매입자)

수수료
(e.g. 20bp)

은행
(위험 매도자)

SPV
(신탁기금)

• 투자자에게 채권을 발행하여 기금확보
• 기금으로 현금담보 확보(즉, 국채에 투자)하여 수익률 (e.g., LIBOR+10bp) 확보
• 투자자와 신용스왑체결
• 모든 현금흐름을 투자자에게 전달함

LIBOR+10bp+20bp
(채무불이행이 발생하면 국채를 매각하여 위험 매입자에게 지급하고 투자자에게는 더 이상 현금흐름 없음)

채무불이행
손실보전금액
(채무불이행이 발생하면 지급)

신용스왑(credit default swap)

신용연계채권이 발행되는 절차는 다음과 같다.

❶ 신탁기금(trust)에 해당하는 SPV(Special Purpose Vehicle)를 설정하여 투자자에게 채권을 발행한다.

❷ 이 자금을 정부채권과 같은 무위험자산에 투자하여 현금담보(cash collateral)를 확보하고, 신용스왑 또는 TRS 계약을 체결한다.

❸ 신용사건이 발생하지 않으면 SPV는 무위험자산에서 나오는 수익률에 신용스왑 또는 TRS에서 발생하는 현금흐름을 추가하여 투자자에게 지급한다.

❹ 신용사건이 발생하면 SPV는 청산되어 신용스왑 또는 TRS 계약에 따른 모든 의무를 해결한 후에 만일 남은 현금흐름이 있으면 투자자에게 지급한다.

이 절차를 그림으로 도식하면 〈그림 8-4〉와 같다. 이 그림에서 SPV는 금융기관과 신용스왑을 계약한 것으로 가정했다.

CLN은 채권처럼 금융기관에 의해 직접 발행되기도 하는데 이 경우 수익률은 발행기업의 신용위험에 연계된다. 예를 들어, British Telecom은 만기 2010년 액면이자율 8.125%로 CLN을 발행하였는데 계약조건에 의하면 발행자의 신용등급이 A−/A3 아래로 한 단계 하향조정

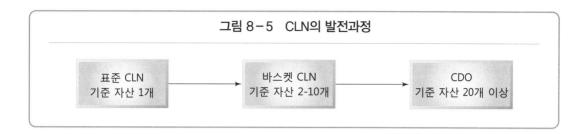

그림 8-5 CLN의 발전과정

| 표준 CLN
기준 자산 1개 | → | 바스켓 CLN
기준 자산 2-10개 | → | CDO
기준 자산 20개 이상 |

될 때마다 액면이자율이 25bp 증가하는 것으로 되어 있다(신용등급이 상향조정되면 액면이자율은 25bp 감소함).

일반적으로 표준 CLN(standard credit linked note)은 기준 자산 1개의 신용위험에 연계되어 있다. 만일 CLN이 1개 이상의 신용위험에 연계되어 있으면 이를 바스켓 CLN(basket credit linked note)이라고 한다. 바스켓 CLN의 경우 기준 자산은 대체로 2~10개로 구성된다. 만일 기준 자산이 20개를 초과하게 되면 '자금조달이 전부 이루어지는 경우의 합성 CDO(fully funded synthetic CDO)'로 불리게 된다(다음 장을 참조할 것). CLN의 발전과정은 〈그림 8-5〉와 같다.

section 05 신용스왑의 가치평가

신용파생상품의 가격을 결정하는 방법에는 위험중립 채무불이행 확률을 이용하는 방법(risk neutral approach), 신용 스프레드 접근방법(bond credit spread approach), 주가 접근방법(equity price approach) 등이 있다.

1 채무불이행 확률을 이용하는 방법

이 접근방법은 위험중립 채무불이행률을 이용하여 신용파생상품의 기대손실을 추론하는 방법이다. 역사적 채무불이행률 또는 보험통계적 채무불이행률을 이용하는 경우 기대손실이 과소평가되므로 위험중립 채무불이행 확률을 이용하는 것이 바람직하다.

예를 들어, 신용스왑의 액면금액이 1,000만 달러이고 만기가 2년이다. 기준 자산은 XYZ기업의 2년 만기 채권으로 현재 A등급이고 만기수익률은 5.50%이다. 한편 동일 조건의 국채수익률은 5.00%이다. 그리고 1년과 2년의 채무불이행 확률이 각각 0.3958%와 1.5760%라고 가정하자.

2차년도의 무조건부 채무불이행 확률은 1.1802%이다. 회수율을 40%로 가정하면 1차연도의 기대손실은 $10,000,000 \times 0.003958 \times (1-0.4) = 23,748$달러이고 2차 연도의 기대손실은 $10,000,000 \times 0.011802 \times (1-0.4) = 70,812$달러이므로 평균 기대손실 또는 연간 비용(annual cost)은 47,280달러이다. 즉, 스왑 프리미엄은 47.28bp이다.

제2장에 제시된 역사적 채무불이행 확률을 이용해보자. S&P 자료에 의하면, A등급 채권의 1년과 2년 만기 채무불이행률은 각각 0.05%와 0.14%이다. 기대손실이 각각 3,000달러와 5,400달러로 계산되므로 스왑 프리미엄은 4.2bp로 너무 작게 계산된다.

2 | 신용 스프레드 접근방법(credit spread method)

이 방법은 해당 신용등급채권의 수익률 곡선을 필요로 하는 방법으로 제2장에서 도출한 $\pi = \dfrac{y-r}{LGD}$의 식에 기초한다. 즉, 위험채권의 수익률에서 무위험채권의 수익률을 차감하면 기대손실률이 계산된다. 따라서 연간 비용은 50,000달러이고 스왑 프리미엄은 50bp이다.

$$\text{연간 비용} = 10,000,000 \times (0.055 - 0.05) = 50,000\text{달러}$$

이 방법으로 계산한 적정 가격은 실제의 위험을 과대평가하는 경향이 있다. 왜냐하면 신용 스프레드 접근방법은 수익률 스프레드가 전적으로 신용위험에 기인하는 것으로 가정하지만 실제로는 유동성 위험(liquidity risk)을 비롯하여 다른 위험도 반영하기 때문이다.

위험채권의 매입자가 신용위험을 제거하려면 신용스왑에 매입 포지션을 취해야 한다. 즉,

위험채권 보유 + 신용스왑 매입 포지션 = 무위험채권 보유

신용스왑에 매입 포지션을 취하면 스왑 프리미엄을 지급해야 하므로 위 식은 다음과 같이 다시 쓸 수 있다.

$$y - \text{스왑 프리미엄} = r$$

따라서 스왑 프리미엄은 $y - r$로 추정된다.

이번에는 위험 매입자 또는 보호 매도자의 입장에서 생각해 보자. 위험 매입자는 신용위험 매입 포지션을 취한 셈이므로 이 포지션을 헤지하려면 반대 포지션, 즉 위험채권 매도 포지션이 필요하다.

그러나 위험채권을 매도하면 시장위험에도 노출되므로 시장위험을 제거하기 위하여 동일한 조건의 국채를 함께 매입해야 한다.

위험 매입자가 수령하는 스왑 프리미엄은 신용위험의 헤지비용(즉, 위험채권 수익률−무위험채권 수익률)과 같아야 한다.

우리나라의 5년 만기 스왑 프리미엄(또는 CDS프리미엄)은 2008년 10월 27일 약 699bp (6.99%)까지 상승하였으며 2021년 5월 기준 20bp 내외로 형성되어 있다. 금융위기로 촉발된 시스템 리스크에 대한 우려 속에서 우리나라의 스왑 프리미엄이 유독 크게 상승한 이유는 차익거래 유인의 증가 및 국내 자산이 많은 외국 투자자들의 신용스왑 매입 수요가 많았기 때문으로 판단된다. 리먼브라더스의 파산(2008년 9월 15일) 이전에는 우리나라의 5년 만기 스왑 프리미엄이 대략 80~90bp 수준이었으며 2007년 초에는 약 20bp였다. 우리나라 CDS프리미엄은 2017년 하반기 이후 지속 개선흐름을 보이다가, 팬데믹 초기에 57bp(2020. 3. 23)까지 상승했으나 이후 빠르게 안정되는 모습을 보여왔다.

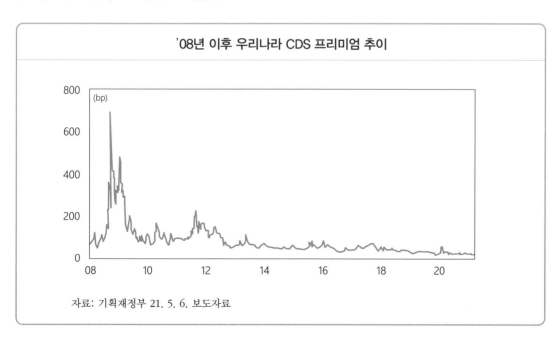

'08년 이후 우리나라 CDS 프리미엄 추이

자료: 기획재정부 21. 5. 6. 보도자료

3 주가 접근방법(equity price method)

이 방법을 적용하기 위해서는 기준 자산을 발행한 기업의 주가, 주가의 변동성 그리고 부채의 가치가 필요하다.

신용스왑에서 보호를 매입하는 것은 풋옵션을 매입하는 것과 동등하므로 연간 비용은 풋옵션의 가격으로부터 계산된다. 만일 2년 만기 풋옵션의 가치가 120,000달러라고 가정하면 연간 비용은 60,000달러이다.

4 자산스왑을 이용한 정적 복제 포트폴리오 구성방법

이 방법은 Merrill-Lynch가 사용하는 방법으로 자산스왑을 이용한 정적 복제 포트폴리오(static replicating portfolio)를 구성하여 스왑 프리미엄을 평가하는 방법이다. 자산스왑(asset swap)이란 채권을 소유하고 있는 투자자가 시장위험을 신용위험으로부터 분리하기 위하여 고정금리를 지급하고 변동금리를 수령하는 금리스왑을 체결함을 의미한다. 신용스왑의 가격을 결정하기 위하여(즉, 신용스왑에서 보호 매입자가 지불해야 하는 적정 수수료를 결정하기 위하여) 신용스왑 보호 매도자의 포지션을 다음과 같이 복제해 보자.

❶ 채권을 매입한다(매입가는 액면가로 가정함). 채권의 수익률은 $T + sc$이다(단, T는 국채수익률임).

❷ 자산스왑을 체결한다. 즉, 스왑의 만기는 채권의 만기와 동일하고 투자자는 고정금리 $T + ss$를 지급하고 변동금리 LIBOR를 수령한다.

❸ 채권 매입에 필요한 자금을 조달하기 위하여 환매계약(repo)을 이용한다. 적용되는 환매이자율(repo rate)은 $LIBOR - x$이다. 채권을 담보로 제공하며 환매계약 상대방은 헤어컷(haircut)을 적용한다. 여기서 헤어컷은 매입한 채권 가격과 상대방이 빌려준 금액과의 차이를 의미한다. 이는 자금 제공자에게 담보의 시장위험으로부터 보호수단을 제공한다.

만일 채권이 채무불이행하면 환매계약은 종료되고 투자자는 채권 매입 가격과 채권 회수금액 간의 차이만큼 손실을 입게 된다. 만일 헤어컷이 없다고 가정하면 투자자의 순현금흐름은 〈표 8-5〉와 같이 $sc - ss + x$로 정리된다. 그리고 환매계약에 적용되는 이자율이 LIBOR이면 순현금흐름은 자산스왑 스프레드인 $sc - ss$로 간단히 표현된다.

이 복제 포지션의 순현금흐름은 신용스왑에서 보호 매도자에게 지급되는 현금흐름과 유사

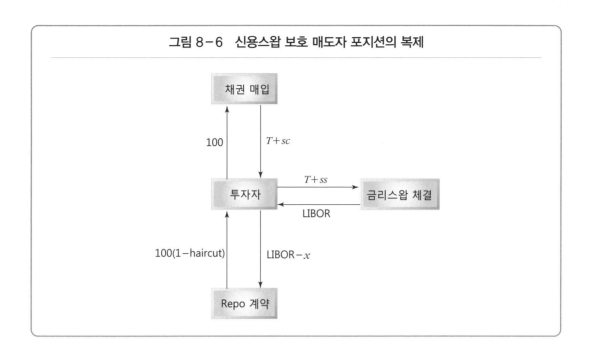

그림 8-6 신용스왑 보호 매도자 포지션의 복제

채권 매입

100    $T+sc$

투자자 $T+ss$ 금리스왑 체결

LIBOR

100(1−haircut)   LIBOR−x

Repo 계약

표 8-5 복제 포트폴리오의 순현금흐름

	유입	유출
채권 매입	$T+sc$	100
스왑 체결	LIBOR	$T+ss$
환매계약	100	LIBOR−x
순현금흐름	$sc-ss+x$	

하다. 만일 실제의 신용스왑의 가격이 복제 포지션 순현금흐름과 크게 차이나면 차익거래가 발생하게 된다. 물론 차익거래가 가능하려면 가격차이는 거래비용과 베이시스 위험을 커버할 만큼 충분히 커야 한다.

1 사례 1 : 대출집중(loan concentration)의 헤징

(1) 상황

금융기관은 오랜 고객인 A제조기업(등급 : BB+)이 추가적으로 요청한 5,000만 달러의 대출을 개별 기업대출한도가 초과한다는 이유로 기각하여야 할 입장이다.

(2) 결과

금융기관은 A기업에게 5,000만 달러를 대출하고 헤지펀드와 TRS(헤지펀드는 LIBOR+75bp를 지급하기로 약정함)을 체결함으로써 이를 해결할 수 있다. 이 구조는 〈그림 8-7〉과 같다. 헤지펀드는 기업대출에 투자할 의향이 있었으나 여러 가지 이유로 직접적으로 대출자산에 투자할 수 없었다. TRS를 이용함으로써 금융기관은 대출의 실질적 위험(economic risk)을 헤지하였으며 또한 BIS 규정에 합당한 경우 규제자본의 감소 효과도 함께 얻을 수 있다. 반면에 금융기관은 중간에 포지션을 청산하기가 어렵고 또한 대출을 시가평가(marking-to-market)하여 담보(collateral)관리를 해야 하는 단점에 노출된다. 반면에 헤지펀드는 레버리지를 이용하여 높은 수익률을 기대할 수 있다. 〈표 8-6〉은 헤지펀드가 직접 A기업에 대출하는 경우와 TRS를 이용하여 간접적으

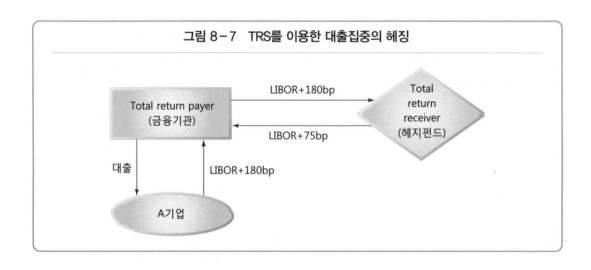

그림 8-7 TRS를 이용한 대출집중의 헤징

투자방법	투자금액	이익	수익률
A기업에 직접 대출하는 경우	5,000만 달러	365만 달러	7.3%
TRS를 이용하여 투자하는 경우	500만 달러	80만 달러	16.0%

표 8-6 ‖ 헤지펀드의 투자수익률 비교(LIBOR=5.5% 가정)

참고 : 500만 달러는 5,000만 달러에 10% 담보비율을 적용한 것임
　　　 (자세한 설명은 TRS 참조),
　　　 365만 달러=5,000(0.055+0.018),
　　　 80만 달러=500[(0.018−0.0075)×10+0.055]

로 투자하는 경우의 투자수익률을 비교한 것이다.

2　사례 2 : 신용위험의 전가

(1) 상황

A기업이 회전대출의 형식으로 대출약정(loan commitment)을 금융기관과 맺고자 한다. 적용되는 대출이자율은 LIBOR+20bp이고 대출약정 규모별 수수료는 2,500만 달러까지는 6bp, 2,500~5,000만 달러 범위는 8bp, 5,000만 달러 이상의 경우는 12bp이다. 대출담당자는 6억 달러의 대출약정을 제공하고자 하나 위험관리부서에서는 A기업에 추가적으로 대출할 수 있는 금액한도는 2억 달러뿐이라고 주장한다.

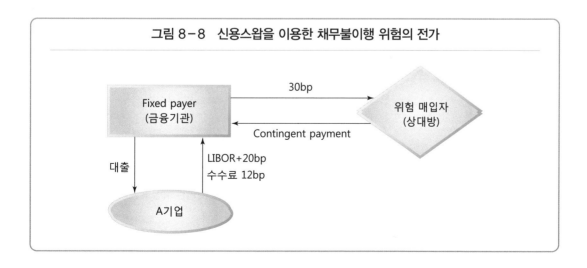

그림 8-8　신용스왑을 이용한 채무불이행 위험의 전가

(2) 결과

금융기관은 고객이 원하는 6억 달러에 대하여 대출약정을 제공하고 신용한도인 2억 달러를 초과하는 금액에 대해서는 신용스왑을 체결하여 신용위험을 전가시킬 수 있다(수수료는 30bp 가정). 이렇게 함으로써 금융기관은 고객과의 좋은 관계를 계속 유지할 수 있고 대출약정으로부터 발생하는 수수료의 수익을 올릴 수 있다. 또한 A기업과 신용스왑의 상대방이 동시에 채무불이행할 가능성이 매우 낮기 때문에 위험을 크게 감소시켰을 뿐만 아니라 위험을 전가시킴으로써 위험전가 전에 비하여 높은 규제자본수익률을 얻을 수 있다.

문제점은 신용스왑의 기준 자산과 헤지대상 자산이 상이한 경우 베이시스 위험에 노출되고 또한 신용스왑의 유동성이 낮으므로 계약을 만기 전에 종료하기가 어렵다는 점이다.

3 사례 3 : 수익 중립 분산정책

(1) 상황

X금융기관은 유럽에 위치하며 유럽의 소매업종 기업에 지나치게 많이 노출되어 있다. 반면에 Y금융기관은 남미에 위치하며 남미의 광산업에 지나치게 노출되어 있다.

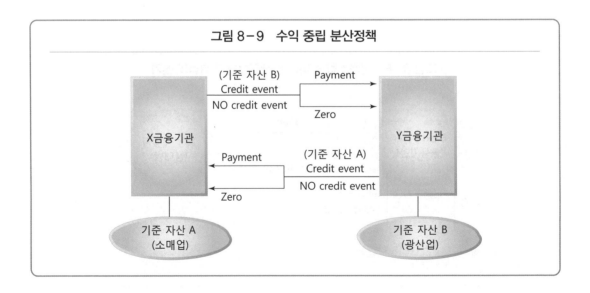

그림 8-9 수익 중립 분산정책

(2) 결과

X은행과 Y은행은 신용위험을 감소시키기 위하여 각각 신용스왑을 다른 금융기관과 체결하는 것이 가능하나 다른 대안은 집중위험(concentration risk)을 감소시키기 위하여 두 금융기관 간에 신용스왑을 체결한다.

즉, X은행은 Y은행에 수수료를 지불하고 소매업종 위험을 전가시킴과 동시에 Y은행으로부터 수수료를 받고 광산업 위험을 부담한다. 이때 가능하면 수수료(즉, 액면금액×bp)를 같게 만드는데 이를 수익 중립 분산정책(revenue neutral diversification)이라고 한다.

4 　사례 4 : 신용 스프레드 위험의 헤지

(1) 상황

투자은행이 A등급 기업의 5년 만기 채권(액면 5억 달러) 발행업무를 담당하고 있다. 투자은행은 인수한 총 5억 달러 중에서 4억 달러 정도는 발행 후 즉시 매각이 가능하나 나머지 1억 달러는 모집에 시간이 걸릴 것으로 예상된다. 이 기업이 채무불이행할 확률은 매우 낮으나, 신용 스프레드가 전반적으로 증가하거나 또는 발행기업의 신용이 하락할 가능성이 있다.

(2) 결과

투자은행은 신용 스프레드가 일정 수준 이상(예를 들어, 60bp)으로 상승하면 이익이 발생하는 신용 스프레드콜 옵션을 매입한다. 만일 신용 스프레드가 행사 가격 스프레드(60bp) 이상으로 상승하면 옵션 소유자는 60bp를 적용한 가격으로 기준 자산을 매도할 수 있는 권리를 가지므로 낮은 가격의 채권을 높은 가격으로 매도하여 가격 하락에 따른 손실을 보전받을 수 있다. 즉, 신용 스프레드 증가에 따른 손실을 제한할 수 있다.

5 　사례 5 : 신용포장

(1) 상황

포트폴리오 매니저는 회사의 엄격한 위험관리 기준에 의하여 투자가 가능한 증권에 대하여 제약을 받게 된다. 예를 들어, 매니저가 포트폴리오에 편입할 수 있는 자산대상으로 다음과 같은 제약을 가지고 있다고 가정하자 : ① OECD국가 상업은행이 발행한 채권, ② 신용등급이 적어도 A등급, ③ 수익률은 적어도 LIBOR + 12.5bp이고 만기는 7년 이상일 것. 그러나 문제는 세 가지 조건을 모두 만족시키는 증권은 매우 희귀하다는 점이다.

(2) 결과

OECD 국가 중에서 상대적으로 등급이 낮은 그리스, 폴란드, 헝가리 등의 상업은행이 발행한 채권은 상대적으로 등급이 낮으나(예를 들어, BBB등급) 수익률은 높은 편이다. 매니저는 이들 채권을 매입함과 동시에 신용등급이 A등급 이상인 은행과 신용스왑을 체결하여 채권의 신용등급을 최소 A로 유지하면서 높은 수익률을 얻을 수 있다. 이처럼 낮은 등급 자산의 신용도를 향상시켜 새로운 자산을 만들어 내는 접근방법을 신용 포장(credit wrapping)이라고 한다.

---

6 사례 6 : 자본구조 차익거래

(1) 상황

어떤 기업의 회사채 수익률이 LIBOR + 275bp이고 이 기업에의 담보대출의 수익률이 LIBOR + 375bp이며, 또한 현재 회사채와 대출은 모두 액면가에 평가되고 있다고 가정하자. 담보대출이 회사채에 비하여 우선순위가 높고 담보부(secured)이므로 담보대출의 수익률이 회사채 수익률보다 낮아야 한다고 가정하면 두 자산의 가치가 정확히 평가되어 있지 않다.

(2) 결과

금융기관은 다음과 같은 TRS를 A, B와 동시에 체결함으로써 차익거래에서 발생하는 이익을 얻을 수 있다. 이를 자본구조 차익거래(Capital structure arbitrage)라고 한다.

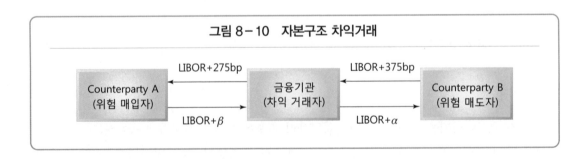

그림 8-10 자본구조 차익거래

신용파생상품을 이용하는 경우 규제자본이 얼마나 감소하며, 금융기관이 어떻게 규제자본에 대한 수익률을 관리할 수 있는지를 설명하기로 한다.

A은행과 B은행이 각각 BBB등급의 XYZ기업에게 LIBOR+0.375%로 1,000만 달러를 대출한다고 가정하자. 현재 LIBOR금리는 5.625%이다. A은행과 B은행의 자금조달비용은 각각 LIBOR−0.20%와 LIBOR+0.25%이다(즉, A은행의 신용등급이 높음).

대출에 대한 규제자본은 위험자본의 8%이다. 기업이 차입을 하면 대출의 위험가중치는 100%이고 다른 OECD 금융기관이면 위험가중치는 20%이다.

이 경우에 각 은행의 규제자본수익률(return on regulatory capital)은 각각 12.61%와 7.44%이다.

이번에는 신용등급이 높은 A은행이 XYZ기업에 대출을 함과 동시에 B은행과 신용스왑을 체

표 8-7 규제자본수익률 계산

구분	A은행	B은행
위험가중치	100%	100%
순이익 (net revenue)	① $10,000,000 \times (LIBOR+0.00375)$ ② $9,200,000 \times (LIBOR-0.002)$ 합계 : ①−②=100,900	① $10,000,000 \times (LIBOR+0.00375)$ ② $9,200,000 \times (LIBOR+0.0025)$ 합계 : ①−②=59,500
규제자본수익률	100,900/800,000=12.61%	59,500/800,000=7.44%

참고 : A은행의 순이익=$9,200,000 \times (0.00375+0.002)+800,000 \times 0.06=100,900$
　　　 * $9,200,000=10,000,000 \times (1-0.08)$

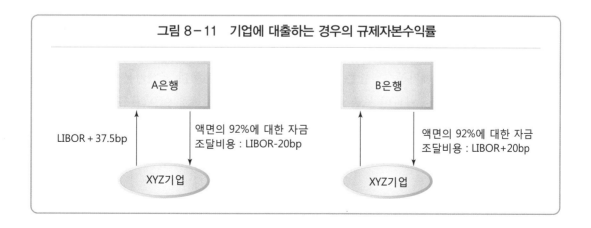

그림 8-11　기업에 대출하는 경우의 규제자본수익률

A은행 　　　　　　 B은행

LIBOR + 37.5bp　　　액면의 92%에 대한 자금 조달비용 : LIBOR−20bp　　　　액면의 92%에 대한 자금 조달비용 : LIBOR+20bp

XYZ기업　　　　　　 XYZ기업

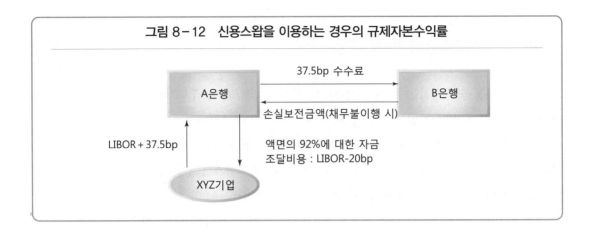

그림 8-12 신용스왑을 이용하는 경우의 규제자본수익률

A은행 — 37.5bp 수수료 → B은행
A은행 ← 손실보전금액(채무불이행 시) — B은행

LIBOR + 37.5bp

액면의 92%에 대한 자금
조달비용 : LIBOR-20bp

XYZ기업

표 8-8 신용스왑을 이용하는 경우의 규제자본수익률 계산

요소 \ 구분	A은행	B은행
위험가중치	20%	100%
순이익 (net revenue)	① $10,000,000 \times (LIBOR + 0.00375 - 0.00375)$ ② $9,840,000 \times (LIBOR - 0.002)$ 합계 : ① − ② = 28,680	① $10,000,000 \times 0.00375$ ② $800,000 \times 0.0529$ 합계 : ① + ② = 79,820
규제자본수익률	28,680/160,000 = 17.93%	79,820/800,000 = 9.98%

참고 : $9,840,000 = 10,000,000 \times (1 - 0.2 \times 0.08)$

결하는 경우 두 은행의 규제자본수익률이 어떻게 영향을 받는지 살펴보기로 한다. B은행은 자기자본을 국채에 5.29%로 투자한다고 가정한다. 이 경우에 A은행은 신용스왑을 이용하여 XYZ기업의 신용위험을 B은행에 이전하고 대신에 B은행의 신용위험을 부담하게 된다(A은행이 보호 매입자이고 B은행이 보호 매도자임). 그런데 B은행이 OECD 은행이라고 가정하면 A은행에 새로이 적용되는 위험가중치는 20%이므로 규제자본은 800,000에서 160,000으로 감소한다. 신용스왑의 결과, A은행의 규제자본수익률은 17.93%로 상승하고 B은행의 규제자본수익률도 9.98%로 상승한다. 이처럼 금융기관이 노출된 위험의 크기에는 큰 변화가 없으나 규제의 틀 안에서 규제자본을 크게 감소시켜 규제자본수익률을 증가시키는 거래를 규제자본 차익거래(regulatory capital arbitrage)라고 한다.

chapter 09

자산매각, 유동화, CDO

대출 매각

대출 매각(loan sale)은 대출을 실시한 금융기관이 이를 다른 외부 투자자에게 매도하는 것을 의미한다. 대출은 통상 구상권(recourse)없이 매각된다. 왜냐하면 대출이 구상권과 함께 매각되고 그리고 대출이 채무불이행하게 되면 투자자(대출 매입자)가 금융기관에게 다시 대출을 매각하여 손실을 보전받을 수 있기 때문이다. 따라서 대출이 구상권과 함께 매각되면 금융기관은 대출을 대차대조표에서 제거할 수 없게 된다.

1 대출 매각방식

대출 매각에는 크게 참가방식과 양도방식 두 가지 형태가 있다.

(1) 참가(participation)

원 차입자와 대출 금융기관 간의 최초의 계약관계가 매각 이후에도 유효하게 되므로 매입자는 차입자에 대하여 매우 제한적인 권한을 갖게 된다. 즉, 참가자(대출 매입자)는 대출 금융기관이 원 차입자로부터 원리금을 회수한다는 조건하에서만 대출 금융기관으로부터 원리금을 수취할 수 있는 권리를 갖는다. 매입자는 차입자와 대출 금융기관의 신용위험에 모두 노출되며, 대출 금융기관이 채무불이행하면 대출은 금융기관의 무담보채무(unsecured obligation)로 간주된다. 이 거래에서는 대출을 매각한 후에도 대출 금융기관이 계약상의 채권자로 계속 남아 있게 되므로 채무자에게 대출 매각 사실을 통보하지 않아도 되는 장점이 있다.

(2) 양도(assignment)

대부분의 대출은 이 형태로 매각된다. 이 경우에는 모든 권한이 매각과 동시에 대출 매입자에게 이전된다(즉, 매입자는 원 차입자에 대하여 직접적인 청구권을 가짐).

대출 매각과 연관된 여러 문제점으로 인해 중도하차하는 경우도 종종 발생하며 길게는 3개월 이상 소요되기도 한다.

2 Good bank-bad bank

금융기관은 직접 대출을 매각하는 대신에 '굿뱅크-배드뱅크'의 구조를 이용하여 신용위험을 관리할 수 있다. 배드뱅크는 부실대출(nonperforming loan)을 관리하기 위하여 특별히 설립된 특수목적기구(SPV)로 설립목적은 정상대출과 부실대출을 분리하여 자산가치를 최대화시키기 위함이다.

예를 들어, Mellon bank의 Grant Street National Bank가 배드뱅크이다. Mellon bank는 941M의 부동산 대출을 상각(write-down)하고 이를 577M달러에 배드뱅크 SPV에 매각하였다. 그리고 배드뱅크는 채권 또는 주식을 발행하여 자금을 조달한다. 배드뱅크의 매니저에게는 주식을 보유하게 하여 매입한 대출의 자산가치를 극대화하도록 하는 유인을 제공한다.

금융기관들이 good bank-bad bank의 구조를 선택하는 이유는 다음과 같다.

❶ 부실대출을 구조조정 전문가(loan workout specialist)가 직접 관리할 수 있다.
❷ 악성채무가 대차대조표에서 제거되면 굿뱅크의 명성과 신용도가 향상된다.
❸ 배드뱅크는 단기채무가 없으므로 유동성 문제를 걱정할 필요가 없다.
❹ 매니저에게 주식을 보유하도록 하여 가치 극대화를 유도할 수 있다.
❺ 이 구조는 굿뱅크의 자산가치에 대한 정보 비대칭(information asymmetry)을 감소시키므로

위험회피형의 투자자들을 유인할 수 있다.

<table>
<tr><td>**3**</td><td>**대출 매각 이유**</td></tr>
</table>

금융기관이 대출을 매각하면 대출이 대차대조표에서 제거되고 자산 다각화(asset diversification)를 기할 수 있어 효과적으로 신용위험을 관리할 수 있다. 이외에도 금융기관은 다음과 같은 이유로도 대출을 매각하기도 한다.

(1) 지불준비금(reserve requirement)

준비금의 조건은 결국 대출 포트폴리오의 자금조달비용을 증가시키므로 금융기관은 대출을 매각하여 대차대조표에서 대출을 제거하려는 유인을 갖게 된다.

(2) 수수료 수입(fee income)

대출을 하고 이를 빠른 시일 내에 매각하면 이로부터 발생하는 모든 수수료 수입은 당기의 이익으로 계상되므로 순이익을 증가시키는 수단으로 이용되기도 한다.

(3) 자기자본비율 관리

적정 자본금 요구(capital adequacy requirement)로 일정한 수준의 자기자본비율을 유지해야 한다. 이를 향상시키는 방법은 자기자본을 증가시키거나 자산을 감소시키는 것이다. 그런데 자기자본비용이 타인자본비용보다 높으므로 금융기관은 자산을 감소시키는 방법을 선호하게 된다.

(4) 유동성 위험(liquidity risk)

대출을 실시하면 금융기관은 금리위험과 신용위험에 노출되기도 하지만 또한 유동성 위험에 노출된다(즉, 금융기관 자산의 비유동성이 증가함). 금융기관의 부채는 대단히 유동성이 높으므로 자산의 비유동성은 크게 문제가 된다. 따라서 유동성 악화(liquidity squeeze)를 우려한 금융기관은 대출을 매각하게 된다.

section 02	자산유동화

1 기본구조

자산담보부증권 또는 자산유동화증권(asset-backed securities : ABS)은 금융기관 또는 기업이 보유하고 있는 자산을 풀(pool)로 하여 발행된 증권을 말한다. 발행된 증권은 기초자산으로부터 발생하는 현금흐름을 이용하여 상환된다. 현재 증권화와 유동화는 서로 혼용되고 있는데 법률적으로 유동화라는 표현을 사용하므로 본서에서도 자산유동화증권으로 사용하기로 한다.[1] 그리고 이런 새로운 방식으로 자금을 조달하는 것을 구조화된 금융(structured financing)이라고 한다.

자산유동화증권은 기초자산의 현금흐름에 기초하여 발행된 증권이므로 이 증권이 자산보유자의 신용도와 분리되도록 하는 제도적 장치인 SPC(special purpose company : 특수목적회사 또는 유동화전문회사)가 필요하다.

유동화대상 자산은 자산보유자(originator)로부터 법적으로 완전히 매도되므로(진정한 매매(true sale)가 성립됨) 투자자들은 담보자산의 현금흐름에만 의존해야 한다. 만일 담보자산의 가치가 많이 하락하거나 채무불이행이 발생하여 유동화증권의 원리금이 상환되지 못하더라도 투자자들은 자산보유자에게 변제를 요구할 권리를 갖지 못한다.

유동화대상 자산은 일반적으로 유동성이 낮으며 현금흐름의 예측이 가능하고 자산의 동질성이 어느 정도 보장되며 자산의 양도가 가능해야 한다는 특성을 갖는다. 그동안 유동화된 자산으로는 자동차 할부금융, 대출채권, 신용카드 미수금, 리스채권, 기업대출, 회사채, 지방정부 세수(municipal revenue), 부실대출(nonperforming loan), 임대료 등이 있다. 대상 자산이 은행의 대출채권이면 CLO(collateralized loan obligation)로 부르고, 대상 자산이 채권(bond)이면

---

1 「자산유동화에 관한 법률」(이하 '자산유동화법'이라 한다) 제2조에서 자산유동화는 다음의 경우로 정의된다.
　가. 유동화전문회사(자산유동화업무를 전업으로 하는 외국법인을 포함한다)가 자산보유자로부터 유동화자산을 양도받아 이를 기초로 유동화증권을 발행하고, 당해 유동화자산의 권리·운용·처분에 의한 수익으로 유동화증권의 원리금 또는 배당금을 지급하는 일련의 행위
　나. 신탁업법에 의한 신탁회사(신탁업무를 겸영하는 은행을 포함한다. 이하 '신탁회사'라 한다)가 자산보유자로부터 유동화자산을 신탁받아 이를 기초로 유동화증권을 발행하고, 당해 유동화자산의 권리·운용·처분에 의한 수익으로 유동화증권의 수익금을 지급하는 일련의 행위
　다. 신탁회사가 유동화증권을 발행하여 신탁받은 금전으로 자산보유자로부터 유동화자산을 양도받아 당해 유동화자산의 권리·운용·처분에 의한 수익으로 유동화증권의 수익금을 지급하는 일련의 행위

CBO(collateralized bond obligation)라고 부른다. 특히 처음부터 CBO 조성을 목적으로 채권이 발행되는 경우 이를 발행시장 CBO(primary CBO)라고 한다.

일반적으로 동질성이 높은 자산을 대규모로 집합하여 기초자산을 구성하는 것이 바람직하다. 동질성이 결여된 자산으로 구성하면 현금흐름 예측의 정확성이 감소하므로 이에 수반되는 신용보강 및 평가에 따른 비용이 증가된다. 그러나 CLO와 CBO의 경우 일반적으로 유동화자산이 20개 내지 30개의 대출 또는 채권으로 구성된다. 극단적으로 한국자산관리공사 1999-4호는 3개의 부실여신으로만 구성되어 있다. 이처럼 유동화자산의 수가 작으면 통계적인 접근이 어려워진다.

유동화전문회사가 발행하는 증권은 크게 자동이전형(pass-through)과 원리금지급형(pay-through)으로 구분된다.

자동이전형은 유동화자산이 SPC에 매각되면 SPC는 이들 자산을 집합화하여 신탁을 설정하고 이 신탁에 대하여 지분을 나타내는 자동이전식 수익증권이 발행되는 방식이다. 이 수익증권을 매입한 투자자는 유동화자산이 제공하는 현금흐름에 대하여 투자금액에 비례한 소유권을 갖는다. 원 채무자가 상환하는 원리금과 조기상환금액은 비용 공제 후 투자자에게 그대로 이전되므로 투자자들은 조기상환의 위험에 노출된다.

원리금지급형에서는 유동화자산의 현금흐름을 지분율에 따라 균등하게 배분하는 형태가 아니라 상환 우선순위가 다른 채권을 발행하는 방식이다. ABS의 구조에 따라 현금흐름을 조절할 수 있으므로 조기상환위험 등 위험구조가 상이한 증권을 만들어 낼 수 있다. 즉, 현금흐름에 대

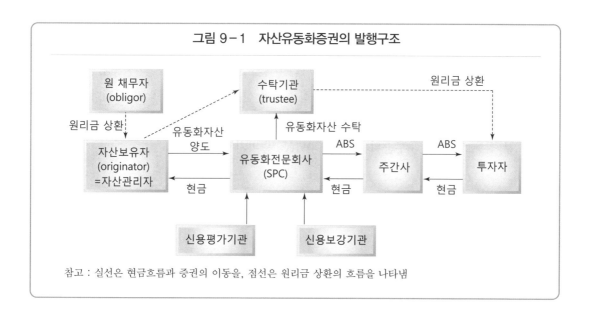

그림 9-1 자산유동화증권의 발행구조

참고 : 실선은 현금흐름과 증권의 이동을, 점선은 원리금 상환의 흐름을 나타냄

해 만기, 수익률, 조기상환 우선순위 등이 상이한 몇 개의 채권 트렌치(tranche)를 발행하는 것이다.[2] 예를 들어, 캠코 미래 제1차 유동화전문유한회사가 1999년에 발행한 ABS는 2년 만기 선순위, 3년 만기 선순위, 5년 만기 선순위, 7년 만기 선순위, 그리고 후순위 등 5개의 트렌치로 구성되어 있다.

우리나라에서 발행되는 방식은 거의 대부분이 원리금지급형이며, ABS는 3개월 이표채이고, 만기 일시상환의 구조를 갖는다.

자산유동화법은 유동화전문회사 등이 유동화자산을 기초로 하여 자산유동화계획에 따라 발행할 수 있는 유동화증권의 종류에 대하여 '출자증권, 사채, 수익증권, 기타의 증권 또는 증서'로 규정하고 있다(자산유동화법 제2조 제4호).

2 신용보강 기법

자산유동화증권이 유지하고자 하는 신용등급에 따라 신용보강(credit enhancement)의 수준이 결정된다. 신용보강의 수준은 기초자산 또는 유동화대상 자산의 신용도 분석에 근거하여 향후 기대손실(expected loss)을 추정하고 목표 등급별로 〈표 9-1〉과 같은 배수를 적용하여 보강 수준을 결정한다. 신용보강으로 인해 발행자의 신용등급보다 훨씬 높은 등급의 증권발행이 가능하다.

신용보강에는 크게 외부 신용보강(external credit enhancement)와 내부 신용보강(internal credit enhancement)이 있다. 외부 신용보강은 지급보증(guarantee), 은행의 신용장(letter of credit) 또는 신용공여(credit line) 제공, 그리고 보험회사의 보증 등이 있다. 외부 신용보강은 1차적인 신용보강 수단이기보다는 내부 신용보강을 보완하는 수단으로 이용된다. 또한 신용보강을 제공하는 기관의 신용도가 하락하게 되면 자산유동화증권의 신용도가 같이 하락하게 된다.

내부 신용보강은 외부 신용보강보다 복잡한 구조를 갖고 있으며 1차적인 안전장치의 역할을 한다. 내부 신용보강은 선·후순위 구조, 초과담보, 준비기금 등이 있다.

---

2 트렌치(tranche)는 slice라는 의미의 불어임.

표 9-1 등급별 신용보강 수준

등급	AAA	AA	A	BBB	BB
기대손실 배수	4~5배	3~4배	2~3배	1.75~2배	1.5~1.75배

(1) 선·후순위 구조

선·후순위 구조(senior-subordination structure)는 우선순위가 상이한 두 가지 등급으로 구분하여 선순위 트렌치(senior tranche)가 후순위 트렌치(subordinated tranche)보다 앞서 변제받게 함으로써 선순위 트렌치에 대한 원리금 보장을 보다 확실하게 하는 구조이다.[3] 일반적으로 선순위 트렌치의 만기는 후순위 트렌치의 만기보다 짧으며, 후순위 트렌치는 이자 계산은 이루어지지만 현금은 지급되지 않고 SPC 내에 재투자된다. 기초자산으로부터 회수되는 모든 현금흐름은 선순위 트렌치의 원리금 상환에 우선 충당되고 남은 현금흐름이 있는 경우 후순위 트렌치에게 지급된다. 즉, 기초자산으로부터 발생하는 모든 손실은 후순위 트렌치의 투자자들이 부담하게 된다. 후순위 트렌치가 하나 이상인 경우 먼저 손실을 부담하는 후순위 트렌치를 1차 손실 트렌치(first loss tranche)라고 한다.

이 구조에서 후순위 트렌치가 가장 중요한 역할을 담당한다. 신용등급이 높은 상위 트렌치를 만들 수 있는 것은 후순위 트렌치가 위험을 부담함으로써 가능하다. 일반적으로 자산보유자가 후순위 트렌치를 보유한다.

 예시

▶후순위 트렌치의 위험부담

자산유동화증권이 다음 3개의 트렌치로 발행되었다. 후순위 트렌치 2가 1차 손실 트렌치이다.

선순위 트렌치	380억 원
후순위 트렌치 1	40억 원
후순위 트렌치 2	20억 원

기초자산의 채무불이행으로 인한 손실이 각각 15억 원, 50억 원, 90억 원인 경우 각 트렌치의 손실은 〈표 9-2〉와 같이 정리된다.

---

3 지급 우선순위가 가장 낮은 트렌치인 후순위 트렌치를 자기자본 트렌치(equity tranche)라고도 한다.

표 9-2　트렌치별 손실

총손실	트렌치별 손실(단위 : 억 원)		
	선순위 트렌치	후순위 트렌치1	후순위 트렌치2
15억 원	0	0	15
50억 원	0	30	20
90억 원	30	40	20

후순위채의 크기는 유동화대상 자산의 채무불이행률에 대한 통계, 선순위 트렌치의 목표 등급, 내부 신용보강의 수준 등에 의하여 결정된다. 2000년 국내에서 발행된 CBO의 경우 평균 후순위 트렌치의 크기는 4%에 지나지 않는다. 한편 2000년 1월에 설립된 중소기업유동화전문 유한회사는 중소기업진흥공단이 보유하고 있는 695억 원의 무보증회사채 23건을 유동화하면서 38.19%의 후순위채를 발행하였다.[4] 우리나라의 경우 후순위 트렌치의 비율은 평균 29%인데 이는 미국의 평균 비율 5%에 비하면 과도하게 높은 수준이다.

(2) 초과담보와 준비기금

초과담보(overcollateralization)는 유동화대상 자산의 가치가 SPC가 발행하는 증권의 액면금액보다 크게 설정하는 방법이다. 예를 들어, 유동화증권의 액면금액이 200억 원이고 유동화대상 자산의 가치가 214억 원이면 이 ABS는 14억 원의 초과담보를 보유한 셈이다. 따라서 어떤 트렌치의 투자자이든 처음 14억 원의 채무불이행에 대해서는 보호받게 된다.

준비기금(reserve fund)은 현금준비기금(cash reserve fund) 또는 초과 스프레드 계정(excess spread account)의 형식을 갖는다. 현금준비기금은 일정 금액의 현금을 신용등급이 좋은 은행에 별도의 계정으로 예치하고 담보로 설정케 함으로써 투자자의 손실을 줄이고자 하는 예금이다. 초과 스프레드 계정은 초과 스프레드를 별도의 계정에 적립하여 손실 발생 시 보전에 사용토록 하는 것을 의미한다. 여기서 초과 스프레드(excess spread)는 기초자산의 원 채무자(obligor)가 부담하는 이자율과 유동화증권의 이자율 간의 차이를 말한다.

▶초과 스프레드

원 채무자가 부담하는 가중평균 액면이자율(weighted average coupon rate)은 8%이고 서비스 수수료

4　높은 후순위채 비율을 감안하여 53% 신용보강비율이 이용되었다.

(servicing fee)를 포함하여 제반 비용이 0.25%이다. ABS의 모든 트렌치 투자자에게 지급되는 수익률은 가중평균하여 7.25%이다. 이 경우에 초과 스프레드는 8.00%−7.25%−0.25%＝0.50%로 별도의 계정에 적립되어 향후에 손실이 발생 시 이를 보전하는 데 사용된다.

이외에도 기초자산의 신용등급 하락 등 원리금 상환이 의문시되는 상황이 발생하면 자산보유자가 자산유동화증권을 매입하도록 요청할 수 있는 환매요청권(put-back option) 등이 있다.

3 자산유동화의 이유 및 효과

유동화는 다음과 같은 금융시장의 4대 주요 기능(core function)의 수행을 도와주는 역할을 한다. 네 가지 기능은 예금기능(depository function), 투자기능(investment function), 신용기능(credit function), 그리고 위험관리 기능(risk-management function)이다.

❶ 예금기능 : 사람들은 돈을 저장하는 장소를 필요로 함
❷ 투자기능 : 사람들은 수익률, 유동성, 만기 등에 대해 자신의 선호와 일치하는 자산에 투자함으로써 자신의 자본을 증가시킬 수 있는 방법을 필요로 함
❸ 신용기능 : 사람들은 자금을 차입할 수 있는 곳을 필요로 함
❹ 위험관리 기능 : 사람들은 자신의 책임하에 감당하기 어려운 재무위험(financial risk)을 이전시킬 수 있는 수단을 필요로 함

자산보유자는 자산유동화를 통하여 재무구조 개선, 조달비용의 감소, 새로운 자금조달 수단의 제공, 위험관리기법의 향상 등의 효과를 얻을 수 있다.

(1) 유동성 증가와 재무구조 개선

자산보유자의 자산이 SPC에 매각되는 형태이기 때문에 자산보유자의 대차대조표에서 해당 자산이 제외되고 현금이 유입되는 효과가 발생한다. 즉, 비유동적인 자산을 현금으로 전환시키는 유동화를 통하여 유동성이 증가하고 부채비율이 하락하므로 재무구조가 개선된다. 특히 BIS는 금융기관의 자기자본비율을 엄격히 규제하고 있는데 자산유동화를 통하여 위험자산을 축소시키면 금융기관은 자기자본비율이 향상되는 효과를 얻을 수 있다.

예시

▶유동화가 대차대조표에 미치는 영향

현재 A기업은 총자산이 100억 원이고 이는 차입금 91억 원 자본금 9억 원으로 구성되어 있다. 1,000만 원을 출자하여 SPC를 설립하고 자산 50억 원을 유동화한다면 대차대조표는 〈그림 9-2〉와 같이 변한다. 유동화로 인해 부채비율은 91/9 = 1,011%에서 456%로 감소한다.

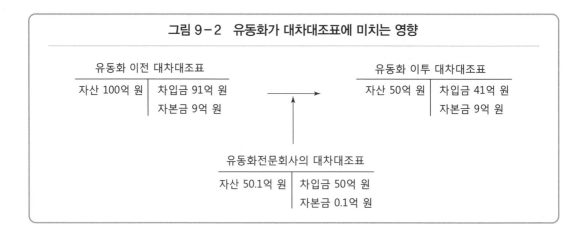

그림 9-2 유동화가 대차대조표에 미치는 영향

(2) 조달비용의 감소 및 새로운 자금원의 창출

신용등급이 낮거나 인지도가 낮아 자금을 조달하는 데 어려움을 겪고 있는 자산보유자는 자신의 신용등급보다 높은 등급의 유동화증권을 발행함으로써 자금조달비용을 절감할 수 있다. 특히 발행시장 CBO(primary CBO)의 경우 신규 발행 유가증권을 대상으로 하는데 이는 신용등급이 상대적으로 낮은 중소기업들의 자금조달의 어려움을 해결하기 위하여 도입되었다.

자산의 유동화를 통하여 기관투자자, 외국인 투자자 등 다양한 투자자로부터 자금을 조달할 수 있으며 투자계층의 확대는 결과적으로 금리의 인하요인으로 작용하게 된다.

(3) 위험의 분산

자산 유동화를 통하여 여러 관계기관이 참여하게 되므로 위험자산에 대하여 적절한 평가와 통제가 이루어진다. 또한 자산을 직접 보유하는 경우에 노출되는 금리위험 및 조기상환위험 등을 투자자에게 전가시킬 수 있다.

(4) 규제자본차익거래

신용등급이 우수한 차입자에게 해준 대출에 대하여 감독당국이 높은 규제자본을 요구하므로, 대출자들은 이런 자산들을 보유하고 있으면 매력적인 ROE(return on equity)를 얻을 수 없다. 따라서 이런 자산들을 증권화하여 대차대조표에서 제외시키는 것이 유리하다. 이를 규제자본차익거래(regulatory capital arbitrage)라고 한다.[5]

유동화를 이용한 규제자본차익거래의 예를 들어보자. 100달러 대출자산을 보유한 금융기관의 경우 100% 상대방 위험가중치를 가정하면 요구자본은 8달러이다. 그러나 자산을 매각하여 유동화하고 5%에 해당하는 후순위 트렌치를 소유한다고 하자. 5달러 전체에 대하여 자본이 요구되더라도 요구자본은 5달러이다. 금융기관은 후순위 트렌치를 보유하고 있으므로 유동화 전과 비교하여 실질적으로 부담하는 신용위험에는 거의 차이가 없으나 요구자본은 8달러에서 5달러 감소하였다.

(5) 투자자 측면에서의 이점

투자자의 위험 및 만기 등에 대한 다양한 선호도를 만족시킬 수 있는 유동화증권을 발행할 수 있으므로 넓은 계층의 투자자들을 유인할 수 있다. 특히 국내의 경우 신용등급이 높은 투자대상이 매우 제한되어 있었는데 자산유동화를 통하여 AA 또는 AAA등급의 선순위 채권이 많이 발행되어 안정성을 중시하는 투자자들에게 크게 인기를 얻었다.

---

section 03 CDO

앞에서 이미 설명했듯이, CDO(Collateralized debt obligation)는 자산유동화증권 중에서 기초자산이 대출 또는 채권인 경우로, 기초자산이 채권이면 CBO(Collateralized bond obligation)로, 그리고 기초자산이 대출이면 CLO(Collateralized loan obligation)로 불린다. CDO는 1988년에 최초로 발행되었다.

---

5 제8장에서 우리는 규제자본차익거래의 또 다른 예시를 살펴보았다.

CDO는 발행목적에 따라 크게 대차대조표 CDO와 차익거래CDO로 구분된다. 대차대조표 CDO(Balance sheet CDO)는 규제자본(regulatory capital)을 감소시키거나 위험집중(risk concentration)을 감소시켜 BIS 자기자본비율을 높일 목적으로 자산을 보유하고 있는 금융기관(주로 상업은행)에 의해 주로 발행된다. 대체로 기초자산은 투자적격의 채권 또는 대출이다. CDO 발행 이전에는 대출자산의 8%에 대하여 자본이 요구되었으나 기초자산이 매각되어 대차대조표에서 제거되면 8% 요구자본이 없어지는 대신에 CDO 발행 후 새로이 보유하게 되는 후순위채 전액에 대하여 자본이 요구된다.

차익거래CDO는 높은 수익률을 제공하는 기초자산과 상대적으로 낮은 수익률을 제공하는 CDO 간의 차익거래를 목적으로 하며 기초자산은 대체로 30-50개의 투자부적격 채권으로 구성된다(주로 BB 또는 B등급 채권임). 주로 보험회사, 투자은행, 자산전문 운용기관에 의해 발행되며 CDO 발행 전에 시장에서 기초자산을 구성할 채권을 매입하게 된다(필요한 자금은 CDO를 발행하여 조달함). 대차대조표 CDO의 발행규모가 10억~50억 달러로 큰 반면에 차익거래CDO는 2억~10억 달러로 비교적 작다.

CDO는 담보풀(기초자산 풀)이 활발하게 거래되는지의 여부에 따라 현금흐름 CDO(Cash Flow CDO)와 시장가치 CDO(Market value CDO)로 구분된다. 현금흐름 CDO의 경우 기초자산은 거래되지 않는 대출 또는 고수익률 채권(high-yield bond)으로 담보로부터 발생하는 현금흐름에만 의존하여 CDO의 원금과 이자가 상환된다. 채무불이행 확률을 최소화함과 동시에 액면이자 수익을 극대화할 수 있는 담보풀을 구성하는 것이 중요하며 CDO의 가치는 담보증권의 액면금액에 의해 결정된다. 만일 기초자산이 고정금리를 제공하고 CDO가 변동금리를 지급하면 금리위험을 헤지하기 위하여 금리스왑이 이용되기도 한다.

반면에 시장가치 CDO의 경우 담보증권이 활발하게 거래된다. 매니저는 자산을 적극적으로 관리하고 필요한 현금흐름을 만들기 위하여 자산을 매도하기도 한다. 매일 또는 매주 담보증권의 시장가치를 평가해야 하며(marking to market) CDO의 등급은 풀에 포함된 자산의 분산정도(이는 다각화 지수로 측정됨), 신용등급, 그리고 가격 변동성에 의해 결정된다. 시장가치 CDO의 풀은 대출자산, 고수익률 채권뿐만 아니라 프로젝트 파이낸싱(project financing), 부실채권(distressed debt)을 포함하기도 하며 현금흐름 CDO보다 일반적으로 만기가 짧다.

기초자산이 충분한 현금흐름을 제공하는지를 검증하기 위하여 IC검증(Interest coverage test)과 OC검증(Overcallateralization test)이 수행된다. IC검증은 담보자산이 제공하는 이자수익이 CDO발행에 따른 각종 수수료와 CDO의 이자를 지급하기에 충분한가를 확인하는 데 목적이 있다. 또한 OC검증은 CDO 각 트렌치별로 미리 정한 최소의 초과담보비율을 유지하는가를 확인하는 데 목적이 있다.

다음의 예시를 이용하여 IC와 OC를 계산해 보자. 담보자산의 액면금액(P_{pool})은 100억 원이고 가중평균한 액면이자율(weighted average coupon : WAC)은 8%이다. 연간 수수료(헤지 프리미엄, 자산관리비, 수탁자 수수료 등) Fee는 0.5억 원이다.

각 트렌치의 IC는 다음과 같이 계산된다. 모든 트렌치에서 최소 IC 비율이 충족됨을 확인할 수 있다.

$$\text{IC(A 트렌치)} : \frac{P_{pool} \times WAC - Fee}{P_A \times C_A} = 200\%$$

$$\text{IC(B 트렌치)} : \frac{P_{pool} \times WAC - Fee}{P_A \times C_A + P_B \times C_B} = 172\%$$

$$\text{IC(C 트렌치)} : \frac{P_{pool} \times WAC - Fee}{P_A \times C_A + P_B \times C_B + P_C \times C_C} = 146\%$$

각 트렌치의 OC는 다음과 같이 계산된다. 모든 트렌치에서 최소 OC 비율이 충족됨을 확인할 수 있다.

$$\text{OC(A트렌치)} : \frac{P_{pool}}{P_A} = 133\%$$

표 9-3   트렌치별 액면가치, 액면이자율, 최소 IC비율, 최소 OC비율

트렌치	액면가치	연간 액면이자율	최소 IC 비율	최소 OC 비율
A 트렌치	$P_A = 75$	$C_A = 5\%$	150%	125%
B 트렌치	$P_B = 10$	$C_B = 6\%$	130%	115%
C 트렌치	$P_C = 10$	$C_C = 8\%$	110%	100%
자기자본 트렌치	$P_E = 5$	–	–	–

$$\text{OC(B트렌치)} : \frac{P_{pool}}{P_A + P_B} = 118\%$$

$$\text{OC(C트렌치)} : \frac{P_{pool}}{P_A + P_B + P_C} = 105\%$$

3 합성 CDO

우량은행의 경우 CDO의 발행금리가 은행 자체 신용에 의한 자금조달금리보다 높게 되는 경우가 종종 발생하여 자금조달 측면에서 비효율적인 문제점이 발생하게 된다. 이에 따라 1997년 SBC(Swiss Bank Corp.)와 JP Morgan은 SPC(Special purpose company)에 기초자산의 실질적인 양도 없이 SPC로부터 보증만을 제공받는(또는 신용스왑 등의 신용파생상품을 이용하여 신용위험만을 SPC에 전가시키는) 합성 CDO(Synthetic CDO)를 발행하게 된다. 합성 CDO는 CDO의 발행금리가 높은 경우와 기초자산의 매각이 어려운 경우에 주로 이용된다.

합성 CDO에 대응하는 개념으로 기초자산의 실질 양도가 이루어지는 경우를 현금 CDO (Cash CDO)라고 한다. 즉, 합성 CDO는 기초자산의 실질 양도 대신 신용스왑(credit swap)이나 TRS(total return swap)를 이용하여 자본시장에서 신용보장을 획득하는 고도화된 기법이다.

(1) 합성 CDO의 유형

합성 CDO는 자금조달이 전혀 없는 경우(unfunded), 부분적으로 자금조달이 이루어지는 경우 (partially funded), 자금조달이 전부 이루어지는 경우(fully funded)로 구별된다. 여기서 'fully funded'란 신용위험에 노출된 기초자산의 모든 신용위험이 SPC에 전가되고 그리고 이 신용위험이 SPC가 발행한 증권의 발행금액으로 완전히 커버되는 경우를 말한다. 'Unfunded'란 SPC에 신용위험이 전가되지 않고 위험 매입자의 역할을 담당하는 제3자에게 직접 전가되므로 계

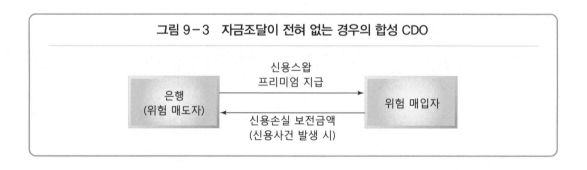

그림 9-3 자금조달이 전혀 없는 경우의 합성 CDO

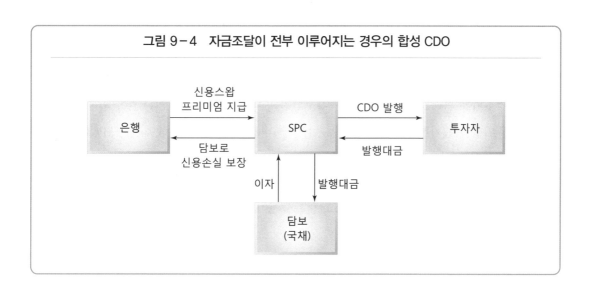

그림 9-4 자금조달이 전부 이루어지는 경우의 합성 CDO

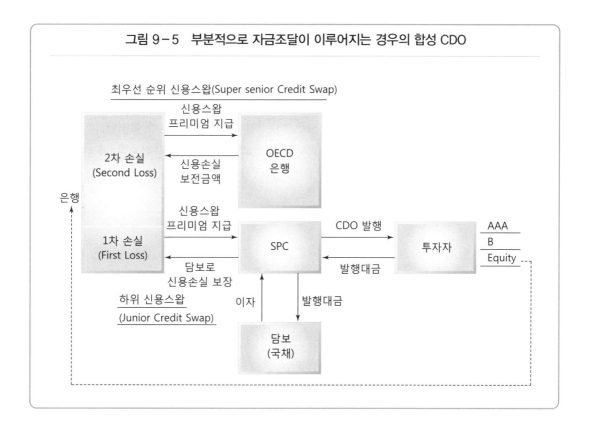

그림 9-5 부분적으로 자금조달이 이루어지는 경우의 합성 CDO

약원금이 지급되지 않아 자금조달이 전혀 수반되지 않는 경우이다. 〈그림 9-3〉, 〈그림 9-4〉, 〈그림 9-5〉는 이 세 가지 경우를 보여 준다.

부분적으로 자금조달이 이루어지는 〈그림 9-5〉의 합성 CDO 구조를 살펴보자. 예를 들어, 기초자산이 100억 원이라고 가정하자. 금융기관은 1차적 손실을 담당하는 8억 원에 대해서만 SPC에 신용위험을 전가한다고 하자. 2차 손실을 커버하는 92억 원에 대해서는 SPC가 아닌 제3자 OECD 은행과 최우선 순위 신용스왑(super senior credit swap)을 체결한다. OECD 은행은 위험 매입자의 역할을 담당하며 신용위험을 부담하는 대가로 자산보유자인 은행으로부터 일정 수수료 또는 프리미엄을 수령한다. 그리고 신용사건이 발생 시 신용손실보전금액을 지급할 의무를 갖는다.

자산보유자는 SPC와 8억 원에 대해서만 신용스왑을 체결하는데 이를 하위 신용스왑(junior credit swap)이라고 한다(자산보유자는 SPC에 수수료로 xbp 지급한다고 가정함). 신용스왑에서는 원금지급이 없으므로 SPC는 자금을 조달하기 위하여 CDO를 발행한다. 이렇게 조달한 자금은 신용위험이 거의 없는 국채에 투자된다.

국채수익률이 LIBOR−ybp라고 하자. 기초자산의 풀에서 특별히 신용사건이 발생하지 않는 한 CDO 투자자들은 LIBOR−y+xbp를 수령하게 된다. 그러나 신용사건이 발생하면 국채를 매각한 금액으로 신용손실보전금액을 지급하고 남은 금액으로 CDO의 원리금을 상환하게 된다. 물론 SPC가 발행한 자기자본 트렌치는 자산보유자가 매입하는 것이 상례이다.

이 구조를 이용하여 자산보유자는 규제자본 완화 효과를 누리면서 불필요한 자금조달을 억제할 수 있다.

(2) 합성 CDO와 현금 CDO 간의 규제자본 완화 효과 비교

현금 CDO와 합성 CDO의 규제자본 완화 효과를 비교해 보자. 현금 CDO의 경우 다음과 같이 CDO가 발행되었다고 가정하자. 기초자산의 풀은 100억이라고 가정하자.

상위 채권(88.5%)	LIBOR+30bp
후순위채(6%)	LIBOR+70bp
하위 채권(3.5%)	LIBOR+165bp
자기자본 트렌치(2%)	n/a

CDO 발행 전 규제자본은 100억 원×100%×8%=8억 원(상대방 위험가중치 100% 가정)이고 현금 CDO 발행 후 규제자본은 2억 원×100%×100%=2억 원(자기자본 트렌치의 경우 액면금액과 동일

한 금액의 자본이 요구됨)이다. 즉, 현금 CDO 발행으로 규제자본이 6억 원 감소한다.

이번에는 다음과 같이 합성 CDO가 발행되었다고 하자.

최우선 순위 신용스왑	92.5%	15bp(스왑 프리미엄)
상위 채권	2.5%	LIBOR+31bp
후순위채	2%	LIBOR+70bp
하위 채권	1%	LIBOR+175bp
자기자본 트렌치	2%	n/a

합성 CDO 발행 후 규제자본은 92.5억 원×20%×8%+2억 원=3.48억 원(OECD 은행의 위험 가중치는 20%로 가정함)이다. 따라서 합성 CDO 발행으로 인한 규제자본 감소 4.52억 원은 현금 CDO 발행으로 인한 감소금액 6억 원보다 작다.

(3) 합성 CDO과 현금 CDO 구조의 장점

합성 CDO 구조의 장점은 다음과 같다.

① 현금 CDO는 통상 3~4개월이 소요되는 반면에 합성 CDO의 경우는 6~8주가 소요된다.
② 최우선 순위 부분에 대해서는 자금조달할 필요가 없다.
③ SPC를 설립할 필요가 없으므로 법적 비용이 절감된다(unfunded의 경우).
④ 대출자산을 실질적으로 매각하는 것이 아니므로 고객과의 관계를 유지할 수 있다.
⑤ 매각할 필요가 없으므로 커버할 수 있는 기초자산의 범위가 넓어진다.
⑥ 신용파생상품을 이용하므로 구조의 유연성을 향상시킬 수 있다.
⑦ 합성 CDO는 통상 자금조달 부분이 없거나 작으므로 보호 매입비용이 낮다.

반면에 현금 CDO 구조의 장점은 다음과 같다.

① OECD 은행이 필요하지 않다.
② 합성 CDO의 구조보다 규제자본 감소효과가 크다.
③ 일부 금융기관의 경우 신용파생상품의 이용에 따른 제한이 있다.
④ 상대방 신용위험이 작다(신용스왑의 경우 상대방이 채무불이행할 수 있음).

01 1년 만기 정부국채의 수익률이 6%이고 동일 만기의 회사채 수익률이 6.5%이다. 두 채권 모두 원금이 10,000원인 무이표채이다. 기대손실률은? (단, 스프레드는 전적으로 채무불이행 위험 때문으로 가정)

① 0<손실률≤0.45% ② 0.45%<손실률≤0.50%

③ 0.50%<손실률≤0.55% ④ 0.55%<손실률

02 다음 중 제1종 오류는?

① 불량기업을 건전기업으로 분류하는 것

② 건전기업을 불량기업으로 분류하는 것

③ 불량기업을 불량기업으로 분류하는 것

④ 건전기업을 건전기업으로 분류하는 것

03 KMV모형에서 $A=150$, $B=80$, $\sigma_A=30$이고 자산가치의 성장률이 10%이면 DFD는?

① 2.33 ② 2.57 ③ 2.83 ④ 3보다 크다.

04 다음 중 변제 우선순위가 가장 낮은 것은?

① senior unsecured ② subordinated

③ senior subordinated ④ junior subordinated

해설

01 ② 두 채권의 가격은 각각 10,000/1.06=9,433.96원, 10,000/1.065=9,389.67원이다. 두 채권의 가격 차이는 44.29원이고 이는 9,433.96원의 0.4695%에 해당되므로 ②이 정답임

02 ① 제1종 오류는 불량기업을 건전기업으로 분류하는 것이므로 ①이 정답임

03 ③ (150×1.1−80)/30=2.83이므로 ③이 정답임

04 ④ 4장 〈표 4-9〉에 의하면 junior subordinated의 변제 우선순위가 가장 낮으므로 ④가 정답임

05 ABC 은행은 시장가치가 100억 원인 B채권의 채무불이행 확률을 1%, 회수율을 40%로 추정한다. ABC 은행은 기대손실과 기대 외손실을 계산할 때 항상 95% 신뢰 수준을 이용한다. B채권의 기대손실은?

① 0.6억 원   ② 0.4억 원

③ 2.31억 원   ④ 1억 원

06 ABC 은행은 시장가치가 100억 원인 B채권의 채무불이행 확률을 1%, 회수율을 40%로 추정한다. ABC 은행은 기대손실과 기대 외손실을 계산할 때 항상 95% 신뢰 수준을 이용한다. B채권의 기대 외손실은?

① 9.85억 원   ② 6.57억 원

③ 0.99억 원   ④ 10억 원보다 크다.

07 1년 동안의 채무불이행률이 1%이다. 기간별 채무불이행률이 독립적이라고 가정하면 7년 동안의 누적 채무불이행률은?

① 7%   ② 7%보다 크다

③ 6.79%   ④ 6.5%

08 금리스왑의 만기가 T년이다. 대략적으로 언제 금리스왑의 위험 노출 금액이 극대화되는가?

① T년   ② $T/2$년

③ $T/3$년   ④ $T/4$년

해설

05 ① 기대손실은 $0.01 \times 0.6 \times 100 = 0.6$억 원이므로 ①이 정답임

06 ① $1.65 \times \sqrt{0.01 \times 0.99} \times 0.6 \times 100 = 9.85$억 원이므로 ①이 정답임

07 ③ $1 - (0.99)^7 = 6.79\%$이므로 ③이 정답임

08 ③ 금리스왑은 T/3에서 위험 노출 금액이 극대화되므로 ③이 정답임

09 다음 중 일정한 수수료와 채무불이행 발생 시의 손실보전금액을 교환하는 계약은?

① TRS   ② 신용스왑

③ CLN   ④ 신용 스프레드 옵션

10 스왑의 대체비용이 −20억 원이다. 현재 위험 노출 금액은?

① 20억 원   ② 0억 원

③ −20억 원   ④ 주어진 자료로는 계산이 불가능하다.

11 다음 중 TRS에서 기준 자산을 법적으로 소유하는 쪽은?

① 위험 전가자   ② 위험 매입자

③ 보호 제공자   ④ 투자자

12 다음 중 금리스왑에서 시간이 지남에 따라 위험 노출 금액을 감소시키는 역할을 하는 효과를 무엇이라고 하는가?

① 원금 효과   ② 만기 효과

③ 금리 확산 효과   ④ 금리 감소 효과

13 다음 중 자산가치 간 상관계수 ρ_A와 채무불이행 상관계수 ρ_D 간의 관계로 적절한 것은?

① $\rho_A > \rho_D$ ② $\rho_A < \rho_D$

③ $\rho_A = \rho_D$ ④ 정답 없음

해설

09 ② 이는 신용스왑을 설명하고 있으므로 ②가 정답임

10 ② 현재 위험 노출 금액은 max(대체비용, 0)이므로 위험에 노출된 금액은 없다. 따라서 ②가 정답임

11 ① TRS에서 위험 전가자 또는 보호 매입자가 기준 자산을 법적으로 소유하므로 ①이 정답이다. 위험 매입자, 보호 제공자, 투자자는 모두 위험 전가자의 상대방을 의미하며 기준 자산을 소유하지 않으면서 현금흐름의 혜택을 누린다.

12 ② maturity effect 또는 만기 효과이므로 ②가 정답임

13 ① 채무불이행 상관계수(default correlation)는 자산가치 간 상관계수(asset correlation)보다 훨씬 적으므로 ①이 정답임

14 다음 중 DM(default mode) 모형으로만 실행되는 신용위험관리모형은?

① CreditMetrics   ② KMV

③ CreditRisk^{+} ④ CreditPortfolioView

15 1년 동안의 채무불이행 확률이 10%이다. 분기별 채무불이행이 서로 독립적이면 분기별 평균 채무불이행 확률은?

① 2.5%   ② 2.55%

③ 2.60%   ④ 정답 없음

16 금리스왑에서 상대방 채무불이행 위험에 실제로 노출되려면 어떤 조건이 성립되어야 하는가?

① 상대방의 채무불이행

② 계약이 양(+)의 가치를 가짐

③ 양(+)의 가치를 갖는 계약의 상대방이 채무불이행함

④ 정답 없음

17 A등급 채권의 수정 듀레이션이 4.6년이고 AA등급으로 상향조정될 확률은 2.3%이다. A등급의 평균 스프레드는 85bp이고 AA등급의 스프레드는 61bp이다. 신용등급의 변화가 수익률에 미치는 영향은?

① 3bp   ② 110bp   ③ 15bp   ④ 6bp

18 만기가 1년이고 원금이 100원인 무이표채의 채무불이행 확률이 12%라고 가정하면 위험채권의 가치는? (단, LGD는 70%이고 무위험이자율은 8%임)

① 84.81   ② 89.26   ③ 85.00   ④ 92.59

해설

14 ③ CreditRisk^{+}는 확실한 DM모형이므로 ③이 정답임

15 ③ $MMR = 1 - (1 - CMR)^{\frac{1}{4}} = 0.025996$이므로 ③이 정답임

16 ③ 스왑에서 채무불이행 위험은 상대방이 채무불이행하고 계약이 양의 가치를 가져야 하는 2가지 조건이 동시에 성립하는 경우에 발생하므로 ③이 정답임

17 ① $0.023 \times 4.6 \times (0.0085 - 0.0061) = 0.000254$이므로 3bp인 ①이 정답임

18 ① $100[0.3 \times 0.12 + (1 - 0.12)] / 1.08 = 84.81$원이므로 ①이 정답임

19 1년 만기 회사채수익률이 10%이고 국채수익률이 8.5%이다. 회수율이 0%이면 이 회사채의 채무불이행 확률은?

① 2.00%　　　　② 2.56%　　　　③ 0%　　　　④ 1.36%

20 금융기관이 시가 100억 원의 부동산을 담보로 10년 만기로 100억 원을 대출하였다. 차입기업은 100억 원을 10년 동안 균등 상환할 예정이고 부동산 가격 변화의 표준편차는 10%로 예상된다. 금융기관이 3년 후 시점에서 위험에 노출될 금액을 95% 신뢰 수준(양측 검증)에서 계산하면?

① 3.95억 원　　　　　　② 9.20억 원
③ 5.38억 원　　　　　　④ 위험에 전혀 노출되지 않음

21 1,000억 원 액면가의 채권 포트폴리오를 이용하여 3차 연도의 MMR을 계산하면? (단, 1차, 2차, 3차년도에 채무불이행한 채권의 액면가는 각각 45, 55, 80억 원임)

① 3.89%　　　　② 8.00%　　　　③ 18.0%　　　　④ 8.89%

22 포트폴리오는 2개의 자산으로 구성되어 있다. A자산의 가치는 100억 원이고 1년 이내에 채무불이행할 확률은 10%이다. B자산의 가치도 100억 원이고 1년 이내에 채무불이행할 확률은 20%이다. 두 채권이 동시에 채무불이행할 확률이 3%라고 가정하자. 회수율이 40%라는 가정하에서 포트폴리오의 기대손실을 추정하면?

① 18억 원　　　　② 30억 원　　　　③ 32억 원　　　　④ 25억 원

해설

19 ④ $1 - (1.085/1.1) = 1.36$%이므로 ④가 정답임

20 ① 3년 후 대출잔액은 70억 원이고, 부동산 가격은 $1.96 \times 10\% \times \sqrt{3} = 33.95$% 하락하여 66.05억 원까지 하락할 수 있으므로 위험 노출 금액은 3.95억 원이다. 따라서 ①이 정답임

21 ④ 3차 연도의 MMR은 3차년도 기초 기준으로 미상환된 모든 채권의 가치에 대한 3차년도에 채무불이행한 채권의 가치이므로 3차 연도의 MMR은 $80/(1,000-45-55) = 8.89$%이다. 따라서 ④가 정답임

22 ① 포트폴리오의 기대손실은 개별 자산의 기대손실의 합이다. A자산의 기대손실은 $100 \times 0.1 \times 0.6 = 6$억 원이고 B자산의 기대손실은 $100 \times 0.2 \times 0.6 = 12$억 원이다. 따라서 ①이 정답임

23 신용 스프레드 콜옵션의 액면금액은 5,000만 달러이고 만기는 1년이다. 기준 자산은 만기가 10년이고 액면이자율이 7%인 채권이다. 채권의 액면가는 1,000달러이고 연 2회 이자를 지급한다. 10년 만기 국채를 기준으로 현재의 스프레드는 120bp이다. 옵션의 행사스프레드는 130bp이다. 만기일에 국채의 수익률은 6%에서 6.3%로 증가하였으며 회사채의 스프레드는 150bp로 증가하였다. 신용 스프레드 옵션의 소유자는 얼마를 수령하게 되는가?

① 587,400달러

② 614,486달러

③ 622,573달러

④ 620,376달러

24 현재 채권의 등급은 B등급이다. 다음의 전이 행렬을 이용하여 B등급 채권이 2차 연도에 채무불이행할 확률은?

	A	B	C	D
A	0.90	0.09	0.01	0
B	0.12	0.86	0.02	0
C	0.02	0.08	0.50	0.40

① 0.4%

② 1.5%

③ 0.2%

④ 0.22%

25 A자산의 채무불이행 확률은 2%이고 B자산의 채무불이행 확률은 4%이다. 두 자산이 동시에 채무불이행할 확률은 0.1%이다. 두 자산 간의 채무불이행 상관계수는?

① 0.026

② 0.007

③ 0.001

④ 0.061

해설

23 ③ 소유자의 이득은 6.3%+150bp=7.8%를 이용한 채권 가격과 6.3%+130bp=7.6%를 이용한 채권 가격에 의해

결정된다. 수익률이 7.8%인 경우의 채권 가격은 $35\left[\dfrac{1-\dfrac{1}{1.039^{18}}}{0.039}\right]+\dfrac{1,000}{1.039^{18}}=948.95$이고 수익률이 7.6%인

경우의 채권 가격은 $35\left[\dfrac{1-\dfrac{1}{1.038^{18}}}{0.038}\right]+\dfrac{1,000}{1.038^{18}}=961.40$. 만기일에서 기준 채권의 만기는 9년이다. 따라서 이

득은 50,000,000×(961.40−948.95)/1,000=622,573달러이다. 따라서 ③이 정답임

24 ① B등급 채권이 2차 연도에 채무불이행하려면 1차년도에 채무불이행하지 않아야 한다. 1차년도에 채무불이
행하지 않고 2차년도에 채무불이행할 확률은 B→A→D, B→B→D, B→C→D의 경로로 등급이 변하
는 경우를 모두 고려하는 것이다. 각각의 확률은 0.12×0, 0.86×0, 0.02×0.4=0.004이므로 세 확률의 합은
0.4%이다. 따라서 ①이 정답임

25 ② 채무불이행 상관계수는 $\dfrac{0.001-0.02\times0.04}{\sqrt{0.02\times0.98}\cdot\sqrt{0.04\times0.96}}=0.007$이다. 따라서 ②가 정답임

26 100억 원 대출 포트폴리오가 10,000개의 소규모 대출로 구성되어 있다고 하자. 각 대출의 채무불이행이 모두 1%로 동일한 경우 기대손실과 손실의 표준편차는?

27 100억 원 가치를 갖는 포트폴리오가 5개의 채권으로 구성되어 있다. 각 채권의 투자금액은 동일하다. 채권의 채무불이행 확률은 각각 1%, 2%, 3%, 4%, 5%이다. 각 채권의 채무불이행은 서로 독립적이며 회수율은 0이다. 채권 포트폴리오의 기대손실은?

28 문제 27에서 세 번째 채권의 손실의 기대값과 표준편차는?

29 A채권의 가치는 100억 원이고 B채권의 가치는 50억 원이다. 두 채권의 채무불이행 확률은 각각 5%와 10%이다. 그리고 두 채권이 동시에 채무불이행할 확률은 2%이다. 회수율은 0%이다.
   (1) 채무불이행 상관계수는?
   (2) 기대손실은?
   (3) 기대 외손실은? (단, 95% 신뢰 수준을 이용)

30 BBB등급 채권의 수정 듀레이션이 6년이고, A등급으로 상향조정될 확률은 20%이다. BBB등급의 평균 신용 스프레드는 100bp이고, A등급의 평균 신용 스프레드는 60bp이다. 신용등급의 변화가 수익률에 미치는 영향은 몇 bp인가?

정답

26 기대손실: $0.01 \times 100 = 1$억 원, 손실의 표준편차: $\sqrt{0.01(1-0.01)} \times \dfrac{100}{\sqrt{10,000}} = 0.099$억 원

27 $20 \times 0.01 + 20 \times 0.02 + 20 \times 0.03 + 20 \times 0.04 + 20 \times 0.05 = 3.0$억 원

28 기대손실: $20 \times 0.03 = 0.6$억 원, 표준편차: $\sqrt{0.03 \times (1-0.03)} \times 20 = 3.41$억 원

29 (1) 상관계수: $\dfrac{0.02 - 0.05 \times 0.1}{\sqrt{0.05(1-0.05)} \times \sqrt{0.1(1-0.1)}} = 0.23$ (2) 기대손실: $100 \times 0.05 + 50 \times 0.1 = 10$억 원

   (3) 손실의 표준편차: $\sqrt{0.02(150-10)^2 + 0.03(100-10)^2 + 0.08(50-10)^2 + 0.87(0-10)^2} = 29.155$

      기대 외손실 = $1.65 \times 29.155 = 48.11$억 원

30 $0.2 \times 6 \times (100-60) = 48$bp

31 채무불이행 시의 손실률이 60%이다. 회수율은?

32 위험 노출 금액이 100억 원이고 채무불이행 확률이 1%이다. 회수율이 60%이면 기대손실과 기대 외손실은? (단, 99% 신뢰 수준을 이용)

33 1년 동안의 누적사망률이 12%이다. 월별로 사망률이 독립적이라고 가정하는 경우 월별 한계사망률은?

34 1년 후 기업가치의 기대치가 110억 원이고, 채무불이행 유발점이 80억 원이다. 표준편차가 10억 원이면 정규분포 가정하에서 DFD와 채무불이행 확률은?

35 위험 노출 금액이 100억 원이고 채무불이행 확률이 1%이다. 회수율이 40%이면 기대손실과 기대 외손실은?(단, 99% 신뢰 수준 이용)

36 포트폴리오는 100개의 대출로 구성되어 있고 평균 4%가 채무불이행한 것으로 분석되었다. 채무불이행 확률이 포아송 분포를 따른다고 가정하면 7개의 대출이 채무불이행할 확률은?

정답

31 40%

32 기대손실 : $100 \times 0.01 \times 0.4 = 0.4$억 원, 기대 외손실 : $2.33 \times \sqrt{0.01(1-0.01)} \times 100 \times 0.4 = 9.27$억 원

33 $0.12 = 1 - (1-MMR)^{12}$로부터 한계사망률은 1.06%임

34 $DFD=3$, 채무불이행 확률 = 0.5%

35 기대손실 : $100 \times 0.01 \times 0.6 = 0.6$억 원, 기대 외손실 : $2.33 \times \sqrt{0.01(1-0.01)} \times 100 \times 0.6 = 13.91$억 원

36 $\dfrac{e^{-4} \times 4^7}{7!} = 5.95\%$

37 크레디트 메트릭스에서 추정된 식이 다음과 같다면 ABC와 XYZ 기업가치 간의 상관계수는? (미국 화학산업은 독일 보험산업, 금융산업과 각각 0.3, 0.4의 상관관계를 갖는다.)

$$r^{(ABC)}P = 0.90r^{(USCm)} + 0.44\hat{r}^{(ABC)},$$
$$r^{(XYZ)} = 0.74r^{(DeIn)} + 0.15r^{(DeBa)} + 0.6\hat{r}^{(XYZ)}$$

38 A채권과 B채권이 자신의 등급을 유지할 확률이 각각 80%와 90%이면 두 채권이 모두 자신의 등급을 유지할 확률은?(단, 상관계수 0을 가정)

39 노출 금액이 100억 원이고, EDF = 0.1%, LGD = 40%, σ_{LGD} = 20%이면 손실의 변동성은?

40 A자산의 기대손실이 1억 원이고, B자산의 기대손실이 2억 원이다. 두 자산으로 구성된 포트폴리오의 기대손실은?

41 금리스왑의 만기가 10년이고 액면금액은 100억 원이다. BIS방법에 의하면 이 스왑의 잠재 위험 노출 금액은?

42 기준 자산이 1년 이내에 채무불이행 확률이 1%이고 신용스왑의 액면금액이 100억 원이면 신용스왑의 적정 수수료는? (단, 회수율은 40%로 가정)

43 금융기관이 제조기업에게 1,000억 원을 대출하였다. 대출이자율은 기준금리＋100bp이고 금융기관의 조달금리는 기준금리－10bp이다. 제조기업은 100% 위험가중치의 적용을 받으며 대출에 대한 규제자본은 위험자본의 8%이다. 금융기관의 규제자본수익률은? (단, 현재 기준금리는 6%)

44 A기업의 총자산이 50억 원이고 이는 차입금 40억과 자본금 10억 원으로 구성되어 있다. 자산 20억 원을 유동화하여 부채를 상환하면 부채비율은 얼마에서 얼마로 하락하는가?(단, 부채비율은 차입금을 자본금으로 나눈 비율임)

45 담보자산의 액면금액이 100억 원이고 WAC가 8%이다. 연간수수료는 액면 대비 1%이다. CDO에는 선순위 트렌치(80억 원, 5%), 후순위 트렌치(17억 원, 6%), 자기자본 트렌치(3억 원) 등 3가지 트렌치가 있다. 후순위 트렌치의 IC와 OC는?

정답

42 $1\% \times (1-0.4) = 60bp$

43 순이익 $= 1,000(0.06+0.01) - 920(0.06-0.001) = 15.72$억 원이고 규제자본은 80억 원이므로 수익률은 19.65%임

44 400%에서 200%로 감소함

45 $IC = (100 \times 0.08 - 1)/(80 \times 0.05 + 17 \times 0.06) = 139\%$, $OC = 100/(80+17) = 103\%$

part 03

기타 리스크 관리 및 사례분석

chapter 01

ALM의 기본개념

ALM의 발전과정

　자산부채 종합관리(Asset Liability Management : ALM)는 금융기관의 자산 및 부채를 최적의 상태로 균형을 맞추어 다양한 시나리오하에서도 회계적 수익 및 순자산 가치를 극대화하는 경영관리기법으로 정의될 수 있다. 최근에는 리스크 관리 측면에서 금리 및 유동성 리스크 관리의 수단으로 인식되기도 하는데, 본 장에서는 우선 ALM의 발전과정에 대해 살펴보기로 한다.

1　자산관리

　세계적인 대공황을 겪고 난 직후 미국 금융기관들의 자금운용은 예금자보호라는 측면을 특히 강조하여 수익성보다는 안전성에 치중하였는데, 이 때문에 은행의 자산 포트폴리오에서는 현금, 국채 등 환금성과 안전성이 큰 자산이 대부분을 차지하였다.

　이러한 경향은 1940년대와 1950년대에도 계속되었다. 당시 미국 연방제도이사회(Federal

Reserve Board)의 예금이자율 제한 규제(Regulation Q)[1]로 인해 은행은 낮은 금리로 자금을 조달할 수 있었기 때문에 실물경제의 회복으로 대출수요가 늘어난 1950년대부터 은행들은 안정적으로 유입되는 예금(부채)보다는 수익성 제고를 위해 자산관리에 역점을 두게 되었다. 1960년대 초기까지 금융기관들의 자금관리방식은 자산관리(Asset Management : AM)에 치중했다고 볼 수 있다.

이 당시 자산관리기법으로는 자산 배분법(asset allocation method), 자금풀법(pool of fund method), 자금 전환법(conversion of fund method) 등이 있다.

먼저 자산 배분법은 환금성(convertibility)을 기준으로 보유자산을 고정자산, 제1선 지불준비자산,[2] 제2선 지불준비자산,[3] 수익성 자산, 여유자산 등으로 구분하고 정해진 순서에 따라 조달된 자금을 배분·관리하는 방식인데, 수익성보다는 유동성 관리에 치중한 자산관리방식이다.

둘째, 자금풀법은 조달자금을 그 원천의 성격에 따라 몇 개의 자금풀로 나누고 자금풀별로 평균 조달비용보다 높은 수익을 발생시키는 자산에 투자하는 방식이다.

마지막으로 자금 전환법은 자산뿐만 아니라 부채와 자본을 모두 그 환금성 또는 변동성에 따라 분류하고 이들을 자금의 안정성을 기준으로 조달자금과 운용자산을 대응(matching)시키는 방식이다.

2 부채관리

1960년대에도 세계경제의 호황이 지속되는 가운데 기업의 투자수요는 꾸준히 증가하였으나 예금은 종전처럼 안정적으로 유입되지 않았다. 왜냐하면 당시 은행에 대해서는 예금금리규제(Regulation Q)가 계속되고 있어 미국 상업은행들은 낮은 금리로 예금을 유치할 수밖에 없었으나 예금자들은 예금금리규제를 적용받지 않아 상대적으로 고금리를 지급하는 비은행금융기관으로 이동하기 시작했기 때문에 은행의 당면 과제는 저금리 자금조달이었다.

이러한 변화는 은행들에게 새로운 자금조달 재원을 개발하려는 유인을 제공하는 한편, 이미 정착된 자산관리보다는 부채부문에 대한 관리, 즉 어떻게 자금을 조달할 것인가에 눈을 돌리게

---

1 이 규제는 1980년 제정된 예금 금융기관의 규제완화 및 통화관리법(The Depository Institutions Deregulation and Monetary Control Act of 1980)에 따라 1986년 폐지되었다.
2 제1선 지불준비자산은 규제대상 자산으로 최소유지를 목표로 한다.
3 제2선 지불준비자산은 유동성 관리를 위해 필요한 단기자산 위주로 구성한다.

하는 계기를 마련하였다. 이로 인해 은행들은 예금금리규제를 우회하면서 외부자금을 조달하기 위한 다양한 상품을 개발하게 되었고, 그 결과 양도성예금증서(negotiable certificate of deposit), 환매조건부거래(repurchase agreement), 기업어음(commercial paper) 등이 은행의 새로운 자금조달 수단으로 등장하게 되었다.

1960년대부터 1970년대 중반까지 이어진 이러한 자금관리방식을 부채관리(Liability Management : LM)라고 한다.

3 자산부채 종합관리

1970년대 들어 세계경제의 침체와 변동환율제도의 확산 등으로 실물경제와 금융시장의 변동성이 증대되었고, 기업도산도 빈번히 발생하게 되었기 때문에 금융기관들이 자산운용에 대한 새로운 시각을 형성하게 되었다. 고정환율제도에서 변동환율제도로의 이행, 석유 파동 및 미국의 고금리 정책과 인플레이션은 환율 변동과 금리변동을 심화시켰고 금융기관 간의 격심한 경쟁은 자금조달비용을 상승시켜 금융기관의 수익성을 악화시키는 요인으로 작용하게 되었다.

이러한 금융환경의 변화는 금융기관으로 하여금 자금의 조달(부채 부문)과 운용(자산 부문)을 별개로 운용하던 기존의 관리방식을 벗어나 자산과 부채를 통합하여 관리하는 방식으로 개발하게 만들었다. 1970년대 중반 이후 현재까지 이어지고 있는 이러한 관리방식을 자산부채 종합관리(Asset Liability Management : ALM)라고 한다.

section 02 ALM의 목표와 적용 범위

ALM의 발전과정을 통해 볼 때 금융규제완화 및 자율화 등에 따른 시장 불안정성 증대는 금융 리스크를 확대시켰고, 이에 따라 금융기관들은 리스크를 적정 수준으로 관리하면서 이익을 극대화하여야 하는 문제, 투자정책과 일치하도록 포트폴리오를 관리하면서도 적정한 유동성 수준을 유지하여야 하는 복잡한 문제에 직면하게 되었기 때문에 이를 해결하기 위한 하나의 방법으로 ALM이 발전하게 되었다고 할 수 있다.

　ALM은 금융기관이 자산 또는 부채의 어느 한 측면만을 치중해서 관리하는 것이 아닌 종합적으로 관리함으로써 금융시장의 제반 변동에 대해 유동성(liquidity) 및 안정성(stability)을 목표 수준으로 유지하고 수익성(profitability)을 최대화하는 것을 목표로 한다. 달리 말하자면 자산과 부채의 구성(asset liability mix)을 조정하여 리스크를 감안한 자본이익률의 극대화를 목표로 한다고도 말할 수 있다.

　ALM의 과제는 장래의 금융시장이 어떻게 변하게 될 것인가를 예측하고 이를 근거로 필요한 유동성을 확보하면서 적정한 리스크 수준 하에서 순이자소득을 극대화하도록 자산과 부채의 최적 조합을 결정하고 관리하는 것이다. 따라서 금융기관은 합리적인 예측 결과를 토대로 해당 금융기관에 미치는 시장 변동요인을 식별하고 그 영향을 분석하여 자산 및 부채의 최적 조합을 설정·관리하고 금융기관의 전반적인 경영전략을 수립하여야 함을 의미한다. 이와 같은 점에 비추어 볼 때 ALM은 장래의 금융환경 변화에 대한 예측을 바탕으로, 자산과 부채를 상호 유기적으로 연계시켜 종합적으로 관리함으로써 리스크를 최소화하면서 수익의 극대화를 도모하는 경영관리기법이라고 정의할 수 있다.

　이를 광의로 해석하면 ALM은 금리 리스크와 유동성 리스크뿐만 아니라 신용, 가격 변동, 환 리스크[4]까지 모든 리스크를 포괄한다고 할 수 있으나, 최근에는 금리 및 유동성 리스크 관리에 국한하는 협의의 개념으로 주로 해석된다.

　따라서 협의의 개념하의 ALM은 금융기관이 부담할 수 있는 적절한 리스크 수준에서 수익을 극대화할 수 있는 유동성 수준을 확보함과 동시에 순이자마진(net interest margin)을 극대화하도록 자산과 부채의 최적 조합을 결정하고 관리하는 것이라 할 수 있다.

section 03　ALM의 운영

　ALM은 금융기관이 직면하고 있는 리스크를 인식·평가하고 리스크 관리대안을 모색·평가

4　환리스크는 가격 변동리스크 또는 시장 리스크의 범주에 포함시켜 관리할 수 있다.

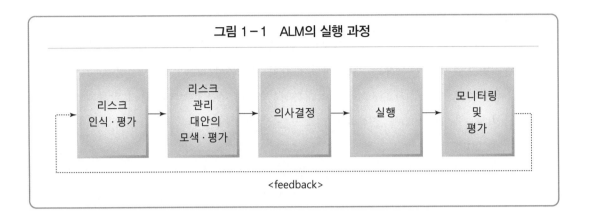

그림 1-1 ALM의 실행 과정

리스크
인식·평가 → 리스크 관리 대안의 모색·평가 → 의사결정 → 실행 → 모니터링 및 평가

<feedback>

하며 최적의 대안을 선택하여 실행하고 그 이행상태와 결과를 모니터링하고 평가하여 피드백 시키는 순환적 과정으로 실행된다.

이러한 ALM 과정은 보통 자산부채관리위원회(Asset-Liability Committee : ALCO)라고 불리는 의사결정기구의 주도하에 이루어진다.

ALCO는 유동성 및 금리 리스크 관리와 관련된 최고 의사결정을 행하는 협의체로 자산부채 종합관리의 두뇌와도 같은 역할을 한다. ALCO는 효율적 의사결정과 집행력을 확보하기 위해 실질적 의사결정 권한을 지닌 자로 구성되고 구성원들이 서로 대등한 지위를 유지하여야 할 뿐만 아니라 자금수급 및 금리 등에 관련된 분야에 대한 전문지식과 재무상태에 대한 충분한 이해가 있는 자로 구성되어야 한다. 실무적으로 금융기관의 특성에 따라 차이는 있지만 최고경영층의 일부와 자금의 조달·운영을 담당하는 현업부서의 부서장, 리스크 관리 담당 부서장 및 경제예측 등의 정보를 제공하는 전문가 등으로 구성되는 것이 일반적이며, 최고경영층의 의사결정을 직접 보조하게 된다. ALCO는 정기적으로 개최될 필요가 있으며, 최근 급속히 영업이 신장되고 있거나 새로운 사업을 추진하거나 파생상품시장에서 주도적 위치에 있는 금융기관의 경우보다 빈번하게 개최될 필요가 있다.

한편, 재무계획 및 실행에 관한 협의체의 기능도 하게 되며 이를 보조하기 위해 실행기구인 ALCO 사무국을 둘 수도 있다.

ALCO의 주요 업무로는 금리·환율·자금수요 등 경제예측, 유동성 포지션에 대한 관리계획 수립, 자산·부채 포트폴리오 및 만기구조 결정, 대출 및 예금금리 결정, 자금계획, 세금계획 등이 있다. 한편, 최근에는 세계적으로 금융기관 리스크 관리의 중요성이 크게 부각됨에 따라 ALCO의 중요 의사결정 기능을 이사회 산하 리스크 관리위원회(Risk Management Committee)에 이관시키는 한편 ALCO 사무국은 리스크 관리를 총괄하는 리스크 관리 전담부서로 흡수되는 추세에 있다.

ALM 사무국은 협의체인 ALCO의 의사결정과 효과적인 운영을 보조하기 위한 조직이다. 따라서 ALCO 사무국은 ALCO의 의사결정에 필요한 기초자료인 ALM 보고서를 적시에, 간단 명료하고 일관성 있게 생산하고 ALCO의 의사결정 사항을 실행부서(영업부서 등)에 전달할 뿐만 아니라 ALCO에서 결정된 사항의 이행상태를 모니터링·분석·보고하는 기능을 수행하는데, ALM 보고서는 다음과 같은 일반적 속성을 가져야 한다.

첫째, ALM 실무에 전문적인 지식을 구비하지 못하고 있는 최고경영층이 쉽게 이해할 수 있도록 간단·명료하게 작성되어야 한다.

둘째, 금리 및 유동성 리스크 현황, 시뮬레이션 결과, 직전 ALCO 회의 이후의 변동 상황, 경제 예측치, 자기자본에 대한 영향, 위기상황 분석(stress testing) 결과, 향후 전략 등이 구성요소로 제시되어야 한다.

셋째, ALM 목표와 직접 관련된 사항만을 포함시킴으로써 효율적인 운영이 되도록 한다.

넷째, 의사결정에 필요하다고 예상되는 각종 참고자료들이 충분히 첨부되고 요약되어야 한다.

다섯째, 성과를 측정하기 위한 다양한 지표에 대한 계획과 실적을 비교하여야 한다.

chapter 02

유동성 리스크 관리의 의의

section 01 유동성 리스크의 개념

통상적으로 유동성(liquidity)이라 함은 현금 또는 현금화가 가능한 자산의 보유 능력은 물론 합리적인 비용으로 자금을 조달할 수 있는 능력을 말하는 데, 금융기관에 있어서 유동성이라 함은 자산의 증가에 충당할 자금을 조달하거나 기한이 도래한 채무를 상환할 수 있는 능력(the ability to fund increases in assets and meet obligations as they come due)을 의미한다.

따라서, 금융기관의 유동성은 보유 현금, 수시인출 가능한 예금, 시장성 있는 유가증권 등 실제 현금화할 수 있는 자산은 물론 기존의 단기채무를 만기 연장하거나 유동성 자금 부족 시 자금을 빌릴 수 있는 차입 능력까지도 원천이 될 수 있다. 이는 금융기관의 유동성 문제는 금융 자산의 처분 시 발생하는 유동성 문제뿐만 아니라 자금조달 측면에서 발생하는 유동성 문제를 동시에 포괄하는 개념으로 접근하여야 한다는 것을 의미한다.

금융자산의 처분 시 발생하는 유동성이란 시간·비용 등의 측면에서 심각한 경제적 손실 없이(또는 공정가액으로) 보유하고 있는 자산 또는 포지션을 신속히 현금화(또는 청산)할 수 있는 능력, 즉 환금성(convertibility)을 의미한다. 이것은 일반적으로 현금화하고자 하는 자산의 유형(types)·질(quality)과 규모, 해당 금융시장의 규모(depth), 경제상황, 금융기관의 신용도 등에 의해 영향을 받으며 이러한 형태의 리스크를 시장 유동성 리스크(market liquidity risk)라고 부른다.

예컨대, 달러나 유로와 같은 주요 통화 또는 국채나 신용등급이 높은 회사채는 시장 저변이 충분하기 때문에 거래가 활발하고 시장에서 매수 매도호가의 폭(bid-ask spreads)도 적어 처분 손실을 작게 하면서 쉽게 청산할 수 있어 시장 유동성 리스크가 작다고 할 수 있다.

반면 기타 통화나 신용등급이 낮은 회사채는 상대적으로 매수 매도호가의 폭이 크고 거래가 활발하지 못한 특성이 있고 대출자산이나 이색적인 장외파생상품(exotic OTC derivatives) 등은 상대적으로 환금성이 떨어져 이들 자산을 신속하게 처분하려면 가격 손실이 커져 시장 유동성 리스크가 크다고 할 수 있다. 이러한 관점에서 시장 유동성을 상품 유동성 리스크(product liquidity risk)라고도 한다.

한편 시장 유동성 리스크는 처분하고자 하는 자산의 규모가 정상적인 시장 상황에서 소화될 수 있는 물량을 초과할 때도 발생한다. 왜냐하면 매도 물량이 증가하면 가격이 하락하게 되기 때문이다. 이러한 유동성 리스크는 환금성이 높은 자산을 보유하거나 적절한 매매한도를 설정하여 운영함으로써 관리될 수 있다.

또 다른 유동성 리스크는 자금조달원의 예상하지 못한 변화로 발생되는 경제적 손실, 즉 조달 유동성 리스크(funding liquidity risk)이다. 조달 유동성 리스크는 예기치 않은 자금의 유출 등으로 인해 유동성이 부족해진 경우 통상적인 경우보다 더 높은 비용을 지불하고도 자금조달이 어려운 경우에 발생한다.

금융기관의 유동성 리스크가 발생하는 근본적인 원인은 첫째는 자산과 부채의 규모 불일치(difference in the sizes) 및 만기구조의 불일치(maturity mismatch) 때문이며, 둘째는 금융기관이 수익성 제고를 위해 유동성을 제한적으로 운용하기 때문이라고 할 수 있다.

은행과 같은 예금 금융기관은 상대적으로 소액인 단기부채(예금)로 자금을 조달하여 거액의 장기자산(대출)으로 운용하므로 자산·부채 규모의 불일치와 만기구조의 불일치가 자연적으로 발생하며 보다 빈번하게 발생하는 예금인출 수요에 대비하여 항상 일정 수준의 유동성 자금을 보유하지 않으면 안 된다. 정부(중앙은행)가 은행에 대하여 지불준비금을 보유하도록 규제하는 이유는 은행이 유동성 부족으로 인해 예금에 대한 지급을 하지 못하는 경우 금융시스템까지도 불안정해질 수 있다는 점 때문이다.

또한, 예금 인출에 대한 대비라는 측면 이외에 대출수요에 대한 대비라는 측면도 간과해서는 안 된다. 고객이 대출을 신청하더라도 유동성 부족으로 수익성이 높은 대출 기회를 상실하거나 값비싼 자금을 조달해야 한다면 금융기관은 대외 신뢰도가 손상되거나(reputational risk), 경제적 손실을 입게 될 것(liquidity risk)이다. 고객에게 사전에 일정한 금액까지 여신을 제공하기로 하는 약속하는 신용공여한도 약정(credit line)을 제공한 은행의 경우 고객의 자금인출은 언제든지 있을 수 있기 때문에 이러한 리스크는 더욱 크다 하겠다.

　그렇다고 해서 금융기관이 과도하게 유동성 자산을 보유한다면 뱅크런(bank-run)에 대비하는 등 대외적 공신력은 유지될 수 있겠지만 수익성이 높은 중·장기 투자재원이 줄어들게 되어 수익성 희생이라는 기회비용을 발생시키게 된다. 통상 유동성이 높은 자산은 일반적으로 유동성이 낮은 자산에 비해 수익성이 많이 떨어지기 때문이다. 결국 유동성 확보를 지나치게 강조한 나머지 수익성을 등한시한다면 경영부실을 초래하여 영속적 기업으로서 금융기관의 존속을 위태롭게 할 수 있다.

　반대로 수익성을 강조한 나머지 유동성을 지나치게 제한적으로 운영하는 경우에는 예기치 못한 자금수요에 대응하지 못할 위험이 있을 뿐만 아니라 신속하게 새로운 투자결정을 실행하는데 장애가 될 수도 있다. 또한 중앙은행이나 금융감독당국의 지준정책이나 유동성 규제에 적절히 대응하는 것도 중요하다. 지불준비금의 부족을 회피하기 위해 보유 자산을 불리한 가격으로 처분하여야 하는 금융기관은 시장 유동성 리스크에 직면하게 될 수 있기 때문이다.

　결론적으로 금융기관의 유동성 리스크 관리는 수익성과 유동성 간에 균형점을 발견하고 유지하는 것이 핵심이라 할 수 있으며, 금융기관의 유동성 리스크는 특정 기간 중에 유입되는 현금흐름과 유출되는 현금흐름을 예측하여 비교·분석함으로써 관리될 수 있다.

　따라서 금융기관이 유동성 리스크를 적절히 그리고 효율적으로 관리하기 위해서는 유동성 원천(현금과 보유 중인 예금, 투자 유가증권 포트폴리오 등 실제 현금화할 수 있는 자산은 물론 차입능력과 자금 예측능력 등)을 자세히 파악하여 유동성을 계량화하는 한편 금융기관이 고려하고 있는 미래의 사업계획, 대출자산의 조기상환, 예금의 조기인출 등 고객의 행태를 반영하고, 원금과 이자는 물론 난외거래(off-balance transaction)[1] 등으로부터 발생하는 모든 현금 흐름을 합리적으로 추정하여야 한다.

　최근에는 다양한 시나리오(scenario)하에서 현금 흐름의 변화를 살펴보는 시뮬레이션(simulation) 기능이 유동성 리스크 관리의 중요한 수단으로 인식되고 있는데, 주요 변수로는 이자율 기간구조(term structure of interest), 환율과 같은 거시경제변수들, 향후 개발하고자 하는 상품·적용금리와 같은 사업계획 등이 포함된다.

1　통상 '부외거래'라고도 하나 최근에는 대차대조표의 난내 항목을 발생시키는 난내거래에 대응하여 난외거래라는 표현을 많이 쓴다.

유동성 리스크의 측정 방법

1 유동성갭 분석방법

유동성갭 분석방법은 자산과 부채를 만기에 따라 분류하여 유동성 리스크를 측정하고 관리하는 방법이다.

유동성갭(liquidity gap)은 미래의 특정 시점 이전에 만기가 도래하는 유동성 자산(liquid assets)과 변동성 부채(volatile liabilities)의 차이로 정의된다.

$$유동성갭＝유동성\ 자산-변동성\ 부채$$

따라서 유동성갭을 산출하기 위해서는 먼저 모든 자산을 유동성 자산과 비유동성 자산(illiquid assets)으로 구분하고 부채는 안정성 부채(stable liabilities)와 변동성 부채로 구분하여야 한다. 어떤 자산 또는 부채가 유동성(변동성)인지 아닌지를 구분하는 기준은 만기(maturity)인데 특정 시점 이전에 만기가 도래하면 유동성 자산 또는 변동성 부채로 분류하고 그렇지 않는 경우에는 비유동성 자산, 안정성 부채로 분류한다.

유동성갭은 갭 산출 시 대상으로 할 자산과 부채의 범위에 따라 정태적 갭(static gap)과 동태적 갭(dynamic gap)으로 구분된다. 정태적 갭이 현존하는 자산과 부채만을 대상으로 산출한 것이라면 현재 존재하는 자산과 부채뿐만 아니라 미래에 발생할 새로운 자산과 부채를 포함시켜 산출한 유동성갭을 동태적 갭 또는 실질 유동성갭이라고 부른다. 따라서 동태적 갭에는 미래의 특정 시점 이전에 만기가 도래하는 대출금 회수분(+), 신규 수신분(+), 조기상환(+)과 예금 인출분(−)뿐만 아니라 신규 여신 운용분(−), 조기인출(−) 등의 요인들도 감안하게 된다. 그러나 이들은 특정 기간대에서의 유동성 과부족 상태에 대해서는 설명할 수 있지만 유동성 상태가 어떻게 변화하는지는 설명하지 못한다는 한계를 갖고 있다.

한편 특정 기간 중에 유동성 자산의 변동분에서 변동성 부채의 변동분을 차감하여 산정한 갭을 한계갭(marginal gap)이라 한다. 만약 한계갭이 정(+)의 값을 가진다면 이는 동 기간 중에 변동성 부채에 비해 유동성 자산의 증가분이 더 크거나, 유동성 자산에 비해 변동성 부채의 감소분이 더 크다는 것을 의미하므로 유동성이 호전될 것으로 볼 수 있다. 반면, 한계갭이 부(−)의 값을 가지는 경우에는 그 반대의 경우에 해당된다. 또, 한계갭을 미래의 특정 시점까지 누적

표 2-1   유동성갭 및 한계갭 산출 예시

분석기간(GAP period) 구분	~7일	~1개월	~3개월	~6개월	~1년	~3년
자산(a)	1,000	900	800	700	600	500
부채(b)	1,000	800	750	600	500	100
유동성갭(a−b)	0	100	50	100	100	400
누적 유동성갭	0	100	150	250	350	750
자산의 증감(c)	−	−100	−100	−100	−100	−100
부채의 증감(d)	−	−200	−50	−150	−100	−400
한계갭(c−d)	−	100	−50	50	0	300
누적 한계갭	−	100	50	100	100	400

* 분석기간은 설명의 편의상 구분한 것이므로 실무에서는 달라질 수 있다.

하면(cumulated marginal gap) 일반적인 유동성갭을 산출할 수 있다.

동태적 갭을 운영하는 경우에는 미래의 투자 및 자금조달 계획을 미리 수립해야 하기 때문에 현금흐름 관리를 보다 체계적으로 할 수 있는 부가적 효과를 얻을 수 있다.

이상의 유동성갭, 누적 유동성갭, 한계갭 및 누적 한계갭을 산출하는 예는 〈표 2-1〉과 같다.

의미 있는 유동성갭의 산출을 위해서는 자산과 부채에 포함시킬 항목을 어떻게 정의할 것인가 이외에도 유동성을 관리할 기간대를 어떻게 설정할 것인가도 매우 중요하다.

모든 자산과 부채의 최장 만기까지의 전기간에 걸쳐 유동성을 관리한다는 것은 사실상 어렵다. 따라서 어떤 특정 만기구간까지를 유동성 관리의 주된 대상 기간으로 설정하여 운영할 필요가 있다.

통상 유동성 리스크는 단기채무의 상환능력과 관계가 있으므로 현재부터 가까운 기간대는 세분하여 설정하고 중장기 기간대는 넓게 설정할 필요가 있는데, 금융시장이 불안한 경우에는 1일, 2일, 3일, 7일과 같은 초단기 기간대의 유동성에 관심을 가져야 한다. 또한 금융기관의 부문별 영업특성과 영업전략을 감안하여 주된 관리 대상 기간에 대해서는 그 기간 구분을 보다 상세하게 할 필요가 있다.

다음은 개별 자산과 부채의 잔존만기를 어떻게 인식하는가의 문제이다. 만기가 확정된 자산과 부채의 잔존만기는 계약된 만기까지를 잔존만기로 해야 하지만 만기 이전에 원리금의 지급 또는 수취가 발생할 수 있다면 이들 현금흐름에 기초하여 잔존만기를 설정할 필요가 있다. 만기가 불분명하거나 만기가 없는 자산과 부채의 경우에는 금융기관이 자체적으로 실효성 있는 만기 인식 기준을 만들어 적용하는 것이 좋을 것이다. 계절적 요인 또는 금융기관 고객의 계약상 권리행사나 고객행동양상(customer behavior) 등에 따라서도 실제 현금흐름이 달라질 수 있으므로 이러한 점도 감안하여 현금흐름의 발생시기를 인식할 필요가 있다. 즉, 금융기관은 고유의 내부적인 요인과 외부의 시장 관련 요인을 고려한 다양한 시나리오를 설정하여 장래에 발생 가능한 중요한 유동성 변화를 평가해야 한다. 충분한 유동성을 확보하고 있는지를 파악하기 위해서는 여러 가지 위기상황을 가정한 유동성 시나리오 하에서의 유동성갭을 산출하여야 한다. 위기상황 시나리오로는 정상적인 시장 상황(going-concern condition), 금융기관에 특정된 위기상황(bank-specific crisis) 및 전체 시장의 위기상황(general market crisis) 등의 시나리오를 상정해야 할 것이다. 금융기관에 특정된 위기상황은 전체 시장의 유동성 상황은 양호하지만 특정 금융기관이 그 신용등급 악화 등으로 부채의 상당 부분이 연장되지 못하거나 만기상환할 수 없는 상태에 직면하여 자산을 감축해야 하는 상황이다. 이러한 시나리오 작성에는 해당 금융기관의 과거 경험이나 유사한 위기상황에 처했던 다른 금융기관의 경험을 활용할 수 있다. 아무리 우량한 금융기관이라 하더라도 자신에 국한된 위기상황에서는 유동성 부족에 따른 어려움을 겪을 수 있다. 그러나 전체 시장의 위기상황 하에서라면 우량 금융기관은 반사효과에 의해 오히려 양호한 유동성을 확보할 수도 있다. 유동성이 부족한 금융기관은 보유한 우량자산을 할인매각하게 될 것이고 유동성이 풍부한 금융기관은 이를 저가로 매입할 수 있기 때문이다.

금융기관이 유동성갭을 측정·분석하게 되면 기간대별 또는 특정 기간대까지의 순자금소요액(net fund requirement)을 산출할 수 있어 유동성 변동에 따른 리스크 노출 수준을 파악할 수 있게 된다. 특히 유동성 위기에 대한 대응계획을 수립하고 비상시의 순자금소요액을 충당할 수 있는 절차를 마련해두어야 한다. 이를 위해 먼저 금융기관은 유동성 위기상황을 단계별(정상, 악화, 위기)로 설정하고 조치방안을 구체적으로 마련하여야 하며, 취급업무의 특성을 감안하여 업무부문별 조치방안도 마련하여야 한다. 이를 위해서는 각 단계별 발생 징후를 판단하는 기준을 마련하고 이를 점검표(checklist)화하여 정기적으로 그리고 수시로 점검하여야 한다. 유동성 상황이 악화되면 그 점검주기를 단축시켜야 한다. 다음은 어떤 단계에서 어떤 조치를 취할 것인가와 관련하여, 부족자금을 어떤 방법으로 누가 얼마만큼 조달할 것인가를 명확히 설정해놓아야 한다. 여기에는 고객의 행동양상을 변화시킬 수 있는 전략과 위기시 예금자(예 : 만기연장 가능 여부), 차입자(예 : 대출금 회수 여부, 만기연장 필요 여부), 트레이딩 및 부외거래 상대방과의 관계를 어떻게 가져갈 것인지 그리고 대출한도약정(credit line)과 같은 지원자금 확보 방안을 포함시켜야 한다.

유동성 리스크 관리의 목표는 금융기관의 유동성 리스크 노출 규모를 사전에 정한 범위 내로 유지관리하는 것이다. 따라서 금융기관은 먼저 자기자본 또는 예상 당기순이익의 규모 등을 감안하여 부담 가능한 유동성 리스크 한도(규모)를 사전에 결정하여야 한다. 이때 유동성 리스크 한도는 다음과 같은 점에 유의하여 설정·운영되어야 한다. 첫째, 유동성 시나리오별로 구분하여 별도의 한도를 설정·운영하는 것이 바람직하다. 둘째, 유동성 리스크 한도는 금융기관의 리스크 평가결과 및 리스크 관리능력, 재무상태, 포지션의 규모와 복잡성을 고려하여야 하며 자기자본 또는 영업이익에 비추어 적절한 수준이 되도록 하여야 한다. 셋째, 한도는 특정 기간 동안의 누적 유동성갭이나, 유동성 관련 비율 등을 활용하여 설정할 수 있는데, 한도는 영업부문별로 설정되어야 하며 필요한 경우에는 단위 부서, 포트폴리오별로 한도가 배분될 수 있어야 한다. 마지막으로 다수의 통화로 자산과 부채가 운용되는 경우라면 주요한 통화별로 한도를 설정·운영하여야 한다.

유동성 리스크를 관리하는 부서는 유동성 리스크 측정 결과와 한도 준수 상황을 정기 및 수시로 대조·확인하여 경영진과 이사회에 보고하여야 하며 한도를 초과한 경우 그 원인을 분석하여 대응책을 마련하여 보고하여야 한다. 한편 한도 적용과 관련하여 업무 수행 시 한도를 예외적으로 확대시켜야 하는 상황이 발생할 수 있는데 이러한 상황에 대비하여 사전에 경영진에 대한 보고절차와 이에 대한 경영진의 명확한 지침을 갖추고 있어야 한다.

2 유동성 관련 재무비율[2]

미래의 특정 시점 이전에 발생하는 현금흐름을 추정하는 갭 분석(gap analysis)방법 이외에도 금융기관은 관련 재무비율을 지속적으로 유지함으로써 유동성 리스크를 관리할 수 있는데 다음에서는 감독당국에서 제시하고 있는 유동성 리스크 관련 재무비율들을 중심으로 소개한다.

(1) 원화 유동성 비율

고객이 예금 청구 시 이에 대한 지급능력을 판단하는 데 유용하게 이용되는 지표로서 원화 계정의 유동성 수준을 나타낸다.

$$원화\ 유동성\ 비율 = (원화\ 유동성\ 자산/원화\ 유동성\ 부채) \times 100$$

---

2 유동성 관련 재무비율의 요구 수준 및 세부 산정방법은 경제상황에 따라 가변적이므로 관련 규제의 변화를 확인하여야 한다.

여기서 원화 유동성 자산이란 기본적으로 잔존만기 3개월 이내의 자산을 의미하는데, 유동성 자산의 경우 자산의 실질만기를 반영하기 위해 자산의 발행조건 또는 계약내용에 따라 원금이 조건없이 상환되는 시점까지의 기간을 자산의 잔존만기로 한다. 자산건전성 분류 결과 고정(substandard) 이하로 분류된 자산 및 고정자산 등과 같이 단기간 내에 현금화할 수 없는 자산 및 이연자산 등과 같이 현금화가 불가능한 자산을 제외하고, 잔존만기 3개월을 초과하더라도 시장성 있는 유가증권(투자유가증권은 제외함)은 시가로 평가한 금액을 포함하게 된다. 한편, 원화 유동성 부채는 잔존만기 3개월 이내의 부채를 대상으로 하되, 핵심예금(core deposit)의 일부, 예금성 타점권, 계약상 만기가 3개월 이상이나 계약만료일 이전에 금리조정 주기를 조정할 수 있는 정기예금(회전식 정기예금) 중 잔존만기 3개월 초과분의 40%, 조기상환 청구권이 부여된 은행 발행 회사채, 차입금 등은 조기상환 청구일을 기준으로 만기를 분류한다.

　　핵심예금은 통상 만기가 없는 요구불예금 및 요구불예금과 유사한 성격을 가지는 자유저축예금, 기업자유예금, 시장금리부 수시입출금예금(MMDA), 어음관리계좌수탁금(CMA) 전체(이들을 요구불성 예금이라 한다)의 월중 평잔의 연평균을 의미한다. 우리나라의 경우 핵심예금은 금융기관의 과거 1년간의 요구불성 예금의 월중 평잔을 아래와 같이 기간가중하여 연간 평균 및 표준편차를 산출한 후 최근 월평잔에서 연간 표준편차의 4배를 차감하여 산출한다.

$$핵심예금 = 최근 월평잔 - 최근 12개월간 월중 평잔의 기간가중 표준편차 \times 4$$

$$기간가중 \ 평균 = \sum_{i=0}^{11} 월평잔_{t-i} \times 기간가중치_{t-i}$$

$$기간가중 \ 표준편차 = \sqrt{\sum_{i=0}^{11} (월평균_{t-i} - 평균)^2 \times 기간가중치_{t-i}}$$

　　요구불성 예금 중 유동성 부채는 위의 방법에 의한 표준편차의 4배와 핵심예금의 15%를 합산한 금액으로 한다. 다만, 유동성 비율 산출일 현재의 요구불성 예금 잔액이 표준편차의 4배와 핵심예금의 15%보다 적은 경우 요구불성 예금의 잔액을 유동성 부채로 한다.

　　특히 통화선도 계약분, 통화스왑거래, 차액결제 선물환(NDF), 통화선물거래, 통화옵션 등 원화의 유출입이 수반되는 모든 파생거래도 그 잔존만기에 따라 유동성 자산 또는 유동성 부채에 포함시킨다. 은행법 제34조 및 은행업감독규정 제26조에 따라 은행들은 이 비율을 100% 이상(은행계정 말잔 기준)이 되도록 관리하여야 한다.

　　한편, 증권회사에 대해서는 순유동자산비율이 감독당국에 의해 관리되고 있는데, 이러한 비율은 금융기관의 경영실태평가 시 참고자료가 된다.

$$순유동자산비율 = \frac{순유동자산}{총자산} \times 100$$

(2) 외화유동성 비율

외화계정의 유동성을 나타내는 지표로서 국내 금융기관들은 외국환거래법 시행령 및 외국환업무감독규정에 따라 이 비율을 70% 이상이 되도록 관리하여야 한다. 외화유동성 비율은 국내 본·지점, 해외지점, 현지법인 및 역외계정의 자산·부채를 연결기준(consolidated base)으로 합산하며, 외화 대차대조표상 자산·부채에서 포지션을 차감하여 산출하게 된다.

$$외화유동성 \; 비율 = \frac{외화유동성 \; 자산}{외화유동성 \; 부채} \times 100$$

외화유동성 자산에는 잔존만기 3개월 이내 외화자산으로 시가평가 대상 유가증권의 시가평가액도 포함되며, 외화유동성 부채는 잔존만기 3개월 이내 외화부채를 대상으로 하되 핵심예금(core deposit)[3] 분류대상 요구불예수금(3년 초과로 분류) 및 한국은행 단기 영업자금 지원용 수탁자금(3개월 초과 6개월 이내로 분류)은 제외한다.

(3) 외화자산과 외화부채의 만기 불일치 비율

은행과 외국환 취급 금융기관은 외국환거래법 시행령에 따라 외화자산 및 외화부채의 잔존만기를 7개 만기대로 구분하고 해당 기간대까지의 외화자산과 외화부채의 불일치 수준을 관리하도록 요구받고 있다. 외화 만기 불일치 비율은 다음과 같이 계산된다.

$$만기 \; 불일치 \; 비율 = (기간별 \; 누적 \; 외화유동성 \; 자산 - 기간별 \; 누적 \; 외화유동성 \; 부채) \times 100/(총외화자산)$$

이 비율은 국내 본지점, 해외지점, 현지법인 및 역외계정의 자산과 부채를 연결기준으로 합산하여 산출하는데 유동성 자산과 유동성 부채의 개념은 원화 유동성 비율 산출 시와 동일하다. 잔존만기는 7일 이내, 8일~1개월 이내, 1개월~3개월 이내, 3개월~6개월 이내, 6개월~1년 이내, 1년~3년 이내, 3년 초과로 구분되는데, 금융기관은 0~7일 이내의 비율을 0% 이상으로 유지하여야 하며 0~1개월 이내 비율은 -10% 이내로 유지하여야 한다.

---

3 외화핵심예금(Core Deposit)은 요구불 외화예금 중 일정기간 인출되지 않고 안정적으로 잔액이 유지되는 예금으로 '과거 1년간 요구불 외화예금 평잔에서 표준편차의 2배수를 차감한 금액'으로 정의된다.

(4) 예대율

예금을 대출의 재원으로 간주하고 예금 가운데에 대출금이 차지하는 비율을 통해 유동성을 평가하는 방법으로 이 비율이 높으면 높을수록 은행이 대출할 수 있는 여력은 적어지고 유동성도 낮은 것으로 볼 수 있다.

$$예대율 = \frac{대출금}{예금} \times 100$$

다만, 예대율은 대출총액과 예금총액만을 비교하는 것이므로 개별 대출금과 예금의 성격을 고려하지 않는 것이 그 약점으로 지적되고 있다. 즉, 대출에도 상환기간, 차입자의 신용도 등에 따라 유동성이 다르고, 예금도 당좌예금과 저축성예금과 같이 안정성 면에서도 그 차이가 있을 뿐만 아니라 당좌예금처럼 인출 시점을 은행이 전혀 예측할 수 없는 계정들도 있기 때문이다.

(5) 단기대출비율

대출금으로 운용되는 자금 중 단기간 내에 상환기일이 도래하는 대출의 비중을 나타내는 지표인데 단기부채로 조달된 자금을 상환기일이 상대적으로 장기인 대출금으로 운용할 경우 자산 및 부채의 만기 불일치로 인하여 유동성 관리상 애로가 발생하므로 단기대출비율이 높을수록 유동성이 높다고 볼 수 있다.

$$단기대출비율 = (순단기대출/원화대출금) \times 100 \ (단, 은행계정 평잔 기준)$$

여기서 순단기대출이라 함은 원화콜론, 은행 간 RP매입, 은행 간 CD매입을 합한 금액에서 원화콜머니, 은행 간 RP매도, 은행 간 CD발행, 한국은행 B2 자금[4] 차입급을 차감한 금액을 말하며, 원화대출금은 일반대출금 및 지급보증대지급금의 합계액을 의미한다.

---

4 지급준비금 및 교환결제 시 발생하는 일시적인 부족자금을 메우기 위해 한국은행으로부터 차입하는 자금이다.

1 적정 유동성 수준의 결정과 관리

금융기관이 유동성 리스크를 줄이면서도 수익성을 극대화하기 위해서는 적정한 유동성 수준을 결정하고 관리하여야 한다.

적정 유동성 수준은 원금손실 없이 또는 약간의 손실을 수반하고 자산을 현금으로 전환할 수 있는 가능성, 자금조달의 원천과 예금(예금 금융기관) 범주에 속하는 부채의 변동성(핵심예금에 실질적으로 의존할 수 있는지 여부), 과거의 자금조달 조건, 금리에 민감한 자금에 대한 의존도, 신용 공여약정에 대한 특성과 규모 등을 감안한 예상되는 미래의 자금수요, 단기금융시장에 대한 접근 용이성(차입 능력), 현재 보유하고 있는 자산과 미래에 보유할 자산의 질(asset quality), 현재와 미래의 수익 창출 능력, 자산매각 등을 통하여 자금조달 필요성을 줄일 것인가 아니면 추가 자금을 조달할 것인가에 대한 선택적 의사결정 및 자산·부채 경영전략 등을 감안하여 결정되어야 한다. 또한 적정 유동성 수준은 유동성 관련 비율을 동료그룹(peer group) 평균과 비교하여 경쟁성 측면에서도 유동성 상태를 점검할 필요가 있다.

금융기관이 충분한 유동성을 확보하고 있는가를 파악하기 위해서는 여러 가지 유동성 관련 시나리오를 설정하여 유동성갭을 산출할 필요가 있다. 시장이 정상적인 상황이 지속된다는 가정하의 시나리오와 금융기관에 고유한 유동성 위기상황 시나리오 및 금융시장 전체의 위기상황 시나리오 등을 설정하고 각 단계별로 필요한 대처방안을 준비하여야 한다.

금융기관의 유동성 리스크 관리 목표는 유동성 리스크 노출 규모를 금융기관이 수용 또는 감당할 수 있는 수준 이내로 유지하는 것이다. 따라서 수용할 수 있는 유동성 리스크 한도는 앞에서 언급한 각종 유동성 시나리오별로 구분하여 별도로 설정·운영하는 것이 바람직하다. 더 나아가 유동성 리스크 한도는 각 영업부문별로 설정되어야 하여 필요한 경우에는 통화별, 단위 부서별, 포트폴리오별로 별도 한도를 배정·운영하여야 한다.

유동성 리스크의 측정 결과의 적정성과 한도 준수 상황은 리스크 관리전담부서가 지속적으로 모니터링하고 정기적으로 그리고 필요한 경우 수시 확인하여 그 결과를 경영진과 이사회에 보고하는 한편, 한도를 초과한 경우 그 원인을 분석하고 대응책을 마련하여 이를 보고함으로써 경영진과 이사회에서 필요한 조치를 취할 수 있도록 하여야 한다. 통상 금융기관의 유동성 리스크 관리에 대한 최종적인 책임을 지고 경영진은 이사회가 위임한 범위 내에서 유동성 리스크 관리활동에 필요한 정책과 절차를 마련하고 집행할 책임이 있기 때문이다.

한편 금융기관이 유동성 위기에 직면하게 될 가능성에 대비하여 유동성 위기 상황의 심각성 정도에 따라 유동성 위기 단계를 설정하고 각 단계별로 필요한 순자금소요액을 충당할 방법과 기타 필요한 구체적인 조치방안과 구체적인 실행절차를 마련해 두어야 한다.

2 유동성 리스크 관리 원칙

2000년 2월 국제결제은행(BIS) 바젤은행감독위원회 산하 리스크 관리그룹(Risk Management Group)에서는 회원국 은행들의 유동성 리스크 관리절차를 강화하기 위한 노력의 일환으로 '은행의 유동성 관리 건전 관행(Sound practices for managing liquidity in banking organizations)'이라는 보고서를 발표하였는바, 동 보고서에 제시된 14개의 유동성 리스크 관리 원칙들을 소개하면 다음과 같다.

은행이 아닌 여타의 금융기관들도 선진 유동성 리스크 관리체제를 구축함에 있어 이 보고서에 제시된 원칙들을 대부분 적용시킬 수 있다.

❶ 개별 은행은 일별로 유동성을 관리하는 전략을 보유하여야 하는데 이는 은행 내부의 합의를 통해 정립되고 전 하부조직에 전파되어야 한다.

❷ 은행의 이사회(Board of directors)는 유동성 관리와 관련된 전략이나 중요한 정책을 승인하여야 하며, 고위경영진(senior management)이 유동성 리스크를 적절히 모니터링하고 통제하고 있는지 확인하여야 한다. 또한, 이사회는 은행의 유동성 상황에 대해 정기적으로 보고를 받고, 현재 또는 장래에 은행의 유동성에 중요한 변화가 있을 것이 예상되는 경우에도 즉시 보고받아야 한다.

❸ 은행은 유동성 관리전략을 효과적으로 실행할 수 있는 경영관리구조(management structure)를 구축하여야 하는데, 이러한 구조는 고위경영진의 적극적인 개입이 반드시 필요하다.

고위경영진은 은행의 유동성이 효과적으로 관리되고, 정책 및 절차가 유동성 리스크를 통제하고 있는지를 상시 감시하여야 한다. 또한, 은행은 기간별로 유동성 포지션에 대한 한도를 설정하고 정기적으로 점검하여야 한다.

❹ 은행은 유동성 리스크를 적절히 측정·감시·통제·보고할 수 있는 정보시스템(information systems)을 보유하여야 하는데, 보고서는 적시에 이사회, 고위경영진 및 기타 관련자

들에게 제공되어야 한다.

⑤ 은행은 순자금소요액(net funding requirement)을 지속적으로 측정·감시할 수 있는 절차를 구축하여야 한다.

⑥ 은행은 다양한 시나리오(what-if scenarios)를 활용하여 유동성을 분석할 수 있어야 한다.

⑦ 은행은 유동성을 관리하기 위하여 이용된 각종 가정들(assumptions)들이 타당한지 자주 점검하여야 한다.

⑧ 은행은 부채의 분산도(diversification of liabilities)를 적절히 유지하기 위해 채무자들과의 관계 유지에도 노력하여야 한다. 아울러, 보유자산을 매각할 수 있는 능력(capacity to sell assets)에 대해서도 정기적으로 점검하여야 한다.

⑨ 은행은 유동성 위기상황을 해결할 수 있는 전략을 포함하여 비상대책계획(contingency plans)을 수립하고, 유동성 위기상황에서 현금부족액을 조달할 수 있는 절차를 마련하여야 한다.

⑩ 은행은 주요 통화별 유동성 포지션을 측정·감시·통제할 수 있는 시스템을 구축하여야 한다. 또한, 총외화유동성 부족분 및 허용 가능한 유동성 불일치분(mismatch)을 평가하고, 통화별 유동성 관리전략에 대한 분석을 수행하여야 한다.

⑪ 원칙 ⑩과 관련하여 은행은 필요시에 총외환에 대해 또는 주요 통화별로 기간별 현금흐름 불일치(cash flow mismatches) 규모에 대한 한도를 설정하고 정기적으로 점검해야 한다.

⑫ 은행은 유동성 리스크 관리절차에 대한 충분한 내부통제체제(system of internal controls)를 유지하여야 한다. 내부통제체제는 기본적으로 유동성 리스크 관리체제의 실효성에 대한 독립적인 점검과 평가를 수행할 수 있어야 하고, 필요시에는 내부통제체제에 대한 수정과 보완이 이루어져야 한다. 은행은 내부통제체제의 적정성에 대한 평가결과를 감독당국이 이용할 수 있도록 하여야 한다.

⑬ 은행은 동 은행의 건전성에 대한 시장의 인지도를 제고시키기 위해 은행의 유동성 상황에 대한 적절한 수준의 공시체계(public disclosure)를 갖추어야 한다.

⑭ 감독당국은 은행의 유동성 관리와 관련된 제반 전략, 정책, 절차 및 실무에 대하여 독립적인 평가를 실행하여야 한다.

　감독당국은 은행이 유동성 리스크를 측정·감시·통제할 수 있는 효과적인 체계를 갖추도록 요구해야 하며 은행의 유동성 리스크 수준을 평가하기 위한 정보를 적시에 수집하고, 은행이 적절한 비상대책계획을 수립·유지하도록 확인하여야 한다.

chapter 03

금리 리스크 관리

금리 리스크 관리의 의의

금리 리스크(interest rate risk)란 금리가 금융기관의 재무상태에 불리하게 변동하여 손실이 발생할 가능성이라 할 수 있는데 이는 금융기관이 수행하는 금융중개기능과 밀접하게 연관되어 발생한다.

은행과 같은 금융기관이 수행하고 있는 다양한 형태의 금융중개기능에는 액면중개(denomination intermediation), 채무불이행 중개(default-risk intermediation), 만기중개(maturity intermediation) 등이 있다.

액면중개란 다수의 소액예금을 수취하여 기업 등 소수에게 거액대출을 취급하는 과정에서 발생하며, 채무불이행 중개는 금융기관이 예금 등을 수취하기 위해 상대적으로 안전하고 유동성이 높은(채무불이행 리스크가 낮은) 증권 또는 증서를 발행하는 한편, 운용 시에는 채무불이행 리스크가 상대적으로 높은 차주에게 대출해 주는 과정에서 발생하게 된다.

또한, 만기중개기능이라 함은 상대적으로 이용기간이 단기인 예금을 수취하여 장기대출로 활용하는 능력을 의미한다. 금융기관은 이러한 중개기능을 수행하는 과정에서 원천적으로 금리 리스크를 부담하게 된다. 즉 조달금리와 운용금리 간의 차는 금융중개기관의 주된 수익원이 되는데 만일 조달금리가 상승하거나 운용금리가 하락한다면 그 수익이 감소하거나 손실이 발생할 뿐만 아니라 소위 역마진이 발생하는 상태가 지속되는 경우에는 재무상태마저 악화될 수 있다.

최근 금리의 변동성 증대, 금융산업의 탈규제화, 금융산업 내·외의 경쟁격화, 금융공학의 발달, 인터넷 등 정보기술의 발달과 관련하여 금리 리스크의 중요성이 크게 높아지고 있다. 즉, 금융기관은 자산으로부터 유입되는 수익과 부채에 기인하는 비용 간의 스프레드(spread)를 성공적으로 관리해야 하는 동시에 이와 관련된 리스크를 통제해야 한다.

금융기관의 자산 및 부채의 대부분은 금리변동에 따라 시장가치나 이자수익이 변동되는데 흔히 금리변동에 따라 두 종류의 리스크가 발생된다.

첫째는 금융기관의 자산 및 부채의 금리 개정일 또는 만기일에 새롭게 적용되는 계약 금리가 시장금리의 변동에 따라 변동됨으로써 이자수익이 하락하거나 이자손실이 발생하는 리스크가 있는데, 이를 일반적으로 금리 리스크(interest risk)라고 한다. 금리 민감형 자산을 보유하는 경우 금리 개정일에 금리가 하락하면 재투자 수익이 감소하게 되는데, 이를 재투자 리스크(reinvestment risk)라고 부른다. 한편, 금리 민감형 부채를 보유하는 경우 금리 개정일에 금리가 상승하면 조달비용이 상승하게 되는데, 이를 재설정 리스크(repricing risk)라고 한다.

두 번째로 시장금리의 변동으로 인하여 순자산의 가치가 변동하는 리스크를 가격 리스크(price risk)라고 한다. 시세 차익을 노릴 목적으로 단기 보유하는 채권의 경우에는 금리 리스크보다는 가격 리스크에 더욱 노출되어 있다. 그러나 만기 보유를 목적으로 하는 장기채권의 경우에는 금리 리스크에 크게 노출되어 있다.

한편 이러한 금리 리스크를 발생시키는 원인은 다음과 같다.

첫째는 수익률 곡선 리스크이다. 시장에서 수익률 곡선(yield curve)이 일반적인 우상향 형태에서 평평한 형태로 변하거나 우하향 형태로 변하게 되는 경우 또는 기울기가 가파른 우상향 곡선으로 변화할 경우에도 금리 리스크는 발생한다. 수익률 곡선이 정상적인 우상향 형태인 상황에서 장기채권을 보유한 금융기관이 금리 리스크를 헤지하기 위해 단기채권을 매도한 경우 수익률 곡선의 형태가 기울기는 변하지 않고 평행이동할 때는 리스크가 헤지될 수 있지만 수익률 곡선의 기울기가 가파른 형태가 된다면 장기채권의 가치가 급격히 하락하게 된다. 이렇게 수익률 곡선이 변화함으로써 발생하는 리스크를 수익률 곡선 리스크(yield curve risk)라 한다.

둘째는 베이시스 리스크(basis risk)이다. 변동금리 자산과 부채를 보유한 경우 수입이자와 지급이자의 기준금리가 불완전한 상관관계를 갖는 경우에 베이시스 리스크가 발생한다. 예컨대 미국 단기국채(T-bill) 금리에 연동하여 조달한 자금을 LIBOR에 연동시켜 운용하고 있는 금융기관의 경우 이들 금리 간의 스프레드가 현재의 200bp에서 100bp로 변화하게 되면 100bp만큼의 수익이 감소하게 된다.

마지막은 옵션성 리스크(optional risk)이다. 금융기관의 자산과 부채에 내재된 옵션, 예컨대 대출의 조기상환권, 예금의 조기인출권 등은 금리 변화에 영향을 받게 되는데 이들이 행사되면 금융기관은 재무상 불이익을 받게 되며 이를 옵션성 리스크라 한다.

금융기관은 금융자산과 금융부채 보유규모가 크고 이들은 대부분 금리변동에 따라 시장가치나 이자수익이 변동한다. 즉, 금리변동은 순이자소득(Net Interest Income : NII)과 여타 금리변동에 민감한 영업수익 및 비용의 변동을 통하여 금융기관 이익에 영향을 미칠 뿐만 아니라 금융기관의 자산, 부채 및 난외거래 포지션의 가치에 영향을 미침으로써 궁극적으로 자기자본가치에 영향을 미친다. 따라서 금리변동은 금융기관의 이익에 영향을 미치게 되는가 하면 금융기관의 가치 자체에도 영향을 미치게 되므로 이로 인한 리스크, 즉 금리 리스크는 이익적 관점(earnings perspective)과 경제적 가치 관점(economic value perspective)에서 관리되어야 한다.

이익적 관점에서 볼 때 금리변동은 순이자소득과 여타 금리변동에 민감한 영업수익 및 비용의 변동을 통하여 금융회사 이익에 영향을 미치게 된다. 순이자소득은 금리변동과 직접적인 연관성을 갖기 때문에 전통적으로 은행과 같은 예금 금융기관의 이익 중 가장 높은 비중을 차지하며, 이들은 주로 단기간(주로 1년)의 이자이익에 중점을 두고 금리갭(Repricing Gap) 분석, 순이자소득 시뮬레이션, 최대 손익 변동 예상액(Earnings at Risk : EaR) 등을 통하여 금리 리스크를 측정·관리하고 있다.

한편 경제적 가치 관점에서 볼 때 금리변동은 자산, 부채 및 난외거래로부터 발생하는 미래 현금흐름의 현재가치를 변화시켜 궁극적으로는 금융회사의 순자산가치(Net Worth)를 변동시키게 된다. 따라서 이익적 관점에 비해 금리변동의 장기 효과를 포괄적으로 조망하는 데 목적이 있어 듀레이션 갭(Duration Gap) 분석, 순자산가치(Net Portfolio Value : NPV) 시뮬레이션, 최대 손실 예상액(Value at Risk : VaR) 등을 통하여 금리 리스크를 측정·관리하게 된다.

금융기관의 경우 금리 리스크는 업무 수행과정에서 불가피하게 발생할 수 밖에 없다. 그러나 과도한 금리 리스크 부담은 금융기관의 이익과 자기자본에 중대한 위협이 될 수 있으므로 금융기관은 금리변동에 따라 발생하게 될 이익의 변동을 부담 가능한 범위 내로 관리하고 순자산가치를 안정적으로 유지하는 방향으로 금리 리스크를 관리하여야 한다.

1 만기갭 관리전략

(1) 만기갭의 개념

만기갭법이란 자산과 부채를 금리민감 부분과 금리 비민감 부분으로 구분하고, 금리 민감형 자산(Rate Sensitive Assets : RSA)과 금리 민감형 부채(Rate Sensitive Liabilities : RSL)의 불일치가 있는 경우 금리변동에 따른 회계상 수익의 변화를 분석하는 기법이다. 여기서 금리 민감형 자산과 금리 민감형 부채라 함은 일정한 갭기간(gapping period) 내에 금리가 다시 설정되는(repricing) 자산과 부채를 의미한다.

예를 들어 6개월마다 금리가 재설정되는 10년 만기 대출의 경우 갭기간은 6개월이 되는 것이다. 금리 민감형에는 변동금리부자산·부채가 포함되는 것이 일반적이지만 금리의 변경이 특정 갭기간 이내에 발생하지 않는다면 금리 민감형이라고 할 수 없다. 이와 같이 만기갭 분석은 대차대조표상의 자산과 부채의 상대적 금리 민감도(relative sensitivity)를 평가하고, 금리수준의 변화로부터 야기되는 리스크에 대한 노출(risk exposure)을 파악하는 것을 주목적으로 한다.

만기갭 분석에서 금리 리스크 수준을 측정하기 위해서는 먼저 일정한 만기 기간대별로 금리 민감형 자산과 금리 민감형 부채를 차감하여 만기갭 규모를 산출하고 여기에 금리변동 예상치를 곱함으로써 금리변동에 따른 순이자소득의 변동규모를 구하게 된다.

즉, 만기갭(Gap) = RSA − RSL이다.

금리 민감형 자산이 금리 민감형 부채를 초과하는 경우 만기갭은 양(+)이, 금리 민감형 자산이 금리 민감형 부채보다 작으면 만기갭은 음(−)이 된다.

(2) 만기갭표의 작성

갭분석을 위해서는 금리에 민감한 자산과 부채를 잔존만기 또는 금리변경기별로 일정한 기간대(times bands)에 배분하는 만기갭표(gap table)를 작성하여야 한다.

만기갭표는 자산과 부채를 계정항목별, 만기별로 구분하여 비교할 수 있도록 만든 서식으로 〈표 3-1〉과 같은 형태를 가진다. 여기서 특정 만기에 대한 갭이라 함은 동 기간 내에 금리가 개

표 3-1 만기표의 예시

	총액	1일	~1개월	~3개월	~6개월	~1년	1년 초과
현금	3,250						3,250
할인어음	1,000		200	700	80	20	
당좌대출	1,500		500	1,000			
콜론	50	20	30				
일반대출	4,000		700	1,000	1,000	1,000	300
채권	2,100		400	700	500	400	100
기타증권	400		10	20	10	10	350
기타자산	1,700		800	200	200	200	300
총자산	14,000	20	2,640	3,620	1,790	1,630	4,300
요구불예금	1,350					500	850
정기예금	4,500		500	600	700	800	1,900
저축성예금	2,500					1,000	1,500
차입금	2,000		300	500	800	200	200
콜머니	100	20	80				
CD	700		150	150	150	150	100
기타부채	1,000		100	100	100	300	400
자기자본	1,850						1,850
총부채	14,000	20	1,130	1,350	1,750	2,950	6,800
한계갭		0	+1,510	+2,270	+40	-1,320	-2,500
누적갭		0	+1,510	+3,780	+3,820	+2,500	0

정되는 자산과 부채 간의 금액차이를 나타낸다. 이때 기간대(갭기간)는 각 금융기관의 필요성과 시스템의 수용능력에 따라 달리 설정할 수 있겠으나 국제결제은행(The Bank for International Settlement : BIS)은 0~1개월, 1~3개월, 3~6개월, 6~12개월, 1~2년, 2~3년, 3~4년, 4~5년, 5~7년, 7~10년, 10~15년, 15~20년, 20년 이상으로 구분할 것을 권고하고 있다.

(3) 만기갭 전략

만기갭은 금리 민감형 자산(RSA)과 금리 민감형 부채(RSL)의 비율(RSA/RSL)로서 나타내기도 하는데, 이 비율이 1이라면 금리변동에 따른 순이자소득(Net Interest Income : NII) 또는 스프레드 수익(spread income)에 차이가 없으며, 1보다 크다면(작다면) 금리 민감형 자산이 금리 민감형 부채보다 많아(작아) 금리 상승기에 이자수익이 조달비용을 초과(미달)할 것이므로 순이자소득(NII)

이 증가(감소)할 것이다. 순이자소득의 증가 또는 감소 규모는 만기갭과 시장이자율의 변동폭에 의해 결정된다. 즉, 만기갭(gap)은 금리 민감형 자산(RSA)에서 금리 민감형 부채(RSL)를 차감하여 산출한다.

즉,

$$만기갭(Gap) = RSA - RSL$$
$$\Delta NII = (RSA - RSL) \cdot \Delta r \text{ 또는 } \Delta NII = Gap \cdot \Delta r$$

여기서 ΔNII는 순이자소득의 변동을 나타내고 Δr은 시장이자율의 변동을 의미한다.

만기갭이 영(0)인 상태에서는 금리가 변해도 순이자소득은 변하지 않는다.

만기갭이 양(+)인 상태에서는 금리가 상승하면 순이자소득이 증가하고, 금리가 하락하면 순이자소득이 감소한다. 만기갭이 음(−)인 상태에서는 금리가 하락하면 순이자소득이 증가하고 금리가 상승하면 순이자소득이 감소한다.

한편, 순이자소득을 이자수익을 발생시키는 이자수익자산으로 나누면 순이자마진율(Net Interest Margin : NIM)을 구할 수 있다.

$$\Delta NIM = \Delta NII / \text{이자수익자산}$$

따라서 ΔNIM은 금리변동에 따른 순이자마진의 변동을 의미하게 된다. 이러한 개념하에서 만기갭을 어떻게 운영할 것인가에 대해 살펴본다.

적극적 만기갭 관리(active maturity-gap management)라 함은 금리예측(변동 방향 및 변동성)결과를 기초로 금리 민감형 자산 또는 부채의 절대적 규모 및 상대적 비중을 변동시킴으로써 수익의 극대화를 추구하는 전략을 의미하며, 소극적 만기갭 관리(passive maturity-gap management)는 만기갭을 0으로(또는 만기갭비율을 1로) 가져가거나 금리 민감형 자산과 부채의 규모를 축소함으로써 금리변동에 따른 이자수익의 변동을 줄이려는 전략을 뜻한다.

한편, 만기갭 관리기법이 매우 쉬운 기법이기는 하지만 다음과 같은 문제점들이 있다.

첫째, 금리가 실제로 재결정(repricing)되는 시점에 무관하게 어떤 기간 중의 명목금액(par value)을 기초로 하여 결정되기 때문에 순이자소득의 변동을 정확히 추정할 수 없다. 예컨대, 3개월 만기갭의 경우 3개월 이내 금리가 재설정되는 자산 및 부채의 명목금액의 차이를 나타내므로, 만약 자산은 3개월 후에 금리가 재설정되고 부채는 1개월 후에 금리가 재설정된다면, 비록 만기갭이 0이라고 할지라도 금융기관은 금리 리스크로부터 면역(immunize)될 수 없다.

둘째, 현실적으로 금리 변동기에 고객이 이에 합리적으로 반응하기 때문에 만기갭 규모를 추정하기 어렵다. 즉, 적극적인 만기갭 전략을 구사하는 금융기관은 금리 상승기에 만기갭 규모를 늘리기 위해서 노력하겠지만 고객들 또한 고금리를 지불하는 것을 원하지 않기 때문에 고정금리로 차입하거나, 변동금리로 예금하기를 희망할 것이다. 아울러, 급격한 금리 상승기에 변동금리부 자산을 늘리려고 하는 금융기관은 갑작스런 금리 상승으로 인한 채무불이행 리스크를 부담할 가능성이 동시에 증가하므로 만기갭을 늘리는 전략에 제약이 있다는 점도 인식해야 한다.

셋째, 만기갭 분석기법은 자산 및 부채의 금리 민감도(sensitivity)가 동일하다는 가정을 하고 있다. 예컨대, 만기갭이 0인 경우에 금리 상승에 따른 이자수입 증가분과 이자비용 증가분이 상이하다면 위험에의 노출은 여전히 존재하게 된다.

넷째, 만기갭은 금리변동이 이자수입과 지출에 미치는 영향만을 분석하기 위한 수단이며, 금리변동이 자산과 부채의 시장가치에 미치는 효과를 분석할 수 없다는 단점이 있다. 실무적으로 만기갭은 금리 재설정기간이 1년 미만인 경우에 주로 이용된다.

끝으로 만기갭은 자산과 부채의 규모를 용이하게 변동할 수 있다는 가정에서 출발하지만 금융기관이 기존 대출을 회수하거나 예금을 거부하는 행위를 한다는 것은 고객관리 측면에서 현실적으로 어렵다. 선물(futures), 선도(forward), 옵션(option), 스왑(swap)과 같은 파생상품시장의 발달이 필요한 한 가지 이유가 여기에 있다.

(4) 자산부채 매트릭스

자산부채 매트릭스(asset liability matrix)는 갭표를 기초로 하여 작성되는데, 대차대조표상의 기간 불일치가 어디서 발생하는지에 대한 정보를 제공해 준다. 자산부채 매트릭스에서는 최장기로 조달한 자금을 만기가 가장 긴 자산에 우선적으로 배분하게 되며 남은 자금은 그 다음으로 만기가 긴 자산에 보내게 된다. 최장기로 조달한 자금으로 충당되지 못하는 만기의 자산에 대해서는 그 다음으로 긴 만기를 보유한 조달자금으로 충당하게 된다. 이렇게 순차적으로 배분하게 되면 매트릭스가 완성된다. 자산부채 매트릭스는 중요한 기간 불일치가 어디서 발생하는가를 확인시켜 주는 장점을 갖고 있다.

금리 민감도 측면에서 자산과 부채가 모든 기간에 걸쳐 완전히 일치(match)가 된다면 자산부채 매트릭스의 대각선띠 안에 모두 들어가게 될 것이다.

만약 잔액이 매트릭스의 우상단에 위치한다면 이는 장기부채를 조달하여 단기자산으로 운용하고 있다는 것이며, 금리 민감 자산이 금리 민감 부채보다 큰 경우에 해당하므로 금리가 상승하는 경우 이익을 보고 금리가 하락하는 경우 손해를 볼 것이다. 반대로 잔액이 매트릭스의

표 3-2 자산부채 매트릭스 (단위 : 억 원)

부채 \ 자산		1년 초과	1년~	6개월~	3개월~	1개월~	1일
		3,950	1,630	1,790	3,120	2,640	20
1년 초과	5,950	3,950	1,630	370			
1년~	2,950			1,420	1,530		
6개월~	1,750				1,590	160	
3개월~	1,350					1,350	
1개월~	1,130					1,130	
1일	20						20

좌하단에 위치한다면 단기부채를 조달하여 장기자산으로 운용하고 있는 상태로 금리 민감 부채가 금리 민감 자산보다 큰 경우에 해당한다. 따라서 금리가 상승하는 경우 손해를 보고 금리가 하락하는 경우 이익을 볼 것이다.

〈표 3-2〉에서는 잔액이 매트릭스의 우상단에 주로 위치하므로 금리 상승 시에 이익이 증대된다.

2 듀레이션 갭 관리전략

(1) 듀레이션의 기본개념

매콜레이 듀레이션(Macaulay's duration, D)은 특정 자산, 부채 또는 포트폴리오의 실질만기(effective maturity)를 의미하는데, 자기자본의 시장가치(market value of equity)를 관리할 목적으로 고안된 것이다. 여기서 실질만기라고 표현하는 이유는 채권·채무의 명목만기가 아니라 모든 발생 가능한 현금흐름을 감안한다는 것을 뜻한다. 즉, 전통적인 갭분석의 경우 임의로 구분한 만기(maturity buckets)를 통해 자산과 부채로부터 발생하는 현금흐름을 개략적으로 비교하는 반면, 듀레이션에 기초한 분석방법은 상이한 현금유입 시점과 현금유출 시점을 정확히 반영하고 있는 것이다. 또한, 수정 듀레이션(modified duration, MD)은 채권 가격과 채권수익률 간의 관계를 나타내는 우하향 곡선의 일차 미분계수(slope of tangent line, 기울기)를 나타낸다. 〈그림 3-1〉에서 금리·채권 가격 곡선의 접선이 이 곡선의 기울기로 듀레이션을 나타낸다.

다시 말해서 채권의 수정 듀레이션은 채권수익률(금리)의 1% 변동에 따른 채권 시장 가격의

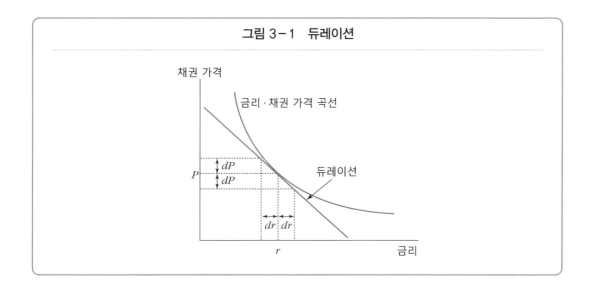

그림 3-1 듀레이션

변동률로 정의된다.

개별 자산 또는 부채의 수정 듀레이션(MD) = $(-1/P)(dP/dr)$

여기서 P는 해당 채권의 현재 가격을 나타내며, r은 채권수익률(금리)을 나타낸다.

또 다른 듀레이션이 Macaulay's Duration(D)인데 이는 현금흐름이 발생하는 시점(t)을 현금흐름의 현재가치로 가중평균한 개념이다. 따라서, 아래와 같이 정의된 Macaulay's Duration의 단위는 시점을 나타내는 년이 된다.

$$D = \sum_{t=1}^{T} t \cdot W_t$$
$$= \sum_{t=1}^{T} t \times \frac{PV(CF_t)}{P}$$

여기서 W_t는 t시점 현금흐름의 현재가치$[PV(CF_t)]$를 모든 현금흐름의 현재가치의 합으로 나눈 값으로 '가중치'에 해당된다. 모든 현금흐름의 현재가치의 합(P)은 곧 채권의 현재 가격과 동일하므로 채권의 공정가액(fair value)을 사용할 수 있다.

개념적으로 매콜레이 듀레이션은 최초의 투자액을 회수하는 데 필요한 평균기간 또는 채권의 평균만기를 의미하기도 한다. 또, 무이표 채권(zero-coupon bond)과 같이 현금흐름이 단 한 번뿐인 채권의 경우에는 현금흐름이 발생하는 시점에 W가 1이고, 현금흐름이 발생하지 않는 경우에는 W가 0이므로 명목만기와 듀레이션이 정확히 일치하게 된다.

또한, 듀레이션은 금리변동에 따른 채권의 가격 탄력성(elasticity)을 나타내므로 듀레이션을 이용하면 금리의 변화에 따른 채권 가격의 변동을 개략적으로 추정할 수 있다.

$$\Delta P = -P \cdot D \cdot \Delta r / (1 + r/2)$$

여기서 2는 1년에 지급되는 쿠폰의 숫자이다. 쿠폰이 4회 지급되는 경우 2를 4로 바꾸어야 한다. 위의 식에서 $\dfrac{D}{1+\dfrac{r}{2}}$ 가 수정 듀레이션$_{(MD)}$이 됨을 알 수 있다.

(2) 듀레이션과 금리변동 시 채권 가격의 변동

A은행은 만기가 1년(4분기)이고 약정금리(coupon rate)가 10%이며, 이자가 매 분기 말에 유입되는 채권이 100억 원이 있다. 현재 시장이자율이 8%라면 이 채권의 듀레이션은 얼마인가? 또한 시장이자율이 8%에서 9%로 상승할 경우 동 채권의 가격은 어떻게 될 것인가를 계산해 보자.

❶ 미래 현금흐름의 현재가치(P)의 계산

$$P = \frac{2.5}{(1+0.02)} + \frac{2.5}{(1+0.02)^2} + \frac{2.5}{(1+0.02)^3} + \frac{102.5}{(1+0.02)^4}$$
$$= 101.90(억\ 원)$$

또는

$$P = 2.5 \times (0.9804 + 0.9612 + 0.9423 + 0.9238) + 100 \times 0.9238$$
$$= 101.90(억\ 원)$$

❷ 매콜레이 듀레이션(D)의 계산

ㄱ. 각 현금흐름 발생시기까지의 시간을 연단위로 인식하여 듀레이션을 구하는 경우

$$D = 0.25 \times \left(\frac{2.5}{(1+0.02)}\right) / 101.90 + 0.5 \times \left(\frac{2.5}{(1+0.02)^2}\right) / 101.90$$
$$+ 0.75 \times \left(\frac{2.5}{(1+0.02)^3}\right) / 101.90 + 1.00 \times \left(\frac{2.5}{(1+0.02)^4}\right) / 101.90$$
$$= 0.9644년(11.57개월)$$

ㄴ. 또는 각 현금흐름 발생시기까지의 시간을 단위기간으로 하여 듀레이션을 구하는
경우

$$D = \left\{ 1 \times \left(\frac{2.5}{(1 + 0.02)} \right)/101.90 + 2 \times \left(\frac{2.5}{(1 + 0.02)^2} \right)/101.90 \right.$$
$$\left. + 3 \times \left(\frac{2.5}{(1 + 0.02)^3} \right)/101.90 + 4 \times \left(\frac{2.5}{(1 + 0.02)^4} \right)/101.90 \right\}/4$$
$$= 0.9644년(11.57개월)$$

❸ 채권의 가격 변동규모(ΔP)는 수정 듀레이션(modified duration=$D/(1 + r)$)을 이용하여 계산

$$\Delta P = - P \cdot \Delta r \cdot \frac{D}{(1 + r/n)}$$
$$= - 101.90 \times 0.01 \times \frac{0.9644}{(1 + 0.08/4)}$$
$$= - 0.9635$$

⇒ 금리 1%p 상승 시 9,635만 원 하락

(3) 포트폴리오의 듀레이션

포트폴리오는 여러 가지 상품으로 구성된 자산·부채의 조합에 해당하므로 듀레이션의 가산성(additivity)을 이용하여 포트폴리오의 듀레이션은 다음과 같이 정의할 수 있다.

$$포트폴리오의 듀레이션 = \sum_{i=1}^{n} w_i \times D_i$$

단, w_i : i번째 자산(부채)의 비중(시장가치),
D_i : i번째 자산(부채)의 듀레이션

(4) 듀레이션을 이용한 금리 리스크 면역

듀레이션은 포트폴리오를 금리변동에 따른 리스크(가격 리스크, 재투자 리스크)로부터 면역화(immunization)시키는 데 이용되는데, 포트폴리오의 보유기간(holding period)을 동 포트폴리오의 듀레이션과 일치시킴으로써 이러한 리스크로부터 벗어날 수 있다. 다음과 같은 가상적인 예를 살펴보자.[1]

---

1 Kolb, R, and R. Rodriguez, *Financial Institutions and Markets*, 1993, pp. 533~546 응용.

시점	현금흐름	시장이자율		
		8%	10%	12%
0	−416.33			
1	100.00	116.64	121.00	125.44
2	100.00	108.00	110.00	112.00
3	100.00	100.00	100.00	100.00
소계(a)		324.64	331.00	337.44
시가 $t=3$(b)		229.77	223.14	216.84
wealth(a+b)		554.41	554.14	554.28

표 3-3 금리 리스크 헤지의 예 (단위 : 백만 원)

A은행이 보유하고 있는 채권으로부터 발생되는 미래의 현금흐름이 다음과 같다고 하자. 채권을 취득한 후 1~4년 후에는 매년 말 100백만 원씩의 현금을 채무자로부터 받기로 하였고, 5년 말에는 160백만 원을 받기로 하였다. 현재 동 채권에 적용되는 적정이자율은 10%라고 하고 채권을 취득한 직후 이자율이 2% 정도 변동할 것으로 예상되는데, 어떤 방향으로 움직일지는 확신할 수 없다고 가정하자. 이러한 경우 이자율이 2% 상승한다면 보유하고 있는 채권의 시장가치가 하락할 것이기 때문에 가격 리스크(price risk)에 직면하게 된다. 그러나 동시에 유입된 현금을 재투자할 경우의 수익이 악화되는 재투자 리스크(reinvestment risk)는 감소하게 된다. 즉, 시장이자율의 상승은 재투자시 수익을 증대시켜 줄 것이기 때문이다. 반대로 이자율이 2% 하락한다면 채권 가격은 상승하게 되므로 처분 시의 현금흐름이 증대되어 가격 리스크는 감소하고 재투자 리스크는 증대된다.

A은행이 동 채권을 3년간 보유[2]하고자 한다면 이자율의 변동에 따라 어떤 일이 발생하는지 살펴보자. 〈표 3-3〉에서 (a)는 각 시점에서 유입되는 현금흐름을 해당 시장이자율로 재투자했을 때, $t=3$시점에서 획득할 수 있는 총자산 가치를 나타내는데 채권 취득 직후 이자율이 8%로 하락한다면 $t=3$시점에서는 324.64백만 원이 될 것이다. $t=3$에 A은행은 여전히 동 채권을 보유하고 있으므로 이를 시장에 매각한다면 $t=4$와 5에서 받을 현금흐름을 8%로 할인한 가격이 채권의 처분 가격으로 유입될 것이다. 시장이자율이 8%인 경우에는 229.77백만 원(b)이 될 것이다. 따라서 $t=3$시점에서 동 채권에 대한 투자를 종결한다면 투자자의 총 현금유입액(terminal wealth)은 554.41백만 원이 된다. 시장이자율이 10%이거나 12%가 되더라도 $t=3$의 총 현금유입액은 거의 일치함을 볼 수 있다.

---

2 동 채권의 듀레이션이 3년임을 계산을 통해 확인할 수 있다.

상기 사례는 투자자가 포트폴리오의 듀레이션과 보유기간을 일치시켰을 때 자신의 부(wealth)를 금리변동으로부터 헤지시킬 수 있음을 보여 준다.

(5) 듀레이션 갭 전략

만기갭 분석이 시장이자율의 변동에 따른 순이자소득의 변동에 초점을 맞추고 있는 반면, 궁극적으로 금융기관의 존폐가 순자산가치(net worth)에 의해 결정되어지기 때문에 이자율 변동에 따른 순자산 가치의 변동을 분석하는 수단이 필요하게 되었다. 듀레이션 갭은 이러한 필요성을 어느 정도 만족시켜 줄 수 있다. 금융기관 순자산의 듀레이션을 듀레이션 갭(duration gap)이라고 하는데 일반적으로 다음과 같이 정의된다.

$$\text{듀레이션 갭}(\text{DGAP}_a) = (\text{자산의 듀레이션}) - w \times (\text{부채의 듀레이션})$$

$$= D_A - \frac{L}{A} \cdot D_L$$

여기서 w는 총자산 중 부채에 의해 조달된 부분(부채의 시장가치/자산의 시장가치)을 의미한다. 또한, 순자산의 가치변동은 자산가치의 변동에서 부채가치의 변동을 차감한 것이므로 다음과 같이 정의할 수 있다.

$$\Delta K = \Delta A - \Delta L$$

$$= -D_A \cdot A \cdot \frac{\Delta r}{1+r} + D_L \cdot L \cdot \frac{\Delta r}{1+r}$$

$$= -\left(D_A - \frac{L}{A} \cdot D_L\right) \cdot A \cdot \frac{\Delta r}{1+r}$$

$$= -\text{DGAP}_a \cdot A \cdot \frac{\Delta r}{1+r}$$

듀레이션 갭에 대한 수식의 우변에서 자산의 현재가치(A) 대신에 순자산의 현재가치(K)를 사용한다면 듀레이션 갭은 다음과 같이 정의되어야 한다.

$$\text{듀레이션 갭}(\text{DGAP}_b) = \frac{D_A \cdot A - D_L \cdot L}{K}$$

상기 듀레이션 갭을 이용하여 순자산의 가치 변동을 표현하면 다음과 같다.

$$\Delta K = -\text{DGAP}_b \cdot K \cdot \frac{\Delta r}{1+r}$$

듀레이션 갭은 시간(timing)과 현금흐름의 시장가치(market value)를 반영하고 있다는 점에서 만기갭(maturity gap) 또는 누적갭(cumulative gap)보다 이론적으로 우월한 개념이다. 아울러, 듀레이션은 금리변동에 따른 소득 및 자기 순자산가치의 민감도를 나타내는 단일 지표의 역할을 한다. 또한 가중평균의 개념인 듀레이션 갭을 늘리거나 줄이기 위해서는 자산, 부채의 만기를 변동시키는 방법 이외에 단순히 특정 자산과 부채의 투자비율을 변경함으로써 듀레이션 갭을 바꿀 수 있기 때문에 보다 현실적인 금리 리스크 관리를 가능하게 한다.

한편, 적극적인 듀레이션 갭 관리란 금리 상승이 예상되는 시점에서는 부(-)의 듀레이션 갭을, 금리 하락이 예상되는 시점에서는 정(+)의 듀레이션 갭을 유지함으로써 수익증대를 적극적으로 추구하는 전략을 의미한다. 또한, 듀레이션 분석을 통해 듀레이션 갭을 0으로 유지함으로써 금융기관의 순자산가치를 예상하지 못한 금리변동으로부터 면역(immunize)시켜 주는데 이를 방어적 듀레이션 갭 관리라고 한다.

즉, 정(+)의 듀레이션을 유지하고 있는 금융기관의 경우 금리변동으로부터 면역되기 위해서는 부채의 듀레이션을 늘리든지 혹은 자산의 듀레이션을 줄여야 한다. 반대로 부(-)의 듀레이션을 유지하고 있는 금융기관의 경우에는 완전 면역(complete immunization)을 위해 자산의 듀레이션을 늘리든지, 부채의 듀레이션을 줄여야 할 것이다.

그러나 듀레이션 갭은 만기갭과 마찬가지로 옵션 등이 내재된 자산 또는 부채에 대해서는 적용하기 어렵다는 등 다음의 몇 가지 문제점을 갖고 있다.

첫째, 금리 변화 시 수익률 곡선이 수평 이동한다는 비현실적인 가정이 적용되어 금리 간의 상관관계의 변화에 따른 베이시스 리스크(basis risk)를 반영하지 못한다.

둘째, 기간대별 평균 듀레이션을 사용하는 경우 특정 기간대 내의 개별 포지션의 만기 차이 등에 의한 실제 민감도를 반영하지 못할 수 있다.

셋째, 만기 개념이 불분명한 요구불예금 등과 같은 항목의 듀레이션 산출이 어렵다.

넷째, 듀레이션을 계산하기 위해 필요한 시장 가격 자료가 부족한 경우나 시장의 대표금리 선정이 어려운 경우 듀레이션 계산이 어려워진다.

다섯째, 듀레이션은 개념상 시간이 경과하면 변하게 되는데 실무적으로 계속 측정하기 어렵다. 이 같은 문제점으로 인해 종종 시뮬레이션 분석(simulation analysis)이 병행된다.

한편 듀레이션은 시장금리, 현금흐름의 규모와 시점에 의해 결정되기 때문에 면역전략을 효과적으로 수행하기 위해서는 동태적인 포트폴리오 관리(dynamic portfolio management)가 필요한데 현실적으로 완전면역 상태를 지속한다는 것은 매우 어렵다. 따라서, 최근에는 자산·부채를 건드리지 않고 금리선물, 금리옵션, 금리스왑 등 파생상품을 이용하는 전략이 선호되고 있다.

시뮬레이션 분석기법은 복잡한 금융상품을 취급하는 금융기관에서 대부분 사용하는 금리 리스크 측정방법으로 미래의 금리 변경 시나리오 및 그에 따른 현금흐름에의 영향을 시뮬레이션하여 금리변동이 이익 및 경제적 가치에 미치는 영향을 측정하는 방법이다. 이 방법은 다양한 대차대조표 난내·외 포지션을 보다 세밀하게 분류하여 각각의 포지션에서 발생하는 원리금 지급 및 비이자 수익·비용에 대한 제반 전제조건 등을 반영할 수 있고 수익률 곡선의 기울기 및 형태의 변화뿐만 아니라 몬테카를로 시뮬레이션(Monte Carlo Simulation)에서 도출된 금리 변화 시나리오에 이르기까지 보다 다양하고 정제된 금리환경 변화를 고려할 수 있는 장점이 있다. 이 같은 시뮬레이션 기법에는 정태적 시뮬레이션 기법과 동태적 시뮬레이션 기법이 있다.

정태적 시뮬레이션(static simulation)기법은 현재의 대차대조표 난내·외 포지션에서 발생하는 현금흐름만 평가하는 방법인데 수익률 곡선의 평행이동, 비평행이동 및 상이한 금리 간의 스프레드 변화에 대한 제반 가정을 고려하여 작성한 금리 시나리오에 따라 현재의 대차대조표 난내·외 포지션에 대한 현금흐름 및 이에 따른 이익의 흐름을 추정하여 이익 관점에서의 금리 리스크 규모를 측정하고 여기에 나타난 현금흐름을 현재가치로 할인·합산하여 금융기관의 경제적 가치 변화에 대한 추정치를 산출할 수 있다.

동태적 시뮬레이션(dynamic simulation) 기법은 은행의 경우 저축예금 금리 등 은행이 관리 가능한 금리에 대한 전략, 저축예금 인출 등과 관련한 고객의 행태는 물론 은행의 미래 업무활동 등 제반사항에 대한 전제조건을 분석 시나리오에 반영함으로써 금융기관의 미래의 금리변경, 향후의 업무활동 및 재투자전략의 변경에 따른 현금흐름까지 반영하여 미래의 이익 및 경제적 가치를 측정하게 된다.

갭분석의 경우 조기상환권 등 내재된 옵션(embedded option)이 있는 상품의 현금흐름 시기와 규모를 인식하기 어렵다는 한계가 있으나, 시뮬레이션 기법의 경우 다양한 금리환경하에서의 현름흐름의 시기와 규모를 측정할 수 있도록 고안된 옵션을 조정한 가격결정 모형(option-adjusted pricing model)의 가정을 활용하면 이 한계를 해결할 수 있다.

이러한 시뮬레이션 분석기법을 통해 갭분석의 한계를 보완하여 금리 및 자금량 시나리오에 기반을 두고 금융기관의 현재 및 미래의 순자산가치와 미래 특정 기간 동안의 순이자소득의 규모를 예측하여 경영전략 수립에 반영하거나 미래의 불리한 금리변동으로 인한 순자산가치 또는 순이자소득의 감소 가능성인 금리 리스크를 측정하여 관리할 필요성도 있다.

4 금리 리스크 관리의 일반원칙

국제결제은행(BIS) 바젤은행감독위원회는 범세계적인 금융자율화 및 국제화의 진전으로 국제적 은행의 리스크가 크게 증가함에 따라 이들 은행의 안정성 도모 및 공정경쟁여건 조성을 통한 국제 금융시스템의 안정성을 제고하기 위하여 1988년 7월 일차적으로 자산의 신용위험도(default risk)에 따라 자기자본 보유를 의무화하는 신용 리스크에 대한 자기자본 규제제도의 도입에 합의하고 당시 합의에 이르지 못하였던 사항들에 대하여는 계속 검토하기로 한 바 있다.

이에 대하여 바젤은행감독위원회는 그간 회원국 감독당국 및 금융계의 의견을 지속적으로 수렴하여 1996년 1월 시장 리스크에 대한 추가 자기자본 규제를 제정하고 1997년 말부터 적용하기로 합의하였으며, 채권·채무의 상계 인정범위 확대에 대하여는 1994년 7월 일정 조건을 충족할 경우 통화·만기 등의 일치 여부에 관계없이 상계를 허용하도록 하였다. 그러나 표준적인 금리 리스크 측정 방안 제시에 대해서는 은행의 업무 특성상 금리 리스크의 노출 정도가 은행마다 달라 은행별로 금리 리스크 측정방법이 다를 수 있는 점을 감안하여 '은행의 금리 리스크 측정·관리상 준수해야 할 원칙'만을 제시하기로 하고 1997년 1월 이에 대한 시안을 발표한 데 이어 1998년 9월 이를 확정·발표하였다.

바젤은행감독위원회에서 확정 발표한 '은행의 금리 리스크 측정·관리상 준수해야 할 원칙' 11개를 설명하면 다음과 같으며, 이는 은행 이외의 여타 금융기관에 대해서도 적용할 수 있다.

❶ 이사회는 경영진들과 금리 리스크의 관리지침을 승인하고 경영진이 필요한 리스크 관리 활동을 적절히 수행하는지의 여부를 확인해야 한다. 또한 정기적으로 금리 리스크 수준에 대해 보고받아야 한다.

❷ 경영진은 금리 리스크의 관리지침을 수립하고 관리활동에 필요한 인적자원을 확보하여 금리 리스크가 효과적으로 관리되도록 하여야 한다.

❸ 경영진은 리스크 관리 담당자를 명확하게 지정하여야 하며 리스크 관리과정에서 적절한 책임구분이 이루어지도록 해야 한다.

❹ 경영진은 적절한 리스크 관리의 지침과 절차를 명확히 규정하여야 하며 동 지침은 연결기준에 의하여 작성되어야 한다(필요한 때에는 개별 회사별로도 분리될 수 있어야 한다).

❺ 새로운 영업활동에 앞서 이와 관련된 리스크를 파악하고 이를 관리할 방안을 강구하여야 한다. 또한 주요 헤징 및 리스크 관리방안을 사전에 이사회로부터 승인받아야 한다.

⑥ 은행은 금리 리스크의 원천을 파악하고 금리변동 시의 영향을 평가하는 금리 리스크 측정시스템을 보유하여야 한다. 또한 리스크 관리자와 은행경영진은 동 측정시스템의 기본 전제조건들과 그 시스템으로부터 산출되는 리스크 계수의 의미를 정확히 이해하여야 한다.

⑦ 은행은 리스크 수준을 일정 규모 이내로 유지하기 위하여 리스크 노출 한도 설정 등의 제반 조치수단을 강구하여야 한다.

⑧ 은행은 시장의 위기상황에서의 손실 가능성을 측정하여야 하며 그 결과를 금리 리스크에 대한 지침 수립 시 고려하여야 한다.

⑨ 은행은 금리 리스크의 측정·통제 등에 대한 정보시스템을 구축하고, 금리 리스크 관리 상황을 경영진 및 이사회에 적시에 보고하여야 한다.

⑩ 은행이 갖추어야 하는 금리 리스크 관리 관련 내부통제체제는 주기적으로 심사·개선되어야 하고 동 심사결과는 소관 감독당국이 이용할 수 있어야 한다.

⑪ 감독당국은 은행의 금리 리스크 수준을 평가하는 데 필요한 충분하고도 시의적절한 정보를 언제든지 입수할 수 있어야 한다.

chapter 04

비재무 리스크 관리

section 01 운영 리스크 관리

1 운영 리스크(operational risk)의 개념

금융기관이 직면하는 여러 가지 리스크 중 운영 리스크는 지금까지 시장 리스크(market risk)나 신용 리스크(credit risk)에 비해 크게 주목받지 못하였으나 최근 금융자유화 및 세계화, 첨단 금융상품 도입 등으로 은행들의 운영 리스크가 증대함에 따라 점차 그 중요성이 커지고 있다.

최근 자동화·세계화·겸업화 추세와 전자상거래(e-commerce)의 출현 등으로 금융기관들은 급속한 영업환경의 변화를 경험하고 있는데, 이러한 변화는 금융기관 영업구조를 복잡하게 만들어 종국적으로는 운영 리스크(operational risk)의 증대로 귀결되고 있다.

운영 리스크의 유형에는 전산시스템의 붕괴, 인적오류, 사기, 횡령, 부정확한 회계처리, 파업, 법규위반 등 시장 리스크와 신용 리스크를 제외한 사실상의 모든 리스크가 여기에 포함된다고 해도 과언이 아니다. 이러한 일련의 사건들은 불연속적으로 발생하지만 이를 소홀히 하는 경우 막대한 손실로 이어질 수 있다.

운영 리스크 관리가 현대 금융기관의 리스크 관리에 있어 매우 중요한 이슈로 부각되고 있는 이유를 정리해 보면 다음과 같다.

첫째, 금융상품이 복잡해지고 금융시장의 변동성이 확대됨에 따라 금융기관의 관리업무가 점점 어려워지고 있다.

둘째, 최근 수년간 베어링스(Barings) 그룹의 도산과 같은 주요한 금융사고가 주로 운영 리스크 관리의 실패에서 비롯되었다는 점을 지적할 수 있다. 베어링스 증권의 니콜라스 리슨 (Nicholas Leeson)은 파생상품담당 트레이더인 동시에 자신의 실적을 조작할 수 있는 계리담당자의 역할까지 수행하였으며 이러한 문제점을 인식하여 통제기능으로 연결시킬 수 있는 내부관리시스템이 없었다.

셋째로, 전사적 리스크 관리체제(firm-wide risk management system)를 구축하고 있는 세계 선도 금융기관이나 기업들은 계량화하기 힘든 운영 리스크를 가장 중요한 리스크 중의 하나로 생각하고 있다는 점이다. 이에 따라 리스크 관리자(risk manager)들은 운영 리스크 관리를 종종 통합 리스크 관리의 핵심요소로 인식하기도 한다.[1]

운영 리스크의 가장 중요한 형태로는 내부통제(internal control) 및 기업지배구조(corporate governance)의 붕괴가 있다. 내부통제 및 기업지배구조가 붕괴되면 인적오류(human error), 사기 (fraud) 또는 부적절한 업무수행으로 재무적 손실이 발생되기도 하며, 딜러, 여신심사역 등이 자신의 권한을 벗어나 업무를 비윤리적이고 위험한 형태로 수행함으로써 금융기관의 이익을 침해하는 결과를 낳게 한다.[2] 또한 정보기술시스템의 오류나 화재, 재해와 같은 사건들도 운영 리스크의 한 형태가 된다.

그러나 어떤 문제까지 운영 리스크의 범주에 포함시킬 것인지에 대해 다양한 의견이 제시되어 왔기 때문에 아직까지 운영 리스크에 대한 통일된 정의가 존재한다고 할 수는 없다.

앞서 언급한 바와 같이 시장 리스크와 신용 리스크를 제외한 모든 리스크를 운영 리스크로 정의한다면 금융기관이 관리할 수 없는 정치·경제적 현상 등 외부요인에 의해 발생하는 리스크까지 포괄될 것이므로 운영 리스크의 범위가 지나치게 넓어져 오히려 관리가 어렵게 될 우려가 있다. 그렇다고 금융기관의 업무처리 과정에서 발생하는 실수 등으로 인한 손실 가능성만을 운영 리스크로 한정하는 것은 운영 리스크의 범위가 지나치게 좁아지는 문제가 있다.

따라서 운영 리스크를 정의함에 있어서 시장 리스크와 신용 리스크를 제외한 리스크 중 금융기관이 통제 불가능한 외부요인에 의한 리스크는 제외시키되 도난, 사기와 같은 외부사건에 의한 리스크와 금융기관의 내부요인에 의해 야기될 수 있는 리스크는 포함시키는 것이 타당하

---

1 Lam, James and Greg Cameron, *Measuring and Managing Operational Risk within an Integrated Risk Framework*, 1998, Operational Risk and Financial Institutions, Risk Books.

2 Basle Banking Committee, *Operational Risk Management*, 1998 Sept.

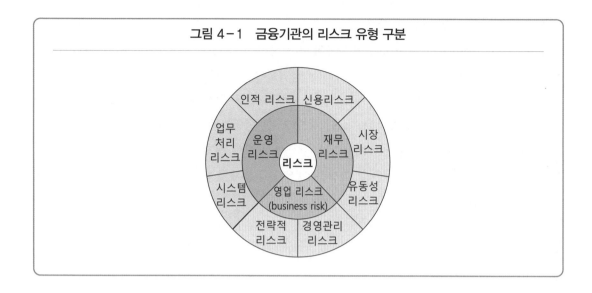

그림 4-1 금융기관의 리스크 유형 구분

다고 하겠다.

주요한 기관들의 운영 리스크에 대한 정의를 살펴보면 먼저 영국의 금융감독청(Financial Service Authority)은 운영 리스크의 유형을 업무처리 과정에서 발생하는 리스크(operations risk), 원리금 정산 오류 등과 같은 결제과정에서 발생하는 리스크(settlement risk), 평가모형 등의 불완전성에 기인한 리스크(model risk), 사기 등에 의한 리스크(fraud risk), 부적절한 자산매각 리스크(misselling risk) 및 법률적 리스크(legal risk)로 구분한 바 있다.

또한 영국은행협회(British Banker's Association)는 인적 리스크(people risk), 업무처리 리스크(process risk), 기술리스크(technology risk), 외적 리스크(external risk), 물적 리스크(physical risk)로 구분하고 있는데 앞의 세 가지 리스크는 금융기관의 내부 요인에 의해 발생하는 반면 후자의 두 가지는 외부 요인에 연계되어 발생한다.

한편 국제결제은행(BIS) 바젤은행감독위원회는 1994년에는 운영 리스크를 '정보시스템 또는 내부통제시스템의 결함으로 예상하지 못한 경제적 손실이 발생할 가능성'이라고 제시한 바 있으며 2001년 1월 발표한 '새로운 자기자본보유제도 개편방안'[3]에서는 운영 리스크를 '잘못되고 부적절한 절차, 시스템 및 외부사건으로부터 발생하는 직·간접적인 리스크'로 정의하고 있다.

---

3 Basel Committee on Banking Supervision, *A New Framework for Capital Adequacy : A Consultative Paper*(June 1999) 및 *A New Basel Capital Accord : Consultative Document*(Jan. 2001).

이러한 운영 리스크는 자금결제, 내부 가격결정, 현금 및 유가증권 이동, 전산시스템 관리 등 주로 사후관리업무(back office operations)와 밀접한 관련이 있지만 근본적으로 금융기관의 영업활동 중 어느 부문에서도 발생할 수 있다는 점을 인식하여 관리방안을 강구하는 것이 중요하다.

<h2>2   운영 리스크의 측정</h2>

운영 리스크를 측정하는 것은 금융기관 경영에 있어 몇 가지 중요한 문제를 해결해 준다. 즉, 운영 리스크를 성공적으로 계량화할 경우 이는 금융기관이 자기자본을 보다 효율적으로 배분할 수 있는 진일보된 방법을 제시하게 되는 것이며, 성과측정에도 직접 반영할 수 있다. 그 밖에도 여러 가지 비효율적인 부문을 식별함으로써 경영비용을 줄이는 등의 효익도 따를 것이다.

그러나 운영 리스크를 효과적으로 예측하고 이에 대비하기 위해서는 운영 리스크의 각종 요인들과 손실금액을 연관지을 수 있는 역사적 데이터가 충분히 존재하여야 하지만, 이는 쉬운 일이 아니다. 즉, 특정 금융기관에 있어 운영 리스크만을 통해 거액손실을 경험한 경우란 극히 드물기 때문에 과학적 분석에 이용될 충분한 데이터를 확보하기란 어려운 일이다. 이에 대한 대안으로는 다른 금융기관으로부터 유사한 자료를 입수하는 방안을 생각해 볼 수 있지만, 내부 관리시스템이 상이한 금융기관으로부터 입수된 과거 자료가 얼마나 유용성이 있을지도 의문이다. 그러나 통합 리스크 관리를 위해서는 운영 리스크를 계량화하는 과정이 필요하기 때문에 이와 관련하여 최근 많은 연구가 진행중이다.

운영 리스크를 측정하는 수단으로 이용 가능한 몇 가지 임시방편적 방법(adhoc method)으로는 내부감사의 평가등급(internal audit ratings), 자체적인 내부통제 평가결과, 거래규모(volume), 회전율(turnover), 오류비율(error rate), 결제 실패 또는 지연 횟수, 수익의 변동성 등을 들 수 있다.[4] 또한, 각 사업단위별로 운영 리스크를 자체평가(self-assessment)하도록 하는 것도 매우 효과적이다.

자체평가를 통해 각 사업단위는 운영 리스크에 대해 스스로 평가할 수 있는 기회를 가질 수 있고 운영 리스크에 대한 인식도 제고시킬 수 있다. 리스크 관리 전담조직에서는 각 사업단위의 속성에 따라 발생할 수 있는 운영 리스크의 유형을 대략적으로 정의하고 이를 각 사업단위

---

4   1998년 바젤은행감독위원회의 설문조사에 따르면 당시 은행들은 이들을 이용하여 운영 리스크 발생 정도가 높은 영업부분을 식별하는 데 사용하고 있다(Basel Committee on Banking Supervision, *Operational Risk Management*, September 1998).

별로 제시하여 보완하도록 함으로써 보다 정교한 체크리스트를 만든 다음, 이에 따라 운영 리스크 수준을 자체평가하고 이를 내·외부감사가 이중으로 평가하도록 하는 것도 한 가지 방법일 수 있다. 이러한 과정은 각 사업단위별로 발생할 수 있는 운영 리스크의 유형에 대해 담당자 스스로 민감하도록 함(self-enforcing)으로써 운영 리스크를 근본적으로 줄이고, 정형화된 데이터를 축적함으로써 장기적으로는 과학적인 분석을 가능하게 해 줄 것이다.

특정한 형태의 운영 리스크에 대해 보험(insurance)에 가입하는 방법도 생각할 수 있지만, 비록 보험을 통해 운영 리스크 중 상당 부분을 헤지(hedge)[5]할 수 있다 하더라도 금융기관은 이러한 자체평가 과정을 통해 예상손실에 대한 추정이 가능하게 되어 보험계약 시 우위를 점할 수도 있을 것이다.

다만, 이와 같은 과정을 통해 운영 리스크에 대한 기초데이터를 수집할 수는 있지만 금융기관의 모든 운영 리스크를 포괄할 수는 없다는 점에 항상 유의해야 한다.

이렇게 수집된 시계열 정보는 사업단위별로 실제로 발생한 손실과 대비하여 경영층에게 정기적으로 보고되어야 함은 물론이다. 만약, 사업단위 자체평가 결과와 실제 발생한 손실 간에 괴리가 계속된다면 이는 사업단위를 담당하고 있는 경영진이 자신이 책임지고 있는 업무에 대한 이해도가 낮다는 것을 의미하므로 적절한 조치가 따라야 할 것이다. 아울러, 자체평가에 의해서 문제 발견 시의 처벌보다는 내·외부감사나 감독당국에 의해서 문제 발견 시에 훨씬 더 엄하게 처벌함으로써 내부적으로 문제를 발견하고 보고하는 것에 대한 동기(incentive)를 부여하도록 노력해야 할 것이다. 체크리스트 항목의 예로서 다음과 같은 사항들이 고려될 수 있다.

① 거래 실행의 지연, 잘못된 주문 등으로 인해 발생하는 손실
② 거래 실행 시 잘못된 가격 산정(pricing)으로 인해 발생하는 손실
③ 잘못된 청구서를 발송함으로써 발생하는 손실(billing errors loss)
④ 임·직원의 불법행위, 실수 등으로 인해 금융기관이 지불한 벌금 또는 배상금
⑤ 도난 또는 사기로부터 입은 손실
⑥ 전산시스템의 작동 오류로부터 발생하는 제반 경제적 손실 등

아울러, 운영 리스크를 나타내는 다양한 지표(indicators)를 개발하는 것도 유용하다. 운영 리스크로 인한 예상손실, 오류 발생률 등 다양한 지표를 개발하여 유용성을 지속적으로 검증할 필요가 있으며, 지표가 미리 설정한 한도(limit)를 초과하는 경우 해당 부서에 투입되어 문제점

---

5 보험을 이용하는 경우 보험금 지급 대상이 되는 사건과 금융기관이 운영 리스크를 발생시키는 사건이 정확히 일치할 때 운영 리스크를 제거할 수 있다.

을 집중적으로 진단하고 해결방안을 모색하는 내·외부 전문가 집단을 운영하는 것도 효과적이다.

운영 리스크로부터 발생한 손실의 역사적 시계열 자료가 산출된 후에는 시장 리스크나 신용 리스크와 동일한 접근방법을 사용할 수 있다. 즉, 발생손실의 기대값(expected loss)과 특정한 신뢰 수준 하에서 잠재적 최대 손실(unexpected loss)을 산출하여 충당금(reserve) 또는 자기자본(capital)을 적립하면 된다.[6] 새로운 사업을 추진할 계획이 있거나, M&A 등이 예상된다면 운영 리스크가 발생할 가능성이 증가하므로 보다 많은 충당금 또는 자기자본을 적립할 필요가 있을 것이다. 특정 사업단위의 영업활동 또는 금융상품에 대해 특정한 유형의 운영 리스크를 연관지을 수 있다면 보다 세분된 분석을 할 수도 있을 것이다.

3 운영 리스크의 관리방법

운영 리스크가 별개의 리스크 범주로 자리를 잡은 것은 상대적으로 최근의 일이다. 많은 금융기관들이 성과에 대한 지표를 추적하고 손실 경험을 분석하고 있지만, 현재 세계적으로 운영 리스크를 주기적으로 측정하고 보고하는 금융기관은 거의 없는 실정이나 최근 들어 운영 리스크를 측정하고 관리하는 방법을 보다 정교하게 개발하는 데 많은 노력을 기울이고 있다.

영국의 중앙은행인 영란은행(Bank of England)은 금융기관의 운영 리스크 관리 실패의 대표적인 사례인 베어링스(Barings) 사건에 기초하여 운영 리스크를 방지하기 위해서는, 첫째, 관리부서는 맡은 관리 업무를 완전히 이해하여야 하며, 둘째, 각 사업부서의 활동은 책임의 소재가 명확해져야 하고 각 부서 간에 정보교류가 이루어져야 하며, 셋째, 모든 영업활동에 대해서는 독립적인 리스크 관리를 포함한 적절한 내부통제가 이루어져야 하고, 넷째, 최고 경영진과 감사위원회는 중요한 취약 부문을 신속히 해결하여야 한다는 점을 지적하였다.

한편, 국제결제은행(BIS) 바젤은행감독위원회에서는 1998년 운영 리스크의 효과적인 관리를 위한 기본원칙으로 5가지를 제시한 바 있는데 이는 경영진에 의한 감시, 리스크 측정·감시 및 경영정보시스템(MIS), 리스크 관리 정책 및 절차, 내부통제, 감독당국의 역할이 그것이다.

실무적으로 운영 리스크에 대한 측정상의 난점[7] 때문에 많은 금융기관들이 질적인 모니터링

---

6 이 경우에도 운영 리스크로부터 발생하는 손실의 확률분포(loss distribution)를 도출하는 과정은 상당한 통계학적 작업을 요한다.

7 관련 데이터 수집이 어렵고 외부자료를 사용하는 경우 그 실효성에 의문이 있다. 또한 리스크 요인과 손실 간의 관계를 정립하기가 어려울 뿐만 아니라 거대한 운영 리스크 손실 사건은 상대적으로 발생 빈도가 매우 드물어서 계량적 추정 시 매우 높은 신뢰 수준이 요구되는 점 등이다.

기능에 더 많은 신경을 쓰고 있다. 예를 들어 특정 사건에 대한 발생 원인과 본질, 손실의 파급 경로 등에 대해 심층적으로 분석하고 경영진과 이사회에 보고함으로써 운영 리스크로 인해 초래된 손실을 직접적으로 감시하고 있는 것이다. 이는 운영 리스크 관리가 시장 또는 신용 리스크 관리와 상당히 다른 접근방식을 필요로 한다는 것을 시사한다.

즉, 시장 또는 신용 리스크 관리의 경우 수익 창출을 위해 필연적으로 부담해야 하는 부분이 있는 반면, 운영 리스크의 경우 리스크를 본질적으로 부담해야 하는 이유가 없다. 따라서, 운영 리스크의 규모가 그리 크지 않다면 운영 리스크를 위해 필요한 자기자본규모를 측정하기 위해 많은 시간과 비용을 들이기보다는 원인규명을 통해 운영 리스크를 직접 제거하도록 노력하는 것이 더 효과적이다. 이는 금융기관이 부담하고 있는 운영 리스크의 규모와 속성에 따라 자체적으로 판단해야 할 문제이다.

경영진의 감시활동이 효과적이기 위해서는 발생 가능한 다양한 운영 리스크에 대하여 책임 소재를 분명히 해두는 것이 필요하며, 운영 리스크 관리 전담팀을 설치할 수도 있다. 운영 리스크 규모에 따른 인센티브를 개발하는 것도 한 가지 방안이 될 수 있다.

경영진이 운영 리스크를 효과적으로 측정·감시·통제하기 위해서는 효과적인 보고체계를 구축하여야 하는데, 거액, 비정형 손실이 보고되었을 경우 리스크 관리 전담조직으로 하여금 그 거래 속에 어떠한 종류의 리스크가 내재되어 있었는지, 또 재발될 소지가 있는지를 심층 분석하도록 신속히 지시하여야 한다. 또한, 긴급상황이 발생할 경우 이를 신속히 수습할 수 있도록 contingency plan을 마련해 두는 것이 필요할 것이다.

또한, 운영 리스크 관리에 있어 내부통제(internal control)를 위해 영업부서(front office) ─ 리스크 관리전담조직(middle office) ─ 사후관리부서(back office) 간의 직무분리(segregation of duties), 경영진에 대한 보고체계, 적절한 영업절차 등이 명확히 문서로 규정되어 있어야 한다.

한편, 국제결제은행 바젤은행감독위원회는 1999년 6월 발표한 '새로운 자기자본제도 개편 방안(A New Framework for Capital Adequacy)'과 2001년 1월 발표한 '새로운 자기자본보유제도 개편방안(A New Basel Capital Accord)'[8]을 제시하였다. 이 개편방안은 2007년 1월 1일부터 시행되었는데, 이 개편방안에서는 차주의 신용도를 평가함에 있어 외부 신용평가기관의 평가결과 또는 내부시스템에 의한 신용평가결과를 인정하고, 운영 리스크에 대해서도 자기자본을 추가로 쌓도록 적극 권고하고 있다. 운영 리스크의 계량적 측정방법이 아직 국제적으로 정립되지 못한

---

8 Basel Committee on Banking Supervision, *A New Framework for Capital Adequacy* : *A Consultative Paper*(June 1999) 및 *A New Basel Capital Accord* : *Consultative Document*(Jan. 2001).

상황이어서 구체적인 지침이 마련되지는 못했지만,[9] 바젤은행감독위원회는 감독당국의 재량에 의해 운영 리스크를 자기자본에 반영하도록 유도하고 있는 것이다.

이에 따라 2004년 금융감독원은 운영 리스크에 대한 자기자본 보유를 의무화하는 '신BIS 자기자본비율 산출기준(안)'을 발표하였다. 우리나라는 다음에 설명할 운영 리스크 측정방법인 기초지표법과 표준방법은 2008년 1월부터, 고급측정법은 2009년 1월부터 도입하였다.

4 운영 리스크에 대한 자기자본의 측정 관리기법

운영 리스크의 측정방법은 관리할 운영 리스크의 범위와 리스크를 발생시키는 사건과 그 효과 간의 인과관계를 어떻게 인식하는가에 따라 무수히 많아질 수 있다. 운영 리스크 역시 시장 리스크나 신용 리스크를 분석하는 단계와 마찬가지로 운영 리스크를 정의하고, 운영 리스크를 발생시키는 요인들(risk factors)을 명확히 식별하여 각 요인들에 대한 노출(exposure) 정도를 측정한 후 일정한 신뢰 수준의 가정하에서 리스크량을 계산하는 단계를 밟게 된다.

(1) 상·하향식 접근방법

운영 리스크를 측정하는 방법은 크게 하향식(Top down) 방식과 상향식(Bottom up) 방식으로 구분할 수 있다.

하향식 방식은 금융기관의 총체적인 운영 리스크 수준을 측정한 후 이를 기초로 운영 리스크를 커버하기 위해 필요한 자기자본량을 결정하고 이를 각 영업부문별로 배분하는 방식으로 운영 리스크를 관리하는 방법이다. 달리 말하자면 하향식방식은 금융기관의 총체적인 경영성과(총수익 등)를 변화시키는 요인을 분석하여 운영 리스크를 측정하는 방법이다. 예컨대 운영 리스크를 은행의 전체적인 수익에 영향을 미치는 요인이라고 정의하여 수익 지표의 변동성으로부터 운영 리스크를 추정해 내는 방식이다. 운영 리스크를 금융기관의 전체적인 자료(수익의 변동성 등)에 기초하여 측정하기 때문에 이 방법은 단순하고 요구되는 자료가 적다는 것이 장점이다. 그러나 운영 리스크의 원천을 명백하게 밝힐 수 없어 필요한 조치를 찾아 실행할 수 없다는 단점이 있다.

---

9 총수익, 수수료수입, 영업비용, 난외거래 익스포저 등을 기초로 운영 리스크를 간접적으로 추정하는 대체적인 간편법을 제시하였으며, 금융기관의 운영 리스크에 대한 감독당국의 정성적 판단(qualitative judgment)을 강조

한편 상향식 방식은 개별적인 영업부문 또는 업무처리 단계별로 운영 리스크를 발생시키는 사건을 유형화하고 이들에 대해 운영 리스크 발생 빈도에 따른 손실 수준을 측정한 후 이들을 합산함으로써 금융기관의 총체적인 운영 리스크를 측정하는 방법이다. 따라서 후자가 운영 리스크를 발생시키는 원인과 손실의 인과관계를 보다 정확하게 파악할 수 있다.

(2) 금융감독기관의 접근방법

국제결제은행 바젤은행감독위원회는 현행 자기자본 보유제도를 개선하기 위하여 1999년 6월과 2001년 1월 두 차례에 걸쳐 '새로운 자기자본보유제도 개편방안'[10]을 제시하면서 세계적으로 금융기관들이 사용하고 있는 운영 리스크 측정방법(일종의 best practice라 할 수 있다)을 정리하여 제시하였다.

이 개편방안에서 운영 리스크를 측정하는 방법으로 기초지표법(basic indicator approach), 표준방법(standardised approach) 및 고급방법(advanced approach)을 제시하고 이에 따라 필요한 자기자본을 산정·보유토록 요구하고 있다. 고급방법에는 내부측정법(internal measurement approach), 손실 분포법(loss distribution approach) 및 스코어카드법(scorecard approach)이 포함된다.

바젤은행감독위원회가 제시한 방법들은 은행에 대한 건전성 규제 측면에서 운영 리스크를 커버하기 위해 필요한 자기자본의 양을 구하는 데 목적이 있지만 운영 리스크를 계량화하는 방법으로도 유용성이 있다.

동 위원회는 운영 리스크의 측정과 자기자본 관리의 효율화를 위해서는 초기에는 기초지표법이나 표준방법을 채택하다가 점진적으로 고급방법의 적용범위를 확장시키고 궁극적으로는 고급방법을 전체적으로 확대 사용하는 것이 바람직하다는 입장이다.

❶ 기초지표법(basic indicator approach) : 기초지표법은 금융기관에 있어 운영 리스크가 총수익(gross income)과 같은 하나의 지표를 통해 나타나게 된다고 보고 이 지표에 대해 적정하다고 판단되는 비율(α%)을 곱하여 구한 값을 운영 리스크에 대한 필요한 자기자본량으로 인식하는 방법이다.

$$\text{필요 자기자본} = \text{운영 리스크 측정지표} \times \alpha$$

10　Basel Committee on Banking Supervision, *A New Framework for Capital Adequacy : A Consultative Paper*, June, 1999. 및 *A New Basel Capital Accord : Consultative Document*, Jan. 2001.

이를 좀 더 자세히 표현하면 다음과 같다.

$$K_{BIA} = [\sum (GI_{1...n} \times \alpha)]/n$$

K_{BIA} : 기초지표법에 의한 운영 리스크 필요 자기자본

GI : 직전 3년간 연간 총이익(gross income) 중 양수인 금액

n : 직전 3년간 연간 총이익이 양수인 횟수

α : 일정 비율(15%)

이 방법에서는 운영 리스크량을 결정하는 계수(α)를 얼마로 할 것인가가 중요한데, 이것은 해당 금융기관의 과거 수익의 변동성에 기초하여 결정될 수 있다. 이 방법은 적용하기가 매우 쉽다는 장점이 있지만 개별 금융기관의 자체 특성과 운영 리스크 관리 수준을 반영하지 못한다는 단점이 있다. 금융감독원에서는 운영 리스크 측정지표를 총이익으로 하고, 계수(α)의 값을 15%로 설정하고 있다.[11] 이때 총이익은 은행의 결산 손익계산서를 기준으로 산출한 순이자이익과 순비이자이익 합계액의 직전 3년간 평균금액으로 정의되는데, 순이자이익은 수입이자에서 지급이자를 차감한 금액이며, 순비이자이익은 영업활동에 따른 수수료 등 비이자수익에서 영업활동에 따른 비이자비용을 차감한 금액으로 한다. 다만, 순비이자이익을 산출할 때 영업수익 중 기타영업수익과 영업비용 중 경비, 제세공과, 제상각, 제충당금전입액(지급보증충당금전입액은 제외) 및 기타영업비용은 제외된다. 또한 순이자이익과 순비이자이익을 산출할 때 영업외수익과 영업외비용, 특별이익과 특별손실, 타회계사업자금차입금이자 및 법인세비용은 제외된다.

❷ 표준방법(standardised approach) : 표준방법은 금융기관을 몇 개의 표준화된 사업단위 및 영업부문으로 나누어 각 영업부문별로 운영 리스크에 대한 최저 필요 자기자본 규모를 산정·합산함으로써 은행 전체의 운영 리스크를 측정하는 방법이다. 이 표준방법에 따르면 먼저 사업단위 및 영업부문을 〈표 4-1〉과 같이 표준화하고 각 영업부문별 위험의 대용변수로 사용할 지수를 결정한다.

다음은 각 영업부문별 지수에 일정 비율 β_i를 곱하여 당해 영업부문의 운영 리스크에 대한 필요 자기자본을 계산한다.

$$필요\ 자기자본 = \sum (\beta_i \times 지표i)$$

이를 좀 더 자세히 표현하면 다음과 같다.[12]

---

11   금융감독원, 신BIS자기자본비율산출기준(안), 2004. 10.

12   여기서 8개 영업부문은 〈표 4-2〉 참고.

사업단위 (business units)	영업부문 (business lines)	지표 (indicator)	자기자본계수* (capital factor)
투자은행업	기업금융	총수익	β_1
	유가증권 매매 및 판매	총수익	β_2
상업은행업	소매금융	총수익	β_3
	상업금융	총수익	β_4
	지급 · 결제	총수익	β_5
기타	유가증권 위탁매매	총수익	β_6
	자산운용	총수익	β_7

표 4-1 표준방법에 의한 영업부문의 구분과 운영 리스크 측정지표

* 각 영업부문별 운영 리스크를 최저 필요 자기자본으로 환산시키는 비율

$$K_{TAS} = \{\textstyle\sum_{years\,1\sim3} \max[\sum(GI_{1\sim8} \times \beta_{1\sim8}),\ 0]$$

K_{TAS} : 표준방법에 의한 운영 리스크 필요 자기자본

$GI_{1\sim8}$: 8개 영업부문별 연간 총이익(2개 연도 이상 음수일 경우에는 해당 연도 값을 0으로 처리)

$\beta_{1\sim8}$: 8개 영업부문별에 적용되는 일정 비율

금융기관의 운영 리스크를 커버하는 데 필요한 자기자본은 각 영업부문별 최저 필요 자기자본을 합산하여 계산하게 된다. 이때 β_i값은 현행 BIS기준에 의한 최저 필요 자기자본의 20%를 표본은행의 영업부문별 비중에 따라 부문별로 배분하고, 이 수치를 당해 영업부문의 지수값으로 나눈 비율로 계산할 예정이다.

이같이 영업부문을 구분하는 것은 부문별로 다른 형태의 운영 리스크가 발생하고 있기 때문이다. 이것은 각 영업부문별로 상이한 운영 리스크 손실 측정지표가 필요함을 의미한다.

금융감독원에서는 표준방법에 의하여 운영 리스크를 측정하고 자기자본을 관리하는 방법으로 총이익 기준방법, 자산규모 기준방법 또는 간편 기준방법 중 하나를 선택할 수 있는 안을 제시하고 있다. 먼저 총이익 기준방법은 은행에 대해 〈표 4-2〉와 같이 영업부문을 8개로 구분하여 각각의 영업부문별로 총이익을 산출하고 해당 계수값을 곱하여 구한 값의 합계액을 각 연도의 필요 자기자본으로 하고, 각 연도별 필요 자기자본의 3년간 이동평균금액을 운영 리스크 필요 자기자본으로 한다. 여기서 특정 연도에서 특정 영업부문의 필요 자기자본이 음수(-)로 산출되는 경우 당해 연도의 다른 영업부문의 필요 자

표 4-2　　금융감독원의 운영 리스크 필요 자기자본 산정 계수값

영업부문	계수값(β_i)
투자금융	0.18
트레이딩과 매매	0.18
소매금융	0.12
기업금융	0.15
지급과 결제	0.18
대행서비스	0.15
자산관리	0.12
소매중개	0.12

기자본과 상계시킬 수 있고 상계 결과 특정 연도의 필요 자기자본이 음수(−)가 되는 경우에는 그 값은 0으로 한다.

　두 번째, 자산규모 기준방법은 〈표 4-2〉에서 소매금융과 기업금융의 영업부문에 대해서만 각각의 총자산에 0.035를 곱하여 산출한 값에 총이익 기준방법에서 적용되는 상수를 곱하여 필요 자기자본을 산출하고, 여타 다른 영업영역에 대해서는 총이익 기준방법과 동일한 방법으로 필요 자기자본을 산출한다.

　마지막으로, 간편 기준방법은 〈표 4-2〉에서 소매금융과 기업금융에 대해서는 두 영업부문의 총이익 합계액에 15%를 곱하여 필요 자기자본을 산출하고, 여타 다른 영업부문에 대해서는 총이익 기준을 적용하여 필요 자기자본을 산출한다.

　표준방법은 영업부문을 8개로 구분하고 이들 각각에 대해 서로 다른 비율을 적용한다는 점에서 기초지표법보다는 개선된 방법이라 하겠지만, 운영 리스크에 대한 필요 자기자본이 기초지표법과 동일하게 연평균 수익에 비례한다고 가정함으로써 실질적인 운영 리스크를 반영할 수 없다는 한계를 갖는다.

❸ 고급측정법(advanced measurement approach) : 고급측정법에는 내부측정법, 손실 분포법 및 스코어카드법이 제시되고 있다.

　내부측정법(internal measurement approach)은 각 영업부문(8개)과 리스크 유형(7가지)별 운영 리스크에 대한 노출(exposure) 정도와 영업손실 사건의 발생 확률 및 영업손실 사건 발생 시의 손실률을 감안하여 운영 리스크 발생 시 예상손실(expected loss)을 구하는 방법이다. 따라서 이 방식에서는 예상손실과 예상치 못한 손실 간에는 일정하고 안정된 관계(fixed and stable relationship)가 있다고 가정한다.

이 관계는 선형일 수도 있고 비선형일 수도 있는데 선형관계에 있는 경우 운영 리스크에 대한 자기자본 요구량은 단순히 예상손실에 일정 배수를 곱한 수치가 될 것이나 비선형관계에 있는 경우 자기자본 요구량은 예상손실에 대해 보다 더 복잡한 함수식이 적용되어야 계산될 수 있을 것이다.

내부측정법은 운영 리스크 노출(exposure) 정도를 일련의 영업부문(business lines)과 운영 리스크 사건 유형(operational risk event types)으로 나누고 각각의 영업부문/사건 유형별로 고유한 예상손실액을 계산한다. 예상손실은 내부자료(적절한 경우 외부자료로 포함 가능)와 해당 영업부문의 업무 규모에 기초를 두고 다양한 영업라인/사건유형 조합별로 운영 리스크 사건의 예상 발생빈도(frequency)와 손실규모(severity)에 대한 추정치를 결합시킴으로써 계산된다.

최종적인 운영 리스크 규모는 운영 리스크를 발생시키는 사건에 대한 예상손실에 일정한 계수(γ_{ij})를 곱하여 산출한다. γ_{ij}값은 예상손실을 운영 리스크액 또는 필요 자기자본액으로 변환시키는 데 사용되는 상수로 산업 전체의 손실 분포에 기초하여 결정된 값이다. 그러므로 만일 개별 은행의 리스크 특성이 산업 전체의 리스크 특성과 다른 경우에는 리스크 특성 지수(Risk Profile Index : RPI)를 곱함으로써 그 차이를 조정하게 된다.

필요 자기자본

$$= \sum_i \sum_j \left[\gamma(i, j) \times ELA(i, j) \times RPI(i, j) \right]$$

$$= \sum_i \sum_j \left[\gamma(i, j) \times EI(i, j) \times PE(i, j) \times LGE(i, j) \times RPI(i, j) \right]$$

i : 영업부문, j : 리스크 유형

$\gamma(i, j)$: 각 영업부문과 해당 리스크 유형별 운영 리스크에 대한 최저 필요 자기자본액 환산비율

$ELA(i, j)$: 예상손실(expected loss amount)

$EI(i, j)$: 익스포저 지표(Exposure indicator), 특정 영업부문의 운영 리스크 익스포저의 규모에 대한 대용변수

$PE(i, j)$: 운영 리스크 손실 사건의 발생 확률(probability of loss event)

$LGE(i, j)$: 운영 리스크 손실 사건 발생 시의 손실률(loss given loss event)

$RPI(i, j)$: 리스크 특성 지수로 개별 금융기관의 리스크 손실 분포 차이를 조정하는 계수

이 방법은 각 영업부문과 각 손실 사건의 유형에 대하여 기대손실을 구한다는 점에서 논리적으로 타당한 방법이지만 임의적인 조정변수를 적용하도록 허용하고 있다는 점에서 한계가 있다.

여기서 운영 리스크 손실 사건의 유형(operational loss event types)은 다음과 같이 7가지로 구분된다.

① 내부사취(internal fraud): 내부자에 의한 절도, 사기, 권한이 없는 자의 행위, 부적절한 규정 적용이나 권한 사용 등에 의한 손실
② 외부사취(external fraud): 절도, 위조, 정보도난, 컴퓨터 해킹 등과 같은 제3자의 사취에 의한 손실
③ 고용관계 및 작업장 안전: 직장 내 차별 등 고용인과의 관계, 작업장 안전규정 미준수·안전사고 등에 따른 손실
④ 고객관계, 상품 및 영업실무: 특정 고객에 대한 프라이버시 침해·기밀정보 오용·은행의 의무 미준수, 상품결함에 따른 손실, 금융상품의 모델 에러 등에 의한 손실
⑤ 물적 자산 손실: 지진, 화재와 같은 자연재해 등으로 인한 고정자산 등의 가치 감소 (loss of or damage to assets)
⑥ 업무마비 및 시스템 장애: 업무마비, 컴퓨터·통신시스템 장애 등으로 인한 손실
⑦ 거래체결, 결제 및 처리절차 관리: 거래상대방 및 판매업자와의 관계에서 거래처리 및 관리 실패로 인한 손실(예: 회계오류, 고객계정관리 오류, 법적문서 누락 등)

손실 분포법(loss distribution approach)은 은행이 운영 리스크별 손실확률분포를 계산하여 필요 자기자본규모를 산정하는 방법이다. 금융기관이 자체적으로 집계한 손실자료(운영 리스크 데이터베이스)에 기초하여 각 영업부문과 사건들 간의 조합별로 손실을 발생시키는 운영 리스크 사건의 빈도와 손실 수준에 대한 분포를 측정하고 이들 분포에 기초하여 일정한 기간 동안의 운영 리스크 손실액을 계산한다.

전사적인 운영 리스크 양은 각각의 영업부문과 손실 사건 유형 간의 조합별로 계산된 운영 리스크 양을 합산함으로써 구하게 된다. 손실 분포법을 적용하기 위해서는 운영 리스크 데이터베이스의 완전성과 손실확률분포의 형태에 대한 가정이 매우 중요하다. 운영 리스크에 대한 손실자료를 수집할 때 통상 일정 금액을 초과하는 손실을 대상으로 하게 되거나 각각의 조합에 대해 자료를 구할 수 없게 되는 경우가 있게 될 것이다. 이것은 원시적으로 missing data나 절삭된 자료로부터 모수를 추정하게 됨을 의미하며 모수 추정의 부정확성 문제가 야기된다. 운영 리스크 손실확률분포는 통상 꼬리가 두꺼운 분포

를 하고 발생빈도도 불안정적(non-stationary)인 것으로 알려져 있다. 따라서 운영 리스크 모형은 이러한 분포 특성을 감안할 수 있어야 한다. 손실 분포법에 의한 필요 자기자본의 산출절차는 다음과 같다.

첫 번째는 해당 금융기관에 대한 정보를 수집하는 것이다. 조직의 특성을 파악하고 모형화해야 할 영업부문, 상품과 서비스의 종류에 대한 정보를 수집하는 단계이다. 두 번째는 내부 손실 데이터를 수집하여 영업부문과 손실 사건의 유형별로 구분한다. 세 번째는 외부 데이터를 해당 금융기관의 수익규모에 맞추어 조정하는 것이다. 네 번째는 영업부문과 손실 사건의 유형별 손실금액(severity)분포를 추정한다. 손실금액은 영업부문별로 달라지므로 그 분포는 손실 데이터와 적절히 연계되거나 외부 데이터를 보충해서 분석하여야 한다. 다섯 번째는 영업부문과 손실 사건 유형별로 빈도(frequency)분포를 추정한다. 내부와 외부의 데이터를 이용하여 평균 빈도 분포를 추정하는 것이다. 여섯 번째는 영업부문과 손실 사건 유형별로 집합적인 손실 분포를 계산한다. 표준화된 계산방법이나 몬테칼로 시뮬레이션 등을 이용해 영업부문과 손실 사건 유형의 조합 각각에 대해 집합적인 손실 분포를 계산한다. 마지막으로 각각의 영업부문과 손실 사건 유형별 손실 분포를 분산 효과를 고려하여 통합한다. 이때 영업부문과 손실 사건 유형 간은 독립적이라고 가정한다.

스코어 카드법(scorecard approach)은 금융기관이 전체나 개별 영업부문별로 운영 리스크에 대한 초기 필요 자기자본을 결정한 후 향후에 영업부문별 잠재 리스크나 리스크 통제 환경의 변화를 감안하여 작성한 점수표에 따라 점차 이 초기값을 조정해 가는 방식으로 운영 리스크에 대한 필요 자기자본을 측정한다. 이 방법은 장래의 운영 리스크 손실의 빈도나 크기를 줄일 수 있다는 리스크 통제환경의 개선 여부를 반영한 미래지향적 요소를 포함하고 있지만 스코어 카드의 매트릭스(matrix)와 가중치가 전문가의 주관에 의존한다는 데 한계가 있다. 스코어 카드법에 의한 필요 자기자본의 산출절차는 다음과 같이 요약된다. 먼저 총 운영 리스크 필요 자기자본을 통계적 방법이나 벤치마크를 이용하여 계산한다. 두 번째는 운영 리스크의 발생 가능성에 따라 각 영업부문에 상대적인 리스크 등급을 할당한다. 이때 각 영업부문은 손실 사건 유형별로 분리한다. 세 번째는 운영 리스크 사건의 손실 가능액(severity)을 결정한다. 마지막으로 손실 가능액을 적용하는 가중치를 결정하여 필요 자기자본을 산출한다. 따라서 필요 자기자본은 다음과 같이 계산된다.

필요 자기자본＝평균점수×손실 가능액×가중치(%)

운영 리스크(operational risk) 관리의 일반원칙

2002년 7월 31일 국제결제은행 바젤위원회는 은행에 있어 운영 리스크의 관리는 과거에도 중요한 업무였으나 최근 들어 신용이나 시장 리스크와 마찬가지로 운영 리스크도 포괄적인 관리가 필요하다는 인식이 확산되고 있으며, 과거에는 운영 리스크 관리를 영업라인의 내부통제 메커니즘에 주로 의존하였으나 최근에는 구체적인 체계(structure) 및 절차(process)의 중요성이 부각되고 있음을 지적하면서 향후 금융기관의 효과적인 운영 리스크의 관리와 감독에 대한 10가지 기본원칙을 제시하고자 '건전한 운영 리스크 관리 및 감독'[13]을 발표하였다. 이는 바젤위원회가 먼저 제시했던 유동성 리스크 관리원칙 및 금리 리스크 관리원칙과 마찬가지로 은행 이외의 여타 금융기관에 대해서도 적용할 수 있다.

그 주요 내용을 살펴보면 적절한 이사회와 최고경영진을 중심으로 한 리스크 관리 환경의 조성(아래의 원칙 ❶~❸), 리스크의 식별·측정·모니터링·통제(아래의 원칙 ❹~❼), 은행의 운영 리스크를 전체 리스크 관리의 한 부분으로 인식, 측정, 모니터링 및 통제·완화할 수 있는 적절한 시스템을 운영하도록 지도하는 감독기관의 역할(아래의 원칙 ❽과 ❾), 은행으로 하여금 시장 참가자들이 은행의 운영 리스크 관리 수준을 평가할 수 있도록 충분한 공시를 하여야 한다는 공시원칙(아래의 원칙 ❿)을 담고 있다. 10가지 원칙은 다음과 같다.

❶ 이사회는 운영 리스크의 주요 요소들을 관리가 필요한 별도의 리스크 범주로 인식하는 한편 운영 리스크 관리의 기본틀(framework)을 승인하고 정기적으로 점검하여야 한다. 동 기본틀에는 운영 리스크의 정의 및 식별, 평가, 모니터링 및 통제·완화 방법에 대한 원칙이 제시되어야 한다.

❷ 이사회는 은행의 운영 리스크 관리의 기본틀이 독립적이고 적절하게 훈련된 우수한 직원에 의해 효과적이고 포괄적으로 감사를 받도록 하여야 한다. 내부감사기능은 운영 리스크 관리에 대해 직접적으로 책임을 져서는 아니 된다.

❸ 최고경영진은 이사회에 의해 승인된 운영 리스크 관리의 기본틀을 집행할 책임이 있다. 동 기본틀은 전행적으로 이행되어야 하며 모든 직원들은 운영 리스크와 관련된 각자의 책임을 이해하여야 한다. 최고경영진은 은행의 모든 상품, 활동, 절차 및 시스템 상의 운영 리스크를 관리하는 데 필요한 정책 및 절차를 수립하여야 한다.

---

13 Basel Committee on Banking Supervision. *Sound Practices for the Management and Supervision of Operational Risk*, July, 2000.

❹ 은행은 모든 상품, 활동, 절차 및 시스템에 내재된 운영 리스크를 식별 및 평가해야 하며 새로운 상품, 활동, 절차 및 시스템의 도입에 앞서 이들 상품 등에 내재된 운영 리스크에 대한 적절한 평가절차가 선행되도록 하여야 한다.

❺ 은행은 정기적으로 운영 리스크의 특성(profile)과 중요 익스포저(exposure)를 모니터링하여야 하며 최고경영진 및 이사회는 정기적으로 유용한 정보를 보고받아야 한다.

❻ 은행은 주요 운영 리스크를 통제하거나 완화시키기 위한 정책 및 절차를 구축하여야 한다. 또한 대안적(alternative) 리스크 한도 및 통제전략의 실행 가능성을 평가하고 적절한 전략을 사용하여 전반적인(운영 리스크를 포함한 모든) 리스크에 대한 성향(appetite) 및 특성에 조화되도록 운영 리스크 특성을 조정하여야 한다.

❼ 은행은 심각한 업무상의 문제 발생 시 손실을 최소화하고 은행의 계속적인 존속이 가능하도록 하기 위한 비상계획을 수립하여야 한다.

❽ 감독당국은 은행들로 하여금 운영 리스크를 전체 리스크 관리의 한 부문으로서 인식, 측정, 모니터링 및 통제·완화할 수 있는 적절한 시스템을 운영하도록 하여야 한다.

❾ 감독당국은 운영 리스크와 관련된 은행의 전략, 정책, 절차 및 관행에 대하여 직·간접적으로 정기적이고 독립적인 평가를 수행하는 한편 은행의 동향을 지속적으로 파악할 수 있는 효과적인 보고 체계를 구축하여야 한다.

❿ 은행은 시장참가자들이 은행의 운영 리스크 관리 수준을 평가할 수 있도록 충분한 공시를 하여야 한다.

section 02 법규 준수 리스크 관리

1 법규 준수 리스크의 의의

법규 준수란 금융기관 스스로가 임·직원의 법령, 규정, 내규, 관행 및 도덕적 기준 법규 등을 위반하는 행위를 예방하고, 건전한 영업규범을 준수하기 위하여 행하는 자기통제활동을 의미하는데 단기적으로는 법규위반에 따른 리스크(legal and regulatory risk)를 회피하고 장기적으로는 금융기관에 대한 고객의 신뢰도와 평판을 제고시키는 데 그 목적이 있다.

따라서, 법규 준수 리스크는 금융기관이 법령, 규정, 내규, 관행 및 도덕적 기준을 위반 또는 준수하지 않음에 따라 수익 또는 자본에 악영향을 초래할 수 있는 리스크로 정의할 수 있으며, 이러한 리스크는 금융기관이 규정하고 있는 약관 등에 대하여 고객이 모호해 하거나 불명확하다고 보는 경우에도 발생할 수 있다.

법규 준수 리스크로 인해 금융기관은 대외적으로는 벌금, 과태료, 계약의 파기, 평판 (reputation)의 악화, 영업기회의 축소 등 부정적 현상에 직면하게 되며, 최근 금융환경의 변화에 따라 금융업무가 복잡·다기화되고 있어 그 중요성이 크게 증대될 것으로 예상된다.

특히 규제완화(deregulation)로 인해 자율에 따른 책임이 오히려 강조되고, 금융 관련 거래에서 각종 입증책임이 금융기관에 전가되는 추세이며 집단소송제도(class action)의 도입 등으로 인해 법규 준수 리스크가 더욱 증대될 전망이다.

금융기관이 벌금 등의 법적 제재를 받는 경우 공시하여야 하므로 평판이 나빠질 수 있고 다국적으로 영업을 하는 금융기관의 경우 한 국가의 감독당국으로부터 법적 제재를 받으면 그 내용이 다른 국가의 감독기관에 통보되어 국제적 영업에 제약을 받을 수도 있다는 이유 때문에 법규 준수의 중요성이 강조된다. 이것은 금융기관이 준법감시인제도를 운영하여야 하는 배경이 된다.

2 준법감시제도의 운영 체계

준법감시(compliance)란 일반적으로 고객 재산의 선량한 관리자로서 금융기관의 임직원 모두가 제반 법규 등을 철저하게 준수하도록 사전 또는 상시적으로 통제·감시하는 것을 말한다.

미국이나 일본에서는 준법감시기능을 법규 준수를 위한 내부통제의 전부 또는 일부를 대상으로 하는 업무로 보고 있는 반면, 우리나라는 2000년 1월 각종 금융 관련 법률을 개정하여 준법감시인제도를 도입하면서 준법감시기능을 법규 준수체제 및 리스크 관리체제 등을 포함한 내부통제체제 전반에 걸친 것으로 보고 있다.

준법감시제도는 다음과 같은 체계로 이루어져야 한다.

첫째, 이사회와 경영진은 금융기관의 준법감시기능을 통괄하여야 한다. 이사회와 경영진은 효율적인 준법감시제도를 구축·운영하여야 하고, 특히 경영진은 법규 준수 프로그램의 수립 및 집행에 관여하여야 하고, 이사회는 정기적으로 준법감시제도의 적정성을 점검하여야 한다. 이를 위해서는 법규 준수 프로그램이 금융기관의 경영전략을 수립하는 데 있어 중요한 고려사항이 되어야 한다.

둘째, 준법감시인(또는 준법감시위원회)은 경영진의 지시를 받아 금융기관의 규모와 영업특성 등을 고려하여 법규 준수 프로그램을 수립·운영하여야 한다. 법규 준수 프로그램에는 준법감시담당부서의 조직 구조, 법규 준수 정책 및 절차, 그리고 직원에 대한 법규 준수 교육에 관한 사항이 포함되어야 한다.

셋째, 내부감사는 법규 준수 프로그램의 적정 운영 및 유효성 여부에 대해 평가하고 이를 이사회에 보고하고 미흡한 부분에 대해서는 경영진을 통해 시정할 수 있어야 한다.

3   준법감시인 제도

준법감시인(Compliance officer)은 금융기관 내에서 준법감시업무를 관장하는 자로, 금융기관과 그 임직원들이 각종 법규 및 자체규정 등을 제대로 준수하도록 사전적 예방활동을 담당하며, 조직 내의 각 부서나 각 위원회로부터 독립적인 위치에서 능동적인 견제역할을 수행하게 된다.

준법감시인은 금융기관에 따라 다소 차이가 있으나 대체로 영업 및 업무에 대한 전문적·독립적인 통제활동을 하게 되므로 최고경영자의 지휘 통제하에 있게 되며, 집행간부의 직급을 갖는 것이 바람직하고 적정 임기가 보장될 필요가 있다.

준법감시인의 임무로는 법규 준수를 위한 내부통제기준 제·개정 및 관리, 법규 준수 내부 프로그램 개발 및 직원 교육, 임직원의 영업활동에 대한 준법 여부 감시 및 조치, 최고경영자·감사(감사위원회)에 대한 법규 준수 감독결과 보고, 중대한 위법행위 발견 시 금융감독기관에 대한 보고 등이 있다.

section 03 **기타 비재무적 리스크 관리**

이 밖의 비재무적 리스크로는 법률적 리스크(Legal risk), 경영전략 리스크(Strategic risk), 조세 리스크(Tax risk), 평판 리스크(Reputation risk) 등을 들 수 있는데 이들에 대해서 간단히 언급하도록 한다.

1 법률적 리스크

법률적 리스크는 윤리기준 및 계약상 의무를 포함한 법률 위반에 따른 손실 리스크를 말한다. 이행력 없는 계약, 소송 또는 판결 파기 등으로 인해 금융기관의 조직과 업무에 대한 부정적 영향을 미칠 가능성을 내포하는데, 이들은 민사소송 관련 비용 부담이나 각종 벌금, 과태료 또는 징벌적 배상금을 부담케 한다. 최근 다국간 거래나 복잡한 구조를 갖는 파생상품거래가 활발해지고 있는데 만일 거래계약 체결 시 계약서의 문서화 과정(documentation of contract)에서 법률적 문제에 대한 검토를 소홀히 하면 계약상 자기 보호에 결함이 생기고 잠재적 손실로 이어질 가능성이 높다. 법률적 리스크는 특정 거래와 관련된 계약 내용이 너무 복잡하여 그로부터 발생하는 현금흐름을 금융기관의 회계시스템이나 결제시스템에서 정확히 추적할 수 없는 경우에도 발생한다. 법률적 리스크를 줄이기 위해서는 복잡한 거래를 실행하기 이전에 법률전문가의 법률의견을 받는 것이 필요하다.

2 경영전략 리스크

경영전략 리스크는 경제나 정치 환경의 기반이 변화(fundamental shifts)함에 따라 나타나는 손실 리스크와 경영진이 영업상의 불리한 정책결정 오류 또는 이들 결정의 부적절한 이행에 따라 수익 또는 자본에 악영향을 초래할 수 있는 리스크를 말한다. 따라서 이 리스크는 조직의 전략목표, 목표달성을 위하여 개발된 영업전략, 목표에 배치된 자원, 경영목표의 이행 정도 등과 관련된다. 은행의 경영진은 각종 전략 수립 시 조직의 사명, 목표, 문화, 가치, 리스크 부담정도(risk appetite 또는 risk tolerance) 등을 감안하여야 한다. 또한 경영진의 올바른 전략 수립을 위해서는 영업결정을 위한 신뢰성 있는 경영정보가 적시에 산출·제공될 수 있는 경영정보시스템(Management Information System)이 구축되어야 하고, 경영진에게 효과적으로 전달되어야 한다. 그리고 일단 수립된 전략은 하부 조직 및 업무에 체계적으로 전달되어야 한다.

3 조세 리스크

조세 리스크는 금융기관의 불합리한 세무정보체제로 인해 세법을 위반하거나 불필요한 세무비용(경제적 손실)을 발생시키는 리스크를 말한다. 금융기관이 세제의 개편내용을 정확히 파악하지 못하거나 장외파생상품거래와 같이 거래내용이 특별하고 복잡한 거래를 실행하고자 하는 경우 지금까지는 인식하지 못했던 세제문제에 직면할 수 있다.

조세와 관련된 문제는 주로 자본이득(capital gains or losses)과 통상적인 소득(이자 및 배당) 간의 세제 차이,[14] 수익과 비용의 인식 시기(거래 개시 시점, 만기 또는 거래기간 중) 및 원천징수 또는 종합과세 대상의 구분과 관련되어 발생하곤 한다. 이러한 세제상의 차이는 금융기관에게 일종의 절세기회(tax arbitrage opportunity)를 제공하지만 세무당국은 이에 대응하여 세제를 지속적으로 개편하는 노력을 하게 되므로 현행 세제에 의해 자본이득세를 적용받고 있는 금융상품으로 헤지를 한 경우 세율이 변경되거나 이자소득세로 전환되는 경우 세제 변경 효과를 감안하여 헤지전략을 변경하지 않게 되면 헤지효과가 감소되는 리스크에 직면하게 될 수 있다.

이러한 조세 리스크를 줄이기 위해서는 금융기관은 전반적인 영업활동에 대하여 조세전문가에게 정기적으로 자문을 받거나, 거래내용이 특별히 복잡한 경우 사전에 조세효과를 자문하는 것도 좋은 방법이다. 또한 새로운 금융상품들이 개발된 배경 중 하나가 조세를 회피하기 위한 투자자의 필요를 충족시키기 위한 것이었다는 점은 금융기관이 조세 리스크를 줄이기 위해서는 어떠한 방향으로 나아가야 하는가를 말해 준다고 하겠다.

4 회계 리스크

조세 리스크가 세무 문제에 관련된 것이라면 회계 리스크(accounting risk)는 허위 또는 실수에 의한 재무제표의 잘못된 작성과 공시, 기업실적의 고의 누락 등에 따른 내·외부의 손실 리스크라 할 수 있다. 잘못된 회계는 금융기관의 내부의사결정에 중대한 결함을 초래할 수 있으며 잘못 작성되어 공개된 회계자료는 이해관계자로부터 손해배상 청구소송의 대상이 될 수도 있다. 특히 우리나라에서 증권집단소송제도가 본격 시행될 예정이므로 회계 리스크의 중요성은 더욱 중요해지고 있다.

---

14 통상 자본이득에 대한 세율은 이자 및 배당소득에 대한 세율보다 낮다.

최근 들어 각종 난외거래가 증가하고 있고 리스크 헤지 또는 트레이딩 목적의 파생상품거래 활동이 활발해지고 있는바, 이들 거래의 회계처리방법에 따라 금융기관의 성과가 크게 영향을 받게 되므로 깊은 주의가 요청되고 있다. 최근에는 대부분의 금융상품이 시가평가(marking to market) 대상이 되고 있지만 특정한 경우 만기보유자산으로 분류하여 취득가액을 장부가액으로 하는 원가법이 적용되는 경우가 있다. 원가법을 적용한 경우 실제 발생한 손실이 재무제표에 반영되지 않으므로 시장 가격의 변동에 따라 시가평가손익이 변동될 수 있는 금융상품에 대해 원가법을 적용하는 것은 부적절한 회계보고방법이 될 수 있다.

한편 회계 리스크는 조세 리스크와 밀접한 연관성을 갖고 있다. 금융기관의 자산·부채의 평가방법과 손익인식 기준이 세무회계상의 기준과 다를 때 세후 손익의 차이를 발생시키고 예상치 못한 세금을 부과받게 될 수 있다.

5 평판 리스크

평판 리스크는 금융기관에 대한 평판이 나빠져 주가나 수익에서 예상치 못한 손실이 발생할 가능성을 말하며 좁게는 금융기관 외부의 여론이 악화됨으로써 금융기관에게 경제적 손실(주가 하락 또는 수익 악화 등)을 발생시키는 리스크를 말한다.

평판은 금융기관이 계속적으로 영업을 할 수 있는 기반을 제공하는 모든 무형의 재산을 말한다고 할 수 있다. 고객들이 금융기관과 거래를 하는 이유는 금융기관의 공신력, 즉 좋은 평판 때문이라 할 수 있는데, 만일 그 평판이 악화되거나 금융기관에 부정적인 여론이 형성되는 경우 그 사실의 진위 여부를 떠나 고객 이탈 현상이 발생하게 되어 영업기반이 일시에 약화될 수도 있다. 따라서 금융기관의 모든 영업활동에 광범위한 파급효과를 미칠 우려가 있다. 즉, 평판 리스크의 발생으로 새로운 고객 확보에 특히 어려움을 겪을 수 있고, 기존 고객을 잃어버릴 수도 있으며 장기적으로는 경쟁력의 하락을 초래하기도 한다. 평판 리스크의 관리를 위해서 금융기관은 고객, 신용평가기관, 주주 등 이해관계자들의 여론을 수시로 확인하여야 하며, 기업정보의 적절한 공시(public disclosure)와 보다 적극적인 홍보 전략을 마련하는 등 지속적인 노력을 경주하여야 한다.

chapter 05

리스크 관리 사례분석

리스크 관리 실패 사례와 교훈

금융기관 및 비금융기관의 리스크 관리 실패로 인해 대규모의 손실이 발생한 몇 가지 사례를 〈표 5-1〉과 〈표 5-2〉에 간단히 열거하였다.[1]

표 5-1   금융기관의 대규모 손실

금융기관	손실
Barings	200년 전통의 영국 베어링스 은행은 싱가포르의 닉 리슨이라는 한 거래자에 의하여 1995년에 몰락하였다. 거래자가 위임받은 업무는 싱가포르와 오사카에서 공시되는 Nikkei 225 선물 가격 간의 차익거래였다. 그러나 리슨은 선물과 옵션을 이용하여 Nikkei 225의 미래 움직임에 대하여 엄청난 배팅을 하였다.
Chemical Bank	이 은행은 80년대 말에 금리캡의 가치평가에 부정확한 모형을 적용하여 결국 3,300만 달러의 손실을 입었다.
Daiwa	일본 은행의 뉴욕사무소에서 일하는 한 거래자에 의해 90년대에 약 10억 달러의 손실이 발생하였다.

---

1   이 부분은 Hull의 'Fundamentals of Futures and Options Markets(2001, 4판)'의 제21장을 주로 참조하였음

Kidder Peabody	조셉 제트 한 개인의 행위로 인해 뉴욕 소재 투자은행은 미국 국채와 스트립 거래에서 3억 5천만 달러의 손실을 입었다(스트립은 기초가 되는 채권 현금흐름의 각각을 개별 증권으로 매각할 때에 만들어짐). 이 손실은 회사 컴퓨터시스템이 이익을 계산했던 방식의 오류에 의하여 발생하였다.
Long-Term Capital Management	이 헤지펀드는 1998년에 40억 달러의 손실을 입었다. 이 펀드가 시행한 전략은 수렴차익거래(convergence arbitrage)였다. 이는 가격이 균형에서 이탈된 두 개의 동질한 증권은 결국 수렴할 수밖에 없음을 이용하는 전략이다. 즉, 가격이 저렴한 증권을 매입하고 보다 가격이 비싼 증권을 매도하면서 남은 잔여위험(residual risk)은 헤지한다. 1998년 여름, 러시아 채권의 채무불이행으로부터 발생한 신용 스프레드의 증가에 의해 이 헤지펀드는 심각하게 타격을 받게 된다. 이에 시스템 리스크로 확대되는 것을 막기 위해 뉴욕 Federal Reserve는 14개 은행이 펀드에 투자하도록 설득하여 35억 달러의 구제금융(bailout)을 제공하였다.
Midland Bank	이 영국 은행은 금리의 움직임에 대하여 잘못 베팅한 결과 90년대에 5억 달러의 손실을 입었다. 나중에 이 은행은 HSBC 은행에 의하여 인수되었다.
National Westminster Bank	이 은행은 1997년에 스왑션(swaption)의 가치평가에 부적절한 모형을 사용한 결과 1억 3천만 달러의 손실을 입었다.
Sumitomo Bank	이 일본 은행은 한 거래자에 의해 90년대에 동(copper) 현물, 선물, 옵션시장에서 20억 달러의 손실을 입었다.
Societe Generale	제롬 커비엘은 2008년 주가지수 변화에 대한 투기를 하여 70억 달러 이상의 손실을 야기시켰다.

자료 : Hull, Fundamentals of Futures and Options Markets, 4판, 2001, p. 423(일부 금액은 수정되었음).

표 5-2 비금융기관의 대규모 손실

비금융기관	손실
Allied Lyons	음료 및 식품회사의 재무부서는 1991년에 미국 달러-영국 스털링(sterling)화 환율에 대한 콜옵션을 매도하여 1억 5천만 달러의 손실을 입었다.
Gibson Greetings	신시내티 소재 카드제조업체의 재무부서는 1994년에 Bankers Trust와의 대단히 이색적인 금리파생상품 계약을 체결한 결과 2,000만 달러의 손실을 입었다.
영국	영국 지방정부는 1988년에 파운드금리스왑과 옵션에서 약 6억 달러의 손실을 입었다. 모든 계약은 차후에 영국 법원에 의해 무효로 선언되었으며 계약의 상대방인 은행을 매우 곤혹스럽게 하였다.
Metallgesellschaft	이 독일기업은 석유제품을 공급하는 장기계약을 체결하고 단기 원유 선물계약에 연속적으로 포지션을 취하여 헤지하였다. 증거금 납입 요청 증대로 인해 선물 포지션을 청산하는 과정에서 13억 달러의 손실이 발생하였다.

Orange County	재무담당관인 로버트 시트론으로 인해 캘리포니아 지방구(municipality)는 1994년에 약 16억 달러의 손실을 입었다. 재무담당관은 이자율이 상승하지 않을 것이라는 예측하에서 투기 포지션을 취하는 데 파생상품을 이용하였다.
Procter and Gamble	이 회사의 재무부서는 1994년에 Bankers Trust와 대단히 이색적인 금리파생상품을 거래한 결과 약 1억 6천만 달러의 손실을 입었다. 차후에 이 기업은 Bankers Trust를 기소하여 법정 밖에서 타협하였다.
Shell	이 기업의 일본 자회사에서 일하는 한 종업원의 통화선물 불법거래로 말미암아 10억 달러의 손실이 발생하였다.

자료 : Hull, Fundamentals of Futures and Options Markets, 4판, 2001, p. 424(일부 금액은 수정되었음).

본 장에 제시된 여러 투자 실패사례는 총 거래의 극히 일부분에 지나지 않으나 이들 사건으로부터 배운 교훈을 가슴 깊이 인식하고 다시는 반복되지 않도록 주의하는 것은 대단히 중요하다.

금융회사(financial company)든 비금융회사든 파생상품의 모든 사용자에게 적절한 교훈은 다음과 같다.

1   위험한도를 명확하게 정의하자

모든 기업은 감당할 수 있는 금융위험(financial risk)의 한도를 확실하고 명확하게 정의해야 한다. 그리고 한도가 지켜질 수 있도록 절차(procedure)를 확립해야 한다. 전체의 위험한도(risk limit)가 이사회에서 결정되어야 하는 것이 이상적이다. 그런 후 특정 위험을 관리할 책임이 있는 개인에게 적용되는 한도로 전환되어야 한다.

논쟁의 관점은 어떤 위험도 감수하지 않아야 한다는 것이 아니다. 기업의 재무담당관, 금융기관의 거래자, 펀드매니저들은 적절한 시장 변수의 미래 움직임에 대하여 포지션을 취하도록 허용되어야 하고 취할 수 있는 포지션의 크기는 제한되어야 하며, 운용 중인 시스템은 취한 위험을 정확히 보고할 수 있어야 한다.

2   위험한도를 엄격히 준수하자

개인이 위험한도를 초과하여 이익을 얻는다면 어떻게 할 것인가? 이는 고급경영자(senior management)에게 상당히 미묘한 이슈이다. 이익이 발생하면 위험한도를 어긴 점을 무시하기 쉽다. 그러나 이는 근시안적인 사고이며, 위험한도를 심각하게 준수할 필요가 없다는 문화(culture)를 만들어 위험을 자초할 수 있다. 앞의 표에 수록된 경우 중 상당수의 경우에서 기업은 위험한도에 대하여 관대하였다. 왜냐하면 과거에도 비슷한 위험을 감수하여 이익을 얻었기 때문이었다.

위험한도를 초과하는 것에 대한 벌칙(penalty)은 손실이 발생할 때나 이익이 발생할 때나 동일해야 한다. 그렇지 않으면 손실을 입은 거래자는 결국은 이익이 발생하여 모든 것이 용서될 것이라는 희망하에서 투기 포지션을 계속 증가시킬 것이기 때문이다.

3 시장을 꿰뚫고 있다고 가정하지 말자

일부 거래자는 다른 거래자보다 확실히 우수하다. 그러나 어떤 거래자도 항상 옳을 수는 없다. 시장 변수가 움직이는 방향을 60% 정도 정확히 추정할 수 있는 거래자는 우수한 편이다. 거래자가 대단히 훌륭한 기록을 가지고 있더라도 우수한 거래기술이라기보다는 좋은 운(luck)의 결과일 가능성이 크다.

4 분산 효과를 과소평가하지 말자

거래자가 특정 시장 변수의 움직임을 잘 예측하는 것으로 보이면 거래자의 한도를 증가시키는 경향이 있는데, 바로 앞에서 이는 나쁜 생각이라고 주장하였다. 왜냐하면 거래자가 명석해서라기보다는 운이 좋았을 가능성이 크기 때문이다. 그러나 특정 거래자가 우수한 재능을 가지고 있다고 확신한다고 가정하자. 이 거래자의 특별한 기술을 이용하기 위하여 우리는 어느 정도 비분산된 포지션을 허용해야 하는가? 이 질문에 대한 답은 분산 효과(diversification benefit)는 대단히 크므로 어떤 거래자가 우수하더라도 이런 혜택을 포기할 가치가 있다고 하기는 어렵다.

5 시나리오 분석과 위기 검증을 수행하자

무엇이 잘못 될 수 있는가를 이해하기 위하여 VaR와 같은 위험 측정치의 계산은 시나리오 분석(scenario analysis), 위기상황 분석(stress testing)과 항상 함께 사용되어야 한다. 인간은 의사결정을 할 때 하나 또는 두 개의 시나리오에 의존하려는 좋지 않은 경향을 가지고 있다.

시나리오를 만들 때 가장 중요한 점은 창조적(creative)이어야 하는 것이다. 그 하나의 접근방법은 과거 10년 내지 20년의 자료를 분석하여 가장 극단적인 사건을 시나리오로 선택하는 것이다. 때로는 중요 변수에 대한 자료가 없는 경우도 있지만 이때에는 자료가 있는 비슷한 변수를 선택하여 이 변수의 과거 일별 변화율을 주요 변수의 일별 변화율의 대용치로 사용하는 것이 바람직하다. 예를 들어, 특정 제3국가가 발행한 채권의 가격 자료가 부족하면 시나리오를 생성하기 위하여 비슷한 국가에서 발행한 채권 가격의 과거 자료를 분석할 수 있다.

section 02 금융기관의 교훈

1 거래자를 주의깊게 감시하자

거래부서에서는 실적이 우수한 거래자를 '손댈 수 없는 사람(untouchable)'으로 간주하여 다른 거래자와 동일한 수준의 조사를 하지 않으려는 경향이 있다. 금융기관은 불합리하게 높은 위험을 취함으로써 많은 이익이 얻어졌는지를 확인하는 것이 중요하다. 또한 금융기관의 컴퓨터 시스템과 가격결정 모형이 옳으며, 어떤 방식으로든 오용되지 않고 있다는 것을 점검하는 것도 중요하다.

2 전방부서, 중간부서, 후방부서를 분리시키자

금융기관의 전방부서(front office)는 거래를 집행하고 포지션을 취하는 거래자들로, 중간부서(middle office)는 취해진 위험을 감시하는 위험관리자로 구성된다. 그리고 후방부서(back office)는 기록을 유지하고 회계처리하는 부서이다. 앞의 예에서 최악의 파생상품 손실의 일부는 이런 기능들이 분리되지 않아서 발생하였다. 닉 리슨은 싱가포르에서 전방부서와 후방부서를 모두 통제한 결과 일정기간 동안 런던에 있는 상사로부터 그의 거래의 재난적 성격을 감출 수 있었다. 모든 것이 밝혀지지는 않았지만, 전방부서와 후방부서를 분리하지 않았다는 점이 동(copper) 거래에서 Sumitomo bank가 입은 엄청난 손실에 대하여 부분적으로나마 책임이 있는 것으로 보인다.

3 모형을 맹목적으로 신뢰하지 말자

앞의 표에 있는 대규모 손실 중에서 일부는 사용된 모형과 컴퓨터 시스템 때문에 발생하였다. 아마도 가장 유명한 시스템 문제는 Kidder Peabody가 경험한 것이다. 조셉 제트는 스트립(strip, 즉 무이표채)을 매입하여 미래에 이를 매도하는 선도거래를 체결하였다. 스트립은 이자를 지급하지 않으므로 선도 가격(forward price)은 현물 가격(spot price)보다 높다. Kidder의 시스템은 두 가격 차이를 거래 시점에서의 이익으로 보고하였다. 물론 그 차이는 스트립 매입에 따른 비용을 의미한다. 그러나 선도계약을 이연함으로써 제트는 매입비용이 발생하는 것을 방지할 수 있었다. 결과적으로 시스템은 1억 달러의 이익을 보고하였으며, 사실상 3억 5천만 달러의 손실이 발생하였지만 제트는 많은 보너스를 받았다.

비교적 단순한 거래전략에 비해 많은 이익이 만들어지면 이익계산에 사용된 모형이 잘못될 가능성이 크다. 마찬가지로 금융기관이 특정 거래에서 가격을 공시할 때 특히 경쟁적인 상황에 처할 경우 다른 시장거래자와는 상이한 평가모형을 사용하고 있을 가능성이 크므로, 진행되고 있는 모든 일을 주의깊게 분석해야 한다.

4 초기이익을 보수적으로 인식하자

금융기관이 비금융기관에게 대단히 이색적인 상품을 매도하면 가치평가는 모형에 크게 의존하게 된다. 예를 들어, 만기가 긴 금리옵션을 내재한 상품은 사용된 금리모형에 크게 의존하게 된다. 이런 상황에서 거래의 시장 가격을 매일 반영하는 것(marking to market)은 결국 모형 가격을 반영하는 것(marking to model)과 동일한 효과를 낳는다. 왜냐하면 벤치마크로 사용할 수 있는 비슷한 거래의 시장 가격이 존재하지 않기 때문이다.

초기이익을 즉시 인식하는 것은 대단히 위험하다. 이는 거래자들로 하여금 공격적인 모형을 사용하게 하여 보너스를 받고 모형과 거래의 가치에 대해 정확한 검증이 이루어지기 전에 회사를 떠나도록 만든다.

따라서 초기이익을 천천히 인식하여 거래자들이 실제로 거래를 하기 전에 여러 다른 모형과 가정들이 미치는 영향을 조사하도록 유인을 제공하는 것이 훨씬 바람직하다.

5　부적절한 상품을 고객에게 매도하지 말자

고객이 특정 위험에 대하여 욕구가 있을 때에 기업고객에게 부적절한 상품을 매도하기 쉽다. 가장 극적인 예는 1994년 봄 Bankers Trust(BT)의 행동이다. BT 고객의 상당수는 위험이 크고 대단히 부적절한 상품을 매입하도록 설득되었다. 전형적인 상품(예를 들어 P&G가 BT와 체결한 5/30 스왑)은 고객 입장에서 높은 확률로 차입금액에 대하여 3~4bp만큼의 이익을 얻고, 큰 손실이 발생할 가능성은 낮은 유형의 상품이다. 1992년과 1993년에 이 상품은 BT의 고객에게 유리하게 적용되었지만 1994년에 이자율이 급격히 상승하자 엄청난 손실이 발생하였다. 그 결과 부정적인 여론으로 BT의 명성은 상당한 타격을 받았다. 오랜 기간 동안 기업고객으로부터 받은 신뢰와 파생상품 혁신에서 얻은 명성은 소수의 지나치게 공격적인 거래자에 의하여 대부분 소멸되었다. BT는 소송을 법정 밖에서 타협하기 위하여 고객에게 엄청난 금액을 지불하였고 결국 1999년에 Deutsche Bank에 의해 인수되었다.

6　유동성 위험을 무시하지 말자

금융공학전문가(financial engineer)는 이색상품(exotic instrument)과 자주 거래되지 않는 상품의 가격을 결정할 때 보통은 자주 거래되는 상품의 가격에 기초하여 평가한다. 예를 들어,

1. 금융공학전문가는 거래량이 많은 국채로부터 무이표채 수익률 곡선(zero coupon bond yield curve)을 계산하고 이를 이용하여 거래량이 적은 채권의 가격을 결정한다.
2. 금융공학전문가는 거래량이 많은 옵션으로부터 자산의 내재변동성을 계산하고 이를 이용하여 자주 거래되지 않는 옵션의 가격을 결정한다.
3. 금융공학전문가는 자주 거래되는 금리캡과 스왑션으로부터 이자율 이항과정의 계수를 추정하고 이를 이용하여 대단히 복잡한 제품의 가격을 결정한다.

이런 관례(practice)들은 불합리하지는 않다. 그러나 자주 거래되지 않는 상품이 항상 이론 가격에 가깝게 거래될 것이라고 가정하는 것은 위험하다. 금융시장이 충격을 받으면 '안전투자로의 이동(flight to quality)' 현상이 발생한다. 유동성(liquidity)은 투자자에게 대단히 중요하고, 유동

성이 낮은 상품은 이론 가격으로부터 큰 폭으로 할인되어 거래되기도 한다. 상대적으로 유동성이 낮은 상품의 대규모 거래량이 이론가격과 유사한 가격으로 빠르게 매도될 수 있다고 가정하는 투자전략은 위험하다.

유동성 위험(liquidity risk)의 예는 LTCM(Long-Term Capital Management)에서 찾을 수 있다. 이 헤지펀드는 이론적으로 동일 가격을 가져야 하는 두 개의 증권(또는 증권 포트폴리오)을 이용하는 수렴전략(convergence strategy)을 이행하였다. 즉, 이론적으로 동일 가격을 가져야 하는 두 개의 증권(또는 증권 포트폴리오)을 확인하려고 시도하였다. 만일 한 증권의 시장 가격이 다른 증권의 가격보다 낮으면 그 증권을 매입하고 다른 증권을 매도한다. 이 전략은 두 증권이 동일한 이론 가격을 가지므로 시장 가격도 결국은 같아져야 한다는 논리에 기초한다.

1998년 여름에 LTCM은 엄청난 손실을 기록하였다. 이는 러시아가 부채에 대하여 채무불이행함으로써 안전투자로의 이동이 발생하였기 때문이다. LTCM은 러시아 부채에 대하여 큰 포지션을 가지고 있지 않았다. 그러나 유동성이 낮은 상품은 매입하였고 유동성이 높은 상품은 매도하고 있었다(예를 들어, 발행된 지 오래된 채권(off-the-run bond)은 매입하였고 가장 최근에 발행된 채권(on-the-run bond)은 매도하였다). 유동성 낮은 상품과 유동성 높은 상품 간의 스프레드는 러시아 채무불이행 이후 급격히 상승하였고 신용 스프레드 또한 증가하였다. LTCM은 대단히 높은 레버리지를 갖고 있었다. 그래서 이 헤지펀드는 엄청난 손실을 입었으며, 일부 포지션에서 증거금 납입 요청이 발생하였다.

이러한 LTCM의 스토리는 가장 최악의 경우에서 발생 가능한 상황을 분석하기 위하여 시나리오 분석과 위기상황 분석이 얼마나 중요한가를 확인시켜 준다. LTCM은 직면한 유동성 위험을 측정하기 위하여 안전투자로의 이동이 극심했을 때의 상황을 분석했어야 했다.

7 **모든 사람이 동일한 투자전략을 이행할 때에는 조심해야 한다**

많은 시장참여자들이 본질적으로 동일한 전략을 수행하는 현상이 가끔 발생한다. 이는 시장의 큰 움직임, 불안정한 시장, 시장참여자의 큰 손실 등의 상황을 유발할 수 있는 위험한 환경을 조성한다.

1987년 10월의 시장 폭락 전 수개월 동안 많은 수의 포트폴리오 매니저는 합성 풋옵션을 창조함으로써 그들의 포트폴리오를 보호하고자 하였다. 그들은 시장이 상승하면 주식 또는 주가지수를 매입하고 시장이 하락하면 매도하였다. 이 전략이 시장의 불안정성을 야기시켰다. 상대적으로 작은 가격 하락이 포트폴리오보험 전략에 의해 큰 폭의 매도로 이어지고 이 매도는 다시 시장의 하락을 야기시키며 이는 다시 매도로 이어지게 된다. 포트폴리오 보험전략이 없었으면 1987년 가을의 주가 폭락(Black Monday)은 훨씬 심하지 않았을 것이라는 데는 의심의 여지가 없다.

또 다른 예로 1998년의 LTCM을 들 수 있다. 많은 다른 헤지펀드들이 유사한 수렴전략을 이행하고 있다는 사실에 의해 LTCM의 포지션은 어려워졌다. 러시아 채무불이행과 안전투자로의 이동이 발생한 후 LTCM은 증거금 납입 요청(margin call)에 맞추기 위하여 포트폴리오의 일부를 청산하고자 하였다. 불행히도 다른 헤지펀드도 LTCM와 유사한 처지에 놓여 있어 유사한 거래를 하고자 하였다. 이는 상황을 악화시켰으며, 그렇지 않았을 경우에 비하여 유동성 스프레드(liquidity spread)를 더욱 증가시켜 안전투자로의 이동을 더욱 가속화시켰다.

이런 사례로부터 배울 수 있는 중요한 교훈은 금융시장에서 진행되고 있는 사실의 큰 그림을 보는 것과 많은 시장참여자들이 동일한 거래전략을 추구하는 상황에 내재된 위험을 이해하는 것이 중요하다는 것이다.

8 | 장기자산을 단기부채로 조달하는 경우의 위험을 인식하자

자산과 부채의 만기와 금액이 일치하지 않으므로 금융회사는 금리변동 위험에 노출된다. 80년대에 미국의 대부조합은 장기대출을 단기예금으로 조달하여 심각한 금리 하락 위험에 노출되었다. 또한 2008년의 금융위기에서 금융회사는 모기지 대출에 필요한 자금을 단기 상업어음의 발행을 통하여 조달하였다. 정상적인 경우 금융회사는 기존의 상업어음을 신규 상업어음의 발행을 통하여 상환하지만 금융위기가 발생하면 상업어음을 롤오버(rollover)하는 것은 불가능해진다.

9 | 보너스를 중장기 성과와 연계하자

금융위기 후 KPMG가 500개 글로벌 은행의 이사를 대상으로 실시한 서베이에서 금융위기의 주요 원인으로 가장 많이 언급된 원인이 단기성과 위주의 인센티브와 보상제도이다. 보너스가 단기 성과와 연계되면 경영자는 근시안적 사고를 하게 되고 이번 연도만 넘기면 된다는 생각을 하도록 하여 위험관리를 무시하기 쉽다. 따라서 적절한 위험관리 절차를 수립하고 건전한 리스크 문화를 확립하는데 필요한 인프라가 건전한 보상시스템이다.

비금융기관의 교훈

1   거래를 충분히 이해해야 한다

기업은 충분히 이해하지 못하는 거래 또는 거래전략을 결코 취해서는 안 된다. 이는 다소 분명한 점인데, 비금융기관에서 일하는 거래자들이 큰 손실이 발생한 후에 무엇이 진행되는지 알지 못하였다고 자주 인정하며, 투자은행에 의해 오도(mislead)되었다고 주장하는 것은 놀라운 일이다. 오렌지 카운티의 재정담당관인 로버트 시트론도 그러하였다. Hammersmith and Fulham의 거래자도 엄청나게 큰 포지션임에도 불구하고 거래한 스왑과 금리파생상품이 어떻게 작용하는지에 대해 모르고 있었다.

만일 기업의 고급관리자가 하위관리자가 제안한 거래를 이해하지 못하면 거래를 승인하지 않아야 한다. 단순한 법칙은 만일 거래와 거래의 논리가 복잡하여 매니저가 충분히 이해할 수 없으면 이는 틀림없이 기업에는 적절하지 않다는 것이다.

당신이 금융상품을 충분히 이해하는지를 확인하는 하나의 방법은 그 금융상품의 가치를 평가하는 것이다. 만일 기업이 평가할 자체적인 능력이 없으면 거래하지 않아야 한다.

2   헤저가 투기자로 되지 않도록 확인하자

헤징은 상대적으로 재미가 없고 투기는 흥미진진하다. 기업이 거래자를 고용하여 환위험 또는 금리위험을 관리하고자 하면 다음과 같은 일이 발생할 수 있는 위험이 있다.

먼저 거래자는 자기의 일을 열심히 하여 최고경영자의 신뢰를 쌓는다. 그는 기업의 노출을 측정하고 이를 헤지한다. 시간이 지남에 따라 거래자는 자신이 시장을 꿰뚫어 볼 수 있다고 자신한다. 거래자는 천천히 투기자가 되어 간다. 처음에 일은 잘 진행되지만 결국 손실이 발생한다. 이 손실을 만회하기 위하여 거래자는 베팅금액을 두 배로 늘린다. 결국, 더 많은 손실이 발생한다.

취할 수 있는 위험에 대한 정확한 한도는 고급경영자에 의해 결정되어야 한다. 통제(control)는 적절히 이행되어 한도가 준수되고 있음을 확인해야 한다. 기업의 거래전략(trading strategy)은 기업이 외환, 금리, 상품시장 등에서 직면한 위험에 대한 분석으로부터 시작되어야 한다. 그리고 적절한 수준으로 위험을 어떻게 줄일 수 있는가를 결정해야 한다. 만일 거래전략이 기업의 노출로부터 직접적으로 도출되지 않으면 이는 기업 내에 문제점이 있다는 정확한 신호가 된다.

3 재무부서를 이익센터로 만드는 것에 주의해야 한다

지난 20년 동안 기업의 재무부서를 이익센터(profit center)로 만들려는 경향이 있었다. 그러나 이를 추천하기에는 지나친 측면이 있다. 재무담당자(treasurer)는 자금조달비용(financing cost)을 감소시키고 위험을 가능한 수익성 있게 관리하고자 한다. 문제는 재무담당자가 만들 수 있는 이익의 잠재력이 제한되어 있다는 점이다. 자금을 조달하고 잉여현금을 투자할 때에 재무담당자는 효율적 시장(efficient market)에 직면한다. 즉, 재무담당자는 추가적으로 위험을 부담함으로써만 수익성의 하한선을 증가시킬 수 있다.

헤지 프로그램의 목적은 위험을 줄이는 것이지 기대이익을 증가시키는 것이 아니라는 점을 명심해야 한다. 헤지 의사결정은 헤지하지 않기로 한 경우에 비하여 50%의 확률로 나쁜 결과를 가져올 수 있다. 재무부서를 이익센터로 만드는 것의 위험은 재무담당자가 투기자가 되도록 만드는 유인을 제공한다는 점이다. 그렇게 되면 오렌지 카운티, P&G, Gibson Greetings에서 본 결과가 발생할 수 있다.

전사적 통합 위험관리시스템

1 전사적 통합 위험관리시스템의 필요성

위험관리시스템은 전사적으로 통합되어 운영되어야 한다. 앞에서 설명한 대규모 투자손실 중의 일부는 전사적인 통합 위험관리시스템이 운영되었다면 피할 수도 있었을 것이다. 과거에 위험관리시스템은 지역적으로 운영되어 왔다. 그러나 최근 금융환경의 변화로 통합관리시스템이 필요하게 되었다. 주요 금융환경의 변화로는 금융시장의 글로벌화, 파생상품시장의 급속한 발전, 파생상품의 복잡화 등을 들 수 있다.

❶ 금융시장의 글로벌화(globalization)와 통합화는 국가 간의 경계를 허물어뜨렸으며, 국가 간 또는 시장 간의 연계성과 상호의존성(interdependence)을 크게 강화시켰다.

❷ 파생상품의 혁신(innovation) 및 시장규모의 성장으로 인하여 다양한 위험요인 간에 그리고 세부시장 간에 경계선이 붕괴되었다.

❸ 금융시장의 글로벌화 및 파생상품 시장의 발달로 인해 시장 간에, 위험요인별로, 국가 간에, 그리고 상대방별로 위험을 쉽게 이전시킬 수 있게 되었다.

❹ 파생상품이 복잡해짐에 따라 다양한 종류의 위험에 노출되었다. 특히 장외시장 옵션의 경우, 상품이 비표준화(non-standardization)되어 있으며, 활발하게 거래되지 않고 거래소가 제공하는 수준의 안정장치(safeguard)가 결여되어 있다. 또한 장외시장 옵션의 경우 이익 패턴의 구조가 복잡하여 위험을 정확하게 평가하기 어렵게 되었다.

❺ 신용위험의 경우 위험을 전사적으로(firm-wide) 통합하여 관리하는 것이 특히 필요하다. 예를 들어 어떤 금융기관의 여러 부서가 각각 동일한 상대방과 다양한 계약을 체결하였다고 가정하자. 만일 포지션을 통합해서 관리하지 않으면, 개별 부서의 위험은 적절하게 보일 수 있으나 기업의 전체적인 위험은 매우 커질 수 있다. 이와는 반대로 개별 부서의 위험은 매우 크나 통합하여 상계(netting) 처리한 결과 기업의 전체적인 위험은 크게 줄어들 수 있다. 이런 측면에서 볼 때 위험을 통합하여 관리하는 것은 매우 중요한 일이다.

2 구성요소

통합 위험관리시스템의 구성요소(금융기관 부서)는 다음과 같다.

❶ 거래부서 또는 전방부서(front office) : 고객과 직접 연결된 업무를 하는 부서로, 거래를 평가하여 성사시키고 또한 제품을 마케팅하는 부서

❷ 지원부서 또는 후방부서(back office) : 거래를 마무리하고 서류화하며 이를 보고하는 부서

❸ 위험관리부서 또는 중간부서(middle office) : 위험을 관리하며 위험 노출 규모를 감시하고 통제하는 부서

이런 세 부서를 통합하면 위험관리시스템이 구축된다. 〈그림 5-1〉은 위험관리시스템의 기본 구조를 보여 준다. 이 시스템은 3개의 분야로 구성된다. 먼저 분석 분야(analytics platform)는 시장 자료를 수집하고 여과하는 기능을 하는데, 시장 자료는 온라인(on-line)으로 제공하는 기관으로부터 구할 수 있다.

포지션 분야(position platform)는 거래부서에서 수집되어 지원부서로 이동하는 모든 거래를 종합하는 기능을 수행한다. 이 과정에서 거래는 여러 기본적인 포지션으로 분해된다. 복잡한 포지션을 단순하게 전환시키는 것은 포지션을 관리하고 일관성을 유지하는 데 필요하다. 위험관

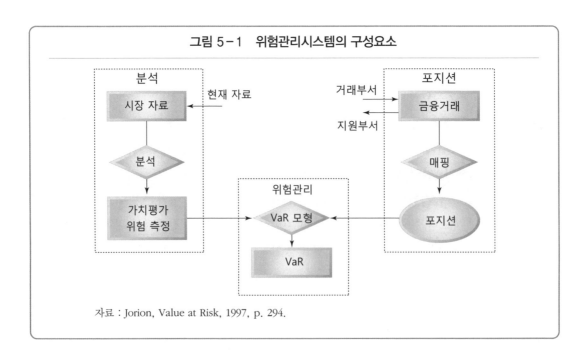

그림 5-1 위험관리시스템의 구성요소

자료 : Jorion, Value at Risk, 1997, p. 294.

리 분야(risk management platform)는 분석 분야와 포지션 분야를 VaR 모형을 이용하여 통합함으로써 시장위험 또는 신용위험을 측정한다.

위험관리시스템이 구축되면 금융기관은 다음과 같은 이점을 얻을 수 있다. 여기서 한 가지 주의할 점은 시스템을 통합시키되 부서 간에 기능 및 역할은 반드시 분리되어야 한다는 점이다.

첫째, 종합적인 시스템을 통하여 전체적인 위험 노출 금액을 분석하는 것이 가능하다.

둘째, 상계처리를 완벽하게 할 수 있다.

셋째, 거래자의 모든 포지션을 평가하고 통합할 수 있으므로 한도를 초과하는 거래자를 쉽게 찾아내어 제재를 가할 수 있다.

넷째, 가치평가와 위험관리에 필요한 자료를 거래부서에서 나오는 자료에 의존하지 않고 독립적인 자료를 이용하므로 거래자가 허구의 이익을 만드는 것을 미연에 방지할 수 있다.

통합 위험관리시스템이 효과적이기 위해서는 다음 세 가지의 구성요소가 균형있게 구성되어야 한다. 세 가지 구성요소는 조직구조, 실적평가 및 보상시스템 그리고 정보기술시스템이다. 이 중에서 조직구조와 실적평가 및 보상시스템은 소프트웨어적인 요소이고 정보기술시스템은 하드웨어적인 요소이다.

3 조직구조

〈그림 5-2〉는 위험관리시스템의 조직구조를 보여 준다. 이 조직구조에서 가장 중요한 것은 위험관리부서가 거래부서와 독립되어 있다는 것이다. 베어링스사와 Daiwa 은행의 실패는 한 거래자가 모든 기능을 독점하였기 때문에 발생하였다. 위험관리의 가장 상위 부서는 이사회(board of directors)이다. 이사회는 위험관리와 연관하여 다음과 같은 주요 기능을 수행한다.

❶ 이사회는 기업의 위험관리 정책(policy)과 절차(procedure)를 확립해야 한다. G-30(Group of Thirty)이 1993년에 제안한 24개의 권고안은 최선의 실무지침(best practice guideline)을 제시하고 있다.[2] 이 중에서 첫 번째 지침이 바로 이사회의 기능에 관한 부분이다. 이 지침을 옮기면 다음과 같다.

딜러(dealer)와 최종사용자(end-user)는 이사회가 동의한 위험관리 및 자산운용 정책과 일관되게 파생상품을 이용해야 한다. 이런 정책들은 경영 및 시장환경이 변함에 따라 지

---

2 24개의 지침 중에서 20개는 딜러와 사용자를 위한 것이고, 4개는 감독기관을 위한 것이다. 자세한 내용은 'http : //risk.ifci.ch/138280.htm'을 참조하기 바란다.

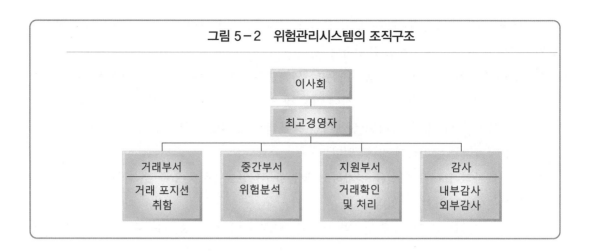

그림 5-2 위험관리시스템의 조직구조

이사회

최고경영자

거래부서	중간부서	지원부서	감사
거래 포지션 취함	위험분석	거래확인 및 처리	내부감사 외부감사

속적으로 재고되어야 한다. 파생상품의 사용을 규정하는 정책은 사용목적을 포함하여 모두 정확하게 정의되어야 한다. 고급관리자는 정책을 이행하기 위한 절차 및 통제방법을 승인해야 하며, 모든 계층의 경영자는 이를 시행해야 한다.

이사회는 먼저 위험관리의 목적을 명시해야 한다. 가장 보편적인 목적은 현금흐름 또는 순이익의 변동성을 감소시키는 데 있으며, 이사회는 현금흐름 변동성 감소가 기업가치를 어떻게 증가시키는지를 명확히 해야 한다. 또한 이사회는 어떤 종류의 위험에 노출되었으며 위험의 정도가 어느 정도인지를 정확히 파악하고 있어야 한다.

❷ 이사회는 위험관리 행위의 실적을 평가해야 한다. 먼저 위험관리의 목적과 평가방법 간에 일관성이 있어야 한다. 예를 들어 목적이 위험의 최소화이면 수익률을 기준으로 실적을 평가해서는 안 된다. 현금흐름 변동성 감소를 목적으로 설정하는 경우, 이사회는 실제로 변동성이 감소하였는지 여부와 감소하였다면 이로 인해 실제로 기업가치가 증가하였는지 등을 명확히 분석해야 한다.

❸ 경영자가 파생상품 등을 이용하는 데 필요한 기술적인 능력을 소유하고 있는지를 감독해야 한다.

❹ 위험관리 정책을 충분히 설명한 후에 이의 실행 여부를 철저히 감독해야 한다. 위험관리를 위해 취해지는 모든 조치는 이사회에 주기적으로 보고되어야 한다. 위험관리 측면에서 가장 중요한 것은 기대하지 않았던 결과가 발생하는 일이다. 위험관리 부서가 가장 피해야 하는 일은 결과가 좋든 나쁘든 간에 예상하지 않았던 일이 발생하는 것이다.

4 실적평가 및 보상시스템

80년대 이후에 발생한 주요 금융사고 및 투자 실패사례는 실적평가가 제대로 이루어지지 못했다는 사실과 어느 정도 연관되어 있다. 많은 경우 금융기관들은 수익률에만 집착한 나머지 위험을 적절하게 고려하지 못하였다. 또한 보상시스템이 잘못 디자인되어 거래자들로 하여금 기업의 이익을 해치는 행동을 하도록 유인하는 경우도 많이 있었다.

이미 설명한 바와 같이 거래자의 포지션은 일종의 옵션 포지션과 같다. 따라서 실적은 수익성과 위험을 동시에 고려하는 RAROC(Risk Adjusted Return on Capital)을 이용하여 평가되어야 한다. 또한 위험관리자의 보상은 거래자의 실적과 무관하게 이루어져야 한다.

5 정보기술시스템

통합 위험관리시스템이 효과적으로 운용되기 위해서는 정보기술시스템(information technology system)이 먼저 구축되어야 하는데 정보기술시스템은 유연해야 한다. 즉, 금융상품은 계속적으로 발전하므로 시스템은 이런 변화를 쉽게 수용할 수 있도록 모듈(module)화되어야 한다. 모듈화된 시스템은 객체 지향적인 도구(object-oriented tool)와 관계형 데이터베이스(relational database)의 발전으로 보다 용이해졌다. 'garbage-in, garbage-out'라는 말이 의미하듯, 투입변수가 잘못된 경우 결과가 결코 정확할 수 없다. 이런 측면에서 볼 때 시스템의 질이 위험관리의 효율성에 중요한 영향을 미친다는 것은 당연한 일이다.

01 다음 중 금융기관이 금융중개기능을 수행하는 과정에서 부담하게 되는 본질적인 리스크가 아닌 것은?

① 규모 불일치 리스크
② 만기 불일치 리스크
③ 채무불이행 리스크
④ 가격 리스크

02 다음 중 ALM에 대한 설명으로 옳지 않은 것은?

① 유동성과 안정성을 목표 수준으로 유지하고 수익성의 극대화를 도모한다.
② 최근에는 금리 리스크 및 유동성 리스크 관리에 중점을 두고 있다.
③ 금융기관의 리스크에 대한 노출(exposure)을 완전히 제거한다.
④ 자산과 부채의 구성을 조정하여 리스크를 감안한 자기자본이익률의 극대화를 지향한다.

03 다음 중 ALM을 관장하는 자산부채관리위원회(ALCO)의 기능을 올바르게 묶은 것은?

㉠ 금리 · 환율 · 자금수요 등에 관련된 경제예측
㉡ 자금수급전략 결정
㉢ 대출 및 예금금리와 내부 이전 금리 체계의 결정
㉣ 금리 리스크 및 유동성 리스크의 부담한도 결정

① ㉠, ㉡
② ㉡, ㉢
③ ㉢, ㉣
④ ㉠, ㉡, ㉢, ㉣

해설

01 ④ 금융중개기관은 본질적으로 액면중개, 만기중개 및 채무불이행 중개와 관련된 리스크를 부담함
02 ③ 금융기관은 리스크에 대한 노출(exposure)은 필연적이므로 이를 적절히 관리하면서 수익을 극대화하는 것이 ALM의 목표임
03 ④ ALCO는 금융기관의 자금수급전략, 금리결정체계, 유동성 및 금리 리스크 부담한도 및 향후 금융시장 동향에 대한 금융기관의 예측에 관한 의사결정은 물론 그 의사결정사항에 대한 ALM 실행부서의 실행성과를 평가함

04 다음 중 유동성 리스크에 대한 설명으로 옳지 않은 것은?

① 보유 자산의 질이 낮은(low quality assets) 금융기관은 시장 유동성 리스크에 직면할 수 있다.

② 유동성 리스크에는 단기채무를 상환할 수 있는 재원을 조달할 때 현저히 높은 금리로 자금을 조달하게 될 가능성도 포함된다.

③ 부채상환 자금의 조달을 위해 보유하고 있는 여신(대출채권)을 장부 가격보다 낮은 가격으로 매각하여 손실을 입은 금융기관은 유동성 리스크를 경험했다고 할 수 있다.

④ 자산의 만기는 늘리고 부채의 만기는 줄이면 유동성 리스크를 축소시킬 수 있다.

05 다음 중 유동성갭에 대한 설명으로 옳지 않은 것은?

① 유동성갭 산정 시 자산과 부채가 유동성이 있는지 여부는 잔존만기를 기준으로 판단한다.

② 유동성갭이 영(0)인 금융기관은 단기채무 상환에 문제가 없다고 할 수 있다.

③ 유동성갭이 음(−)인 금융기관은 유동성 부채의 확대가 필요하다.

④ 유동성갭이 양(+)인 금융기관은 유동성 자산의 축소가 필요하다.

06 다음 중 유동성 관리를 위한 갭분석에 대한 설명으로 옳지 않은 것은?

① 한계 갭을 특정 시점까지 누적시키면 동일한 시점에서의 유동성갭 값과 동일해진다.

② 한계 갭은 특정 기간 중 유동성 자산의 변동분과 변동성 부채의 변동분의 차이이다.

③ 한계 갭이 양(+)으로 나타나면 유동성이 악화될 것으로 예상된다.

④ 현금흐름 관리를 체계화하기 위해서는 정태적 갭보다는 동태적 갭을 관리하는 것이 효과적이다.

해설

04 ④ ④의 경우 유동자산과 유동부채 간의 만기 불일치가 확대되어 유동성 리스크가 증대됨

05 ③ 유동성갭이 음(−)인 금융기관은 유동성 부채를 줄이거나 유동성 자산을 늘릴 필요가 있음

06 ③ 한계 갭이 (+)로 나타날 때 금융기관의 유동성이 호전될 것으로 기대할 수 있음

07 다음 중 효과적인 유동성 리스크 관리체제로 볼 수 없는 것은?

① 유동성 위기에 대비한 비상계획(contingency plans)을 수립한다.

② 순자금소요액을 지속적으로 측정·감시한다.

③ 유동성 상황에 대한 적절한 공시체계를 갖춘다.

④ 외국 통화는 단일의 통화로 인식하여 현금흐름의 불일치를 점검한다.

08 다음 중 금리 리스크에 대한 설명으로 옳은 것은?

① 만기 갭 분석은 시장금리 변동에 따른 순이자소득의 변화를 분석하는 데 초점을 두고 있다.

② 만기 갭이 양(+)이고 금리가 상승하게 되면 순이자소득(net interest income)이 감소하게 된다.

③ 보유 자산의 듀레이션이 부채의 듀레이션보다 긴 금융기관의 경우 금리가 하락할 때 금리 리스크가 발생한다.

④ 듀레이션 갭이 영(0)인 금융기관의 경우 금리가 변동하면 순자산가치(net worth)도 변화하게 된다.

09 코스닥은행㈜의 만기 갭(또는 금리 감응 갭)은 100억 원이며 향후 금리가 하락할 것으로 예측된다. 금리변동을 이용하여 순이자소득(Net Interest Income : NII)을 증대시키는 방법이라고 할 수 있는 것은?

① 금리 민감 자산을 확대하여 만기 갭을 확대시킨다.

② 금리 민감 부채를 축소시킨다.

③ 만기 갭을 영(0)으로 만든다.

④ 만기 갭을 음(−)로 만든다.

> **해설**
>
> 07 ④ 국제결제은행(BIS)의 효과적인 유동성 리스크 관리원칙에 따르면, 금융기관은 주요 통화별 유동성 포지션을 측정·감시·통제할 수 있는 시스템을 구축하여 통화별 유동성 관리 전략에 대한 분석을 실시하여야 하며 필요시에는 외환 총액 또는 주요 통화별로 기간별 현금흐름 불일치(cash flow mismatches) 규모에 대한 한도(限度, limits)를 설정하고 정기적으로 점검하여야 함
>
> 08 ① 만기 갭은 금리변동에 따른 순이자소득(Net Interest Income : NII)의 변화를 분석하는 데 주로 사용되며 만기 갭이 양(+)인 경우 금리 상승 시 이자소득이 증대된다. 한편 듀레이션을 이용하면 금리변동에 따른 자산 또는 부채의 가치 변동규모를 측정할 수 있는데, 듀레이션이 부채보다 긴 자산은 금리 하락 시 가치 증가분이 부채의 가치 증가분보다 크게 나타나므로 금융기관에 이익이 됨
>
> 09 ④ 향후 금리가 하락할 것으로 예상된다면 만기 갭을 음(−)으로 가져가야 순이자소득을 증대시킬 수 있으며 만기 갭을 음(−)으로 가져가기 위해서는 금리 민감 부채를 늘리거나, 금리 민감 자산을 줄여야 한다.

10 (주)금융투자의 금리 민감 자산은 2,000억 원, 금리 민감 부채는 1,500억 원이다. 향후 금리가 2%p 정도 변동할 것으로 예상된다면 이 은행의 순이자소득(Net Interest Income：NII)은 얼마나 변동하게 되는가?

① 10   ② 20   ③ 30   ④ 40

11 (주)대한은행은 1년 누적갭 한도를 ±10%로 가져가는 금리갭 관리전략을 운영하고 있는데 실제 갭은 15%로 나타났다. 갭전략에 맞도록 실제 갭을 조정하기 위한 방법으로 옳지 않은 것은?

① 새로운 단기 채무를 조달하여 새로운 장기 자산을 매입한다.
② 금리에 민감한 부채를 부담하는 난외 포지션을 발생시킨다.
③ 고정금리를 받고 변동금리를 지급하는 스왑거래를 실행한다.
④ 변동금리를 받고 고정금리를 지급하는 스왑거래를 실행한다.

12 (주)여의도보험의 자산의 듀레이션이 5년이고 부채의 듀레이션이 4년이며, 부채와 자산이 각각 500억 원, 1,000억 원이다. 이 회사의 자기자본의 듀레이션은?

① 1년   ② 2.5년   ③ 4.5년   ④ 6.0년

13 자기자본은 1,000억 원, 듀레이션 갭은 1.5년인 금융기관의 경우 현재 연 10%인 시장금리가 향후 1%p 하락한다면 자기자본의 가치는 얼마나 변동하게 되는가?

① 14.9억 원 증가   ② 14.9억 원 감소
③ 15.0억 원 증가   ④ 15.0억 원 감소

해설

10 ① GAP=금리 민감 자산－금리 민감 부채=2,000－1,500=500 금리변동에 따른 순이자소득 변동규모
=$GAP \times \Delta r$=500$\times$0.02=10

11 ④ 갭을 축소시키기 위해서는 단기 채무를 늘리거나 장기 채무를 줄여야 함

12 ④ 듀레이션 갭을 구하는 문제이다. 듀레이션 갭(DGAP$_b$)=$\dfrac{D_A \times A - D_L \times L}{K}$=$\dfrac{1,000 \times 5 - 500 \times 4}{500}$=6.0(년)

13 ① 자기자본을 K, 자기자본의 듀레이션을 $DGAP$라고 할 때 금리변동에 따른 자기자본 가치의 변동규모는 다음과 같이 계산됨. $\Delta K = -K \cdot DGAP \cdot \Delta r \cdot \dfrac{1}{(1+r)}$ = $-1,000 \times 1.5 \times (-0.01) \times \dfrac{1}{1+0.1}$ = +14.9(억 원)

14 다음 중 운영 리스크의 개념으로 적절한 것은?

> ㉠ 신용 리스크와 시장 리스크를 제외한 기타의 모든 리스크
> ㉡ 업무처리 오류나 시스템의 장애 등에 기인한 손실 가능성
> ㉢ 임직원의 실수, 업무처리상의 오류, 기술적인 문제 또는 외부에서 발생한 사건
> (events) 등으로 인한 손실 위험

① ㉠   ② ㉡
③ ㉡, ㉢   ④ ㉠, ㉡, ㉢

15 다음 중 운영 리스크에 대한 올바른 인식이라고 할 수 없는 것은?

① 운영 리스크는 금융기관의 영업활동 전반에 걸쳐 발생할 수 있다.
② 운영 리스크도 시장 리스크나 신용 리스크의 경우와 같이 통계적 방법을 이용하여 리스크를 측정할 수 있다.
③ 운영 리스크는 비정형적이며 간헐적으로 발생하므로 이에 대비하여 자기자본을 유보시킬 필요는 없다.
④ 금융기관이 새로운 사업을 추진하는 경우 운영 리스크가 증대될 수 있다.

16 다음 중 바젤은행감독위원회가 2006년 말부터 시행하고자 하는 새로운 자기자본규제제도 개편방안에서 제시된 운영 리스크에 대한 필요 자기자본을 구하는 방법이 아닌 것은?

① 기초지표법(basic indicator approach)
② 표준방법(standardised approach)
③ 유사자료법(analogue approach)
④ 고급측정법(advanced measurement approach)

해설

14 ④ (가)는 광의로, (나)는 협의로, (다)는 중도적 입장에서 운영 리스크를 정의한 것임
15 ③ 운영 리스크는 비록 비정형적이고 간헐적으로 발생할 수 있으나, 일단의 운영 리스크 사건이 발생하는 경우 금융기관은 치명적인 손실을 입게 될 수 있으므로 운영 리스크에 의한 예상손실에 대해서는 충당금(reserve) 또는 자기자본(capital)을 적립할 필요가 있음
16 ③ New Basel Capital Accord에서는 기초지표법(basic indicator approach), 표준방법(standardised approach), 고급측정법(advanced measurement approach)을 제시

17 다음 중 비재무적 리스크에 대한 설명으로 옳지 않은 것은?

① 금융기관이 임직원의 법규위반에 따른 손실에 대비하여 손해보험을 가입하는 경우 법규 준수 리스크는 제거될 수 있다.

② 경영전략 리스크를 줄이기 위해서는 경영정보시스템을 효과적으로 구축·운용하여야 한다.

③ 평판 리스크를 줄이기 위해서는 대외 이해관계자, 언론과의 커뮤니케이션을 원활히 하여야 한다.

④ 조세 리스크의 발생은 금융기관에 대하여 유동성 리스크를 야기시킬 수 있다.

18 금융기관의 부서는 크게 3가지로 구분된다. 3가지가 맞게 조합된 것은?

① 지원부서, 전방부서, 후방부서

② 거래부서, 후방부서, 중간부서

③ 위험관리부서, 거래부서, 중간부서

④ 전방부서, 거래부서, 위험관리부서

19 다음 중 파생상품 투자 실패사례로부터 배울 수 있는 교훈으로 적절하지 않은 것은?

① 위험한도를 명확하게 설정하고 이를 철저히 준수하자.

② 유동성 위험의 중요성을 인식하자.

③ 초기이익을 적극적으로 인식하자.

④ 적절한 상품만을 고객에게 매도하자.

해설

17 ① 임직원의 법규위반에 따른 금전적인 손해(행정기관에 의한 벌금, 과태료 부과 또는 이해관계자에 대한 손해배상 등)는 보험금으로써 커버될 수 있으나 이로써 금융기관의 평판 악화 문제까지 커버하는 데는 부족하므로 사전적으로 내부통제를 강화할 필요가 있음

18 ② 거래부서(또는 전방부서), 위험관리부서(중간부서), 지원부서(후방부서)이므로 ②가 정답임

19 ③ 초기이익을 보수적으로 인식하는 것이 바람직하므로 ③이 정답임

정답 01 ④ | 02 ③ | 03 ④ | 04 ④ | 05 ③ | 06 ③ | 07 ④ | 08 ① | 09 ④ | 10 ① | 11 ④ | 12 ④ | 13 ① | 14 ④ | 15 ③ | 16 ③ | 17 ① | 18 ② | 19 ③

재무위험관리사 Ⅲ

금융투자전문인력 표준교재
재무위험관리사 3

2025년판 발행 2025년 2월 15일

편저　금융투자교육원
발행처　한국금융투자협회
　　　　　서울시 영등포구 의사당대로 143 전화(02)2003-9000 FAX(02)780-3483
발행인　서유석
제작 및 총판대행 ㈜ **박영사**
　　　　　서울특별시 금천구 가산디지털2로 53, 210호(가산동, 한라시그마밸리) 전화(02)733-6771 FAX(02)736-4818
등록　　1959. 3. 11. 제300-1959-1호(倫)
홈페이지　한국금융투자협회 자격시험접수센터(https://license.kofia.or.kr)

정가 22,000원

ISBN 978-89-6050-782-1　14320
　　　　978-89-6050-779-1(세트)